普通高等教育“十三五”规划教材

财务软件应用

高建立　毛久智　主编

科学出版社

北　京

内 容 简 介

本书以工作任务导向为设计思路，以培养高素质的财务业务一体化应用型人才为目标，以用友 ERP-U8 V8.72 版本软件为蓝本，系统介绍了软件安装方法，以及总账管理、报表管理、薪资管理、固定资产管理、应收款管理、供应链管理、采购管理、销售管理、库存管理和存货核算等模块的基本功能，并按工作任务模块化的设计思路，仿真模拟了工业企业的购销存及会计核算各岗位的基本业务，详细介绍了相关业务的操作方法。

本书既可以作为高等学校财务管理、会计、审计等专业学生的财务业务一体化实验教学用书，也可以作为用友 ERP 认证系列的实验用书。

图书在版编目（CIP）数据

财务软件应用 /高建立，毛久智主编. —北京：科学出版社，2016.9
ISBN 978-7-03-049387-3
Ⅰ. ①财… Ⅱ. ①高… ②毛… Ⅲ. ①财务软件 Ⅳ. ①F232
中国版本图书馆 CIP 数据核字（2016）第 162840 号

责任编辑：方小丽 / 责任校对：郑金红
责任印制：徐晓晨 / 封面设计：黄 敬

科 学 出 版 社出版
北京东黄城根北街 16 号
邮政编码：100717
http://www.sciencep.com

北京厚诚则铭印刷科技有限公司 印刷
科学出版社发行 各地新华书店经销
*
2016 年 9 月第 一 版 开本：787 × 1092 1/16
2017 年 5 月第二次印刷 印张：19 1/2
字数：450 000

定价：56.00 元

（如有印装质量问题，我社负责调换）

前　言

职业教育在我国国民教育体系中具有重要作用，国家每年投入大量人力物力支持职业教育，然而近年来职业教育办学成果远远没有达到国家、社会各界以及学生本人的预期，和普通高等教育的办学效果相比有较大的差距。师资队伍建设是影响职业教育发展的重要因素，中等职业学校教师队伍的业务素质还不能充分满足中等职业学校教育发展的需要。职业教育师资教育理念落后、业务知识老化、知识结构不完整、专业知识理论水平低和实践动手能力较差的问题，影响着职业教育的发展。

基于上述情况，我国在《国家中长期人才发展规划纲要（2010—2020）》《国家中长期教育改革和发展规划纲要（2010—2020）》等文件中明确提出了要大力加强实验、实践教学改革，推动高校实验教学内容、方法、手段、队伍、管理及实验教学模式的改革与创新。为贯彻落实全国教育工作会议精神和《国家中长期教育改革和发展规划纲要（2010—2020 年）》提出的完成培训一大批“双师型”教师、聘任（聘用）一大批有实践经验和技能的专兼职教师的工作要求，进一步推动和加强职业院校教师队伍建设，促进职业教育科学发展，教育部、财政部决定 2011~2015 年实施职业院校教师素质提高计划，计划之一是开发 100 个职业教育师资本科专业的培养标准、培养方案、核心课程和特色教材的开发项目。本书即是其中一个开发项目财务管理专业的特色教材之一。

为了开发出适合职业教育师资培养的系列教材，课题组进行了充分调研，采取了文献调研、实地调研和问卷调研等方式开展了调研工作，调研了 354 项相关研究成果和论文、资料，实地调查了 44 个企事业单位，分别针对财务管理职业教育师资人才培养单位、中等职业学校管理者和教师、在中等职业学校任教的财务管理等相关专业毕业生、企事业单位财务管理相关人员、在企业财务管理岗位工作的财务管理相关专业毕业生，精心设计了 5 套调研问卷，积累了大量的调研数据，为教材开发奠定了扎实的基础。

本书以工作任务导向为设计思路，以用友 ERP-U8 V8.72（以下简称用友 ERP-U8）版本软件为蓝本。全书共 12 章，分别是导论、系统管理与企业应用平台、总账管理系统、报表管理系统、薪资管理系统、固定资产管理系统、应收款管理系统、供应链管理系统、采购管理系统、销售管理系统、库存管理系统、存货核算系统，涵盖了财务业务一体化的处理内容。除第 1 章之外其他每章内容都包括功能介绍和实验两部分内容，全书实验内容仿真模拟了工业企业的购销存及会计核算各岗位的基本业务，资料前后衔接，构成一个体系，每章实验内容又充分体现了工作任务导向化的设计思路，各自独立，互不影响。不论是功能介绍还是实验内容，都按照“系统初始化—日常业务处理—期末处理”这样一个业务处理流程来设计内容，贴近企业实际应用，便于学习使用。本书特色体现在以下四个方面：

（1）工作任务导向化。

本书以财务会计工作任务为驱动，以企业实际业务流程为主线，在财务软件应用平台上，分析工作任务，确定学习内容。工作任务明确，项目设计合理，分任务介绍软件各模块的功能，同时设计实验内容。每个模块都按照初始设置—日常业务处理—期末处理的流程设计教学内容。工作任务突出，便于提高学习效果。

（2）内容安排系统化。

本书强调大局观，内容安排系统化。针对实际工作中软件品种太多，学习中无法面面俱到这一现实问题，设计教材内容时强调从整体上把握业务处理流程，重视流程介绍，让学生从整体上把握软件处理流程，避免学习中出现“只见树木不见森林”的片面、狭隘的学习情境。

（3）重点内容简单化。

本书把日常经济活动中经常出现的经济业务的处理作为重点内容进行解释和练习，相关功能有详细的介绍，实验设计操作步骤具体详尽，使学习变得越来越简单。对于一些不经常出现的经济业务，在功能上做一般的介绍，简单涉及一些经济业务。

（4）应用培养创新化。

本书以培养应用型人才为目标。针对企业对复合型人才的需求，在设计教材内容时，强调财务业务一体化处理，强调了内容体系的完整性；既有比较详细的功能介绍，也有大量的实验内容供学生上机练习，不论是功能介绍还是实验内容，都强调教学内容的实用性，做到了理论和实践有机结合。

本书由河北科技师范学院的高建立教授、毛久智副教授担任主编，新道科技股份有限公司的秦黎刚财务总监担任副主编。高建立全面负责整体结构设计，以及编写第2~12章的理论内容，毛久智负责编写第2~12章的实验内容，第1章的内容由高建立和秦黎刚共同编写。秦黎刚对本教材编写提出了宝贵意见。

在本书的编写过程中，我们参阅和借鉴了许多国内外专家、学者的著作和研究成果，同时得到了科学出版社的大力支持，在此一并表示诚挚的谢意，尽管各位编者在编写过程中付出了艰辛的努力，但由于水平所限，书中难免存在不足之处，恳请读者、同行专家批评指正，以备来日进一步修改完善。

编者

2016年5月

目　　录

第1章　导　论

学习目标：

了解财务软件的发展历程、现状及发展趋势，了解用友ERP-U8管理软件各模块之间的数据关系，熟悉安装用友ERP-U8管理软件的各项配置要求，掌握安装用友ERP-U8管理软件的方法。通过本章学习，增加学生对财务软件的感性认识，增强学生的实际动手能力，为安装调试其他计算机软件奠定基础。

关键词：

财务软件；安装；用友ERP-U8；SQL Server 2000

1.1　财务软件发展介绍

财务软件是会计信息化的重要组成部分，和计算机其他软件、硬件一起，共同构成了会计信息化的物质载体。财务软件开发水平的高低，直接决定了会计信息化的发展前景。近几十年来，随着计算机、网络、通信等科学技术的快速发展，财务软件从无到有取得了突破性发展。时至今日，财务软件从最初的单项应用发展到集会计核算、会计管理以及预测决策等功能于一体的综合性软件系统，极大地促进了经济发展。

1.1.1　财务软件的发展历程

在我国，财务软件的发展与计算机技术、网络技术、通信技术，以及人们对会计信息的需求紧密相关，大体经历了四个发展阶段。

1. 理论研究与定点开发阶段：1979~1988年

第二次世界大战结束以来，世界经济快速发展，企业之间的竞争越来越激烈，传统手工会计提供的信息已不能充分满足企业的需要，人们开始尝试利用计算机进行会计业务的处理。1954年，美国通用电气公司率先利用计算机进行职工工资的计算。我国会计信息化起步较晚。1979年，财政部拨款500万元给长春第一汽车制造厂，进行计算机在会计工作中的试点应用。1981年，在财政部、第一机械工业部、中国会计学会支持下，中国人民大学和长春第一汽车制造厂在长春召开了“财务、会计、成本应用电子计算机专题讨论会”，当时是尝试利用计算机技术进行会计业务的处理，因此把计算机在会计上的应用简称为“会计电算化”。

1983年以前，微型计算机尚未出现，计算机非常昂贵，人们比较缺乏计算机知识。部分高校和研究所的学者主要做一些会计电算化的理论研究，有些单位自主研发一些简单的会计软件，解决一些会计核算问题。

1983 年开始，微型计算机面市，计算机在国民经济各个领域得到较为广泛的应用，全国范围内掀起了学习和应用计算机的热潮，越来越多的单位开始自主研发会计软件以解决会计核算问题。各单位自主开发会计软件，单位之间缺乏联系，国家没有明确主管部门，也没有规定软件开发标准。因此，这一阶段的特点就是：软件盲目开发，重复开发，软件之间无法实现数据共享。

2. 商品化会计软件面市阶段：1989~1995 年

20 世纪 80 年代末期，微型计算机进一步普及，网络技术、通信技术取得了快速发展；企业规模越来越大，企业之间竞争越来越激烈，企业对会计信息质量的要求越来越高。经过前期的经验积累和知识储备，培养了一大批既懂计算机又懂会计的复合型人员。软硬件技术的发展、人员知识储备的增加，以及企业对会计信息的迫切需求，对会计信息化的发展提出了更高的要求，开发通用会计软件已成为业界共识。1989 年 12 月，财政部颁布了《会计核算软件管理的几项规定（试行）》，提出了开发会计软件的十条基本要求，建立了商品化会计核算软件的评审制度。期间，成立了很多会计软件公司，如用友、金蝶、浪潮国强、新中大、金算盘等会计软件公司，这些公司分别开发出了当时非常优秀的会计软件，促进了会计信息化的发展。

这一阶段开发的会计软件属于核算型会计软件。核算型软件侧重于事后核算，主要功能是利用计算机替代手工记账、算账、报账，实现会计核算业务的计算机处理。软件功能模块包括总账、报表、工资、固定资产、材料核算等模块，只能对资金流进行核算，只能满足财务部门的需要，属于部门级财务软件。这一期间的财务软件大部分都基于 DOS 操作系统开发，以单机应用为主。

3. 会计软件由核算向管理转型阶段：1996~2000 年

网络技术、通信技术的快速发展为开发管理型财务软件提供了技术支撑。核算型软件的缺陷促使人们进一步开发能满足企业综合管理需要的多功能软件。管理型财务软件侧重于对企业生产经营全过程的管理，将事前预测、事中控制、事后分析三个环节有机联系，构成一个无缝连接的良性循环整体，为企业管理提供更有效的信息支持。借助于网络通信技术，管理型财务软件在功能上能够满足财务与购销存业务一体化管理，属于企业级财务软件。软件的各个模块功能上既相互独立，又有机联系，通过数据接口实现相互之间的数据传递。

这一阶段的财务软件主要使用 Windows 环境下、面向对象的开发工具，如 C++、Visual Basic 等，缩短了软件开发周期，基于 Windows 环境的友好界面使得软件更容易操作使用。数据库一般采用 Oracle、Sybase、SQL Server 等，提高了系统的安全性和数据管理效率。软件结构基本采用客户/服务器（client/server，C/S）结构，并逐步出现了三层 C/S 和浏览器/服务器（browser/server，B/S）结构，这一时期的软件以企业制造资源计划（manufacture resource planning，MRPⅡ）为代表。

4. 向全面管理信息系统发展阶段：2000 年至今

这一阶段以 ERP 软件的开发为主导。ERP 是英文单词 enterprise resource planning 的

首写字母，意为企业资源计划，由美国 Gartner Group 公司于 1990 年提出。ERP 是基于供应链管理思想开发的软件，是 MRP Ⅱ下一代的制造业系统和资源计划软件，除了传统 MRP Ⅱ系统的制造、财务、销售等功能外，还增加了分销管理、人力资源管理、运输管理、仓库管理、质量管理、设备管理、决策支持等功能；支持集团化、跨地区、跨国界运行，其主要宗旨就是将企业各方面的资源充分调配和平衡，使企业在激烈的市场竞争中全方位地发挥足够的能力，从而取得更好的经济效益。由此可以看出，ERP 软件的功能已经非常强大，财务只是其中的一个组成部分。在整个 ERP 系统里面，会计信息系统融入其他全面业务管理系统中，凭证处理环节被整合到其他业务系统中去。企业财务人员不仅仅要算账、查账、记账，还需要全方位参与企业经营管理，真正实现企业业务财务整合应用。

2004 年 11 月 4 日，国家质量监督检验检疫总局和国家标准化管理委员会发布了《信息技术会计核算软件数据接口》国家标准，规定了财务软件的数据接口要求，该标准 2005 年 1 月 1 日起在全国范围内实施。该项标准的颁布实施对促进管理型和决策型财务软件的开发提出了技术要求，极大地促进了我国会计信息化市场的发展。

1.1.2 财务软件的发展现状

1. 技术架构

基于局域网应用的 C/S 结构占据主流，有的软件设计为两层架构体系，即服务器、客户端；有的设计为三层架构体系，即逻辑上分为数据服务器、应用服务器和客户端。三层架构体系运行起来速度更快、数据更安全。基于互联网的 B/S 结构的产品也应用得比较广泛。

2. 财务软件

ERP 产品占据主流市场。我国市场上常见的国外品牌有 SAP、Oracle 等，国内品牌有用友、金蝶、新中大、浪潮国强、速达、管家婆等。企业要从本单位实际情况出发，选择适合本单位具体情况的财务软件。

1.1.3 财务软件的发展趋势

1. 集成化

将具有多种不同功能的系统，运用系统集成技术组合在一起，形成一个综合化、集成化的管理信息系统，实现企业综合事务管理。目前，国内的主流软件供应商提供了企业应用集成（enterprise application integration，EAI），EAI 是将基于各种不同平台、用不同方案建立的异构应用集成的一种方法和技术。EAI 通过建立底层结构，来联系横贯整个企业的异构系统、应用、数据源等，实现企业内部的 ERP、CRM①、SCM②、数据库、数据仓库，以及其他重要的内部系统之间无缝地共享和交换数据。有了 EAI，企业就可以将企业核心应用和新的互联网解决方案结合在一起。随着 EAI 系统的不断完善和发展，

① CRM（customer relationship management），即客户关系管理。

② SCM（supply chain management），即供应链关系管理。

会计信息系统将彻底消除信息孤岛，从而实现信息资源的高度共享。

2. 网络化

企业组建内部局域网——内部网（Intranet），而后与外部网（Extranet）和互联网（Internet）连接，实现基于网络技术的在线办公、远程业务处理。支持企业实现商业软件的多端（PC[①]、手机、平板等多种设备）多系统（Windows、IOS、Android 等主流系统）应用部署，实现跨屏应用，结合多种业务协作场景与业务处理流程，发挥移动设备便携特性及互联网广域优势，全面提升企业对最前端客户的消费行为、销售经理及团队的营销行为和营销通路的商业数据采集效率、关键营销业务的审批与处理效率，提升企业整体市场竞争力，快速洞察市场变化，提升市场响应速度。

3. 服务网络化 SaaS 服务

软件即服务（software as a service，SaaS）是一种通过互联网提供软件的模式，用户不用再购买软件，而改用向提供商租用基于 Web 的软件，来管理企业经营活动，且无需对软件进行维护，服务提供商会全权管理和维护软件，对于许多小型企业来说，SaaS 是采用先进技术的最好途径，它解决了企业购买、构建和维护基础设施和应用程序的难题。

4. 国际化

中国经济市场化越来越与国际接轨，中国的众多公司走出国门去海外寻求更大的发展，国外的企业也纷纷在中国建立自己的企业，经济全球化已经是大势所趋。作为通用商业语言的会计信息化必须与国际标准趋同，会计软件更应服务国际会计准则，支持多国语言并支持多币种核算。

5. 智能化

将现代通信与信息技术、计算机网络技术、行业技术、智能控制技术汇集到软件系统中，软件能够模仿人类智能活动，对生产经营活动进行智能化管理，把业务数据充分转化为信息，使得业务人员能够充分掌握、利用这些信息，并且辅助决策。

1.2 用友 ERP-U8 管理软件介绍

1. 功能特点

用友 ERP-U8 管理软件是用友公司面向中、小型企业开发的企业级管理软件，定位于中国企业管理软件的中端应用市场，可以满足不同的竞争环境、不同的制造和商务模式以及不同的运营模式下企业经营管理的需要，提供从企业日常运营、人力资源管理到办公事务处理等全方位的企业管理解决方案。软件各模块既可以集成使用，满足用户经营管理的整体需要，又可以单独使用，最大限度地满足用户某一方面的经营管理需求。

2. 总体结构

本书选择用友 ERP-U8 管理软件为实训平台，其总体结构如表 1-1 所示。

① PC（personal computer），即个人电脑。

表 1-1 用友 ERP-U8 管理软件的总体结构

财务会计（FM）	供应链管理（SCM）	生产制造（PM）	客户关系管理（CRM）	人力资源（HR）	决策支持（DSS）	集团应用（GA）	零售管理（RM）	分销管理（DM）	系统管理集成应用	办公自动化（OA）
成本管理	GSP管理	设备管理	客户调查	绩效管理	管理驾驶舱	专家分析	零售收款	通路管理	零售接口	网络调查
资金管理	质量管理	工程变更	统计分析	宿舍管理	专家财务评估	行业报表	零售开单	供应商自助	PDM接口	内部论坛
项目管理	出口管理	车间管理	市场管理	培训管理		合并报表	日结管理	客户商务端	企业应用平台	档案管理
预算管理	库存管理	生产订单	费用管理	人事合同		结算中心	店存管理	综合管理	金税接口	信息管理
网上银行	委外管理	需求规划	活动管理	保险福利		集团账务	价格管理	业务记账	WEB应用	车辆管理
UFO报表	采购管理	产能管理	商机管理	经理查询		集团预算	折扣管理	分销业务	EAI平台	物品管理
网上报销	销售管理	主生产计划	客户管理	考勤管理			VIP管理		系统管理	会议管理
总账管理	合同管理	物料清单		薪资管理			门店业务管理			教育培训
固定资产管理	售前分析			计件工资			数据交换			知识中心
应付管理	存货核算			招聘管理						个人办公
应收管理				人事信息						事件处理
										工作流程

注：GSP（good supply practice），即良好供应规范；PDM（product data management），即产品数据管理

从表 1-1 可以看出，用友 ERP-U8 提供了企业信息化的全面解决方案。按照企业信息化的基本需求和学生学习由易到难、重基础轻个案的基本规律，我们选择了财务会计、供应链管理、人力资源三部分内容中的常用模块来搭建本书的实验体系，以支撑企业财务业务的一体化管理。财务会计中选择了总账管理、UFO 报表管理、固定资产管理、应收款管理、应付款管理等主要模块，供应链管理中选择了采购管理、销售管理、库存管理、存货核算等主要模块，人力资源中选择了薪资管理、计件工资等主要模块。

3. 数据关联

作为企业级管理软件，用友 ERP-U8 通过各模块的集成使用实现企业财务业务一体化处理。各模块之间存在的数据传递关系如图 1-1 所示。

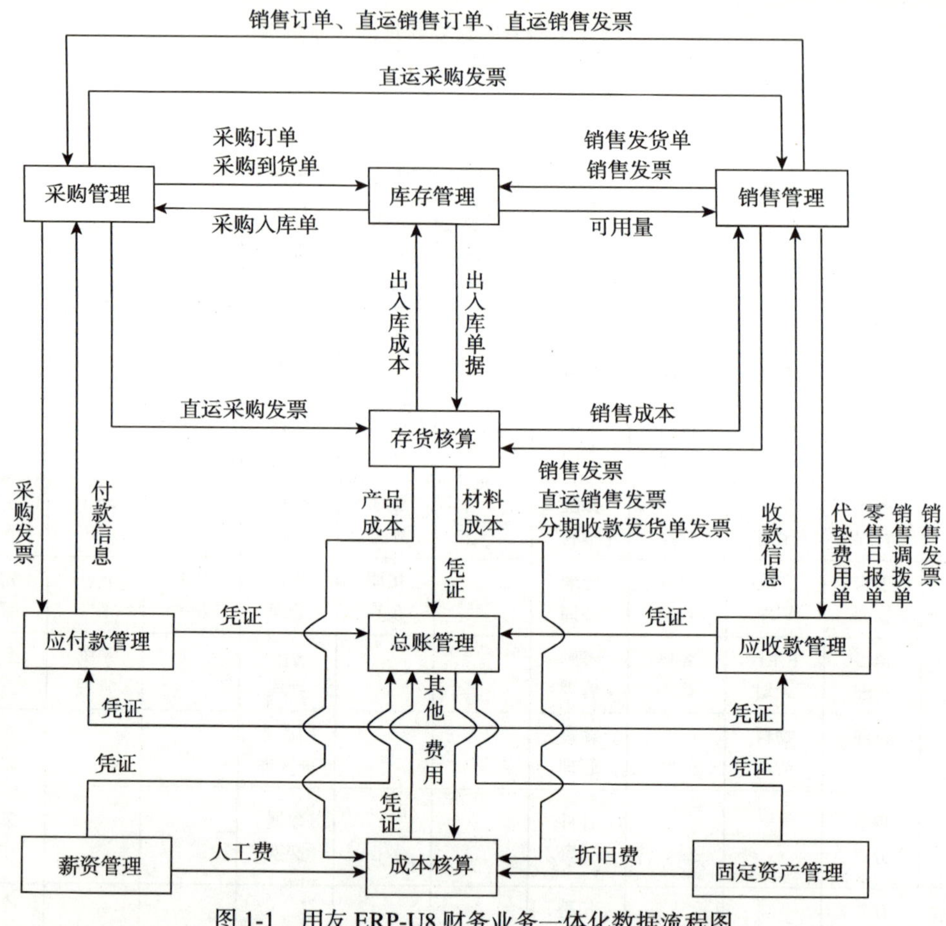

图 1-1　用友 ERP-U8 财务业务一体化数据流程图

1.3　安装用友 ERP-U8

1.3.1　系统技术架构

用友 ERP-U8 采用三层架构体系，即逻辑上分为数据服务器、应用服务器和客户端。采用三层架构设计，可以提高系统效率与安全性，降低硬件投资成本。

安装用友 ERP-U8 时，可以视企业需求不同从而采用不同的安装模式。

模式一：单机应用模式。即将数据服务器、应用服务器和客户端安装在一台计算机上。一般适用于规模较小，经济业务较少，办公地点集中，一台计算机即可满足业务处理的企业采用。

模式二：网络应用模式。即将数据服务器和应用服务器安装在一台计算机上，客户端安装在其他计算机上，此模式只有一台服务器；也可以将数据服务器和应用服务器分别安装在两台计算机上，客户端安装在其他计算机上，此模式有两台服务器。网络应用模式适用于规模较大，经济业务比较多，办公地点比较分散，一台计算机不能满足业务处理的企业采用。采用网络模式时必须进行三层架构的互联。

1.3.2 系统运行环境

用友 ERP-U8 属于应用软件范畴，需要按以下要求配置系统软件环境，如表 1-2 所示。

表 1-2 用友 ERP-U8 要求的软件环境

对象	客户端	数据服务器/应用服务器
系统软件	Windows XP+SP2（或更高版本）或 Windows 2000 Server/Professional+SP4（或更高版本）或 Windows 2003 Server+SP2（或更高版本）或 Windows 7+ SP1 或 Windows 8.1	Windows 2000 Server+ SP4（或更高版本）或 Windows 2003 Server+SP2（或更高版本）
网络协议	IE6.0+SP1（或更高版本），TCP/IP，Named Pipe	
Internet 信息服务（IIS）	IIS 5.0 或更高版本	
.NET 运行环境	.NET Framework 2.0 Service Pack1 或更高版本	
数据库	Microsoft SQL Server 2000+SP4 或 Microsoft SQL Server 2005+SP2（或更高版本）或 Microsoft SQL Server 2008	

采用单机应用模式时，可以按客户端要求的软件环境进行安装；采用网络应用模式时，则需按照客户端、数据服务器、应用服务器分别要求的软件环境进行安装。下面以 Windows 7 家庭普通版（32 位操作系统）安装环境为例，采用单机应用模式，讲解用友 ERP-U8 的安装。

1. 准备安装环境

用系统管理员或具有同等权限的人员登录（用户 ID 属于 administrators 组），进行安装。

1）更改计算机名称

在安装用友 ERP-U8 管理软件时，计算机名不能含有“-”“_”等特殊字符，否则有些软件功能不能使用。建议计算机名采用英文字母或英文字母和数字组合的方式命名。

具体操作方法：鼠标右键单击“计算机”，从弹出的快捷菜单中选择“属性”，打开“系统”窗口，双击计算机名右侧的“更改设置”按钮，打开“系统属性”窗口，单击“更改”按钮，打开“计算机名/域更改”窗口，在计算机名处录入符合要求的计算机名，然后单击“确定”按钮，完成修改。

2）设置日期分隔符

Windows 7 系统默认的日期分隔符为“/”，而用友 ERP-U8 要求的日期分隔符号为“-”。

具体操作方法：打开控制面板，选择“日期和时间”|“更改日期和时间”|“更改日历设置”，在打开的“自定义格式”|“日期”窗口，将日期格式设置为“yyyy-MM-dd”格式，然后连续单击“确定”按钮退出设置窗口。

3）配置 Internet 信息服务和.NET 运行环境

设置方法：打开控制面板，选择“程序”|“打开或关闭 Windows 功能”，打开“Windows 功能”窗口，分别打开“Internet 信息服务”和“Microsoft .NET Framework 3.5.1”两项

前面的加号，选中所有项目，然后单击“确定”按钮，关闭控制面板窗口。

4）关闭安全管理软件

在安装用友 ERP-U8 之前，退出 360 安全卫士、360 杀毒软件及其他杀毒软件，避免这些安全管理软件阻止安装用友 ERP-U8。

2. 安装 SQL Server 2000 及 SP4 补丁

本例选用的数据库版本为 SQL Server 2000+SP4。SQL Server 2000 有个人版、标准版、企业版等多个版本，现以个人版为例，介绍其安装过程。

（1）执行 SQL Server 2000 安装文件 AUTORUN 命令，打开 SQL Server 2000 自动菜单，选择其中的“安装 SQL Server 2000 组件”命令，打开“安装组件”对话框。

（2）选择“安装数据库服务器”选项。打开“安装向导——欢迎”对话框，单击“下一步”按钮，打开“计算机名”对话框，选择“本地计算机”选项，单击“下一步”按钮，打开“安装选择”对话框。

（3）选择“创建新的 SQL Server 实例，或安装客户端工具”，单击“下一步”按钮，打开“用户信息”对话框，输入姓名。单击“下一步”按钮，打开“软件许可证协议”对话框。单击“是”按钮，打开“安装定义”对话框。

（4）选择“服务器和客户端工具”选项，单击“下一步”按钮，打开“实例名”对话框，选择系统默认。单击“下一步”按钮，打开“安装类型”对话框，选择“典型”选项并选择文件安装路径。单击“下一步”按钮，打开“账户服务”对话框，选择“对每个服务使用同一账户。自动启动 SQL Server 服务”，将服务设置为“使用本地系统账户”。

（5）单击“下一步”按钮，打开“身份验证模式”对话框，将身份验证模式选择为“混合模式（Windows 身份验证和 SQL Server 身份验证）”，选中“空密码”复选框。

（6）单击“下一步”按钮，打开“开始复制文件”对话框。单击“下一步”按钮，系统开始自动安装 SQL Server 2000 数据库。安装完成后，系统提示“安装完毕”对话框，单击“确定”按钮，结束 SQL Server 2000 安装。

（7）安装 SP4 数据库补丁。首先将补丁程序文件解压缩。然后运行安装文件 setup，系统弹出“欢迎”窗口。单击“下一步”按钮，打开“软件许可证协议”窗口。单击“是”按钮，打开“实例名”窗口。采用默认值，直接单击“下一步”按钮，打开“连接到服务器”窗口。

（8）在“连接到服务器”窗口，将身份验证模式选择为“我用来登录到自己计算机上的 Windows 账户信息（Windows 身份验证）”。单击“下一步”按钮，系统提示“正在验证用户，请稍候”。稍后，系统弹出“SA 密码警告”窗口，选择“忽略安全威胁警告，保留密码为空”。单击“下一步”按钮，打开“SQL Server 2000 Service Pack4 安装程序”窗口。

（9）选中“升级 Microsoft Search 并应用 SQL Server 2000 SP4（必需）”复选框。单击“继续”按钮，系统提示错误报告的发送方式，此处不用做任何设置，直接单击“确定”按钮即可。

（10）此后系统自动检测环境，打开“开始复制文件”窗口。单击“下一步”按钮，系统开始复制文件，完成自动安装。

3. 安装用友 ERP-U8

1）设置 MDAC 组件参数

在 Windows 7 下安装用友 ERP-U8 软件，当检测组件窗口时，会出现 MDAC 组件没有安装的提示，但安装 MDAC 软件时又无法安装，这是因为 Windows 7 所带的 MDAC 软件版本太高，ERP-U8 无法检测到。为了解决这个问题，需要将这个版本号进行修改。

设置方法：选择“开始”|“所有程序”|“附件”|“运行”命令，打开“运行”对话框，输入 regedit 命令（修改注册表的程序）。单击“确定”按钮，进入注册表修改状态。

打开注册表，选择 HKEY_LOCAL_MACHINE/SOFTWARE/Microsoft/DataAccess，将“FullInstallVer=6.1.7601.17514”和“Version=6.1.7601.17514”（由于版本不同，也可能是其他的值）修改为“FullInstallVer=2.82.3959.0”和“Version=2.82.3959.0”。当用友 ERP-U8 安装完成之后再改回原值。

2）安装用友 ERP-U8

打开用友 ERP-U8 安装目录，双击“setup”安装程序，然后单击“下一步”按钮，在“许可证协议”窗口选择“我接受许可证协议中的条款”，再单击“下一步”按钮，系统会自动进行历史版本检测，稍后打开客户信息窗口，输入客户的公司名称，这里输入的公司名称对后面的实际应用没有影响，可自行输入。继续单击“下一步”按钮，进入“选择目的地位置”对话框。可以按照默认选择，也可以单击“更改”按钮更改安装位置，建议更改安装路径。

单击“下一步”按钮，在安装类型对话框选择安装类型，建议选择“全产品”，即将全部组件都安装在一台计算机上。

可以不选择“繁体中文”和“英文”复选框，然后单击“下一步”按钮，进入“环境检测”对话框，单击“检测”按钮，系统会提示检测报告。

系统环境检测通过以后，单击“确定”按钮，进入“可以安装程序了”对话框，单击“安装”按钮进行安装。安装将持续较长时间。安装中如出现安装兼容性提示时，选择“使用推荐的设置重新安装”即可。用友 ERP-U8 安装完毕，需要重新启动计算机。

重新启动计算机后系统提示进行数据源配置，在“数据库”文本框中输入计算机名，如本计算机系统的计算机名为“gaojianlipc”。单击“测试连接”按钮，提示“测试成功”，再依次单击“确定”“完成”等按钮，结束安装。

系统安装完成后会提示是否初始化数据库，单击“是”按钮，系统提示“正在初始化数据库实例，请稍候……”。数据库初始化完成后，出现登录对话框，单击“取消”按钮退出。

提示：

· 选择“是”，则立即对数据库进行初始化。

· 选择“否”，以后可以通过运行“用友 ERP-U872”|“系统服务”|“系统管理”，选择“系统”|“初始化数据库”命令进行系统初始化。

安装成功后，在任务栏显示 SQL Server 数据服务管理器图标“”和应用服务管理器图标“”。

本章小结

本章主要介绍了财务软件的发展历程、发展现状和发展趋势，以及用友 ERP-U8 管理软件的基本情况和安装方法。

财务软件的发展经历了四个阶段，分别是理论研究与定点开发阶段、商品化会计软件面市阶段、会计软件由核算向管理转型阶段和向全面管理信息系统发展阶段。目前财务软件的技术架构以基于局域网应用的 C/S 结构占据主流，有的软件设计为两层架构体系，有的设计为三层架构体系。未来财务软件的发展趋势是集成化、网络化、服务网络化 SaaS 服务、国际化和智能化。

用友 ERP-U8 管理软件是面向中、小型企业的企业级管理软件，定位于中国企业管理软件的中端应用市场，提供从企业日常运营、人力资源管理到办公事务处理等全方位的企业管理解决方案。软件各模块既可以集成使用，满足用户经营管理的整体需要，又可以单独使用，满足用户某一方面的经营管理需求。该软件采用三层架构体系，即逻辑上分为数据服务器、应用服务器和客户端。

用友 ERP-U8 安装时既可以采用单机应用模式，也可以采用网络应用模式。

复习思考题

1. 财务软件的发展历程是怎样的?
2. 你如何看待财务软件的未来发展趋势?
3. 你如何看待用友 ERP-U8 管理软件?
4. 怎样理解用友 ERP-U8 的三层架构体系?
5. 尝试安装用友 ERP-U8 管理软件。

导论复习题

第2章　系统管理与企业应用平台

学习目标：

了解系统管理和企业应用平台在用友 ERP-U8 管理软件体系中的地位和作用，理解账套和年度账的含义及其关系，理解用友 ERP-U8 管理软件三级权限的含义及内容，掌握设置用户、建立账套、设置三级权限的方法，掌握如何进行系统启用，理解设置基础档案的意义并掌握设置基础档案的方法，掌握账套输出和引入的含义及操作方法。通过本章学习，帮助学生进一步熟悉并理解用友 ERP-U8 管理软件的功能结构，增强实际动手能力，为后续内容的学习奠定基础。

关键词：

系统管理；系统管理员；账套主管；账套；权限管理；系统启用；基础档案；账套输出；账套引入

用友 ERP-U8 管理软件由财务会计、供应链管理、人力资源管理、生产管理等多个部分组成，每个部分又包括若干个子系统，如财务会计包括总账管理、UFO 报表管理、固定资产管理、应收款管理、应付款管理等子系统；供应链管理包括采购管理、销售管理、库存管理、存货核算等子系统。各个子系统服务于企业的不同层面，为不同的管理需要服务。这些子系统本身既具有相对独立的功能，完成相应业务的处理，彼此之间又具有紧密的联系，它们共用一个企业数据库，拥有公共的基础信息、相同的账套和年度账。在财务业务一体化应用管理模式下，开发人员开发设计了一个公用平台，通过这个平台对整个系统的公共任务进行统一管理，如对企业账套进行统一管理，设置角色、操作员以及进行权限分配，完成公共信息及基础档案的设置等。用友 ERP-U8 管理软件中各子系统的运行都必须以此为基础。

公用平台包括两部分内容，即系统管理和企业应用平台。

2.1　系统管理

2.1.1　系统管理功能概述

系统管理的主要功能是对用友 ERP-U8 管理软件中整个系统的公共任务进行统一管理，包括账套管理、年度账管理、用户及其权限管理、系统运行安全管理等。

2.1.2 账套管理

1. 账套的概念

用友 ERP-U8 管理软件属于通用型财务软件，软件中没有任何与使用单位相关的信息。企业要使用软件进行财务、业务的处理，首先需要在软件系统中建立企业的基本信息、核算方法、编码规则等，这个过程称之为“建账”，这里的“账”就是“账套”的概念。每个独立核算的企业都必须建立一个账套，用以存放该企业的财务和业务信息。换句话讲，该企业所有的财务业务信息都存放在一个账套文件里面。在用友 ERP-U8 管理软件中，可以为多个独立核算的企业分别建立账套，各账套之间相互独立，互不影响。

2. 账套管理的功能

账套管理功能包括建立账套、修改账套、输出账套、引入账套和删除账套等。

（1）建立账套。建立账套是指在软件系统中建立企业的基本信息、核算方法、编码规则等，一般简称为建账。

（2）修改账套。修改账套是指对建账时出现的一些错误进行修改。部分信息无法修改，如账套号、启用会计期。

（3）输出账套。输出账套是指将所选的账套数据进行备份，存储到硬盘、光盘等外部存储设备上。输出账套对数据的安全性是非常必要的。如果企业由于不可预知的原因（如地震、火灾、计算机病毒、人为的误操作等），需要对数据进行恢复，此时备份数据就可以将企业的损失降到最小。对于异地管理的公司，此种方法还可以解决审计和数据汇总的问题。

账套输出时产生两个文件：Uferpact.lst 为账套信息文件，UFDATA.BAK 是账套数据文件。

（4）引入账套。引入账套是指将备份的账套数据引入用友 ERP-U8 管理软件系统中。该功能不仅方便企业将备份数据恢复，而且有利于集团公司将子公司数据的账套数据定期地引入母公司系统中，方便账套数据的分析和合并工作。

（5）删除账套。删除账套是指将用友 ERP-U8 管理软件系统中已建立的账套删除。如果该账套里面的数据比较紊乱，或不再需要该账套，就可以删除账套。

提示：

· 建立账套、输出账套、引入账套由系统管理员（admin）进行；修改账套由账套主管进行。

2.1.3 年度账管理

1. 年度账的概念

每个账套中存放了该企业所有的财务业务等数据，把这些数据按年度划分，不同年度的数据就称为年度账。

账套里面存放的是该企业全部的财务业务信息，年度账里面存放的则是该企业某一年度的财务业务信息。之所以引入“年度账”的概念，是从便于进行账套管理的角度考虑的。账套里面存放的数据量太大，包括了企业从建账开始一直到当前会计期间为止的所有数据，太大的数据量不便于企业进行账套管理，而年度账里面只包括该账套里面一个年度的数据，数据量较小，便于维护。

提示：

・年度账是在已有上年度账套的基础上建立的，只有建立了上年度的账套，才能建立下一年度的年度账。

・每个账套可以按会计年度建立多个年度账。

2. 年度账管理的功能

年度账管理包括年度账的建立、引入、输出、结转上年数据、清空年度数据等。

（1）建立年度账。建立年度账是指在新年度到来时，建立的新年度核算体系。只有建立年度账，才能进行新年度的财务业务处理工作。通过年度账的建立，自动将上个年度账的基本档案信息结转到新的年度账中。对于上年余额等信息需要在“结转上年度数据”操作完成后，由上年自动转入下年的新年度账中。

（2）年度账的引入。与账套操作中的引入含义基本一致，所不同的是年度账操作中的引入不是针对某个账套，而是针对账套中的某一年度的年度账进行，引入的是年度数据备份文件（由系统输出的年度账的备份文件，前缀名统一为 uferpyer）。

（3）年度账的输出。与账套操作中的输出含义基本一致，所不同的是年度账操作中的输出不是针对某个账套，而是针对账套中的某一年度的年度账进行，输出的是年度数据文件（由系统输出的年度账的文件，前缀名统一为 uferpyer）。

（4）结转上年数据。结转上年数据是指将上年年末相关账户的余额及其他信息结转到新年度账中。结转上年数据时要注意各子系统结转的先后顺序。

（5）清空年度数据。清空年度数据是指当年度账中错误太多，或不希望将上年度的余额或其他信息全部结转到下一年度时，便可使用清空年度数据的功能。“清空”并不是指将年度账的数据全部清空，还是要保留一些信息的，如账套基础信息、系统预置的科目报表等。保留这些信息主要是为了方便用户使用清空后的年度账重新做账。

年度账管理只能由账套主管进行。

提示：

・账套和年度账的区别：账套是年度账的上一级，账套是由年度账组成的。首先有账套然后有年度账，一个账套可以拥有多个年度的年度账。例如，某单位建立账套“001 正式账套”后在 2001 年使用，然后在 2002 年的期初建 2002 年的年度账后使用，则“001 正式账套”具有两个子年度账，即“001 正式账套 2001 年”和“001 正式账套 2002 年”。

・账套和年度账两层结构的好处：便于企业的管理，如进行账套的上报、跨年的数据管理结构调整等；方便数据备份输出和引入；减少数据量，降低系统运行负担，提高应用效率。

2.1.4　用户及其权限管理

企业运行用友 ERP-U8 管理软件时，应首先设置用户（用户即通常意义上的“操作员”），并根据内部牵制原则对操作员授权，然后由用户登录软件系统进行业务处理，避免无关人员对系统进行非法操作。

1. 角色管理

角色是指在企业管理中拥有某一类职能的组织（或岗位），这个角色组织可以是实际的部门，也可以是由拥有同一类职能的人构成的虚拟组织。例如，实际工作中最常见的会计和出纳两个角色（他们既可以是同一个部门的人员，也可以分属不同的部门但工作职能是一样的）。设置角色后就可以定义角色的权限。当用户归属于某一角色后，该用户就相应地拥有了该角色的权限。设置角色的好处是方便控制操作员权限，可以依据职能统一进行权限的划分。

角色管理包括角色的增加、删除、修改等。

2. 用户管理

用户就是有权登录软件系统并对软件系统进行操作的人员。角色和用户的设置不分先后顺序。但对于自动传递权限来说，应首先设置角色并授权，然后再设置用户。当设置的用户归属于某一角色时，其自动就具有了该角色的权限。一个用户可以分属于多个角色，一个角色也可以拥有多个用户。

用户管理包括增加用户、修改和删除用户。

3. 权限管理

用户只有授权才能登录软件系统进行相关操作。权限设置就是对允许登录系统的用户规定操作权限。

1）三个层次的权限管理

为了适应企业精细化管理的需要，用友 ERP-U8 管理软件提供了强大的权限管理功能，不仅可以设置用户对软件系统中某些功能模块相关业务的操作权限，还可以对特定业务对象的某些项目和某些记录进行查询和录入的权限控制，以及对特定业务对象进行金额的权限控制。也就是说，用友 ERP-U8 管理软件可以对用户进行三个层次的权限管理。

（1）功能级权限管理。功能级权限管理是指设置用户对软件系统中某些功能模块相关业务的操作权限。例如，赋予用户“DEMO”具有操作“999 演示账套”固定资产管理模块、销售管理模块的全部权限，具有总账管理模块填制凭证的权限。

（2）数据级权限管理。数据级权限管理是指设置用户对特定业务对象的某些记录和某些项目进行操作的权限。

数据级权限可以通过两个方面进行控制，一个是记录级权限控制，另一个是字段级权限控制。

记录级权限控制是指对具体业务对象进行权限分配。例如，赋予用户“DEMO”具有在“999 演示账套”中填制转账凭证的权限，而不能填制收款凭证和付款凭证的权限。

字段级权限控制是指对单据中包含的字段进行权限分配。例如，赋予用户“DEMO”可以查看“999 演示账套”中出库单上的商品名称、出库数量等信息，而不能查看价格信息等的权限。

（3）金额级权限管理。金额级权限管理是指设置用户可使用的金额级别。该权限主要用于完善内部金额控制，对不同用户进行金额级别控制，限制他们制单时可以使用的金额数量。不涉及内部系统控制的金额不在管理范围内。例如，银行存款科目的金额有三个金额级别，级别一是100 000元，级别二是200 000元，级别三是300 000元。对用户“DEMO”进行金额权限控制时，赋予其使用银行存款科目级别二的权限，则“DEMO”使用银行存款科目填制凭证时，银行存款科目的金额不能超过200 000元，否则凭证不能保存。

提示：

· 必须对用户先设置功能级权限，在此基础上才能设置数据级权限和金额级权限。例如，用户“DEMO”只有具有填制凭证的权限（功能级权限），才能在此基础上进一步设置其能填制哪一类别凭证（数据级权限），或填制凭证时如何控制金额（金额级权限）。

· 不必对用户同时进行三个层次的权限设置。如何选择权限控制层次取决于企业管理的需要。当企业不需要进行数据级权限和金额级权限控制时，则可以只进行功能级权限设置即可。

·进行金额权限控制时，以下三种情况不受控制：①调用常用凭证生成的凭证；②期末转账结转生成的凭证；③在外部系统生成的凭证，如果超出金额权限，保存凭证时不受限制。

2）系统管理员和账套主管的权限区别

系统允许两个用户登录系统管理，一个是系统管理员，另一个是账套主管。二者的权限主要有以下区分。

系统管理员负责整个系统的总体控制和数据维护工作，可以管理该软件系统中所有的账套，包括账套的建立、输出、引入等；可以设置角色和用户；设置用户的密码和权限；设置账套主管；等等。系统管理员只能登录系统管理，而不能登录企业应用平台进行业务操作。

账套主管负责所管辖账套的维护工作，包括对该账套进行修改；设置用户对该账套的操作权限；对年度账进行管理，包括年度账的建立、清空、引入、输出和结转上年数据等。账套主管既能登录系统管理，也能登录企业应用平台进行业务操作。

2.1.5 系统运行安全管理

系统运行安全管理的主要功能是监控软件系统运行情况，清除软件系统运行过程中出现的异常问题，形成上机日志，清除单据锁定，以及设置账套的自动备份计划，对SQL Server数据库进行升级等。

（1）系统运行监控。以系统管理员或账套主管身份登录管理系统后，便可以查看软件系统的运行情况，如当前登录管理系统的用户、已经登录的子系统和操作员正在子系统中执行的功能、系统运行是否正常、注册登录时间、打开的账套等。

（2）清除系统运行异常。用户服务端超过异常限制时间未工作或由于不可预见的原因非法退出系统时，则被视为异常任务，在系统管理主界面显示“运行状态异常”，系统会在到达服务端失效时间时，自动清除异常任务。在等待时间内，用户也可选择“清除异常任务”菜单，自行删除异常任务。

（3）形成上机日志。为了保证系统的安全运行，系统随时对各个产品或模块的每个操作员的上下机时间、操作的具体功能等情况进行登记，形成上机日志，以便使所有的操作都有所记录、有迹可寻。

（4）清除单据锁定。在软件使用过程中由于不可预见的原因可能会造成单据锁定，单据锁定后就不能对单据进行正常操作。使用“清除单据锁定”功能，可以解除锁定，恢复单据正常功能的使用。

（5）设置自动备份计划。设置备份计划的作用是自动定时对设置好的账套（或年度账）进行输出（备份）。利用该功能可以实现定时、自动地输出多个账套（或年度账），从而减轻系统管理员的工作量。

（6）升级数据库。随着开发思想、开发技术的进步和客户需求的变化，软件版本不断升级更新，通过升级数据库功能，可以将以前版本的数据进行升级，一次性地将数据升级到新产品。

2.2　企业应用平台

2.2.1　企业应用平台概述

用友 ERP-U8 管理软件属于企业级软件，具有强大的财务业务一体化处理能力。为了便于用户使用，软件开发人员在用友 ERP-U8 管理软件中设立了企业应用平台。通过这个平台，用户能够从单一的访问入口访问企业的各种信息，定义自己的业务工作，并设计自己的工作流程。企业应用平台主要包括三部分内容，即基础设置、业务工作、系统服务。

2.2.2　基础设置

企业建立账套之后，账套里面只包含企业的基本信息、核算方法、编码方案等内容，而企业启用哪些系统，以及企业的一些基础档案信息，如人员档案、部门档案、客商信息、会计科目等内容都需要通过基础设置功能进行设置。基础设置的功能是为软件系统的日常运行做好基础工作，主要包括基本信息设置、基础档案设置、单据设置等内容。

1. 基本信息设置

基本信息设置包括三项内容，即系统启用、编码方案和数据精度。

（1）系统启用。系统启用是指设定用友 ERP-U8 管理软件中各子系统的启用日期。这些子系统只有经过“启用”后，用户才能登录这些子系统处理相关业务。

系统启用有两种方法。一种是在系统管理员建立账套时，由系统管理员启用；另一种是建立账套时没有启用，由账套主管登录企业应用平台，在此处启用。

（2）编码方案和数据精度。如果建立账套时设定的编码方案和数据精度不符合需要，在此处可以修改。

2. 基础档案设置

用友 ERP-U8 管理软件包括很多个子系统，在使用这些子系统处理企业日常业务前，必须先设置好一些必备的基础档案。这些基础档案中有的属于各子系统公用档案，如部门档案、职员档案、客商信息、会计科目、凭证类别等，有的和各子系统联系非常紧密，需要在各子系统中进行设置，如固定资产类别需要在固定资产管理子系统设置、应收款的入账科目需要在应收款管理子系统设置等。为了便于学习，本章先介绍一些侧重于财务会计的公用基础档案的设置，其他基础档案将在后续学习中陆续介绍。

提示：

· 设置基础档案时，不一定完全按照企业手工环境下已有的基础档案进行设置，可以根据信息化环境下财务业务处理的特点进行优化设置。

1）机构人员

（1）部门档案。部门档案主要用于设置企业各个职能部门的信息。这里的部门指的是与企业财务业务处理相关的职能部门。企业在进行财务核算和业务处理时用到的所有部门都在此处设置。

（2）人员类别。人员类别主要用于对企业的人员进行分类设置和管理。人员类别与分配人工费相关。设置人员类别的目的是为工资分摊生成转账凭证做准备。例如，在进行工资费用分摊时，生产人员的人工费记入“生产成本”账户，行政管理人员的人工费记入“管理费用”账户，如果没有设置“生产人员”和“企业管理人员”两个人员的类别，就无法方便地区分哪些费用记入“生产成本”账户，哪些费用记入“管理费用”账户。

（3）人员档案。人员档案用于设置企业的全体员工。设置人员档案时，所有的人员都是“业务员”，否则不能分配该人员的人工费；属于软件操作员的人员还要选择为“操作员”，以便和系统管理中设置的操作员确认为同一人。

2）客商信息

（1）地区分类。企业可以从自身管理要求出发对客户、供应商的所属地区进行相应的分类，建立地区分类体系，以便对业务数据进行统计、分析。

（2）客户分类。其主要用于设置客户的分类体系，企业可以根据自身管理的需要对客户进行分类管理，建立客户分类体系。可将客户按行业、地区等进行划分，设置客户分类后，根据不同的分类建立客户档案。

（3）客户档案。其主要用于设置往来客户的档案信息，以便于对客户资料的管理和对业务数据的录入、统计、分析。

设置客户档案是用友 ERP-U8 管理软件的一个非常实用的功能。在传统手工方式下核算应收款项时，需要把客户设置成“应收账款”“预收账款”“其他应收款”等账户的明细账户，如果客户较多时就会出现明细账户级次和数量较多的问题，这不便于开展核算和对应收款项进行管理。当把客户设置成客户档案后，结合会计科目的辅助核算功能，设置的账户层次和数量就会减少，也更便于管理。举例见实训资料。

客户档案信息包括“基本”“联系”“信用”“其他”四个选项卡。

“基本”选项卡主要记录客户的基本信息，包括客户编码、科目名称、客户简称、所属分类、税号、国内客户和国外客户选择等。客户名称和客户简称用法有所不同：客户名称要输入全称，用于销售发票的打印，即打印出来的销售发票的销售客户栏目显示的内容为销售客户的客户名称；客户简称可以输入单位的简要名称，用于业务单据和账表的屏幕显示，如屏幕显示的销售发货单的客户栏目中显示的内容为客户简称。

“联系”选项卡主要记录客户的各种联系方式，包括分管部门、专管业务员、地址、发运方式、发货仓库等。其中“地址”是指该客户的联系地址。

“信用”选项卡主要记录客户的信用信息。有的项目是企业根据自己的销售政策和客户以往的信用情况直接录入的，如折扣率、信用等级；有的项目是与应收款管理系统直接相连，如应收余额、最后交易日期、最后交易金额、最后收款日期、最后收款金额等，启用应收款管理子系统并录入相关内容后，单击此处工具栏“信用”按钮便可将相关数据从应收款管理子系统接收过来；还有的项目和销售管理系统有关，如“控制信用额度”“控制信用期限”控制。以“控制信用额度”为例，如此处选择了“控制信用额度”复选框，同时在销售管理系统的“销售选项”|“信用控制”设置中选择“按照客户控制信用额度”，表示对该名客户要实行信用额度控制。控制信用期限的设置方法和控制信用额度的设置方法相同。

“其他”选项卡主要记录该客户的发展日期、停用日期、建档人、变更人等信息。其中“发展日期”是指企业与该客户是何时建立供货关系的；“停用日期”是指企业因客户信用等原因与该客户停止业务往来时，该客户被停止使用的日期。客户被停止使用后，不能再向该客户开具业务单据，但可进行查询。如果要使被停用的客户中止停用，将停用日期栏的内容清空即可。

设置客户档案时，一些常用的工具按钮的作用如下：

“银行”按钮——设置客户的开户银行。

“地址”按钮——设置该客户的收货地址。当客户的基本信息编辑完成并保存后，方可使用地址的编辑功能编辑此客户的地址。

“联系”按钮——设置联系人的详细信息。

“开票”按钮——设置向该客户开具发票时的开票单位名称。默认开票单位名称和客户名称相同，当开票单位名称和客户名称不一致时，可在此处设置开票单位名称。

提示：

· 如果在建立账套时选择了客户分类，则必须先设置客户分类档案，然后再设置客户档案。

· 设置客户档案时，蓝色项目必须录入，黑色项目可以有选择地录入。

· 如果企业为一般纳税人，“税号”“开户银行”“银行账号”三项内容必须录入，否则不能开具增值税专用发票。

（4）供应商分类。供应商分类主要用于设置供应商的分类体系。企业可以根据自身管理的需要对供应商进行分类管理，建立供应商分类体系。可将供应商按行业、地区等进行划分，设置供应商分类后，根据不同的分类建立供应商档案。

（5）供应商档案。供应商档案主要用于设置往来供应商的档案信息，以便于对供应商资料的管理和对业务数据的录入、统计、分析。如果用户在建立账套时选择了供应商分类，则必须在设置完成供应商分类档案的情况下才能编辑供应商档案。

建立供应商档案主要是为企业的采购管理、库存管理、应付款管理服务的。在填制采购入库单、采购发票和进行采购结算、应付款结算和有关供货单位统计时都会用到供货单位档案，因此必须先设立供应商档案，以便减少工作差错。在输入单据时，如果单据上的供货单位不在供应商档案中，则必须在此建立该供应商的档案。

3）财务信息

（1）会计科目。会计科目是对会计对象具体内容分门别类进行核算所规定的项目，是填制会计凭证、登记会计账簿、编制会计报表的基础。会计科目设置的完整性影响着会计核算过程的顺利实施，会计科目设置的层次深度直接影响着会计核算的详细、准确程度。用友 ERP-U8 管理软件中预置了现行会计准则所规定的一级会计科目和部分二级会计科目，企业应根据实际业务的需要增加、修改、删除、指定会计科目。

其一，增加会计科目。此功能主要用来增加各级会计科目。

建立会计科目时，输入的基本内容包括以下几点。

科目编码：一级科目编码要符合会计制度的统一要求，明细科目编码要按照参数设置中对科目编码级次和级长进行设置。

科目名称：科目名称的设置要规范准确。

科目类型：按照会计制度的规定，科目类型分为五大类，即资产、负债、所有者权益、成本和损益。

账页格式：规定每个科目的会计账页格式，包括金额式、外币金额式、数量金额式和数量外币式。

外币核算：如果该科目需要核算外币，需要先设置外币种类，然后再选择外币种类。一个科目只能核算一种外币。

数量核算：如果原材料、库存商品等存货类科目需要进行数量核算时，在此设定。

汇总打印：在同一张凭证中当某科目或有同一上级科目的末级科目有多笔相同方向的分录时，如果希望将这些多笔分录按科目汇总成一笔打印，则需要将该科目设置为“汇总打印”，汇总到的科目设置成该科目的本身或上级科目。

科目性质：科目性质即余额方向，系统按科目类型自动选择余额方向。科目类型为资产类、共同类、成本类科目时，余额方向默认为借方；科目类型为负债类、所有者权益类、损益类科目时，余额方向默认为贷方。用户可以根据实际情况选择余额方向。只能在设置一级会计科目时设置余额方向，下级科目的余额方向与上级科目余额方向相同。已有数据的会计科目不能改变余额方向。

辅助核算：如果企业的往来业务比较频繁、核算要求较高，可以对一些会计科目进行辅助核算。一般情况下对收入费用类科目可设为部门辅助核算，与客户往来的科目如预收账款、应收账款等可设为客户往来核算，类似的还有供应商往来核算、个人往来核算、项目核算等。

提示：

· 增加会计科目时要遵循先建上级再建下级的原则。

· 会计科目使用后再增加明细科目的，系统会自动将该科目的余额转到第一个明细科目上。

· 在新增会计科目过程中可能会遇到新增会计科目的下级科目与一个已设置好的科目的下级明细科目类似，在这种情况下如果设置一批新下级明细科目，非常浪费时间和人力，系统提供了成批复制下级明细科目的功能。可以将本账套或其他账套中的相似的下级科目复制给某一科目，减少重复设置的工作量，并提高正确率和一致性。

其二，修改会计科目。如果需要对已经建立的某些会计科目属性进行修改，可以通过“修改”功能实现。

其三，删除会计科目。对于系统中一些不需要的会计科目，可以通过“删除”功能删除会计科目。

提示：

· 会计科目一经使用，其科目编码和科目性质便不能修改。

· 会计科目已录入余额或填制记账凭证后，则不能删除。

· 删除会计科目时要遵循自下而上的原则，但已使用的科目不能删除。

其四，指定会计科目。指定会计科目是指定出纳的专管科目。一般指定现金科目和银行存款科目。如果需要系统自动编制现金流量表，则需指定现金流量科目。只有指定科目后，才能进行出纳签字，才能查看现金日记账和银行存款日记账。在指定“现金科目”“银行科目”之前，应在建立“库存现金”“银行存款”会计科目时选中“日记账”复选框，以便使软件按“日记账”的方式登记这两个账簿。

（2）凭证类别。应用该功能可以设置凭证类别。

如果是第一次进行凭证类别设置，可以按以下几种常用分类方式进行定义：①记账凭证；②收款、付款、转账凭证；③现金、银行、转账凭证；④现金收款、现金付款、银行收款、银行付款、转账凭证；⑤自定义凭证类别。

为了避免在填制凭证时将凭证类别选错，可以对某些类别的凭证设置限制类型和限制科目。系统有七种限制类型供选择：①无限制。制单时，此类凭证可使用所有合法的科目限制科目由用户输入，可以是任意级次的科目，科目之间用逗号分隔，数量不限，也可参照输入，但不能重复录入。②借方必有。制单时，此类凭证借方至少有一个限制科目有发生额。③贷方必有。制单时，此类凭证贷方至少有一个限制科目有发生额。④凭证必有。制单时，此类凭证无论借方还是贷方至少有一个限制科目有发生额。⑤凭证必无。制单时，此类凭证无论借方还是贷方不能有任何一个限制科目有发生额。⑥借方必无。即金额发生在借方的科目必须不包含借方必无科目，可在凭证保存时检查。⑦贷方必无。即金额发生在贷方的科目必须不包含贷方必无科目，可在凭证保存时检查。

提示：

· 已使用的凭证类别不能删除，也不能修改类别字。

· 若选有科目限制（即［限制类型］不是［无限制］），则至少要输入一个限制科目；若限制类型选［无限制］，则不能输入限制科目。

· 若限制科目为非末级科目，则在制单时，其所有下级科目都将受到同样的限制。

· 表格右侧的上下箭头按钮可以调整凭证类别的前后顺序，它将决定明细账中凭证的排列顺序。例如，凭证类别设置中凭证类别的排列顺序为收、付、转，则在查询明细账、日记账时，同一日的凭证，将按照收、付、转的顺序进行排列。

（3）外币设置。如果企业有外币业务，就要提前对外币及汇率进行设置。这样在制单时就可以调用提前设置好的汇率，以便减少录入汇率的次数和差错。在进行外币设置时要定义如下栏目。

币符及币名：定义外币的符号及其名称，如美元，其币符可以定义为 USD，名称定义为美元，币符为必须输入项。

汇率小数位：定义外币的汇率小数位数，系统默认为 5 位。

折算方式：分为直接汇率与间接汇率两种，用户可以根据外币的使用情况选定汇率的折算方式。

固定汇率与浮动汇率：选“固定汇率”即可录入各月的月初汇率，选“浮动汇率”即可录入所选月份的各日汇率。

记账汇率：在平时制单时，系统自动显示此汇率，如果用户使用固定汇率（月初汇率），则记账汇率必须输入，否则制单时汇率为 0。

调整汇率（即月末汇率）：在期末计算汇兑损益时用，平时可不输，等期末可输入期末时汇率，用于计算汇兑损溢，本汇率不作其他用途。

提示：

· 此处仅供用户录入固定汇率与浮动汇率，并不决定在制单时使用固定汇率还是浮动汇率，在选项中的汇率方式的设置决定制单使用固定汇率还是浮动汇率。

（4）项目目录。可以将具有相同特性的一类项目定义成一个项目大类。一个项目大类可以包含多个项目，为了便于管理，还可以对这些项目进行分类管理。例如，某企业生产甲、乙、丙、丁各种产品，其中甲、乙产品属于电子类产品，丙、丁产品属于电器类产品，这时，企业便可设立一个生产成本大类，电子类产品和电器类产品两个分类，甲、乙、丙、丁四个具体项目目录。

使用项目核算与管理的首要步骤是设置项目档案，项目档案设置包括定义项目大类、项目核算科目、项目分类、项目目录等内容。

定义项目大类。定义项目大类包括指定项目大类名称、定义项目级次、定义项目栏目三部分工作。项目级次是确定该项目大类下所管理的项目的级次及每级的位数；项目栏目是针对项目属性的描述，一个项目除了项目名称外，有时还应加一些其他备注说明，如课题核算除了课题名以外，还有课题性质、课题承担单位、课题负责人等备注说明，这些备注说明均可以设置为项目栏目。

定义项目核算科目。其作用是指定通过哪些科目对该项目大类的内容进行核算。例如，指定生产成本及其下级科目来核算企业生产产品时所耗费的“生产成本”项目大类。此处指定的核算科目必须是在建立会计科目时有“项目核算”辅助项的科目。

定义项目分类。为了便于统计，可对同一项目大类下的项目进行进一步划分。

定义项目目录。其功能是列出所选项目大类下的所有项目。

4）收付结算

（1）结算方式。该功能用来建立和管理用户在经营活动中所涉及的结算方式。它与财务结算方式一致，如现金结算、支票结算等。结算方式一旦被引用，便不能进行修改和删除的操作。

结算方式的设置主要包括以下内容。

结算方式编码：用以标识某结算方式。用户必须按照结算方式编码级次的先后顺序来进行录入，录入值必须唯一。

结算方式名称：用户根据企业的实际情况，必须录入所用结算方式的名称，录入值必须唯一。结算方式名称最多可写 6 个汉字（或 12 个字符）。

票据管理标志：用户可根据实际情况，通过单击复选框来选择该结算方式下的票据是否要进行票据管理。选择进行票据管理时，用户可以登记支票登记簿完成对支票的领用管理。

（2）本单位开户银行。可以设置本单位的开户银行。支持设置多个开户银行和账号信息。

3. 单据设置

企业在进行日常业务处理时，如果用友 ERP-U8 管理软件提供的单据默认的格式、编号方式以及打印控制等不满足企业的需要，则可以在此处进行单据格式、单据编号方式的设置，以及单据打印的控制。

2.2.3　业务工作

业务工作页面包含了用友 ERP-U8 管理系统的所有子系统功能模块。用户可以对各子系统进行初始设置、完成相关业务的处理，以及账表信息的查询打印。业务工作页面是用户登录各业务子系统的唯一入口。

2.2.4　系统服务

系统服务页面提供了一些软件系统的管理功能，包含系统管理、服务器配置、工具和权限等内容。通过系统服务界面，用户可以快速登录一些管理窗口，实现对软件系统的管理。

实验一　系统管理和基础档案设置

一、实验要求

（1）增加用户（操作员）。
（2）建立核算单位账套。
（3）进行财务分工。
（4）输入基础信息。
（5）备份账套数据。

二、实验资料

（一）增加用户

（1）001 钱明（口令：1）——账套主管。
（2）002 王兰（口令：2）——会计。
（3）003 李萍（口令：3）——出纳。

（二）建立账套

1. 账套信息

账套号：001
账套名称：皮装实业有限公司
备份路径：一般选默认路径
启用会计期：2015 年 1 月 1 日
会计期间设置：1 月 1 日至 1 月 31 日

2. 单位信息

单位名称：北京大华皮装实业有限公司
单位简称：大华皮装
单位地址：北京市海淀区 118 号
法人代表：何纯
邮政编码：100088
联系电话：010-10000888
电子邮件：PZSY982@126.com
税号：110433252811557

3. 核算类型

该企业的记账本位币：人民币（RMB）
企业类型：工业
行业性质：2007 年新会计科目制度，并按行业性质预置科目
账套主管：钱明

4. 基础信息

该企业有外币核算；进行服装业务处理时，需要对存货、客户、供应商进行分类。

5. 分类编码方案

科目编码级次：42222
客户分类编码级次：123
部门编码级次：12
地区分类编码级次：223
存货分类编码级次：1223
收发类别编码级次：122
结算方式编码级次：12
供应商分类编码级次：123

6. 数据精度

该企业对存货数量、单价小数位定为 2。

（三）财务分工

1. 001 钱明（口令：1）——账套主管

负责财务软件运行环境的建立，以及各项初始设置工作；负责财务软件的日常运行管理工作，监督并保证系统的有效、安全、正常运行；负责总账系统的凭证审核、记账、账簿查询、月末结账工作、负责报表管理及财务分析工作；具有系统所有模块的全部权限。

2. 002 王兰（口令：2）——会计

负责总账系统的凭证管理工作以及客户往来和供应商往来工作；具有总账系统的填制凭证、凭证查询及打印、科目汇总、账表查询及打印、期末处理等操作权限，以及固定资产管理、薪资管理、应收款管理、应付款管理和存货核算等模块的全部操作权限。

3. 003 李萍（口令 3）——出纳

负责现金、银行账管理工作；具有出纳签字权，现金、银行存款日记账和资金日报表的查询及打印权，支票等登记权以及银行对账全部操作权限。

（四）系统启用

企业可以根据需要启用不同的系统。目前只启用总账管理系统。

（五）设置基础档案

（1）部门档案，如表 2-1 所示。

表 2-1　部门档案

部门编号	部门名称	部门属性	部门编码	部门名称	部门属性
1	综合部	管理部门	3	研发中心	技术研发
101	总经理办公室	综合管理	4	生产部	生产制造
102	财务科	财务管理	401	加工车间	产品加工
103	企划科	企业策划	402	动力车间	动力供应
104	医务室	医疗保险	403	设备科	设备管理
2	市场部	市场营销	5	库房	仓库
201	销售科	产品销售	501	材料库	材料仓库
202	供应科	采购供应	502	成品库	产品仓库

注：假设企业各部门成立时间均为启用年度 2015 年 1 月 1 日

（2）人员类别，如表 2-2 所示。

表 2-2　在职正式人员类别

分类编码	分类名称
1001	管理人员
1002	开发人员
1003	营销人员
1004	生产人员
1005	车间管理人员

（3）职员档案，如表 2-3 所示。

表 2-3　在职正式人员档案

职员编号	人员姓名	所属部门	性别	人员属性	人员类别	工商银行代发账号
10101	杨一帆	总经理办公室	男	总经理	管理人员	2501122801000093830
10102	丁文建	总经理办公室	男	办公室主任	管理人员	2501122801000093831
10103	赵慧	总经理办公室	女	文秘	管理人员	2501122801000093832
10201	钱明	财务科	男	财务科科长	管理人员	2501122801000093833
10202	王兰	财务科	女	会计	管理人员	2501122801000093834
10203	李萍	财务科	女	出纳	管理人员	2501122801000093835
10204	刘冬	财务科	女	办税员	管理人员	2501122801000093836
10301	周文华	企划科	男	企划科科长	管理人员	2501122801000093837
10401	陈雪瑞	医务室	女	医师	管理人员	2501122801000093839
20101	吴永斌	销售科	男	销售科科长	营销人员	2501122801000093840
20201	叶丽	供应科	女	供应科科长	管理人员	2501122801000093841
20202	胡俊	供应科	男	科员	管理人员	2501122801000093842
30101	包沁怡	研发中心	女	研发主任	开发人员	2501122801000093843
40101	李彬彬	加工车间	男	车间主任	车间管理人员	2501122801000093844
40102	宁智敏	加工车间	男	工人	生产人员	2501122801000093845
40103	胡兰巧	加工车间	女	工人	生产人员	2501122801000093846
40201	周光荣	动力车间	男	车间主任	车间管理人员	2501122801000093847
40202	张小萌	动力车间	女	工人	生产人员	2501122801000093848
40203	李斯隆	动力车间	男	工人	生产人员	2501122801000093849
40204	钟杰	动力车间	男	工人	生产人员	2501122801000093850
40205	童峰	动力车间	男	工人	生产人员	2501122801000093851
40206	蒋劲风	动力车间	男	工人	生产人员	2501122801000093852
40301	高开	设备科	男	设备科科长	管理人员	2501122801000093853
50101	汪春凌	材料库	男	保管员	管理人员	2501122801000093854
50102	李兰	材料库	女	保管员	管理人员	2501122801000093855
50201	李华康	成品库	男	保管员	管理人员	2501122801000093856

注：钱明、王兰、李萍要设置为操作员和业务员，其他部门人员均设置为业务员

（4）客户分类，如表 2-4 所示。

表 2-4　客户分类

分类编码	分类名称
1	长期客户
2	中期客户
3	短期客户

（5）供应商分类，如表 2-5 所示。

表 2-5　供应商分类

分类编码	分类名称
1	本地供应商
2	外地供应商

（6）客户档案，如表 2-6 所示。

表 2-6　客户档案

客户编号	客户名称（开户行名称）	客户简称	所属分类码	税号（银行账号）	电话	发展日期
001	北京华丰公司（工商银行北京支行）	华丰公司	1	102227896542（0015678021）	010-88657825	（启用年度）2014-12-15
002	天津物美公司（建设银行天津支行）	物美公司	1	288945659876（0025677022）	022-56678236	（启用年度）2014-12-28
003	天津天仑公司（交通银行天津支行）	天仑公司	2	265787650986（0045677024）	022-52342569	（启用年度）2013-08-05
004	上海新星公司（农业银行上海支行）	新星公司	2	587634569870（0035676023）	021-35567897	（启用年度）2013-10-12
005	上海源仕公司（农业银行上海支行）	源仕公司	3	587658900984（0035676028）	021-34569875	（启用年度）2012-08-27
006	河北九宫公司（工商银行河北支行）	九宫公司	3	384789760948（0015675025）	0311-22348566	（启用年度）2012-05-16
007	杭州朝阳公司（建设银行杭州支行）	朝阳公司	3	475980948487（0025674026）	0571-56789873	（启用年度）2012-12-01
008	山东荷都公司（交通银行山东支行）	荷都公司	3	657958473922（0045673027）	0531-98765673	（启用年度）2012-12-01

（7）供应商档案，如表 2-7 所示。

表 2-7　供应商档案

供应商编号	供应商名称（开户行名称）	供应商简称	所属分类码	税号（银行账号）	电话	发展日期
001	北京天得公司（建设银行北京支行）	天得公司	1	635574832935（0021677012）	010-83478333	（启用年度）2014-08-16
002	北京南利公司（建设银行北京支行）	南利公司	1	355583749392（0021677122）	010-56678967	（启用年度）2013-05-12
003	北京晨昕公司（工商银行北京支行）	晨昕公司	1	566846582038（0015678323）	010-52342546	（启用年度）2012-12-01
004	北京自来水公司（建设银行北京支行）	自来水公司	1	677784759203（0021677777）	010-35567879	（启用年度）2012-10-28
005	北京供电局（工商银行北京支行）	供电局	1	765489573792（0015678783）	010-34556784	（启用年度）2012-10-20
006	河北元科公司（交通银行河北支行）	元科公司	2	671139494854（0045677074）	0311-22469676	（启用年度）2013-06-16
007	山东青胜公司（交通银行山东支行）	青胜公司	2	133849548223（0045673037）	0531-56789873	（启用年度）2013-05-21
008	杭州阳华公司（工商银行杭州支行）	阳华公司	2	232589988493（0015678355）	0571-98769565	（启用年度）2014-06-22
009	合肥永鑫公司（农业银行合肥支行）	永鑫公司	2	338472628383（0035676076）	0551-88656780	（启用年度）2013-01-09
010	广东华顺公司（农业银行广东支行）	华顺公司	2	555587492934（0035636056）	020-56634676	（启用年度）2012-12-01

（8）结算方式，如表 2-8 所示。

表 2-8　结算方式

结算方式编码	结算方式名称	票据管理
1	进账单	否
2	支票结算	否
201	现金支票	是
202	转账支票	是
203	普通支票	是
3	汇兑	否
301	信汇	否
302	电汇	否
4	现金缴款结算	否
5	特种转账	否
6	托收承付	否
7	其他	否

三、实验指导

（一）增加、修改和删除用户

（1）以系统管理员的身份注册进入系统管理，单击“权限”|“用户”进入“用户管理”窗口。

（2）单击“增加”按钮，输入有关用户信息，如用户编号、姓名、口令、所属部门等，并在所属角色中选中该新增用户。单击“增加”按钮，保存其新增设置（注意：用户编号、姓名必须输入，其他则可根据实际需要进行填写或为空），如图 2-1 所示。

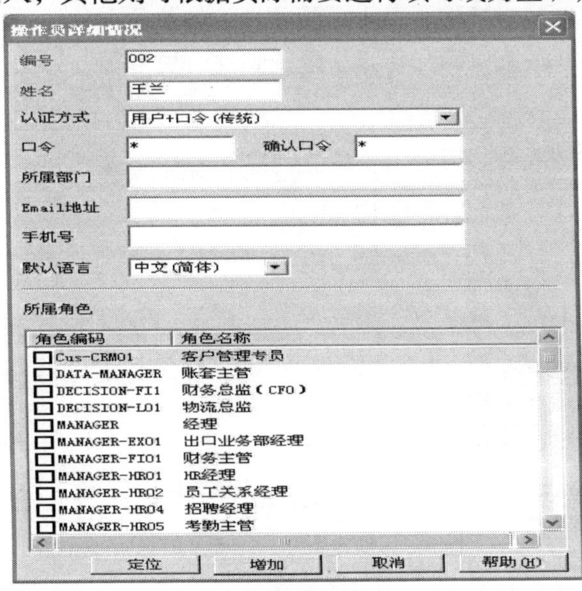

图 2-1　增加用户窗口

（3）依次录入编号“001”、姓名“钱明”、口令“1”并确认口令、所属部门“财务部”，单击“账套主管”前复选框，选中“钱明”为账套主管。单击“增加”按钮，按此方法依次设置王兰、李萍等其他操作员。

（二）建立账套

建立账套应由系统管理员在“系统管理”功能中完成，包括设置账套信息、单位信息、核算类型、基础信息以及确定分类编码方案和数据精度。具体操作步骤如下：

（1）在“系统管理”窗口中，单击“账套”|“建立”，打开“账套信息”对话框，如图 2-2 所示。

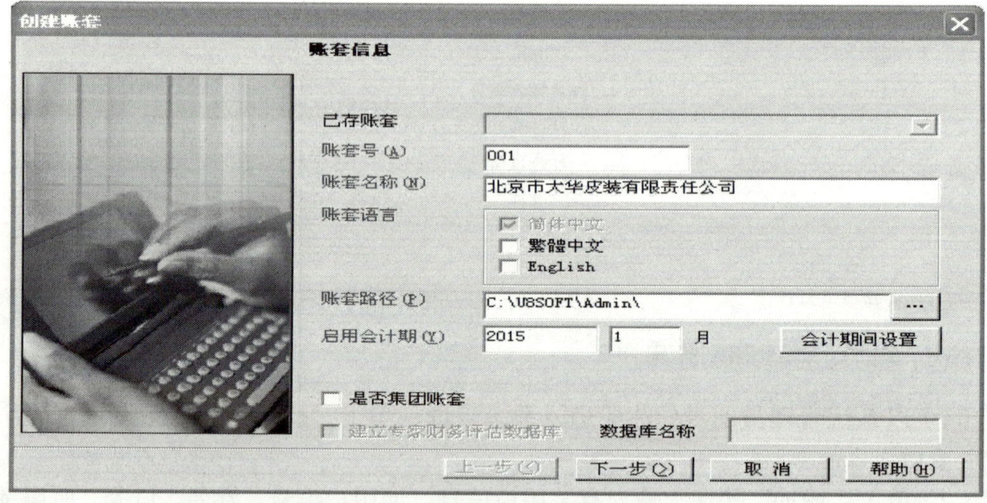

图 2-2　创建账套——账套信息

（2）按向导，录入账套号、账套名称、账套路径以及会计启用期间。单击“下一步”按钮，打开“单位信息”对话框，录入单位信息，如单位名称、单位简称、单位地址、法人代表、邮政编码、联系电话、传真、电子邮件、税号等，如图 2-3 所示。

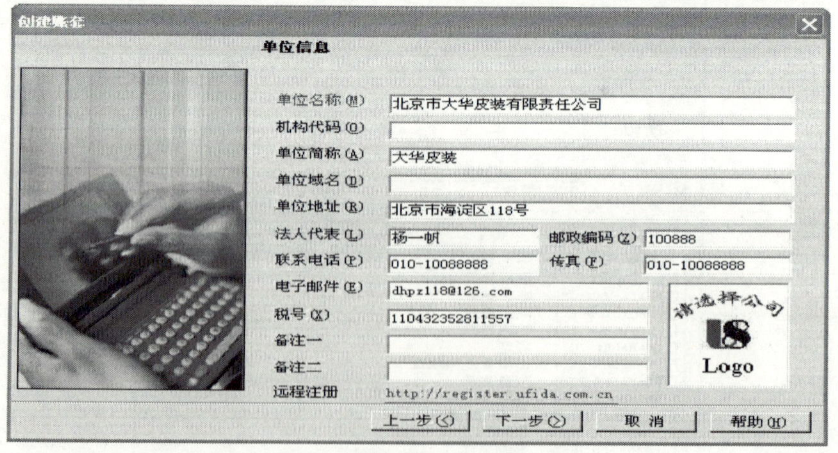

图 2-3　创建账套——单位信息

（3）单击“下一步”按钮，打开“核算类型”对话框。输入所选择的核算类型，包括本币代码、本币名称、企业类型、行业性质，选择“账套主管”的选择按钮，选中“按行业性质预置科目”复选框，如图 2-4 所示。

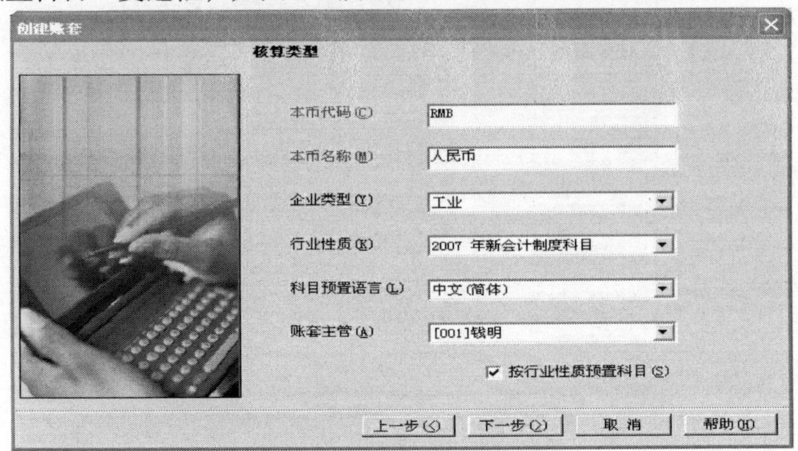

图 2-4　创建账套——核算类型

（4）单击“下一步”按钮，打开“基础信息”对话框，按资料确定是否选中“存货是否分类”“客户是否分类”“供应商是否分类”“有无外币核算”的复选框，如图 2-5 所示。

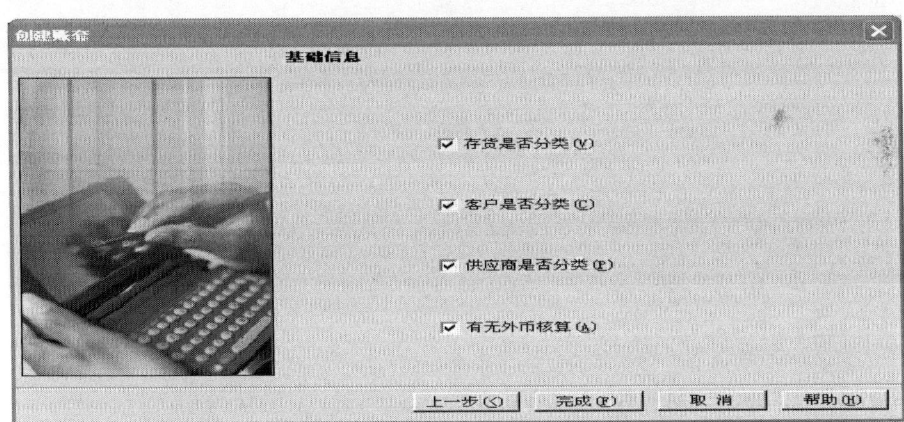

图 2-5　创建账套——基础信息

（5）单击“完成”后，系统提示“可以创建账套了么？”，单击“创建账套”对话框中的“是”，系统开始建立账套。

（6）等待系统保存妥当账套信息和年度数据库后，系统自动打开“编码方案”对话框，按实际账务资料修改编码方案，如图 2-6 所示。

（7）单击“确定”进入“数据精度定义”，按实际账务资料修改系统默认的数据精度设置方案。单击“确认”后，出现“正在建立账套信息和年度数据库，请稍等”的提示对话框。

（8）建账完成，出现“现在进行系统启用的设置？”提示对话框，如图 2-7 所示。单击“否”，之后在需要的时候在“企业应用平台”的“基础设置”|“基本信息”|“系统启用”中进行设置，如图 2-8 所示。根据实验要求启用总账系统。

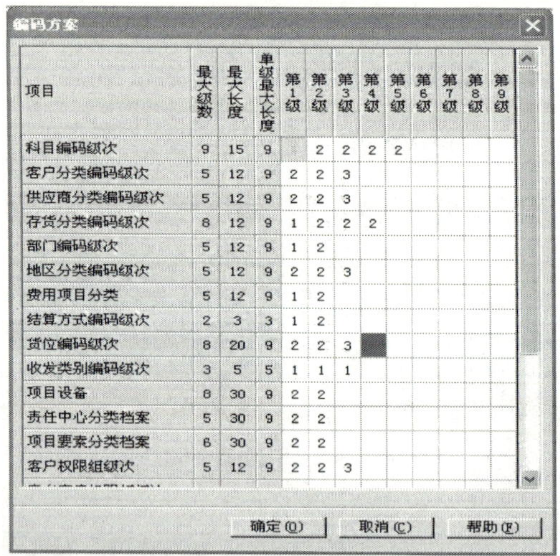

编码方案

项目	最大级数	最大长度	单级最大长度	第1级	第2级	第3级	第4级	第5级	第6级	第7级	第8级	第9级
科目编码级次	9	15	9	[illegible]	2	2	2	2				
客户分类编码级次	5	12	9	2	2	3						
供应商分类编码级次	5	12	9	2	2	3						
存货分类编码级次	8	12	9	1	2	2	2					
部门编码级次	5	12	9	1	2							
地区分类编码级次	5	12	9	2	2	3						
费用项目分类	5	12	9	1	2							
结算方式编码级次	2	3	3	1	2							
货位编码级次	8	20	9	2	2	3						
收发类别编码级次	3	5	5	1	1	1						
项目设备	8	30	9	2	2							
责任中心分类档案	5	30	9	2	2							
项目要素分类档案	6	30	9	2	2							
客户权限组级次	5	12	9	2	2	3						

确定(O)　取消(C)　帮助(F)

图 2-6　编码方案

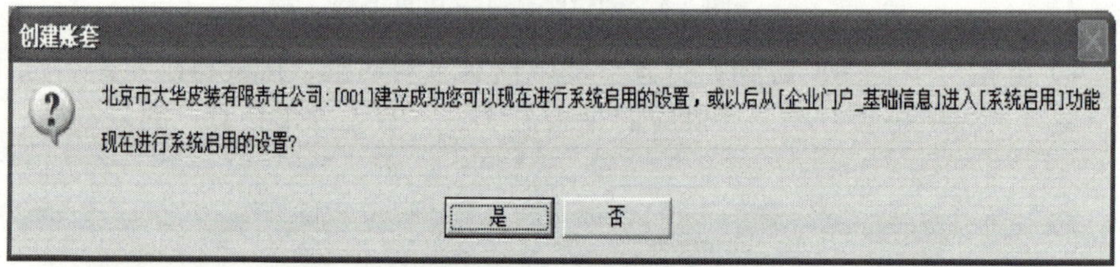

图 2-7　创建账套——系统启用设置

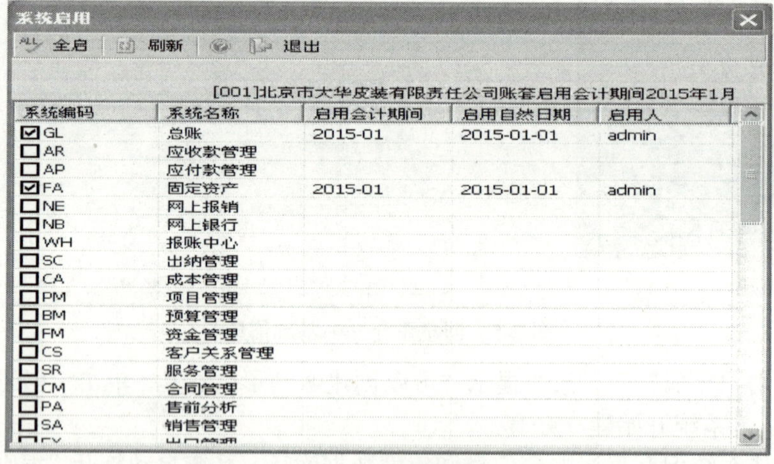

系统启用

全启　刷新　退出

[001]北京市大华皮装有限责任公司账套启用会计期间2015年1月

系统编码	系统名称	启用会计期间	启用自然日期	启用人
☑GL	总账	2015-01	2015-01-01	admin
□AR	应收款管理			
□AP	应付款管理			
☑FA	固定资产	2015-01	2015-01-01	admin
□NE	网上报销			
□NB	网上银行			
□WH	报账中心			
□SC	出纳管理			
□CA	成本管理			
□PM	项目管理			
□BM	预算管理			
□FM	资金管理			
□CS	客户关系管理			
□SR	服务管理			
□CM	合同管理			
□PA	售前分析			
□SA	销售管理			

图 2-8　系统启用

（三）财务分工

1. 功能级权限管理

功能级权限设置的具体操作步骤如下：

（1）以系统管理员的身份注册进入“系统管理”，单击“权限” | “权限”，打开“操作员权限”对话框，依次对各操作员按所给权限进行设置。

（2）权限的设置可以在设置用户时直接指定所设操作员的角色，如钱明的角色为

“账套主管”、王兰的角色为“会计”、李萍的角色为“出纳”。系统已经对预设的角色授予了相应的权限，因此，如果在设置操作员时已经指定了相应的角色，则其就已经拥有了该角色的所有权限。

（3）如果用户所拥有的权限与其角色的权限不完全相同，可从左侧的“操作员列表”中选择操作员，单击“修改”，进入“增加和调整权限”窗口，该窗口提供了 22 个子系统的功能权限的分配，单击相应功能前的复选框，即将该权限分配给当前用户，如图 2-9 所示。

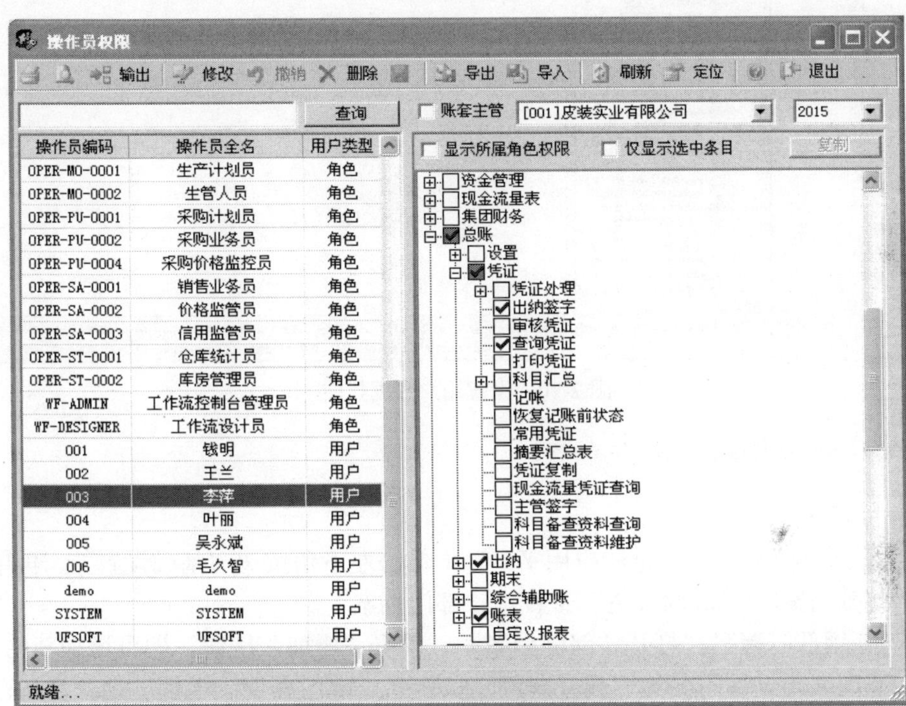

操作员编码	操作员全名	用户类型
OPER-MO-0001	生产计划员	角色
OPER-MO-0002	生管人员	角色
OPER-PU-0001	采购计划员	角色
OPER-PU-0002	采购业务员	角色
OPER-PU-0004	采购价格监控员	角色
OPER-SA-0001	销售业务员	角色
OPER-SA-0002	价格监管员	角色
OPER-SA-0003	信用监管员	角色
OPER-ST-0001	仓库统计员	角色
OPER-ST-0002	库房管理员	角色
WF-ADMIN	工作流控制台管理员	角色
WF-DESIGNER	工作流设计员	角色
001	钱明	用户
002	王兰	用户
003	李萍	用户
004	叶丽	用户
005	吴永斌	用户
006	毛久智	用户
demo	demo	用户
SYSTEM	SYSTEM	用户
UFSOFT	UFSOFT	用户

图 2-9　设置其他操作员权限

2. 数据级权限管理

（1）进入“企业服务”|“权限”|“数据权限控制设置”对话框。

（2）进入“记录级”或“字段级”按钮，选择相应的业务对象，如“科目”“凭证类别”，单击“确定”返回。

（3）单击“数据权限分配”模块，进入“权限浏览”窗口，选择“用户及角色”和“业务对象”后单击“授权”按钮，进入“权限设置”窗口，如图 2-10 所示。

（4）从“禁用”栏内选中具体的对象到“可用”栏内，如“转账凭证”，单击“保存”按钮即可。

3. 金额级权限管理

（1）进入“企业服务”|“权限”|“金额权限分配”，打开“金额权限设置”对话框。

（2）选中“科目级别”，单击“级别”菜单，进入“金额级别设置”窗口，单击“增加”，依次设置科目各级别的金额，保存后退出。

（3）回到“金额级别设置”的窗口，单击“增加”，授予操作员相应金额级别的权限。

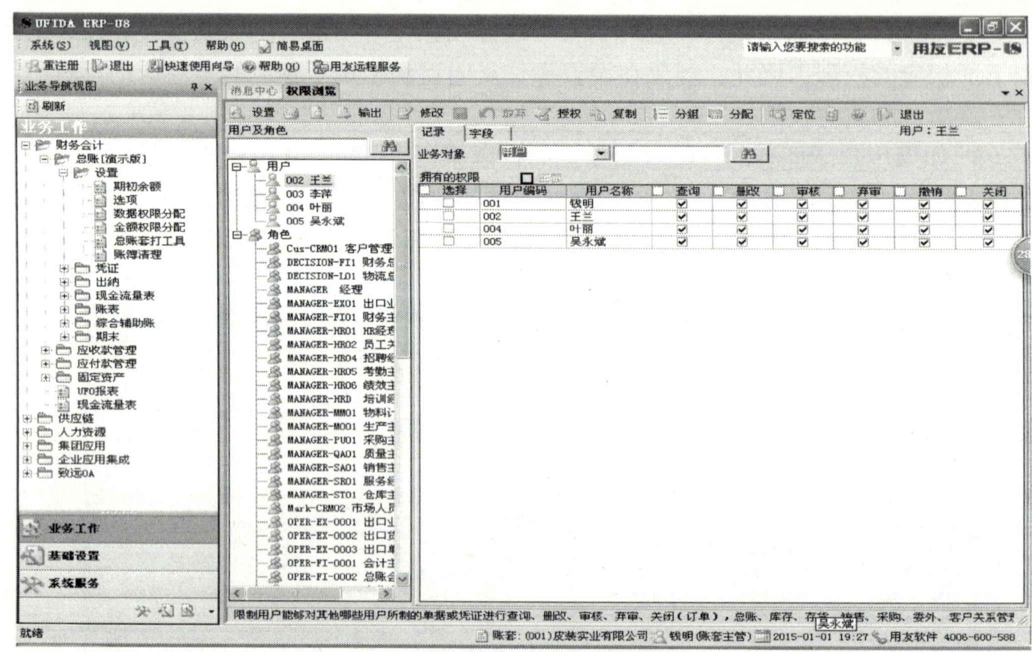

图 2-10　设置用户数据权限

（四）基础档案设置

1. 部门档案

（1）登录系统后，在“企业应用平台”中单击左下角按钮“基础设置”，再单击系统菜单“基础档案”|“机构人员”，找到“部门档案”。

（2）新增部门档案。打开“部门档案”，单击“增加”按钮，即可增加新的部门。依次输入部门编码、部门名称、成立时间、负责人、部门属性、电话、地址、备注、信用信息。其中，部门编码和部门名称、成立时间是必须输入的，并且，部门编码必须唯一。其他项目为部门辅助信息，可以为空，其中，部门属性是按部门的分类属性来填写的，如××车间、采购部门、销售部门。

（3）修改部门档案。选中部门档案界面左边的部门编码，单击“修改”，即处于该部门的修改状态（注意：部门若被其他对象引用，则不能进行删除）。

2. 人员类别

人员类别主要设置企业人员的分类信息。具体操作步骤如下：

（1）登录系统过后，在“企业应用平台”中单击左下角按钮“基础设置”，再单击系统菜单“基础档案”|“机构人员”，找到“人员类别”。

（2）新增人员类别。选中人员类别界面的“在职人员”，单击“增加”按钮，即可增加正式职工在职人员的人员类别。单击“修改”“删除”按钮可以对已经存在的人员类型信息进行修改、删除操作。

3. 职员档案

具体操作步骤如下：

（1）登录系统后，在“企业应用平台”中单击左下角按钮“基础设置”，再单击系统菜单“基础档案”|“机构人员”，找到“人员档案”。

（2）新增职员档案。打开“人员档案”，单击“增加”按钮，即可增加新的职员。在左侧部门目录中选择要增加人员的末级部门，单击功能键中的“增加”按钮，显示“人员档案”空白页，用户可根据自己企业的实际情况，在相应栏目中输入适当内容，如图 2-11 所示。其中蓝色字体项目为必输项。

图 2-11　人员档案

（3）修改职员档案。将光标定位到要修改的职员上，单击“修改”按钮，即可进入修改状态（注意：修改后，职员编码必须保持唯一）。

（4）删除职员档案。选中职员档案界面左边的职员编码，单击“删除”，即可删除该职员（注意：该职员若被其他对象引用，则不能进行删除）。

4. 客户分类

在“企业应用平台”中单击“基础设置”|“基础档案”|“客商信息”，打开“客户分类”窗口，进行客户类别增加、修改、删除等操作。

5. 供应商分类

在“企业应用平台”中单击“基础设置”|“基础档案”|“客商信息”，打开“供应商分类”，进行供应商类别增加、修改、删除等操作。

6. 客户档案

登录系统后，在“企业应用平台”中单击“基础设置”|“基础档案”|“客商信息”，打开“客户分类”，可以对客户档案进行设置，如图 2-12 所示。

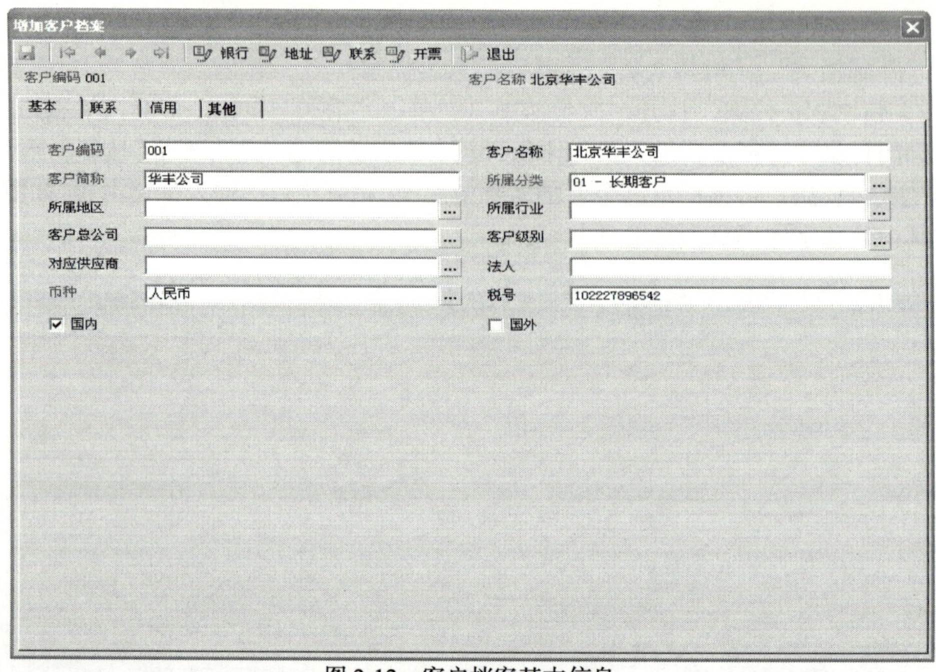

图 2-12　客户档案基本信息

7. 供应商档案

供应商档案与客户档案一样，也分供应商档案基本页、供应商档案联系页、供应商档案信用页、供应商档案其他页。其具体操作方法与客户档案的操作基本一致，主要也是进行供应商档案的增加、修改、过滤、定位、删除等，如图 2-13 所示。

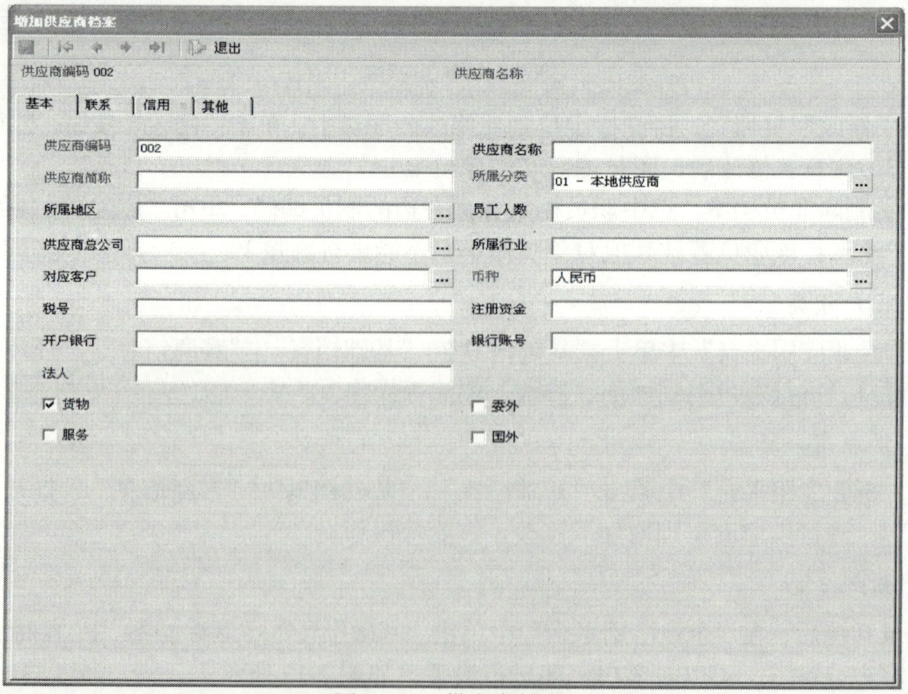

图 2-13　供应商档案

8. 结算方式

在“企业应用平台”中单击“基础设置”|“基础档案”|“收付结算”，打开“结算方式”，可以进行结算方式的增加、修改、删除操作。结算方式一旦被引用，便不能进行修改和删除操作，如图 2-14 所示。

图 2-14　定义结算方式

（五）账套的备份与恢复

1. 账套的备份

账套的备份有下面两种方式。

（1）方式一，手工备份。手工选择备份路径随时进行账套备份，具体操作步如下：

第一，打开“系统管理”窗口，用系统管理员的身份进行注册。单击“账套”|“输出”，系统弹出“账套输出”的对话框，选择需要备份的账套号。

第二，如果该账套备份后，还希望从系统中删除该账套，则可选中“删除当前输出账套”项，如图 2-15 所示。

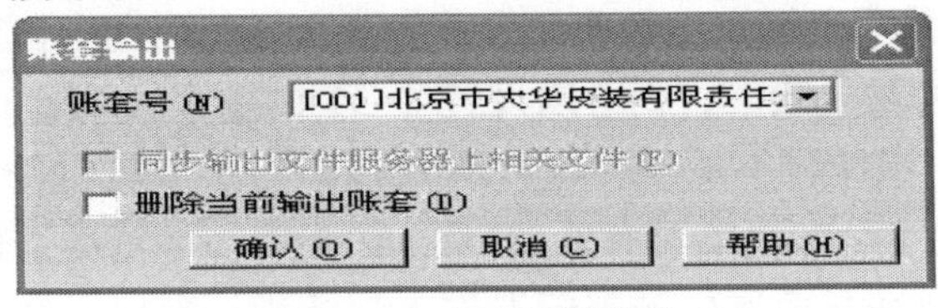

图 2-15　账套数据备份

第三，单击“确认”，系统出现账套备份进度条，最后提示选择备份路径，选择好目标文件夹后，单击“确认”，系统成功地将账套数据备份在指定路径的文件夹中。

第四，如果勾选了“删除当前输出账套”项，则系统会提示“真要删除该账套吗？”，单击“是”，则删除；单击“否”，则不删除。

（2）方式二，设置自动备份计划。该功能可自动定时对账套进行输出备份，以自动、高效地保障系统数据的安全、稳定，具体操作步骤如下：

第一，以系统管理员的身份注册进入系统管理模块，单击“系统”|“设置备份计划”，打开“备份计划设置”对话框。

第二，单击“增加”按钮，打开“备份计划详细情况”对话框，如图 2-16 所示，输入相关内容，包括计划编号、计划名称、备份类型、发生频率、发生天数、开始时间、有效触发、保留天数和备份路径。

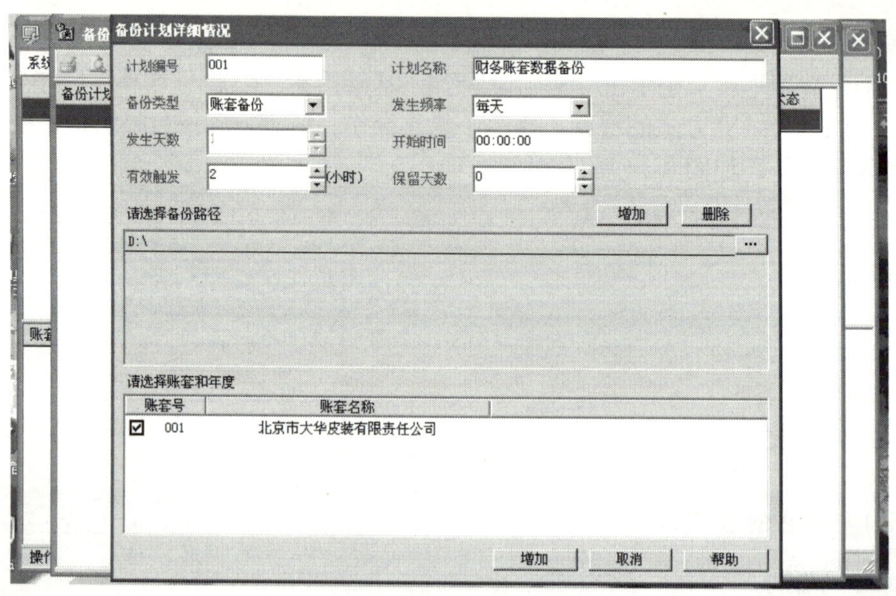

图 2-16　设置自动备份计划

其中：

“备份类型”，包括分账套备份和年度备份。由于一个账套包含了该企业若干年度的账簿资料，因此，账套主管只能进行“年度备份”，而系统管理员可以进行“账套备份”。

“发生频率”，有“每天”“每周”“每月”三个选择，企业可以根据实际备份需要进行选择。

“发生天数”，系统根据发生频率设置，确认在每一周期中执行备份计划的具体时间，如选择“每月”为发生频率，则可以设置 1~31 的数字，如“30”，表示在每月 30 日系统进行自动备份，当 2 月不足 30 天时，系统按最后一天进行备份；如选择“每周”，则可以选择 1~7 的数字，“1”代表周日，“2”代表周一，依次类推。

“开始时间”是指在具体发生频率的发生天数的确切备份时间，如选择每周五的下午 5 点进行备份，则可在“发生频率”中选择“每周”，在“发生天数”中选择“6”，在“开始时间”中选择“17：00”。

2. 账套引入

如果想要恢复备份账套的数据，继续进行账套操作，可执行“账套引入”功能，具体操作步骤如下：

（1）打开“系统管理”窗口，用系统管理员的身份进行注册。

（2）单击“账套”|“引入”，系统弹出“引入账套数据”窗口。

（3）选择需要引入的账套，单击“打开”，系统提示是否更改引入的目标账套路径，根据实际需要选择好目标路径，或是单击“否”，默认系统路径，即可引入账套数据。

本 章 小 结

本章主要介绍了系统管理和企业应用平台两部分内容。

系统管理的主要功能是对用友 ERP-U8 管理软件中整个系统的公共任务进行统一管理，包括账套管理、年度账管理、操作员及其权限管理、系统运行及其安全管理等。

企业应用平台是为了便于用户进行业务处理而设立的一个公共平台。通过登录应用平台，用户能够从单一的访问入口访问企业的各种信息，定义自己的业务工作，并设计自己的工作流程。企业应用平台主要包括三部分内容，即基础设置、业务工作、系统服务。基础设置的功能是为软件系统的日常运行做好基础工作，主要包括基本信息的设置、基础档案的设置、单据设置等内容。业务工作页面包含了用友 ERP-U8 系统的所有子系统功能模块，用户可以对各子系统进行初始设置、完成相关业务的处理，以及账表信息的查询打印。业务工作页面是用户登录各业务子系统的唯一入口。系统服务页面提供了一些软件系统的管理功能，包含系统管理、服务器配置、工具和权限等内容。

通过实验，有助于帮助学生进一步理解软件功能，掌握利用软件进行业务处理的操作方法。

复习思考题

1. 系统管理的主要功能有哪些？
2. 系统管理员和账套主管在权限上有哪些区别？
3. 账套和年度账的含义。
4. 如何理解用友 ERP-U8 三级权限的含义？
5. 如何理解建立会计科目时辅助核算的作用？
6. 如何理解指定会计科目的作用？
7. 收款、付款、转账三种类型的凭证如何选择限制类型和限制科目？
8. 设置项目档案的基本步骤是怎样的？

系统管理与企业
应用平台复习题

第 3 章　总账管理系统

学习目标：

了解总账管理系统的主要功能以及总账管理系统与其他系统之间的数据传递关系，熟悉总账管理系统的业务处理流程，理解初始化的重要性及初始化包括的内容，掌握选项的含义，掌握录入期初余额的方法，掌握日常业务处理包括的内容及操作方法，掌握期末处理包括的内容及处理方法。通过学习，学生能够独立使用总账管理系统进行账务处理，为进一步学习使用其他总账管理软件奠定基础。

关键词：

总账；系统初始化；选项；期初余额；日常业务；凭证管理；期末处理；银行对账；自动转账；结账

3.1　总账管理系统概述

总账管理系统是会计信息系统的核心子系统，是以凭证为原始数据，通过对凭证的输入和处理，完成记账、结账、银行对账、账证表的查询与打印等工作。总账管理系统是用友 ERP-U8 管理软件中最重要的一个子系统，既可独立运行又可以和其他子系统集成使用，共同实现财务软件的财务业务一体化整体功能。

3.1.1　总账管理系统的功能

总账管理系统的主要功能包括初始设置、凭证管理、出纳管理、账簿管理及月末处理等。

1. 初始设置

总账初始设置是企业用户根据自身需求建立财务应用环境，将通用的账务处理系统变成适合本单位实际需要的专用系统的过程，具体主要包括选项设置、期初余额录入两项内容。

2. 凭证管理

凭证管理是总账管理系统的核心功能，主要包括凭证的录入、审核、记账、查询、打印凭证等功能。在会计信息系统环境下，凭证是相关账户的唯一数据来源，为了确保数据来源的正确性，财务软件一般都提供了凭证录入时的自动性检查，如果填制的凭证不满足自动性检查条件，凭证则不能被保存。

3. 出纳管理

出纳管理为出纳人员提供了一个集成办公环境，加强对现金及银行存款的管理。可完成现金日记账、银行存款日记账查询和打印，随时输出最新资金日报表，余额调节表以及进行银行对账。

4. 账簿管理

通过账簿管理功能可以方便地查询总账、明细账、日记账、余额表等各种科目账，以及个人往来账、客户往来账、供应商往来账、项目辅助账、部门辅助账等各种辅助账簿；在各种科目账、辅助账查询过程中，可以实现与总账、明细账、凭证的联查；可查询打印发生余额表、多栏账、序时账等；不仅可以查询已记账凭证的数据，也可以查询包含未记账凭证的数据等。

5. 月末处理

利用自定义转账功能，自动完成月末分摊、计提、对应转账、销售成本、汇兑损益、期间损益的结转，并进行试算平衡、对账、结账等内容。

3.1.2 总账管理系统与其他系统的关系

总账管理系统是财务管理系统的一个基本子系统，可以概括地反映企业供产销等所有经济业务的综合信息，在财务管理系统中处于中枢地位。总账管理系统与其他系统的主要关系如图3-1所示。

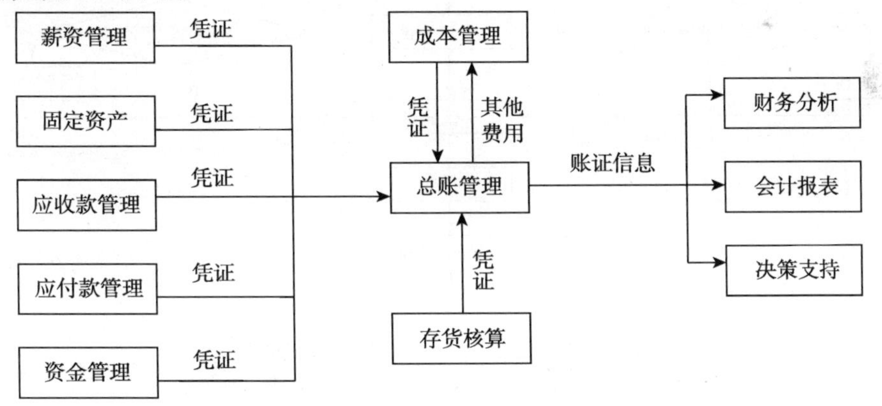

图3-1 总账管理系统与其他系统之间的数据传递关系

总账管理系统接收薪资管理、固定资产、应收应付、资金管理、成本管理、存货核算等系统生成的凭证，并提供各种账证以及余额表等财务数据为财务分析、会计报表、决策支持提供帮助。

提示：

· 采购、销售、库存管理等业务处理环节生成的凭证统一通过存货核算系统传递给总账管理系统。

· 各子系统传递到总账管理系统中的凭证，需要在总账管理系统中继续进行审核、记账处理。

3.1.3　总账管理系统的业务处理流程

总账管理系统的业务处理流程如图 3-2 所示。

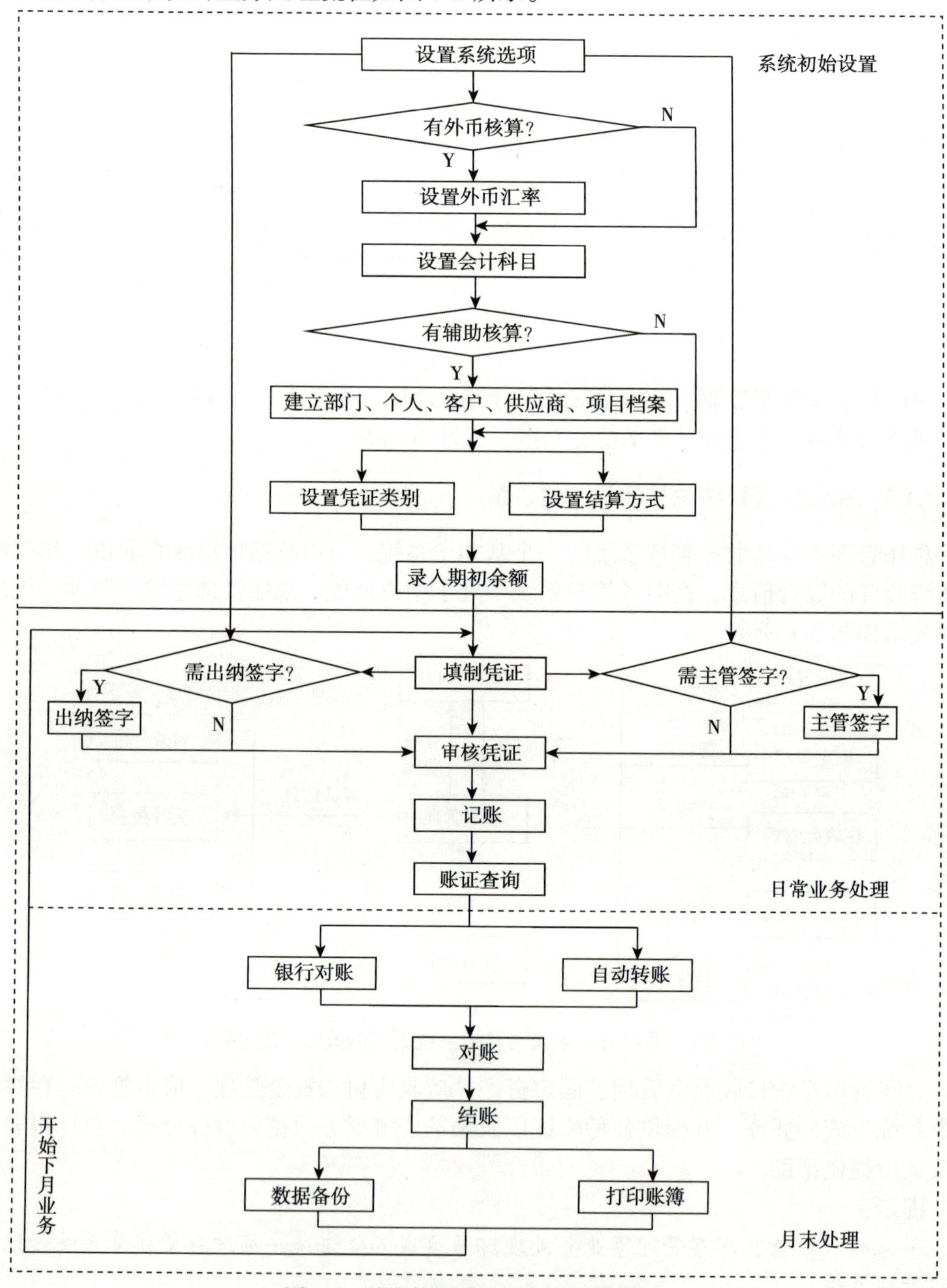

图 3-2　总账管理系统业务处理流程图

3.2　总账管理系统初始设置

总账管理系统初始设置主要包括选项设置和期初余额录入。

3.2.1　选项设置

不同企业可根据自身的实际情况对各类选项进行选择，为总账管理系统配置相应的功能或相应的控制。选项设置的页签包括凭证、账簿、凭证打印、预算控制、权限、会计日历、其他等内容。常用设置如下。

1. 凭证

凭证包括两项内容，即制单控制和凭证控制。

1）制单控制

制单控制主要设置在填制凭证时系统应对哪些操作进行控制。

（1）制单序时控制。此项和“系统编号”选项联用，制单时凭证编号必须按日期顺序排列。例如，10 月 25 日编制到第 125 号记账凭证，则 10 月 26 日编制的记账凭证编号为第 126 号，即序时制单，如果有特殊需要可以将其改为不序时制单。

（2）支票控制。若选择此项，在制单时使用银行科目编制凭证时，系统针对票据管理的结算方式进行登记，如果录入支票号在支票登记簿中已存，系统提供登记支票报销的功能；否则，系统提供登记支票登记簿的功能。

（3）赤字控制。若选择了此项，在制单时，当“资金及往来科目”或“全部科目”的最新余额出现负数时，系统将予以提示。系统提供了“提示”“严格”两种方式，可根据企业的需要进行选择。

（4）可以使用应收受控科目。若科目为应收款管理系统的受控科目，为了防止重复制单，只允许应收系统使用此科目进行制单，总账管理系统是不能使用此科目制单的。如果用户希望在总账管理系统中也能使用这些科目填制凭证，则应选择此项。科目为应付款管理系统的受控科目及存货核算系统的受控科目时，解释同上。

提示：

· 总账管理系统和应收款管理系统同时使用受控科目制单时，会引起应收系统与总账管理系统对账不平。

2）凭证控制

（1）现金流量科目必须录入现金流量项目。选中此项，在录入凭证时如果使用现金流量科目则必须输入现金流量项目及金额。

（2）同步删除外部系统凭证。选中此项，则外部系统删除凭证时，相应地将总账的凭证同步删除。否则，将总账凭证作废，不予删除。

（3）自动填补凭证断号。如果选择凭证编号方式为系统编号，则在新增凭证时，系统按凭证类别自动查询本月的第一个断号默认为本次新增凭证的凭证号。如无断号则为新号，与原编号规则一致。

（4）批量审核凭证进行合法性校验。批量审核凭证时针对凭证进行二次审核，提高凭证输入的正确率，合法性校验与保存凭证时的合法性校验相同。

（5）凭证录入时结算方式及票据号是否必录。若选择此项，则在填制凭证时如果使用了银行科目，则必须录入结算方式及票据号。

3）凭证编号方式

系统提供系统编号和手工编号两种方式。系统编号是指填制凭证时系统按照设置的凭证类别按月自动编号；手工编号是指在制单时手工录入凭证编号。

4）现金流量参照科目

现金流量参照科目用来设置现金流量录入界面的参照内容和方式。选中“现金流量科目”选项时，系统只参照凭证中的现金流量科目；选中“对方科目”选项时，系统只显示凭证中的非现金流量科目。选中“自动显示”选项时，系统依据前两个选项将现金流量科目或对方科目自动显示在指定现金流量项目界面中，否则需要手工参照选择。

2. 账簿

其用来设置账簿各栏目的打印位数宽度和打印方式。一般默认设置即可满足用户使用。

3. 凭证打印

凭证打印用来设置凭证的显示和打印要求。

（1）合并凭证显示打印。选择此项，则在填制凭证、查询凭证、出纳签字和凭证审核时，凭证以系统选项中选择的“按科目、摘要相同方式合并”或“按科目相同方式合并”的设置显示；在科目明细账显示或打印时凭证按照“按科目、摘要相同方式合并”或“按科目相同方式合并”合并显示，并在明细账显示界面提供是否“合并显示”的选项。

（2）打印凭证的制单、出纳、审核、记账等人员姓名。选择此项，则在打印凭证时，自动打印制单人、出纳、审核人、记账人的姓名。

（3）打印包含科目编码。在打印凭证时，是否自动打印科目编码。

4. 预算控制

根据预算管理系统或专家财务评估系统设置的预算数进行预算控制，在此可以设置预算控制的范围和控制方式。

5. 权限

用友 ERP-U8 管理软件系统提供了三级权限管理功能，分别是功能级权限、数据级权限和金额级权限。功能级权限在“用友 ERP-U8”|“系统服务”|“系统管理”模块设置；数据级权限和金额级权限的设置分两步进行：首先在此处选项中选择相应的权限控制项目，然后通过“总账”|“设置”|“数据权限分配”进行数据级权限的详细设置；金额级权限是通过“总账”|“设置金额级权限分配”进行金额级权限的详细设置。

（1）制单权限控制到科目。首先在系统管理的“功能权限”中设置填制凭证的权限，然后再选择此项，权限设置有效。选择此项，则在制单时，操作员只能使用具有相应制单权限的科目制单。

（2）制单权限控制到凭证类别。首先在系统管理的“功能权限”中设置填制凭证的权限，然后再选择此项，权限设置有效。选择此项，则在制单时，只显示此操作员有权限的凭证类别。同时，在凭证类别参照中按人员的权限过滤出有权限的凭证类别。

(3)操作员进行金额权限控制。选择此项，可以对不同级别的人员进行金额大小的控制。例如，设置财务主管可以对10万元以上的经济业务制单，一般财务人员只能对10万元以下的经济业务制单，这样可以减少因不必要的责任事故带来的经济损失。如为外部凭证或调用常用凭证生成，则处理与预算处理相同，不做金额控制。

提示：

· 金额权限管理的用户结转凭证不受金额权限控制。

· 在调用常用凭证时，如果不修改直接保存凭证，此时由被调用的常用凭证生成的凭证不受任何权限的控制，如包括金额权限控制、辅助核算及辅助项内容的限制等。

· 外部系统凭证是已生成的凭证，得到系统的认可，所以除非进行更改，否则不做金额等权限控制。

(4)凭证审核控制到操作员。如果只允许某操作员审核某些制单人填制的凭证，则应选择此选项。

(5)出纳凭证必须经由出纳签字。出纳凭证是指凭证上包含有经过指定科目功能指定的现金科目和银行科目的凭证。若要求现金、银行科目凭证必须由出纳人员核对签字后才能记账，则选择此选项。

(6)凭证必须经由主管会计签字。如要求所有凭证必须由主管签字后才能记账，则选择此功能。

(7)允许修改、作废他人填制的凭证。若选择了此项，在制单时可修改或作废别人填制的凭证，否则不能修改。

(8)可查询他人凭证。如允许操作员查询他人凭证，则选择此选项。

(9)明细账查询权限控制到科目。如果想设置某些操作员只能查询部分明细账，则选择此选项。

6. 会计日历

会计日历中可查看各会计期间的起始日期和结束日期以及启用会计年度和启用日期；可查看建立账套时的信息，如账套名称、单位名称、行业性质等信息；可以修改数量小数位、单价小数位和本位币精度。

7. 其他

其他选项中可设置外币核算方式，即根据企业实际情况选择固定汇率或浮动汇率的处理方式；可设置排序方式，即根据企业在参照目录、查询辅助账时的需求分别设置部门、个人、项目的排序方式。

3.2.2 期初余额录入

1. 录入期初余额

若企业在年初建账，则上年年末的余额作为新一年的年初数，年初数就是期初余额；若企业是年中启用总账管理系统，则应将各账户此时的期末余额作为启用期的期初余额，并且还要录入自本年度年初到启用期的各账户借方、贷方累计发生额，系统将自动计算年初余额。

提示：

· 末级科目的余额可以直接输入。

· 非末级科目的余额不能直接输入，其余额由系统根据末级科目的余额自动汇总形成。

· 科目有辅助核算时，不能直接输入科目余额，应该先输入各辅助项目的期初余额，科目余额由辅助账余额自动汇总形成。

· 科目有数量、外币核算时，必须先输入本币金额，然后在输入数量、外币余额。

· 若余额方向与科目余额方向相反时，输入余额时输入负数。

2. 进行试算平衡

期初数据输入完毕应进行试算平衡。若期初余额试算不平衡，系统将不能记账，但仍可以填制凭证。

提示：

· 凭证一经记账，则不能再录入、修改期初余额。

3.3　总账管理系统日常业务处理

在总账管理系统中，初始化工作完成后，就可以进行日常业务处理了。日常业务处理包括凭证管理、出纳管理和账簿查询等。

3.3.1　凭证管理

记账凭证是登记账簿的依据，也是总账管理系统的唯一数据来源，账簿数据的准确与完整完全依赖于记账凭证。凭证管理主要包括填制凭证、作废和删除凭证、凭证复核、凭证查询、凭证汇总、凭证记账、冲销凭证等功能。

1. 填制凭证

填制记账凭证是总账管理系统日常业务处理的起点。以编制来源为依据，记账凭证可分为两大类，即手工填制凭证和机制凭证。手工填制凭证是指由操作员通过键盘屏幕输入总账管理系统中的凭证；机制凭证是指软件系统自动生成的凭证。手工填制凭证分为两种：一种是操作员在总账管理系统中直接根据审核无误的原始凭证填制记账凭证；另一种是先填制好纸质记账凭证，然后再将纸质记账凭证输入总账管理系统中。机制凭证包括利用总账管理系统自动转账功能自动生成的凭证和在其他系统生成传递到总账管理系统的凭证。本节主要介绍手工填制凭证，机制凭证将在后续章节中介绍。

记账凭证的内容一般包括两部分：一是凭证头部分，包括凭证类别、凭证编号、凭证日期和附单据数等；二是凭证正文部分，包括摘要、会计分录和金额等。此外，有辅助核算要求的会计科目还应输入辅助核算内容。

（1）凭证类别。填制凭证时可以直接选择所需的凭证类别，也可以输入初始化时已定义的凭证类别代码。

（2）凭证编号。如果在选项设置中选择“系统编号”方式，则计算机自动按凭证类别按月对凭证进行顺序编号，每种类型的凭证都是从“0001”开始，顺序编号，不会出现重号、断号的情况，如收字 0001、收字 0002 等。系统规定每页凭证有 5 条记录，当某号凭证不止一页时，系统自动在凭证号后标上分单号，如转字 0005 号凭证有 2 张分单，则编号分别为“转字 0005-0001/0002”“转字 0005-0002/0002”。如选择的是“手工编号”方式，则手工输入凭证号。

（3）凭证日期。系统自动取进入账务系统时输入的业务日期为凭证日期，如果日期不对，可以修改，但修改后的凭证日期应大于等于该类凭证最后一张凭证日期，但不能超过进入账务系统时输入的业务日期。

（4）附单据数。附单据数是指本张凭证所附原始单据数。

（5）摘要。摘要是对本凭证所反映的经济业务内容的说明，必须输入。可以将一些常用的摘要预先设定好，以后在凭证的输入过程中直接调用，可以提高录入摘要的速度。常用的摘要可以进行修改和删除，以前输入的摘要内容不受影响。

（6）会计科目。必须输入末级科目，可以直接输入科目编码或者中文名称。如果输入的科目有辅助核算应该输入相关的辅助信息。

（7）金额。金额是正数为黑色，负数为红色，但不能为零。凭证金额应符合“有借必有贷，借贷必相等”原则，否则将无法保存。

提示：

· 采用序时控制时，凭证日期应大于等于启用日期，不能超过业务日期。

· 当前新增分录完成后，按回车键，系统自动将摘要复制到下一行分录。

· 录入红字金额时，可以用负数的形式录入。

· 填制完记账凭证后，如果发现凭证错误，可以直接进行修改。

· 系统自动编号方式下，凭证一旦保存，其凭证类别、凭证编号不能修改；系统手工编号方式下，凭证保存后，其类别不能修改，但编号能够修改。

2. 作废和删除凭证

凭证填制完成后，在审核记账之前，如果某张凭证不想要，或错误较多不便修改时，可以将其作废。

作废凭证的方法如下：打开填制凭证，找到要作废的凭证，执行“制单”|“作废/恢复”命令，凭证上显示“作废”字样，表示该凭证已作废。作废的凭证仍然保存在凭证文件中，不需要审核即可参与凭证记账。已作废的凭证还可以通过“作废/恢复”命令取消作废标志，将其恢复为有效凭证。

如果不想让作废凭证保存在凭证文件中，可以通过“制单”|“整理凭证”命令将作废凭证删除。

3. 凭证复核

为了保证记账凭证填制正确，需要对记账凭证进行复核。凭证复核主要包括出纳签字、主管签字、审核凭证三方面的工作。

（1）出纳签字。出纳凭证是指凭证上包含有经过指定科目功能指定的现金科目和银行科目的凭证。当在总账选项功能中选择“出纳凭证必须经由出纳签字”时，此处可由出纳人员进行审核，核对出纳凭证的出纳科目的金额是否正确，审查认为错误或有异议的凭证，应交与填制人员修改后再核对。核对无误后，出纳人员可以单击“签字”按钮进行签字确认，若想对已签字的凭证取消签字，单击“取消”按钮取消签字。

提示：

·使用出纳签字的前提是在总账选项中选择“出纳凭证必须经由出纳签字”。

·凭证一经签字，就不能修改删除，只有取消签字后才能修改、删除。

·取消签字只能由出纳人自己进行。

·既可以进行单张凭证签字，也可以进行成批出纳签字。

（2）主管签字。在许多企业中为加强对会计人员制单的管理，常采用经主管会计签字后的凭证才有效的管理模式。因此，本系统提供“主管签字”的核算方式，即其他会计人员制作的凭证必须经主管签字才能记账。

提示：

·使用主管签字的前提是在总账选项中选择“凭证必须经主管签字”。其他控制功能同出纳签字。

（3）审核凭证。审核凭证是审核员按照财会制度，对制单员填制的记账凭证进行检查核对，主要审核记账凭证是否与原始凭证相符、会计分录是否正确等，审查认为错误或有异议的凭证，应打上出错标记，同时可写入出错原因并交与填制人员修改后，再审核。凭证审核需要先重新注册更换操作员，由具有审核权限的操作员来进行。凭证既可逐张审核，也可成批审核。

提示：

·审核人和制单人不能是同一个人。

·凭证一经审核，就不能被修改、删除，只有取消审核签字后才可以进行修改或删除。

·取消审核签字只能由审核人自己进行。

·审核人除了要具有审核权外，还需要有对待审核凭证制单人所制凭证的审核权，这个权限在“基础设置”|“数据权限”中设置。

·作废凭证不能被审核，也不能被标错。

·已标错的凭证不能被审核，若想审核，需要先取消标错后才能审核。已审核的凭证不能标错。

·企业可以依据实际需要加入审核后方可执行领导签字的控制，同时取消审核时控制领导尚未签字。可在“选项”中选中“主管签字以后不可以取消审核和出纳签字”。

4. 凭证查询

凭证查询可以按查询条件查询任何年月的任何类型的凭证，查询条件可以是凭证类别、凭证号范围、凭证日期范围、金额范围、会计科目范围、制单人、是否复核、是否记账等。

5. 凭证汇总

凭证汇总是按一定条件对记账凭证进行汇总并生成凭证汇总表，以便财务人员随时查询凭证汇总信息，及时了解企业的经营状况及其他财务信息。进行凭证汇总的凭证可以是已记账凭证，也可以是未记账凭证。

6. 凭证记账

记账凭证经审核签字后，即可用来登记总账和明细账、日记账、部门账、往来账、项目账以及备查账等。用友 ERP-U8 管理系统采用向导方式记账，使记账过程更加明确。记账是由计算机自动进行的，记账过程一旦因断电或其他原因造成中断，系统自动调用恢复记账前状态功能恢复数据，再重新选择记账。

提示：

· 若期初余额试算不平衡，不能记账。

· 记账时可以对全部符合条件的凭证记账，也可以选择记账范围。选择记账范围时可以输入数字、“-”和“，”。

· 作废凭证不需要审核即可记账。

· 上月未结账时，本月不能记账。

· 已记账的错误凭证不能直接修改，可以用“红字更正法”或“补充登记法”进行更正。

7. 冲销凭证

已经记账的凭证发现有错误时，不能直接修改，可以通过冲销凭证的方式生成一张红字冲销凭证，把错误凭证冲销，然后再手工填制一张正确的蓝字凭证。

3.3.2　出纳管理

出纳管理是总账管理系统为出纳人员提供的一套管理工具，包括出纳签字，现金日记账、银行存款日记账和资金日报的查询，支票登记簿以及银行对账。

1. 出纳签字

出纳签字在前面凭证管理中已做过介绍，在此不再赘述。

2. 现金日记账、银行存款日记账和资金日报的查询

（1）现金日记账。查询现金日记账时，现金科目必须在“会计科目”|“指定科目”中预先指定。执行“设置”|“会计科目”|“指定科目”命令，即可指定现金科目。

（2）银行存款日记账。同现金日记账一样，查询银行存款日记账时，银行科目也必须在“会计科目”|“指定科目”中预先指定。

（3）资金日报。资金日报表可以反映现金和银行存款日发生额和余额情况。现金日报表可以由总账管理系统根据记账凭证自动生成、及时提供当日借贷金额合计、余额以及当日业务量等信息。资金日报表可以根据已记账凭证、未记账凭证生成。

3. 支票登记簿

在手工记账时，银行出纳通常建立支票领用登记簿，用来登记支票领用情况，为此本系统为出纳员提供了“支票登记簿”功能， 以供其详细登记支票领用人、领用日期、支票用途、是否报销等情况。当应收、应付系统或资金系统有支票领用时，自动填写。

只有在“会计科目”中设置银行账的科目才能使用支票登记簿。

提示：

· 当需要使用支票登记簿功能时，必须在结算方式设置中对需使用支票登记簿的结算方式在“是否票据管理”前打钩。

· 只有在会计科目中设置了银行账辅助核算的科目才能使用支票登记簿。

· 领用支票时，银行出纳必须据实填写领用日期、领用部门、领用人、支票号、用途、预计金额、备注等信息。

· 经办人持原始单据报销支票时，会计人员据此填制记账凭证。在录入该凭证时，系统要求录入结算方式和支票号，填制完凭证后，在采取支票控制的方式下，系统自动在支票登记簿中将该支票填上报销日期，表示该支票已报销。否则，出纳员需要自己填写报销日期。

· 已报销的支票不能修改，可以取消报销标志，再行修改。

4. 银行对账

（1）录入银行对账期初数据。为了保证银行对账的正确性，在开始对账的月初应先将日记账、银行对账单未达项输入系统中。银行对账期初功能是用于第一次使用银行对账模块前输入日记账及对账单未达项，在开始使用银行对账之后一般不再使用。使用总账管理系统处理日常业务后，系统将自动形成银行日记账的未达账项。

（2）录入银行对账单。对账前，必须将银行开出的银行对账单录入系统中，以便将其与企业银行日记账进行核对。还可以使用银行对账单导入功能，更为简便。

（3）银行对账。银行对账采用自动对账与手工对账相结合的方式。自动对账是计算机根据对账依据自动进行核对、勾销，对于已核对上的银行业务，系统将自动在企业银行对账文件和银行对账单文件双方写上两清标志，并视为已达账项，对于在两清栏未写上两清符号的记录，系统则视其为未达账项。手工对账是对自动对账的补充，使用完自动对账后，可能还有一些特殊的已达账没有核对出来，而被视为未达账项，为了保证对账更彻底正确，可用手工对账来进行调整。

提示：

下面四种情况中，只有第一种情况可以采用自动对账的方式进行对账，后三种方式只能采用手工对账方式进行对账。

· 对账单文件中的一条记录和企业银行对账文件中的一条记录完全相同。

· 对账单文件中的一条记录和企业银行对账文件中的多条记录完全相同。

· 对账单文件中的多条记录和企业银行对账文件中的一条记录完全相同。

· 对账单文件中的多条记录和企业银行对账文件中的多条记录完全相同。

（4）查询余额调节表。在对银行账进行两清勾对后，可调用此功能查询打印“银行存款余额调节表”，以检查对账是否正确。进入此项操作，屏幕显示所有银行科目的账面余额及调整余额。

如果要查看某科目的调节表，则将光标移到该科目上，然后用鼠标单击“查看”按钮或双击该行，则可查看该银行账户的银行存款余额调节表。

（5）查询对账勾对情况。对账结果查询是对企业银行对账文件和银行对账单的对账结果进行查询。它是对余额调节表的补充，可进一步了解对账后对账单上的具体情况（包括已达账项和未达账项），从而进一步查询对账结果。检查无误后，可通过对照银行账单来核销已达账。

（6）核销已达账项。银行对账不平时，不能使用核销功能。如果核销错误，可以进行反核销。

3.3.3　账簿查询

企业发生的经济业务，经过填制凭证、审核、记账后，其数据就转移到会计账簿上，通过账簿查询功能可以查询各种账簿数据，包括前面介绍的现金日记账和银行存款日记账，以及基本的科目账簿的查询、各种辅助账的查询。

1. 科目账簿查询

（1）总账。总账查询不但可以查询各总账科目的年初余额、各月发生额合计和月末余额，而且还可查询明细科目的年初余额、各月发生额合计和月末余额。既可以包含已记账凭证的数据，还可以包含未记账凭证的数据，即可以通过模拟记账的形式查询未记账凭证的数据。

（2）余额表。余额表用于查询统计各级科目的本期发生额、累计发生额和余额等。传统的总账，是以总账科目分页设账， 而余额表则可输出某月或某几个月的所有总账科目或明细科目的期初余额、本期发生额、累计发生额、期末余额，在实行计算机记账后，可以用余额表代替总账。

（3）明细账。明细账用于平时查询各账户的明细发生情况，以及按任意条件组合查询明细账。在查询过程中可以包含未记账凭证。用友 ERP-U8 管理系统提供了三种明细账的查询格式，即普通明细账、按科目排序明细账、月份综合明细账。普通明细账是按科目查询，按发生日期排序的明细账；按科目排序明细账是按非末级科目查询，按其有发生的末级科目排序的明细账；月份综合明细账是按非末级科目查询，包含非末级科目总账数据及末级科目明细数据的综合明细账，各级科目的数据关系一目了然。

（4）序时账。序时账以流水账的形式根据记账凭证反映单位的经济业务，包括日期、凭证号、摘要、借方发生额、贷方发生额以及余额。

（5）多栏账。多栏账是总账管理系统中一个很重要的功能，用户可以使用本功能设计自己企业需要的多栏明细账，按明细科目保存为不同的多栏账名称，在以后的查询中只需要选择多栏明细账直接查询即可，并且可按明细科目自由设置不同样式的多栏账，方便快捷，自由灵活。

2. 辅助账查询

辅助账查询包括客户往来辅助账、供应商往来辅助账、个人往来账、部门辅助账、项目辅助账的总账和明细账的查询，以及部门收支分析、项目统计表的查询。需要注意的是，当供应商往来和客户往来采用总账管理系统核算时，其账簿的管理在总账管理系统中进行，否则，在应收款、应付款管理系统中进行。

3.4　总账管理系统期末处理

期末处理是指在月末或年末，在将本会计期间发生的经济业务全部登记入账后所要做的工作，主要包括银行对账、自动转账、对账以及结账。

3.4.1　银行对账

银行对账在前面出纳管理中已做过介绍，在此不再赘述。

3.4.2　自动转账

转账分为外部转账和内部转账。外部转账是指将其他核算系统自动生成的凭证转入总账管理系统，如固定资产管理系统生成的有关固定资产增减变动的凭证传递到总账管理系统中；内部转账是指在总账管理系统内部把某些会计科目中的余额或本期发生额结转到一个或多个会计科目中去，如提取借款利息、结转期间损益等。此处所指自动转账是指内部转账。由于这些业务处理具有较强的规律性，因此可以通过自动转账的方式，由计算机自动完成这些业务的结转处理，从而减轻会计人员的工作量，提高工作效率。

自动转账包括转账定义和转账生成两个步骤。

1. 转账定义

转账定义的含义就是设置自动转账凭证的模板，在该模板中定义自动转账业务涉及的摘要、会计科目、借贷方向、金额来源等要素内容。转账定义完成后，各月只需调用“转账生成”功能，就能自动生成转账凭证，而不需要每月都进行转账定义。根据结转业务的内容不同，转账定义包括自定义转账、对应结转、销售成本结转、汇兑损益结转、期间损益结转以及费用摊销和预提结转等类型。除自定义转账类型外，其他类型的结转业务都有对应的模板，减轻了转账定义的难度。

（1）自定义转账。适用于软件系统无法预先设置转账定义模板的结转业务，如费用分配（如工资分配）、费用分摊（如制造费用分配）、税金结转（如结转未交增值税）、提取各项费用（如提取借款利息）等。

（2）对应结转。当两个或多个上级科目的下级科目及辅助项有一一对应关系时，可进行将其余额按一定比例系数进行对应结转，可一对一结转，也可一对多结转。需要注意的是对应结转只结转期末余额。

（3）销售成本结转。销售成本结转的主要功能是用来辅助没有启用供应链管理系统的企业完成销售成本的计算和结转，有两种方法，即全月平均法和计划价法。

（4）汇兑损益结转。汇兑损益结转是指期末自动计算外币的汇兑损益，并在转账生成中自动生成汇兑损益转账凭证。汇兑损益只处理外汇存款账户、外币现金账户，以及外币结算的各项债权、债务，所有者权益类账户、成本类账户和损益类账户不能用汇兑损益结转处理。

提示：

· 应先将本月所有未记账凭证先记账，然后再结转汇兑损益，否则损益计算结果可能不正确。

·汇兑损益入账科目不能是有数量外币核算的科目或辅助账科目。

·如果已经启用了应收款、应付款管理系统，则计算汇兑损益的外币科目不能是带客户或供应商往来核算的科目。

（5）期间损益结转。会计期间终了，将损益类科目的余额结转到本年利润科目中，从而及时反映企业利润的盈亏情况。主要是对于管理费用、销售费用、财务费用、销售收入、营业外收支等科目向本年利润的结转。

提示：

·本年利润科目若有辅助账，则必须与损益科目的辅助账类一致。

·结转凭证不受金额权限控制，不受辅助核算及辅助项内容的限制。

·只有在选项中选择了自定义项作为辅助核算，期间损益才按自定义项结转。

（6）费用摊销和预提结转。费用摊销和预提结转可以分期等额摊销待摊费用和计提预提费用。费用摊销可针对已经计入待摊费用的数据进行分期摊销，按一定的结转比例或金额转入费用类科目。费用预提可按一定的结转比例或金额计提预提费用。可一对一结转，也可一对多结转。

2. 转账生成

完成转账定义后，选择生成结转方式、结转月份及需要结转的结转凭证，系统就会进行结转计算，并显示将要生成的凭证，确认无误后，生成的凭证会追加到未记账凭证中，通过审核、记账就能真正完成结转工作。

提示：

·月末转账前，需将所有凭证全部记账，否则生成的转账凭证中的数据可能不准确。

·如果启用了应收款、应付款管理系统，那么在总账管理系统中不能按客户、供应商进行结转。

·每月只能结转一次，结转月份为当前月，在生成结转凭证时，为确保所有凭证都能结转，建议在月末进行。

3.4.3 对账

对账是对账簿数据进行核对，目的是为了检查记账是否正确，是否账账相符。对账包括总账与明细账、总账与辅助账、辅助账与明细账等账簿的核对。试算平衡时系统会将所有账户的期末余额按会计平衡公式“借方余额=贷方余额”进行平衡检验，并输出科目余额表。

从会计信息系统环境下记账的原理和数据处理流程来看，所有账簿的数据都来源于记账凭证文件，“记账”只是一个数据搬家的过程，只要保证填制凭证时准确无误，就不会出现总账与明细账、总账与辅助账等账簿不平衡的情况，因此对账就没有意义。但由于非法操作或计算机病毒或其他原因，有时可能会造成某些数据被破坏，因而引起账账不符。为了保证账证相符、账账相符，用户应经常使用本功能进行对账，至少一个月一次，一般可在月末结账前进行。

结账时，系统也会自动进行对账和试算平衡。

3.4.4 结账

在手工会计处理中，都有结账的过程。在利用财务软件进行会计业务处理时也有这一过程，由计算机自动完成，结出各种账簿的“本期发生额”和“月末余额”，并将本会计期间各会计科目的余额转入下一个会计期间，作为下一期间的期初余额，以便开始下一个会计期间的各项业务的处理。

在结账期间要进行下列检查：

（1）检查上月是否结账，上月未结账，则本月不能结账。

（2）检查本月业务是否全部记账，如果有未记账的凭证，则本月不能结账。

（3）损益类账户必须全部结转完毕，否则本月不能结账。

（4）核对总账与明细账、明细账与辅助账、总账管理系统与其他子系统数据是否对账平衡，不平衡不能结账。

（5）若与其他子系统联合使用，其他子系统应先结账，否则不能结账。

结账前应将所有数据做系统备份，以防结账过程中因断电或其他原因造成的结账中断。

提示：

·如果需要反结账，应在结账向导中，选择要取消结账的月份上，按“Ctrl+Shift+F6”组合键即可进行反结账。

·上月未结账，则本月不能记账，但可以填制、复核凭证。

·已结账月份不能再填制凭证。

·结账只能由有结账权的人进行。

·若总账与明细账对账不符，则不能结账。

·反结账操作只能由账套主管执行。

实验二 总账管理系统初始设置

一、实验要求

以账套主管钱明（001）的身份进行总账管理子系统的初始化设置。

（1）设置总账系统参数。

（2）设置会计科目。

（3）指定会计科目。

（4）设置项目目录。

（5）设置凭证类别。

（6）输入期初余额。

二、实验资料

（1）总账的账套参数，如表 3-1 所示。

表 3-1 总账的账套参数

选项卡	参数设置
凭证	制单序时控制 不允许修改、作废他人填制的凭证 出纳凭证必须经出纳签字 可查询他人的凭证 凭证编号由系统编号 可以使用应收受控科目 可以使用应付受控科目 可以使用存货受控科目 取消“现金流量科目必录现金流量项目”

（2）2015年1月会计科目及期初余额表，如表3-2所示。

表 3-2 2015 年 1 月会计科目及期初余额表

科目名称	辅助核算	方向	币别/计量	期初余额/元
库存现金（1001）	日记账	借		14 000
银行存款（1002）		借		602 349
工行存款（100201）	日记、银行账	借		602 349
建行存款（100202）	日记、银行账	借		0
其他货币资金（1012）		借		489 000
存出投资款（101206）		借		489 000
交易性金融资产（1101）		借		12 000
股票（110101）		借		12 000
债券（110102）		借		0
应收票据（1121）	客户往来	借		60 000
应收账款（1122）	客户往来	借		270 000
预付账款（1123）	供应商往来	借		108 000
应收股利（1131）		借		0
应收利息（1132）		借		0
其他应收款（1221）	个人往来	借		12 000
坏账准备（1231）		贷		1 350
材料采购（1401）		借		0
A 材料（140101）		借		0
B 材料（140102）		借		0
原材料（1403）		借		470 000
A 材料（140301）	数量核算	借		280 000
		借	千克	2 000
B 材料（140302）	数量核算	借		190 000
		借	千克	1 900
材料成本差异（1404）		贷		5 547
库存商品（1405）		借		420 000
甲产品（140501）	数量核算	借		243 600
		借	箱	55
乙产品（140502）	数量核算	借		176 400
		借	箱	60
周转材料（1411）		借		23 710
包装物（141101）	数量核算	借		12 400
		借	个	62

续表

科目名称	辅助核算	方向	币别/计量	期初余额/元
低值易耗品（141102）		借		11 310
工作服（14110201）	数量核算	借		11 310
		借	套	39
存货跌价准备（1471）		贷		0
持有至到期投资（1501）		借		0
持有至到期投资减值准备（1502）		贷		0
可供出售金融资产（1503）		借		0
长期股权投资（1511）		借		200 000
长期股权投资减值准备（1512）		贷		0
固定资产（1601）		借		22 402 000
生产经营用固定资产（160101）		借		14 170 000
非生产用固定资产（160102）		借		8 232 000
累计折旧（1602）		贷		4 461 000
固定资产减值准备（1603）		贷		0
在建工程（1604）		借		350 000
厂房改扩建工程（160401）		借		350 000
设备安装工程（160402）		借		0
固定资产清理（1606）		借		0
无形资产（1701）		借		320 000
商标权（170101）		借		260 000
专利权（170102）		借		60 000
累计摊销（1702）		贷		20 000
无形资产减值准备（1703）		贷		0
长期待摊费用（1801）		借		0
待处理财产损溢（1901）		借		0
待处理流动资产损溢（190101）		借		0
待处理固定资产损溢（190102）		借		0
短期借款（2001）		贷		72 000
应付票据（2201）	供应商往来	贷		110 000
应付账款（2202）	供应商往来	贷		80 000
预收账款（2203）	客户往来	贷		120 400
应付职工薪酬（2211）		贷		70 000
应付工资（221101）		贷		0
应付福利费（221102）		贷		70 000
应付工会经费（221103）		贷		0
应付教育经费（221104）		贷		0
应交税费（2221）		贷		192 948
应交增值税（222101）		贷		0
进项税额（22210101）		贷		0
已交税金（22210102）		贷		0
转出未交增值税（22210103）		贷		0
减免税款（22210104）		贷		0
销项税（22210105）		贷		0
出口退税（22210106）		贷		0
进项税额转出（22210107）		贷		0
转出多交增值税（22210109）		贷		0
未交增值税（222102）		贷		20 000

续表

科目名称	辅助核算	方向	币别/计量	期初余额/元
应交营业税（222103）		贷		11 000
应交消费税（222104）		贷		0
应交资源税（222105）		贷		0
应交所得税（222106）		贷		141 298
应交土地增值税（222107）		贷		0
应交城市维护建设税（222108）		贷		4 200
应交房产税（222109）		贷		0
应交土地使用税（222110）		贷		0
应交车船税（222111）		贷		0
应交个人所得税（222112）		贷		14 650
应交教育费附加（222113）		贷		1 800
应付股利（2232）		贷		0
其他应付款（2241）		贷		7 000
应付个人款（224101）	个人往来	贷		2 800
存入保证金（224102）		贷		4 200
长期借款（2501）		贷		15 981 000
生产线投资借款（250101）		贷		15 575 000
厂房改扩建借款（250102）		贷		406 000
应付债券（2502）		贷		0
预计负债（2801）		贷		0
实收资本（4001）		贷		3 828 564
上海明珠实业公司（400101）		贷		2 288 000
深圳宇华科技有限公司（400102）		贷		680 000
北京长城实业有限公司（400103）		贷		860 564
资本公积（4002）		贷		55 700
资本溢价（400201）		贷		55 700
盈余公积（4101）		贷		97 550
法定盈余公积（410101）		贷		97 550
任意盈余公积（410102）		贷		0
任意公积金（410103）		贷		0
本年利润（4103）		贷		1 000 000
利润分配（4104）		贷		30 000
提取法定盈余公积（410401）		贷		0
提取任意公积金（410402）		贷		0
提取任意盈余公积（410403）		贷		0
应付利润（410404）		贷		0
其他转入（410405）		贷		0
未分配利润（410406）		贷		30 000
生产成本（5001）		借		380 000
甲产品（500101）				
直接材料（50010101）	项目核算	借		70 000
直接人工（50010102）	项目核算	借		106 000
制造费用（50010103）	项目核算	借		24 000
乙产品（500102）				
直接材料（50010201）	项目核算	借		68 000
直接人工（50010202）	项目核算	借		92 000
制造费用（50010203）	项目核算	借		20 000

续表

科目名称	辅助核算	方向	币别/计量	期初余额/元
制造费用（5101）		借		0
工资（510101）	部门核算	借		0
福利费（510102）	部门核算	借		0
折旧费（510103）	部门核算	借		0
机物料消耗（510104）	部门核算	借		0
水电费（510105）	部门核算	借		0
办公费（510106）	部门核算	借		0
修理费（510107）	部门核算	借		0
工会经费（510108）	部门核算	借		0
职工教育经费（510109）	部门核算	借		0
其他费用（510110）	部门核算	借		0
制造费用转出（510111）	部门核算	借		0
劳务成本（5201）		借		0
主营业务收入（6001）		贷		0
甲产品（600101）		贷		0
乙产品（600102）		贷		0
其他业务收入（6051）		贷		0
包装物出租收入（605101）		贷		0
无形资产转入收入（605102）		贷		0
投资收益（6111）		贷		0
债券投资收益（611101）		贷		0
股票投资收益（611102）		贷		0
其他股权投资收益（611103）		贷		0
营业外收入（6301）		贷		0
罚款收入（630101）		贷		0
主营业务成本（6401）		借		0
甲产品（640101）		借		0
乙产品（640102）		借		0
营业税金及附加（6403）		借		0
城市建设维护税（640301）		借		0
教育费附加（640302）		借		0
其他业务成本（6402）		借		0
其他业务税金及附加（640201）		借		0
包装物出租成本（640202）		借		0
无形资产转让成本（640203）		借		0
销售费用（6601）		借		0
工资（660101）		借		0
福利费（660102）		借		0
广告费（660103）		借		0
产品展销费（660104）		借		0
运杂费（660105）		借		0
水电费（660106）		借		0
工会经费（660107）		借		0
职工教育经费（660108）		借		0
其他费用（660109）		借		0
管理费用（6602）		借		0
工资（660201）	部门核算	借		0

续表

科目名称	辅助核算	方向	币别/计量	期初余额/元
福利费（660202）	部门核算	借		0
办公费（660203）	部门核算	借		0
折旧费（660204）	部门核算	借		0
机物料消耗（660205）	部门核算	借		0
工会经费（660206）	部门核算	借		0
职工教育经费（660207）	部门核算	借		0
税金（660208）	部门核算	借		0
无形资产摊销（660209）	部门核算	借		0
差旅费（660210）	部门核算	借		0
财产保险费（660211）	部门核算	借		0
水电费（660212）	部门核算	借		0
其他（660213）	部门核算	借		0
财务费用（6603）		借		0
金融机构手续费（660301）		借		0
利息支出（660302）		借		0
资产减值损失（6701）		借		0
营业外支出（6711）		借		0
处理固定资产损失（671101）		借		0
捐赠支出（671102）		借		0
无形资产处理损失（671103）		借		0
其他（671104）		借		0
所得税费用（6801）		借		0
以前年度损益调整（6901）		借		0

辅助账期初余额表，如表 3-3~表 3-11 所示。

表 3-3 应收票据期初余额表

会计科目：1121 应收票据　　余额：借 60 000　　单位：元

客户	金额	业务员
天仑公司	40 000	吴永斌
新星公司	20 000	吴永斌

表 3-4 应收账款期初余额表

会计科目：1122 应收账款　　余额：借 270 000　　单位：元

客户	金额	业务员
华丰公司	262 980	吴永斌
物美公司	7 020	吴永斌

表 3-5 其他应收款期初余额表

会计科目：1123 预付账款　　余额：借 12 000　　单位：元

部门	个人	方向	期初余额
供应科	叶丽	借	2 400
供应科	胡俊	借	9 600

表 3-6 预付账款期初余额表

会计科目：1123 预付账款　　余额：借 10 800　　单位：元

供应商	金额	业务员
阳华公司	68 000	叶丽
永鑫公司	40 000	胡俊

表 3-7　应付票据期初余额表

会计科目：2201　应付票据　　余额：贷　110 000　　单位：元

供应商	金额	业务员
南利公司	16 400	叶丽
青胜公司	93 600	胡俊

表 3-8　应付账款期初余额表

会计科目：2202　应付账款　　余额：贷　80 000　　单位：元

供应商	金额	业务员
元科公司	28 000	胡俊
天得公司	52 000	胡俊

表 3-9　预收账款期初余额表

会计科目：2203　预收账款　　余额：贷　120 400　　单位：元

客户	金额	业务员
九宫公司	100 400	吴永斌
源仕公司	20 000	吴永斌

表 3-10　其他应付款——应付个人款期初余额表

会计科目：224101　其他应付款——应付个人款　　余额：贷 2 800　　单位：元

部门	个人	方向	期初余额
企划科	陈凯	贷	2 800

表 3-11　生产成本期初余额表

会计科目：5001　生产成本　　余额：借　380 000 元　　单位：元

科目名称	甲产品	乙产品	合计
直接材料（500101）	70 000	68 000	138 000
直接人工（500102）	106 000	92 000	198 000
制造费用（500103）	24 000	20 000	44 000
合计	200 000	180 000	380 000

（3）项目目录，如表 3-12 所示。

表 3-12　项目目录

项目设置步骤	设置内容
项目大类	产成品
核算科目	直接材料（500101）
	直接人工（500102）
	制造费用（500103）
项目分类	1 产品制造
	2 委托加工
项目名称	101 甲产品
	102 乙产品

（4）指定会计科目。

把“1001 库存现金”科目指定为“库存现金总账科目”。

把“1002 银行存款”科目指定为“银行总账科目”。

把“1001 库存现金，1002 银行存款，1012 其他货币资金”最底级科目指定为“现金流量科目”。

（5）凭证类别，如表 3-13 所示。

表 3-13 凭证类别

凭证类别	限制类别	限制科目
收款凭证	借方必有	1001,100201,100202
付款凭证	贷方必有	1001,100201,100202
转账凭证	凭证必无	1001,100201,100202

三、实验指导

1. 设置总账系统参数

（1）在“企业应用平台”，单击左下角按钮“业务工作”，双击“财务会计”中的“总账”，进入总账系统。

（2）在总账系统中，单击“设置”中的“选项”，打开“选项”对话框。

（3）在“选项”对话框中，单击“编辑”按钮。

（4）选择“凭证”选项卡，按实验资料进行选择。

（5）单击“确定”后退出，如图 3-3 所示。

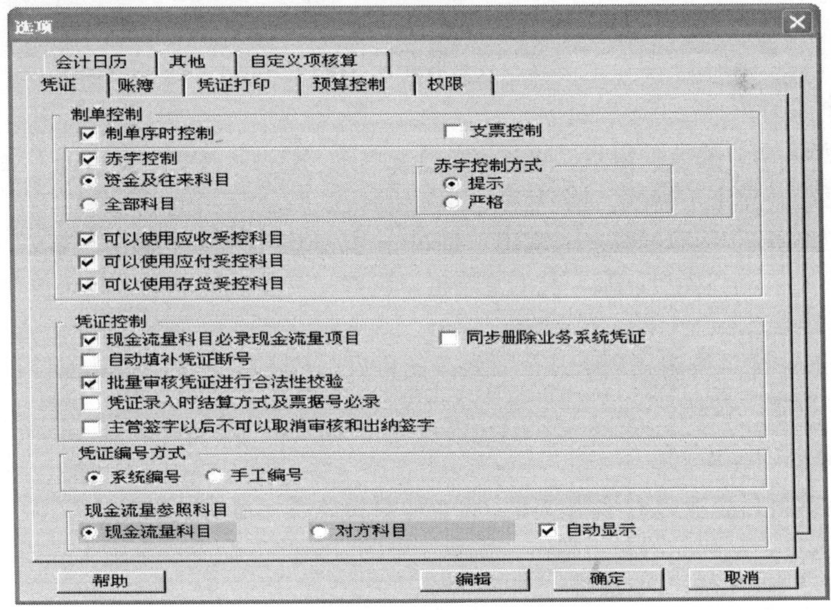

图 3-3 总账选项设置

2. 增加会计科目

（1）在“企业应用平台”中，单击左下角按钮“基础设置”，再单击系统菜单“基础档案”|“财务”|“会计科目”，进入“会计科目”窗口。

（2）单击“编辑”|“增加”，或单击工具栏上的“增加”按钮，或按 F5 键，进入“会计科目——新增”界面。

（3）以增加“工行存款”为例，输入科目编码“100201”、科目中文名称“工行存款”，单击“日记账”和“银行账”前的空白框核算，单击“确定”按钮。

（4）如果继续增加会计科目，则单击“增加”按钮，输入科目编码、科目名称等相关科目属性，输入完毕后单击“确定”按钮，如图 3-4 所示。

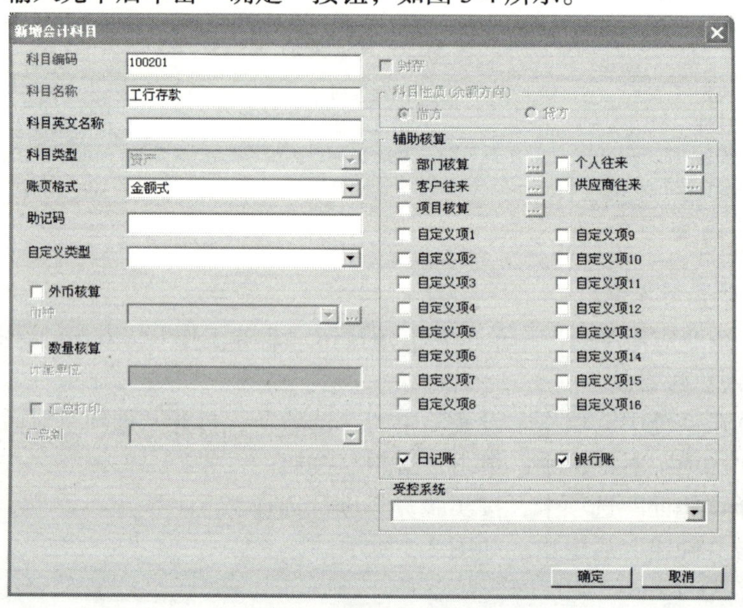

图 3-4　增加会计科目

3. 修改会计科目

（1）单击所要修改的科目，双击该科目或单击“修改”按钮，即可进入会计科目修改界面对话框，单击“修改”按钮。

（2）如修改“应收账款”，双击“1122 应收账款”科目，单击“修改”按钮，进入修改界面，单击“客户往来”前的复选框，再在“受控系统”的下拉菜单中选择“应收系统”。

（3）通过翻页按钮找到下一个要修改的科目，依上述方法修改其他科目，修改完毕，单击“确定”按钮。

4. 删除会计科目

如果有些科目企业暂时不用或不适合企业科目体系，可将其删除。

（1）选择要删除的科目，单击“编辑”中的“删除”命令或单击工具栏上“删除”按钮，打开“删除记录”对话框。

（2）单击“确定”按钮即可将该科目删除。

5. 指定会计科目

在会计科目设置界面，单击“编辑”菜单下的“指定科目”选项。

（1）单击“现金总账科目”选项，选择“1001 库存现金”科目，双击或单击“>”按钮，选入已选科目栏中，单击“确定”，返回“指定科目”设置界面。

（2）单击“银行总账科目”选项，选择“1002 银行存款”科目，双击或单击“>”

按钮，选入已选科目栏中，单击“确定”，返回“指定科目”设置界面。

（3）单击“现金流量科目”选项，选择“1001 库存现金，1002 银行存款，1012 其他货币资金”科目，双击或单击“>”按钮，选入已选科目栏中，单击“确定”，返回“指定科目”设置界面，如图 3-5 所示。

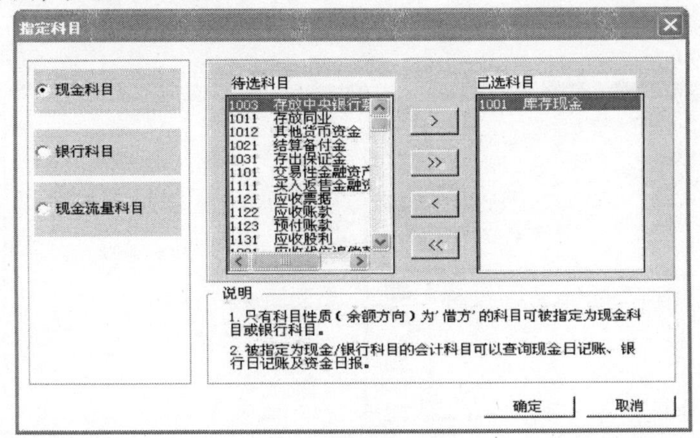

图 3-5　指定会计科目

6. 设置项目目录

（1）在“企业应用平台”中，单击左下角按钮“基础设置”，再单击系统菜单中的“基础档案”|“财务”|“项目目录”菜单，进入“项目目录”窗口。

（2）单击“增加”按钮，打开“项目大类定义——增加”对话框。

（3）录入新项目大类名称“产成品”，如图 3-6 所示。

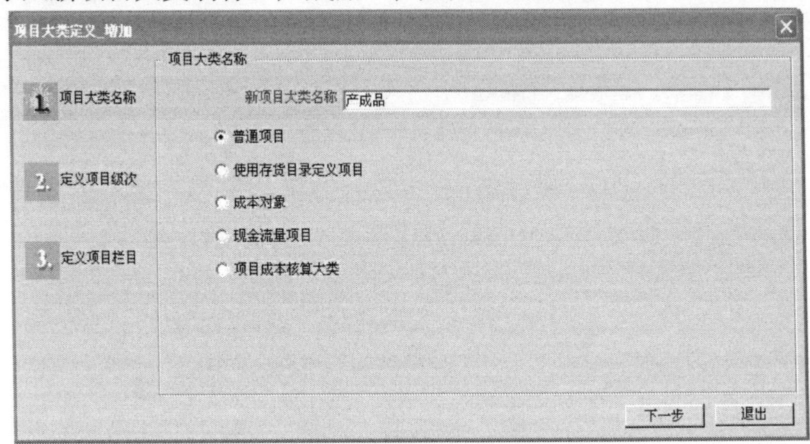

图 3-6　建立项目大类

（4）单击“下一步”，打开“定义项目级次”对话框，在“一级”后，选择“1”。

（5）单击“下一步”，进入“定义项目栏目”对话框，单击“完成”，则返回“项目档案”窗口。

（6）单击“项目大类”栏下三角按钮，选择“产成品”，再单击“核算科目”，分别选择直接材料（500101）、直接人工（500102）、制造费用（500103）科目，单击“>”按钮，将这些科目从“待选科目”区域转移到“已选科目”区域，如图 3-7 所示。

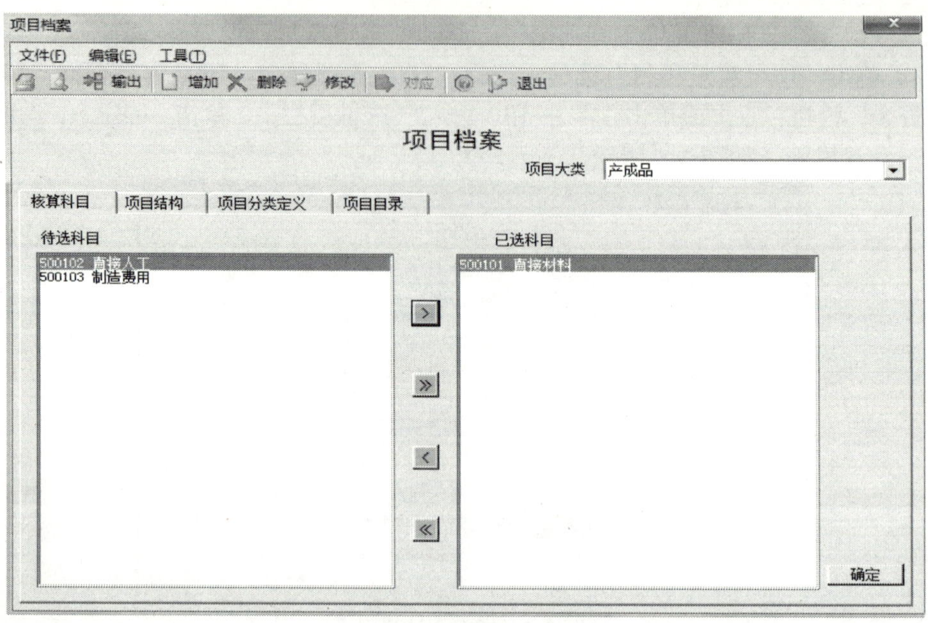

图 3-7　设置核算科目

（7）单击“确定”，单击“项目分类定义”，录入分类编码“01”，分类名称“产品制造”，单击“确定”。使用同样的方法录入“02 委托加工”，单击“确定”，如图 3-8 所示。

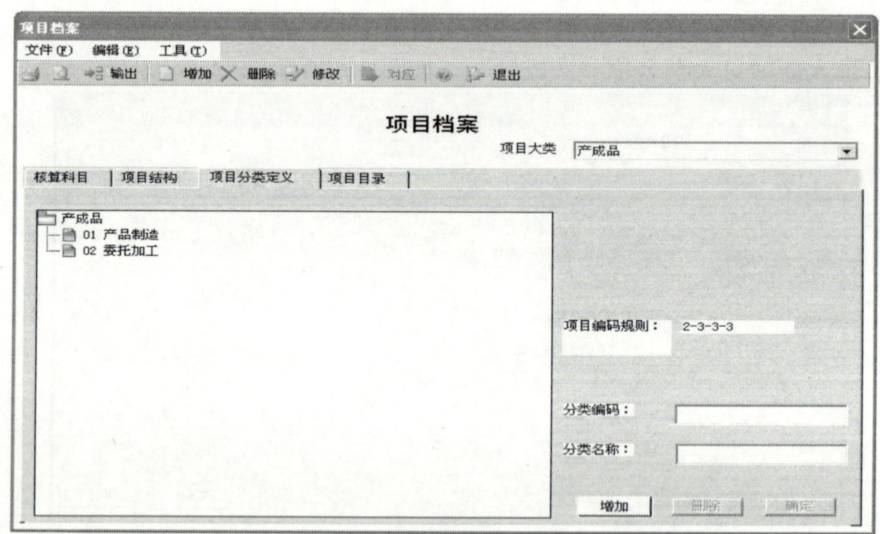

图 3-8　定义项目分类

（8）单击“项目目录”，单击“维护”按钮，打开项目目录维护。

（9）在“项目目录维护”窗口中，单击“增加”，录入项目编号“101”，项目名称“甲产品”，是否结算为“空”，单击所属分类码栏，选择“01”；再单击“增加”，在项目编号栏录入“102”，项目名称“乙产品”，是否结算为“空”，单击所属分类码栏，选择“01”，如图 3-9 所示。

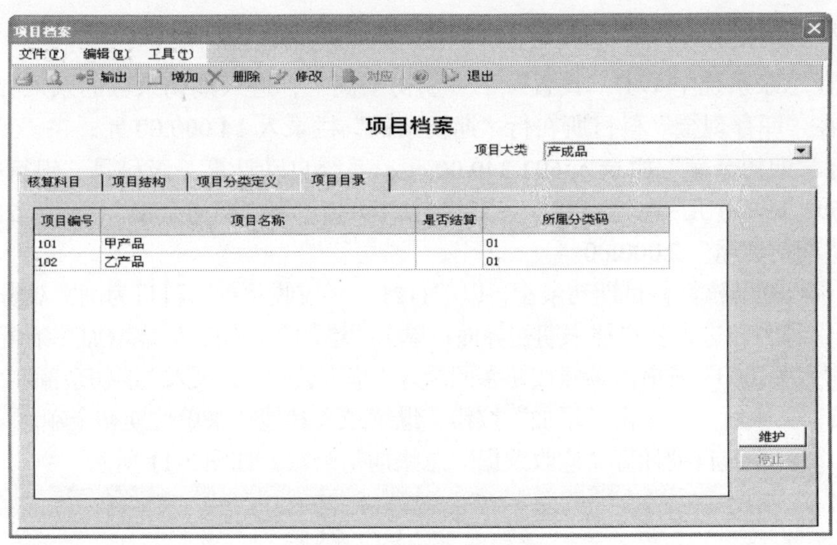

图 3-9　设置项目档案

7. 凭证类别的设置

（1）在“企业应用平台”中单击左下角“基础设置”按钮，再单击系统菜单“基础档案”|“财务”|“凭证类别”进入“凭证类别设置界面”。

（2）根据资料，在分类方式中选择“收款凭证、付款凭证、转账凭证”后单击“确定”按钮，进入“凭证类别”设置界面，如图 3-10 所示。

图 3-10　定义凭证类别

（3）双击“收款凭证”限制类型栏选择“借方必有”的限制类型后，选择或参照录入借方必有科目“1001,100201,100202”；继续双击“付款凭证”限制类型栏选择“贷方必有”的限制类型后，选择或参照录入贷方必有科目“1001,100201,100202”；继续双击“转账凭证”限制类型栏选择“凭证必无”的限制类型后，选择或参照录入凭证必无科目“1001,100201,100202”。

（4）操作完毕单击“退出”。

8. 录入期初余额

（1）在总账系统中单击“设置”下“期初余额”，进入期初余额的录入界面。

（2）在“库存现金”科目所在行“期初余额”栏录入 14 000.00 元；在“工行存款”科目所在行“期初余额”栏录入 602 349.00 元，系统自动计算一级科目“银行存款”的期初余额 602 349.00 元；在原材料——A 材料（140301）的“期初余额”栏录入 280 000.00 元，录入“期初数量”2 000.00。

（3）录入辅助核算科目期初余额，以“1121——应收票据”科目为例，双击“应收票据（1121）”科目，进入客户往来期初界面，单击“增加”按钮，屏幕增加一条新的期初明细：客户编号为“003”或单击参照按钮参照录入“华丰公司”；录入“期初余额”262 980.00 元；业务员“吴永斌”。单击“增加”按钮，继续录入其他往来单位期初余额。录入完毕，单击“退出”。系统自动计算“应收票据”总账期初余额，如图 3-11 所示。

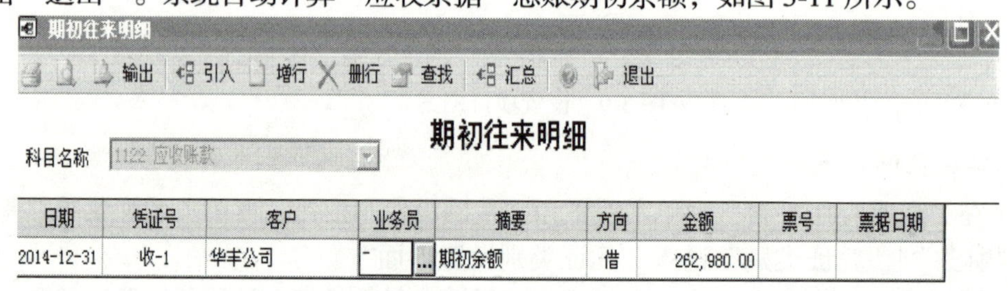

图 3-11 输入期初余额

（4）如果需要修改某个科目的期初余额，直接在对应的期初余额栏内修改。

（5）录完所有余额后，单击“刷新”按钮，可对所有数据重新根据末级科目余额计算上级科目余额。

（6）单击“试算”按钮，可查看期初余额试算平衡表，检查余额是否平衡。如果平衡，可进行日常业务的处理；如果不平衡，则要修改期初余额，直至平衡为止。

实验三 总账管理系统日常业务处理

一、实验要求

（1）以会计王兰（002）的身份填制凭证。

（2）以出纳李萍（003）的身份进行出纳签字。

（3）以账套主管钱明（001）的身份审核凭证并记账。

二、实验资料

（1）1 月 1 日，向广东华顺公司购买 B 材料 200 千克，单价 110 元，价款 22 000 元，增值税额 3 740 元，共计 25 740 元。材料于 1 月 9 日送达入库，并验收，开出 3 个月的无息商业承兑汇票（单据 3 张）（业务员胡俊）。

借：原材料——B 材料 22 000

应交税费——应交增值税（进项税额） 3 740

贷：应付票据 25 740

（2）1 月 1 日，企划科陈凯购买办公用品，出纳以现金 370 元付讫（单据 1 张）。

借：管理费用——办公费 370

贷：库存现金 370

（3）1 月 2 日，购买 A 材料 400 千克，单价 130 元，价款 52 000 元，增值税额 8 840 元，对方代垫运费 600 元，共计 61 440 元。材料已到达企业，并验收入库，开出转账支票（票号：ZZ001）一张（单据 4 张）。

借：原材料——A 材料 52 558

应交税费——应交增值税（进项税额） 8 882

贷：银行存款——工行存款 61 440

（4）1 月 2 日，向北京东兴公司销售甲产品 20 箱，单价 7 000 元，价款 140 000 元，增值税额 23 800 元，收到转账支票填进账单（票号：JZ001），已办理进账手续（单据 2 张）。

借：银行存款——工行存款 163 800

贷：主营业务收入——甲产品 140 000

应交税费——应交增值税（销项税额） 23 800

（5）1 月 4 日，向希望工程基金会捐款 20 000 元，开出转账支票（票号：ZZ002）一张（单据 2 张）。

借：营业外支出——捐赠支出 20 000

贷：银行存款——工行存款 20 000

（6）1 月 4 日，与杭州朝阳公司签订乙产品订货合同，约定：预定货款金额共计 600 000 元，订货方以转账支票方式填进账单（JZ002）预付货款的 40%，另 60%待产品发运后补付。预付款项已存入存款账户（单据 2 张）（业务员吴永斌）。

借：银行存款——工行存款 240 000

贷：预收账款 240 000

（7）1 月 5 日，从城东批发市场购入工作服 20 套，单价 300 元，价款 6 000 元，增值税额 1 020 元，已验收入库，开出转账支票（票号：ZZ003）（单据 2 张）。

借：周转材料——低值易耗品（工作服） 6 000

应交税费——应交增值税（进项税额） 1 020

贷：银行存款——工行存款 7 020

（8）1 月 5 日，与永鑫公司签订 B 材料购货合同，已电汇结算（票号：HD001）方式预付定金 35 200 元（单据 2 张）（业务员胡俊）。

借：预付账款 35 200

贷：银行存款——工行存款 35 200

（9）1 月 6 日，加工车间领用工作服 39 套，每套 290 元（单据 1 张）。

借：制造费用——机物料消耗 11 310

贷：周转材料——低值易耗品（工作服） 11 310

（10）1 月 6 日，从北京晨昕公司购入 A 材料 200 千克，单价 150 元，价款 30 000

元，增值税额 5 100 元，材料验收入库，款项尚未支付（单据 1 张）（业务员叶丽）。

借：材料采购——A 材料　　30 000

应交税费——应交增值税（进项税额）　　5 100

贷：应付账款　　35 100

三、实验指导

1. 填制凭证

（1）在总账系统中单击“凭证”菜单下的“填制凭证”，进入“填制凭证”窗口。

（2）单击工具栏上的“增加”按钮或按 F5 键，增加一张新凭证。

（3）单击“凭证类别”的参照按钮，选择凭证类别，按回车键。

（4）在“制单日期”输入修改凭证日期，按回车键。

（5）在“附单据”处输入所附原始单据张数，按回车键。

（6）在“摘要栏”直接录入摘要，按回车键。

（7）在“科目名称”内单击科目名称栏的参照按钮（或按 F2 键，选择科目），或在科目名称栏内输入科目代码，按回车键。

（8）在“金额”栏内输入金额，按回车键。

（9）继续输入第二条记录。

（10）当凭证信息全部录入完毕后，单击“保存”按钮，保存当前所填制的凭证；也可以单击“增加”按钮，继续填制下一张凭证，如图 3-12 所示。

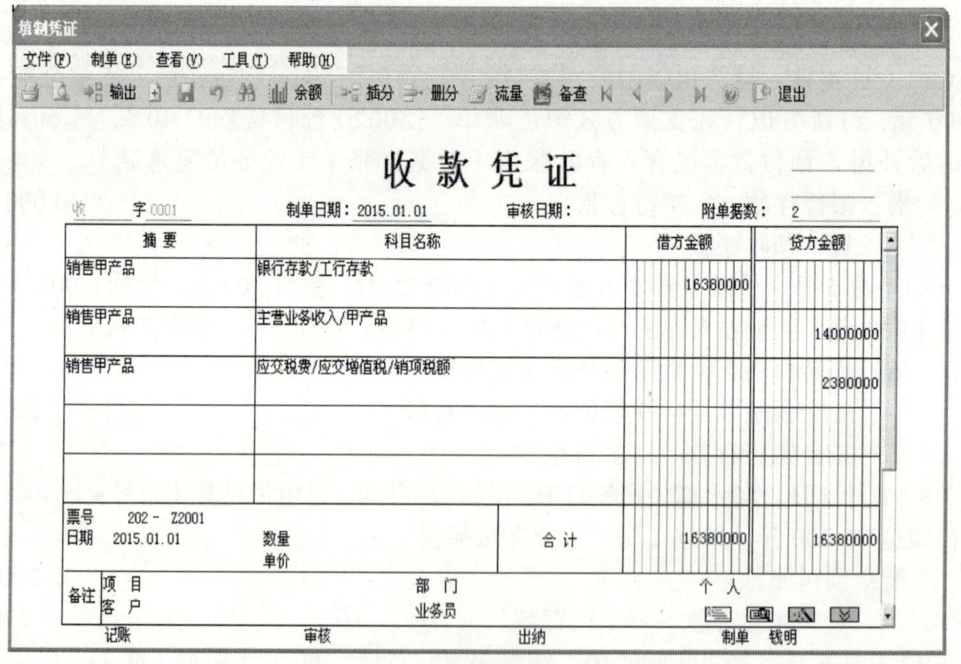

图 3-12 编制记账凭证

如果在科目设置时定义了相应的“辅助账”，则在输入每笔分录时，同时输入辅助核算的内容。如果一个科目同时兼有几个核算要求时，则要求同时输入有关内容。在这里录入的辅助核算内容将在凭证下方的备注中显示。当需要对所录入的辅助项进行修改时，可用鼠标双击所要修改的项，系统显示辅助信息录入窗，可进行修改，如图3-13所示。

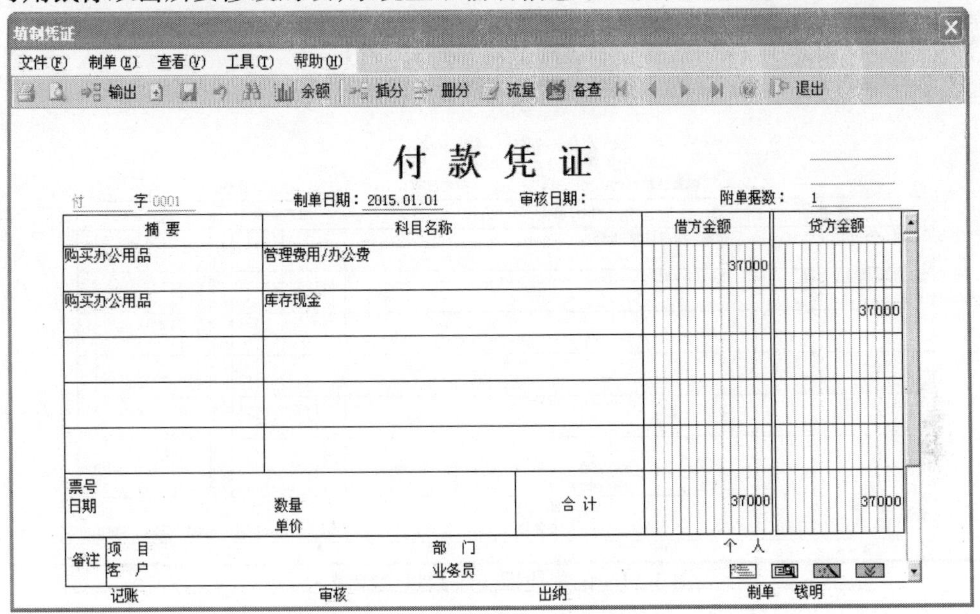

图3-13　记账凭证——辅助项输入

第一，如果输入的会计科目属性为部门辅助核算时，如输入科目“660202 管理费用——办公费”，则屏幕提示要求输入“部门”信息，可输入代码或部门名称，也可单击“参照”按钮参照输入，不能为空，只能输入最末级部门。

第二，如果输入的会计科目属性为个人往来辅助核算时，如输入科目“224101 其他应收款——应付个人款”，则屏幕提示要求输入“部门”“个人”信息，可输入代码或名称，也可单击“参照”按钮或按F2键参照输入，不能为空。在录入个人信息时，若不输入“部门”只输入“个人”，系统将根据所输“个人”自动输入其所属的“部门”。

第三，如果输入的会计科目属性为客户往来辅助核算时，如输入“122 应收账款”，则屏幕提示要求输入“客户”、“业务员”及“票号”等信息。“客户”可直接输入代码或客户简称，也可在“客户”处单击“参照”按钮或按F2键参照输入，不能为空。“业务员”可输入该笔业务的采购人员，可以为空。“票号”可输入往来业务的单据号，可以为空。

第四，如输入的会计科目属性为供应商往来辅助核算时，如输入科目“2101 应付票据”则屏幕提示要求输入“供应商”、“业务员”及“票号”等信息。“供应商”可输入代码或供应商简称，也可通过参照功能输入，按照方法同上，不能为空。“业务员”可输入该笔业务的采购人员，可以为空。“票号”可输入往来业务的单据号，可以为空。

需要注意的是：科目、客户名称、供应商名称、个人名称、部门名称等可在制单时随时通过参照界面中的“编辑”按钮进行增加及修改。

第五，如果输入的会计科目有数量核算要求时，则屏幕提示要求输入“数量”“单价”。系统根据“数量×单价”自动计算出金额，若数量、单价有一方未录入，系统将根据金额及数量或单价自动计算另一方。也可在只调整金额的情况下不输入数量和单价，如图 3-14 所示。

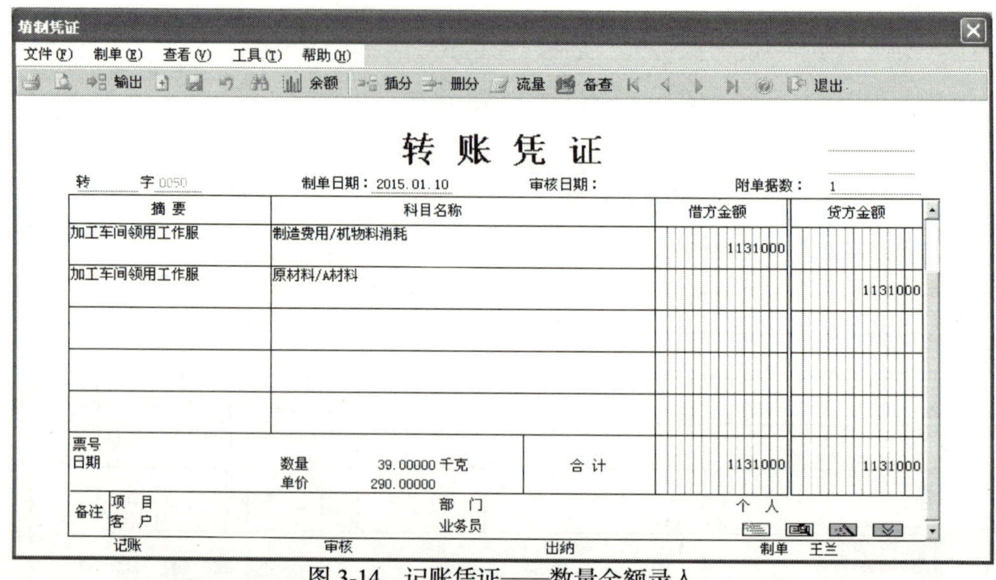

图 3-14　记账凭证——数量金额录入

第六，如果输入的会计科目为待核银行账时，屏幕提示要求输入“结算方式”、“票号”及“发生日期”。其中，“结算方式”应输入银行往来结算方式，“票号”应输入结算单据号或支票号，“票据日期”应输入该笔业务发生的日期。

第七，如果输入的会计科目有外币核算要求时，要求录入外币数量及汇率，也可在只调整本币金额的情况下不输入外币的数量和汇率。

2. 修改凭证

（1）在“填制凭证”窗口，单击“查询”按钮，找到需要修改的凭证。

（2）除了凭证类别、凭证编号不能修改，其他如摘要、科目名称、金额都可修改。

（3）单击工具栏上的“保存”按钮，保存当前修改。

3. 作废与删除凭证

（1）在“填制凭证”窗口，选择要作废的凭证。

（2）单击“制单”中的“作废”|“恢复”菜单，将该凭证打上“作废”标志。

（3）单击“制单”中的“整理凭证”菜单，选择凭证期间“2015.01”后单击“确定”按钮，出现“作废凭证表”对话框。

（4）双击“作废凭证表对话框”中的“删除”栏。

（5）单击“确定”按钮，出现“是否还需整理凭证断号”提示，单击“是”。

4. 冲销凭证

（1）在“填制凭证”窗口，单击“制单”中的“冲销凭证”对话框。

（2）在“冲销凭证”对话框中，依次输入月份、凭证类别和凭证号。

（3）单击“确定”按钮，系统自动生成一张红字冲销凭证。

5. 出纳签字

（1）重新注册更换操作员为“李萍”。

（2）在总账管理系统中单击“凭证”菜单下的“出纳签字”项，打开“出纳签字”对话框，如图 3-15 所示。

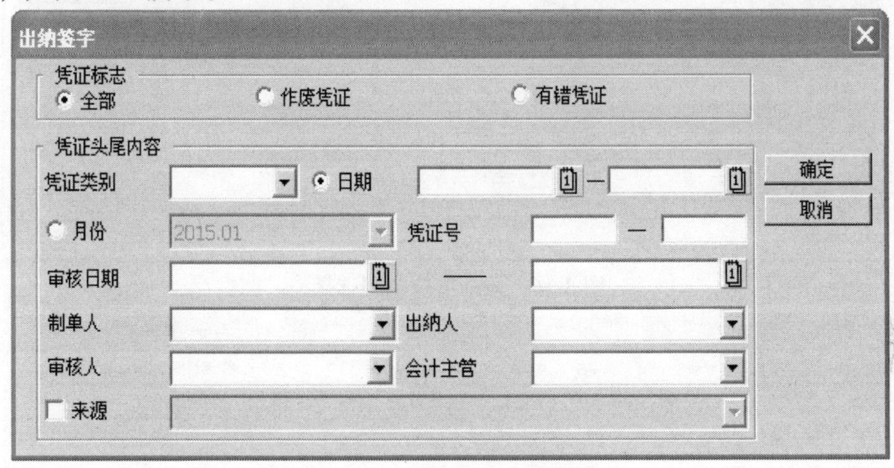

图 3-15　出纳签字条件选择

（3）输入出纳签字的选择条件，单击“确定”按钮进入“出纳签字”情况窗口，其中蓝色背景显示为已签字凭证，白色显示为未签字凭证。

（4）在“出纳签字”情况窗口中，双击某张凭证或单击“确定”按钮，则屏幕显示以此张凭证为首的所有凭证。

（5）确认凭证正确后，单击“签字”按钮，将在出纳处系统自动签上出纳人姓名。单击“下张”按钮，再单击“签字”按钮，直到将已经填制的所有收付凭证都进行出纳签字。

（6）分别单击“退出”“取消”按钮退出出纳签字。

6. 审核凭证

（1）重新注册更换操作员为“钱明”。

（2）在总账系统中单击“凭证”菜单下的“凭证审核”，打开“凭证审核”对话框，如图 3-16 所示。

（3）输入所要审核凭证的条件后，单击“确定”按钮进入“凭证审核”情况窗口，如图 3-17 所示。其中，蓝色背景显示为已审核签字凭证，白色显示为未审核签字凭证。

（4）在“凭证审核”情况窗口中单击“确定”按钮，屏幕显示以此张凭证为首的所有凭证。

（5）审核人员在确认该张凭证正确后，单击“审核”按钮，系统在审核处自动签上审核人姓名，并自动显示下一张待审核凭证。

（6）若审核人员发现该张凭证有错误，可单击“标错”按钮，对凭证进行标错以便制单人对其进行修改。

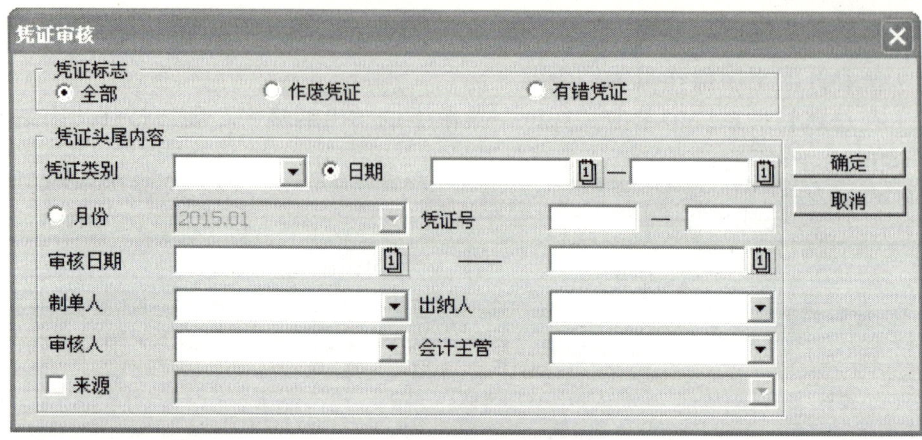

图 3-16　凭证审核范围选择

凭证审核

凭证共 21张　已审核 0 张　未审核 21 张　凭证号排序　制单日期排序

制单日期	凭证编号	摘要	借方金额合计	贷方金额合计	制单人	审核人	系统名	备注	审核
2015-01-01	收 - 0001	销售甲产品	¥163,800.00	¥163,800.00	钱明				
2015-01-01	收 - 0002	收款单	¥240,000.00	¥240,000.00	钱明		应收系统		
2015-01-01	收 - 0003	票据结算	¥20,000.00	¥20,000.00	钱明		应收系统		
2015-01-01	付 - 0001	购买办公用品	¥370.00	¥370.00	钱明				
2015-01-01	转 - 0001	领用工作服	¥11,310.00	¥11,310.00	钱明				
2015-01-01	转 - 0002	采购专用发票	¥25,740.00	¥25,740.00	钱明		应付系统		
2015-01-01	转 - 0003	票据转出	¥40,000.00	¥40,000.00	钱明		应收系统		
2015-01-31	转 - 0004	入库调整单	¥100.00	¥100.00	钱明		存货核算系统		
2015-01-31	转 - 0005	出库调整单	¥7,100.00	¥7,100.00	钱明		存货核算系统		
2015-01-31	转 - 0006	其他出库单	¥200.00	¥200.00	钱明		存货核算系统		
2015-01-31	转 - 0007	材料出库单	¥200.00	¥200.00	钱明		存货核算系统		
2015-01-31	转 - 0008	采购入库单	¥22,000.00	¥22,000.00	钱明		存货核算系统		
2015-01-31	转 - 0009	采购入库单	¥52,000.00	¥52,000.00	钱明		存货核算系统		
2015-01-31	转 - 0010	采购入库单	¥30,000.00	¥30,000.00	钱明		存货核算系统		

对照式审核　取消审核　确定　取消

图 3-17　审核凭证选择

（7）将已经填制的凭证全部审核签字后，分别单击“退出”“取消”按钮退出凭证审核。

7. 凭证记账

（1）由操作员“钱明”单击“凭证”|“记账”，进入“记账向导 1——选择本次记账范围”对话框。

（2）在“选择本次记账范围”对话框中列出各期间的未记账凭证范围清单，同时列出其中的空号与已审核凭证范围，若编号不连续，则用逗号分隔。

（3）记账范围输入本次记账的范围，单击“下一步”按钮。

（4）进入“记账向导 2——记账报告”界面，系统先对凭证进行合法性检查，如果发现不合法凭证，系统将提示错误，如果未发现不合法凭证，屏幕显示所选凭证的汇总表及凭证的总数，以供核对。核对无误后，单击“下一步”按钮。

（5）进入“记账向导 3——记账”界面，当以上工作都确认无误后，可单击“记账”按钮，系统开始记账。

（6）记账完毕后系统提示，单击“确定”按钮。

实验四　总账管理系统期末处理

一、实验要求

（1）以出纳李萍的身份查询现金日记账、银行存款日记账和资金日报表。

（2）以出纳李萍的身份进行银行对账。

（3）查询 2015 年 1 月的三栏式总账，并联查“6602 管理费用”明细账及第 1 号付款凭证。

（4）查询 2015 年 1 月的发生额及余额表并联查专项资料。

（5）查询“6602 管理费用”明细账。

（6）查询“应交增值税”多栏账。

（7）以“王兰”的身份定义转账分录和生成凭证。

（8）以“钱明”的身份进行审核、记账、对账和结账的操作。

二、实验资料

（一）出纳管理

1. 录入期初未达账项

有限公司银行账的启用日期为 2015 年 1 月 1 日，工商银行人民币户企业日记账调整前余额为 602 349.00 元，银行对账单调整前余额为 616 149.00 元，未达账项一笔，系企业已于 2014 年 11 月 28 日开出转账支票（票号：ZZ152）支付购复印件款 13 800 元（记账凭证号为：付 125），而银行因尚未收到此转账支票而未划付款。

2. 输出期初银行存款余额调节表

期初银行存款余额调节表，如表 3-14 所示。

表 3-14　期初银行存款余额调节表　单位：元

单位日记账项目	日记账余额	银行对账单项目	对账单余额
调整前余额	602 349	调整前余额	616 149
加：银行已收，企业未收	0	加：企业已收，银行未收	0
减：银行已付，企业未付	0	减：企业已付，银行未付	13 800
调整后余额	602 349	调整后余额	602 349

3. 录入银行对账单

银行对账单，如表 3-15 所示。

表 3-15　银行对账单　单位：元

日期	结算方式	票号	借方金额	贷方金额
2015 年 1 月 1 日	202	ZZ001		61 440
2015 年 1 月 2 日	202	ZZ152		13 800

续表

日期	结算方式	票号	借方金额	贷方金额
2015年1月2日	1	JZ001	163 800	
2015年1月4日	1	JZ002	240 000	
2015年1月4日	202	ZZ002		20 000
2015年1月5日	203	PT001		57 600
2015年1月5日	401	HD001		35 200

（二）账表查询

以前面实验资料为基础。

（三）期末处理

（1）1月31日，月末按短期借款期末余额的0.2%计提短期借款利息（采用自定义转账结转）。

（2）1月31日，结转已销甲产品、已销乙产品的成本（采用销售成本结转）。

（3）1月31日，分别结转收入和费用账户余额（采用期间损益结转）。

（4）1月31日，本月应交所得税转入“本年利润”账户（采用对应结转）。

三、实验指导

（一）出纳管理

1. 查询现金日记账

（1）重新更换操作员为“李萍”，单击“出纳”中的“现金日记账”项，屏幕显示“现金日记账查询条件”窗口。

（2）在“现金日记账查询条件”窗口中的科目范围处选择科目“1001 库存现金”，然后选择查询方式，系统提供按月和按日查询两种方式，可选择要查询的会计月份或日期；如果查看包含未记账凭证的日记账，用鼠标选择“包含未记账凭证”选项即可。

（3）输入查询条件后，单击“确定”按钮，屏幕显示现金日记账查询结果。

（4）在“账页格式”下拉列表框中，可选择需要查询的格式。

（5）单击“退出”按钮退出。

2. 查询银行日记账

（1）单击“出纳”中的“银行日记账”项，屏幕显示“银行存款日记账查询条件”窗口。

（2）在“银行存款日记账查询条件”窗口中的科目范围处选择科目“100201 银行存款——工行存款”，然后选择查询方式，系统提供按月和按日两种查询方式，可选择要查询的会计月份或日期。如果查看包含未记账凭证的日记账，用鼠标选择“包含未记账凭证”选项即可。

（3）输入查询条件后，单击“确定”按钮，屏幕显示银行日记账查询结果。

（4）当屏幕显示出日记账后，单击账页格式下拉选择框，选择需要查询的格式，系统自动根据科目的性质列出选项供选择。

（5）单击“退出”按钮退出。

3. 查询资金日报

（1）单击“出纳”中的“资金日报”项，屏幕显示“资金日报表查询条件”窗口。

（2）在“资金日报表查询条件”窗口中输入需要查询日报表的日期，并选择科目显示级次；如想包含未记账凭证，可用鼠标在“包含未记账凭证”选项处标上标记。

（3）查询条件选择完成后，用鼠标单击“确定”按钮，屏幕显示当日余额、本日共借、本日共贷金额。

（4）单击“退出”按钮退出。

4. 银行对账

1）录入银行对账期初数据

（1）在总账系统中单击“出纳”中的“银行对账”下“银行对账期初输入”命令，打开“银行科目选择”对话框。

（2）在“银行科目选择”对话框中选择输入银行科目“100201 工行存款”，单击“确定”按钮，打开“银行对账期初”窗口。

（3）在“启用日期”处录入该银行账户的启用日期“2015.01.01”。

（4）录入单位日记账调整前余额“602 349.00”和银行对账单的调整前余额“616 149.00”如图 3-18 所示。

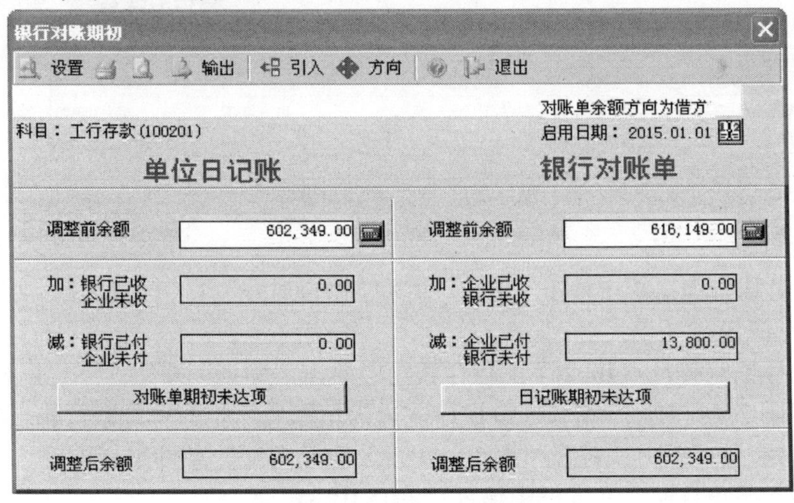

图 3-18　银行期初余额录入

（5）单击“对账单期初未达项”，进入“对账单期初未达项”录入窗口。

（6）单击“增加”按钮，录入企业未达项。

（7）录入完毕，单击退出，系统自动计算调整后的余额。

（8）单击“日记账期初未达项”，进入“日记账期初未达项”录入窗口，单击“增加”按钮，录入银行未达账项，如图 3-19 所示。

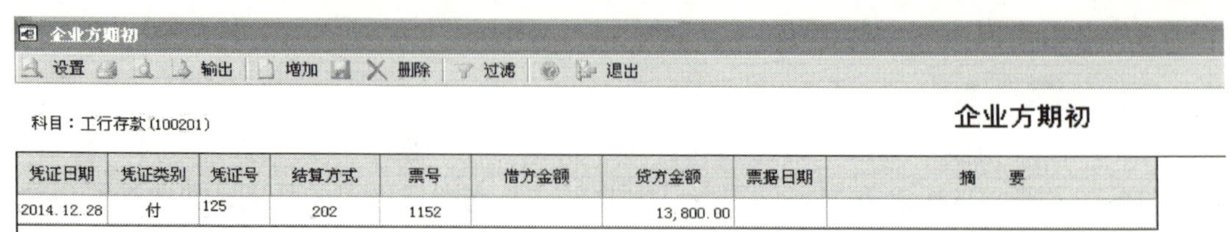

企业方期初

设置 输出 增加 删除 过滤 退出

科目：工行存款(100201)

企业方期初

凭证日期	凭证类别	凭证号	结算方式	票号	借方金额	贷方金额	票据日期	摘要
2014.12.28	付	125	202	1152		13,800.00		

图 3-19　企业方期初未达账项录入

（9）录入完毕，单击“退出”，系统自动计算调整后的余额。

（10）余额相等后，单击“退出”。

2）录入银行对账单

（1）在总账系统中单击“出纳”菜单“银行对账”下“银行对账单”，打开“银行科目选择”窗口。

（2）选择输入银行科目，如选“100201 工行存款”后单击“确定”按钮。

（3）在“银行对账单”窗口中，单击“增加”按钮，新增一条空白栏。

（4）录入或选择日期“2015.01.01”，选择结算方式“202 转账支票”，录入票号“ZZ001”，录入贷方金额“61 440.00”，按回车键。

（5）新增第二个空白栏，根据资料继续录入。

（6）录入完毕，单击“退出”，如图 3-20 所示。

银行对账单

科目：工行存款(100201)

日期	结算方式	票号	借方金额	贷方金额	余额
2015.01.01	202	Z1001		61,440.00	554,709.00
2015.01.01	202	Z1152		13,800.00	

图 3-20　录入银行对账单

3）银行对账

（1）在总账管理系统中单击“出纳”菜单“银行对账”下“银行对账”项，打开“银行科目选择”窗口。

（2）选择银行科目“100201 工行存款”，单击“确定”按钮。

（3）打开“银行对账”窗口，该窗口左边为记账后产生的单位银行账，右边为手工录入的银行对账单，单击“对账”按钮，出现“自动对账”条件选择窗口。

（4）在“截止日期”文本框中输入“2015.01.31”。

（5）系统默认的对账条件为日期相差 30 天之内的银行对账进行核对，可以进行修改，如我们选择“空”。

（6）单击“结算方式相同”前的复选框，表示按结算方式相同的银行账进行核对。

（7）单击“结算票号相同”前的复选框，表示按结算票号相同的银行账进行核对。

（8）方向相同、金额相同不能修改，此项自动根据对账单方向自动确定。

（9）选择以上对账条件后，单击“确定”按钮，系统开始对账。自动对账两清的记录标“○”标记，且已两清的记录背景色为绿色。

（10）单击“检查”按钮检查对账是否有错，如果有错误，应进行调整，如图 3-21 所示。

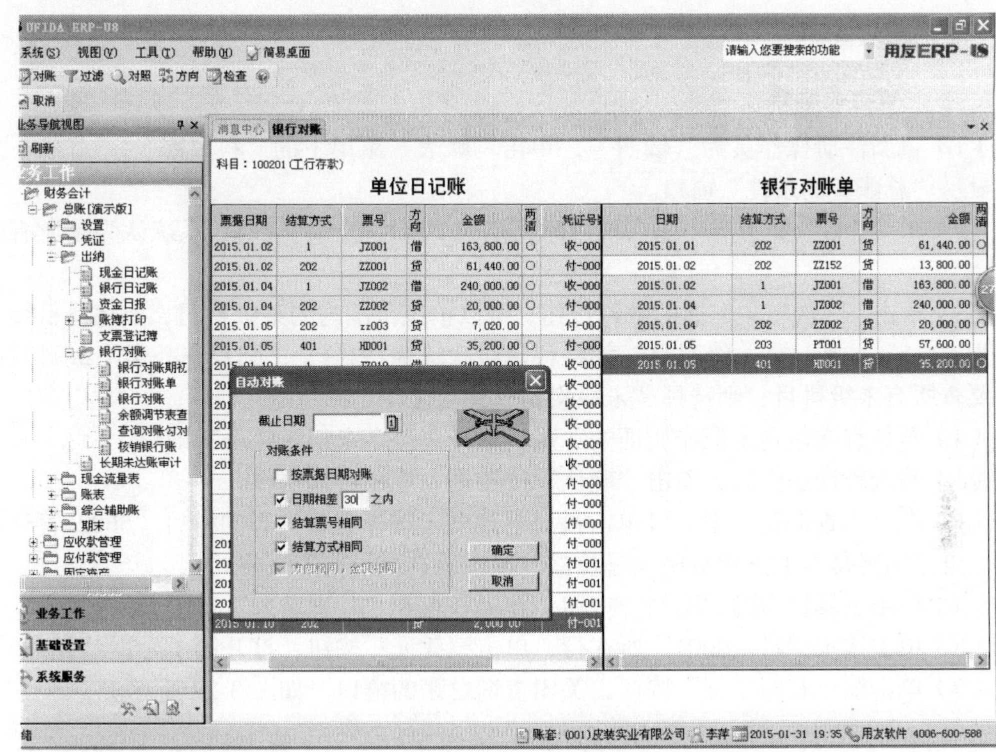

图 3-21　银行对账

4）编制余额调节表

（1）在总账系统中单击“出纳”菜单“银行对账”下“余额调节表查询”项，打开“银行存款余额调节表”窗口。

（2）屏幕显示所有银行科目的账面余额及调整余额。如要查看某科目的调节表，则将光标移到该科目上，然后单击“查看”按钮或双击该行，则可查看该银行账户的银行存款余额调节表，如双击“工行存款 100201”，显示工行存款的余额调节表。

（3）操作完毕，单击“退出”按钮。

5）查询对账勾对情况

（1）在总账系统中单击“出纳”菜单“银行对账”下“查询对账勾对情况”项，选择要进行对账的银行科目，如选择“100201 工行存款”。

（2）屏幕提示输入查询条件，输入要查找的银行科目，然后选择查询方式。系统提供三种查询方式供选择，即显示全部、显示未达账、显示已达账，系统默认显示全部。

（3）确定查询条件后，如选“全部”单击“确定”按钮，屏幕显示查询结果。可以通过单击银行对账单、单位日记账页标签切换显示对账情况，也可打印输出。

（4）查询完毕，单击“退出”按钮。

6）核销已达账

（1）在总账系统中单击“出纳”菜单“银行对账”下“核销已达账”项。

（2）屏幕显示要求选择银行科目“100201 工行存款”，单击“确定”按钮，提示确认后即可删除已达账。

（二）账表查询

1. 查询三栏式总账

（1）重新注册操作员为“钱明”，单击“账表”菜单下的“科目账”|“总账”，屏幕显示“总账查询条件”窗口。

（2）在“科目”文本框中输入科目起止范围。科目范围为空时，系统认为是所有的科目。

（3）单击“级次”文本框的微调按钮，可以按该范围内的某级科目，如将科目级次输入为“1-1”，则只查一级科目；如将科目级次输为“1-3”，则只查一至三级科目；如需要查所有末级科目，则选择“末级科目”即可。

（4）若想查询包含未记账凭证的总账，选择“包含未记账凭证”即可。

（5）输入查询条件后，单击“确认”按钮进入总账查询窗口。

（6）在总账查询窗口中，可单击科目下拉框，选择需要查看的科目“6602 管理费用”。可单击屏幕右上方账页格式下拉框，显示所选科目的账页格式。

（7）单击工具栏中的“明细”按钮，即可联查到“管理费用”1月的明细账。

（8）单击选中“付—0001”所在行，单击“凭证”按钮，打开第1号付款凭证。

（9）单击窗口右侧“×”按钮，关闭查询总账的窗口，如图3-22所示。

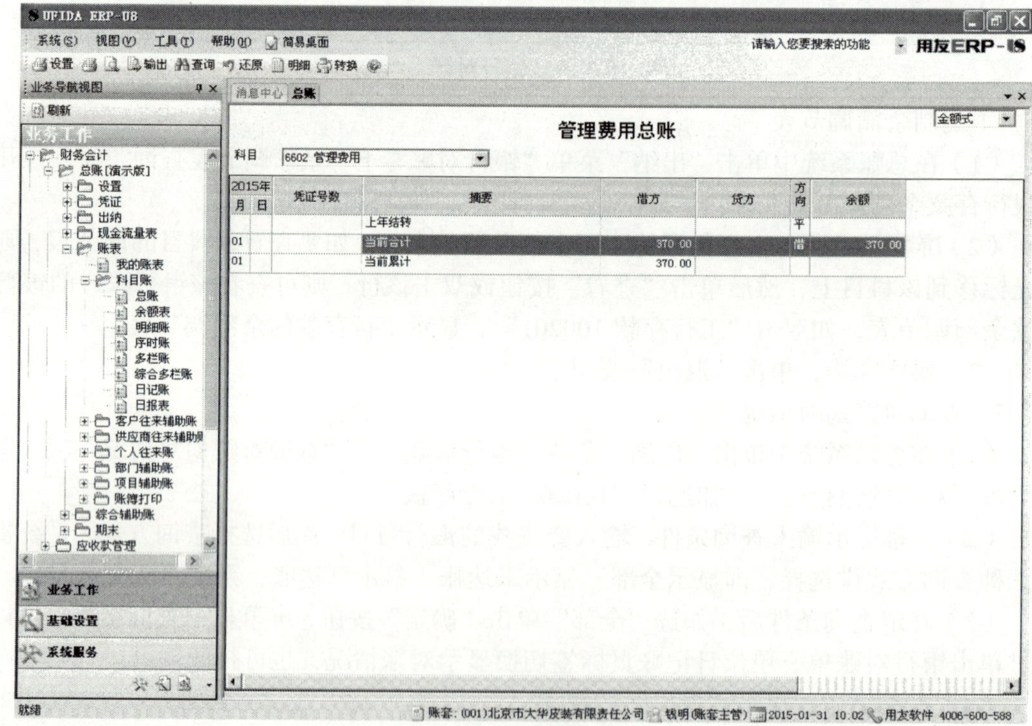

2015年 月	日	凭证号数	摘要	借方	贷方	方向	余额
			上年结转			平	
01			当前合计	370.00		借	370.00
01			当前累计	370.00			

图3-22　查询总账

2. 查询余额表

（1）单击“账表”中的“科目账”|“余额表”，打开“发生额及余额表查询条件”窗口。

（2）在“月份”框中，选择起止月份，当只查某个月时，应将起止月都选择为同一月份，如“2015.01-2015.01”。

（3）科目范围为空时，系统认为是所有科目。

（4）单击“级次”文本框中的微调按钮，选择“1”—“3”。

（5）余额范围用于指定要查找的余额范围，上限不输，则表示查余额大于零的所有科目。

（6）科目类型为空时，系统默认全部类型；也可单击科目类型选择下拉框，选择要查询的科目类型。

（7）想查询包含未记账凭证的总账，选择“包含未记账凭证”即可。

（8）外币名称为空时，系统默认所有外币。

（9）单击“确定”按钮，则显示“发生额及余额表”。

（10）在余额表中用鼠标单击“累计”按钮，系统将显示或取消借贷累计发生额。

（11）将光标定在具有辅助核算的科目所在行，单击“专项”按钮，可查询相应科目的辅助总账或余额表。

（12）在余额表中单击“过滤”按钮，输入要过滤的科目编码，单击“确定”按钮即可查到相应科目。

（13）单击窗口右侧“×”按钮，关闭查询发生额及余额表的窗口，如图3-23所示。

发生额及余额表

月份：2015.01-2015.01

科目编码	科目名称	期初余额		本期发生		期末余额	
		借方	贷方	借方	贷方	借方	贷方
1001	库存现金	14,000.00			370.00	13,630.00	
1002	银行存款	6,023,496.00		423,800.00		6,447,296.00	
1121	应收票据				60,000.00		60,000
1122	应收账款	262,980.00		40,000.00		302,980.00	
1401	材料采购			222,000.00	126,000.00	96,000.00	
1403	原材料			126,100.00	291,800.00		165,700
1405	库存商品			87,400.00	7,300.00	80,100.00	
1411	周转材料				11,310.00		11,310
资产小计		6,300,476.00		899,300.00	496,780.00	6,940,006.00	237,010
2202	应付账款				25,740.00		25,740
2203	预收账款				240,000.00		240,000
2221	应交税费			3,740.00	23,800.00		20,060
负债小计				3,740.00	289,540.00		285,800
4001	实收资本		6,300,476.00				6,300,476
权益小计			6,300,476.00				6,300,476
5001	生产成本			4,600.00	100.00	4,500.00	
5101	制造费用			11,310.00		11,310.00	
成本小计				15,910.00	100.00	15,810.00	
6001	主营业务收入				140,000.00		140,000
6401	主营业务成本			7,100.00		7,100.00	
6602	管理费用			370.00		370.00	
损益小计				7,470.00	140,000.00	7,470.00	140,000
合计		6,300,476.00	6,300,476.00	926,420.00	926,420.00	6,963,286.00	6,963,286

图3-23　查询余额表

3. 查询明细账

（1）单击“账表”菜单下的“科目账”|“明细账”，打开“明细账查询条件”对话框。

（2）选择“科目范围查询”单选按钮，科目为空。

（3）月份为“2015.01-2015.01。

（4）单击“确认”按钮，打开“明细账”窗口。

（5）在“科目”下拉列表中选择“6602 管理费用”科目，可显示“管理费用”明细账。

（6）单击窗口右侧“×”按钮，关闭查询明细账的窗口，如图 3-24 所示。

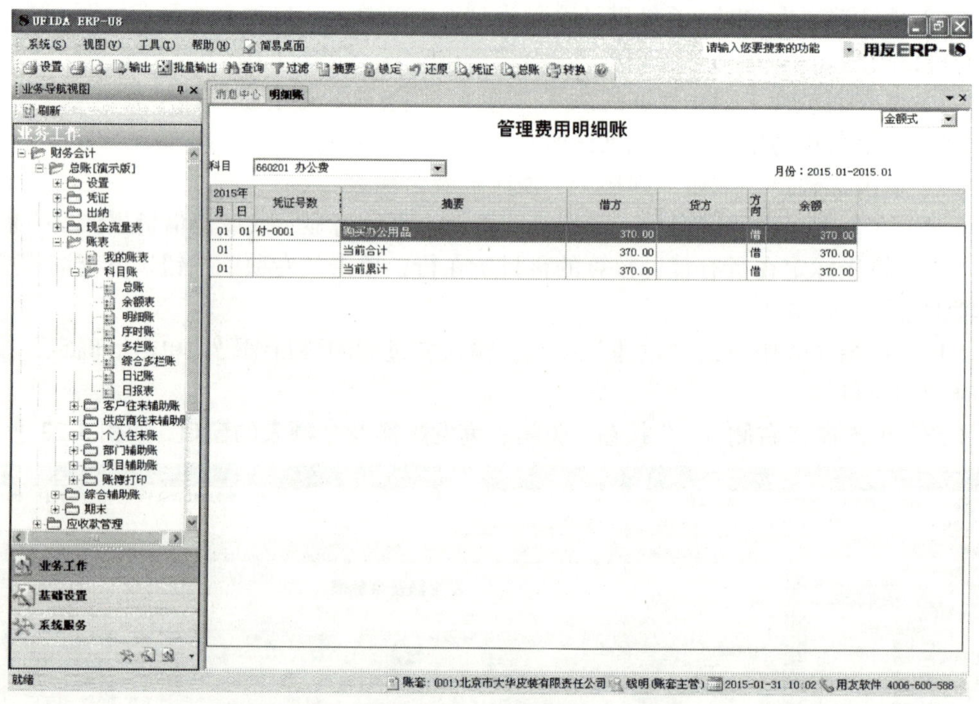

图 3-24　查询明细账

4. 查询“应交增值税”多栏账

（1）单击“账表”下的“科目账”|“多栏账”，进入“多栏账”窗口。

（2）单击“增加”按钮，打开“多栏账定义”窗口。

（3）单击“核算科目”下拉框，选择多栏账核算科目，如选择“222101 应交增值税”。

（4）在“栏目定义”选项区域，单击“自动编制”按钮，将根据所选核算科目的下级科目自动编制多栏账分析栏目。

（5）单击“选项”按钮，打开“格式预览”框。

（6）选择“分析方式”“输出内容”均为：金额。

（7）单击“分析栏目前置”单选按钮。

（8）在“栏目定义”选项区域，确定“方向”，其中“22210101”“22210102”“22210103”“22210104”为借方，其他科目为贷方。

（9）单击“确定”按钮，定义完毕，返回到“多栏账”窗口。

（10）单击“查询”按钮，在“多栏账查询”对话框中，输入多栏账查询条件。

（11）单击“确定”按钮，即可查到“应交增值税”多栏账。

（三）期末处理

1. 转账定义

1）自定义转账设置

（1）在总账系统中单击“期末”菜单“转账定义”下“自定义转账”，进入“自动转账设置”窗口。

（2）单击工具栏上的“增加”，打开“转账目录”对话框，可定义一张转账凭证。

（3）输入“转账序号”，即所定义凭证的代号，如“0001”；输入“转入说明”，即摘要，如“计提本月短期借款利息”；选择凭证类别，如选择“转账凭证”，单击“确定”按钮。

（4）单击“增行”，默认摘要，不做修改，直接回车。选择科目编码“660302”，方向为“借”，双击金额公示栏，选择参照按钮，打开“公式向导”对话框。

（5）选择“期末余额”函数，单击“下一步”按钮，继续定义公式。

（6）选择科目“2001”，方向为“贷”，其他默认，继续定义公式，选乘号，单击“下一步”。

（7）选择常数，输入“0.002”，单击“完成”。

（8）单击“增行”，选择贷方科目“2231”，方向为“贷”，输入金额公式 JG()。

（9）单击“保存”按钮。

2）销售成本结转

在“销售成本结转”窗口，选择输入相应科目的科目代码后，单击“确定”即可。

3）对应结转设置

（1）单击“期末”菜单“转账定义”下“对应结转”，进入“对应结转设置”窗口，输入编号如“0002”。

（2）在“凭证类别”下拉列表中选择“转账凭证”。

（3）输入摘要为“结转所得税”。

（4）在“转出科目编码”框中选择“6801 所得税”。

（5）单击“增行”按钮，在“转入科目编码”框中选择“4103 本年利润”。

（6）输入“结转系数”为 1.00。

（7）单击“保存”按钮。

4）期间损益结转凭证设置

（1）单击“期末”菜单“转账定义”下“期间损益”，打开“期间损益结转设置”对话框。

（2）在“凭证类别”下拉列表框中选择“转账凭证”。

（3）录入本年利润科目为“4103”。

（4）单击“确定”按钮，设置完毕，退出。

2. 转账生成

1）生成自定义转账凭证

（1）单击“期末”菜单下的“转账生成”，打开“转账生成”对话框，单击“自定义转账”单选按钮。

（2）选择需要结转的自定义转账凭证，在“是否结转”处双击“√”，表示该转账凭证将执行结转。

（3）单击屏幕左上角的结转月份下拉列表框，选择要结转的月份。

（4）选择完毕后，单击“确定”按钮，系统开始进行结转计算，计算完毕进入凭证生成界面。

（5）若凭证类别、制单日期和附单据数与实际情况有出入，可直接在当前凭证上进行修改。

（6）当确定系统显示的凭证是希望生成的转账凭证时，单击“保存”按钮将当前凭证追加到未记账凭证中。

（7）生成后单击“退出”。

2）生产销售成本结转分录

单击“期末”菜单下“转账生成”，单击“销售成本结转”项，单击“确定”即可。

要保证销售成本结转分录生成正确，会计期间必须注意库存商品、主营业务收入、主营业务成本的单价、数量输入准确无误。

3）生成期间损益结转凭证

（1）单击“期末”菜单下“转账生成”，单击“期间损益结转”项，进入期间损益结转界面。

（2）单击屏幕左上角的结转月份下拉列表框，选择要结转的月份“2015.01”。

（3）单击类型下拉列表框选择损益科目的类型，类型分为三种，即全部、收入、支出。如选择“收入”，单击“全选”按钮。

（4）单击“确定”按钮，系统开始进行结转计算，计算完毕进入凭证生成界面。

（5）当确定系统显示的凭证是希望生成的转账凭证时，单击“保存”按钮可将当前凭证追加到未记账凭证中。

（6）生成后单击“退出”。

3. 对账

（1）重新注册操作员为“钱明”，单击“期末”菜单下的“对账”，进入“对账”窗口。

（2）将光标定在要进行对账的月份，如“2015.01”，单击“选择”按钮。

（3）单击“对账”按钮，开始自动对账，并显示对账结果。

（4）单击“试算”按钮，可以对各类科目余额进行试算平衡。

（5）在“2015.01 试算平衡表”对话框中，单击“确定”按钮，返回。

（6）单击“退出”按钮，完成对账工作，如图 3-25 所示。

4. 结账

（1）重新注册操作员为“钱明”，单击“期末”菜单下的“结账”，打开“结账——开始结账”对话框。

（2）单击要结账月份，如“2015.01”。

图 3-25　期末对账

（3）单击“下一步”按钮，打开“结账——核对账簿”对话框。

（4）单击“对账”按钮，系统对要结账的月份进行账账核对。

（5）单击“下一步”按钮，打开“结账——月度工作报告”对话框。

（6）查看工作报告后，单击“下一步”按钮，打开“结账——完成结账”对话框。

（7）单击“结账”按钮，若符合结账要求，系统将进行结账，否则不予结账。

本章小结

本章主要介绍了总账管理系统的功能、总账管理系统与其他系统的关系、总账管理系统的业务处理流程，以及总账管理系统初始设置、日常业务处理和期末处理的各项功能和软件操作方法。

总账管理系统是会计信息系统的核心子系统，可以概括地反映企业的供产销等所有经济业务的综合信息，在财务管理系统中处于中枢地位，总账管理系统接收薪资管理、固定资产管理、应收应付款管理、资金管理、成本管理、存货核算等系统生成的凭证，并提供各种账证以及余额表等财务数据为财务分析、财务报表、决策支持提供帮助。

总账管理系统初始设置主要包括选项设置和录入期初余额。企业要根据自身的实际情况对各类选项进行选择，为总账管理系统配置相应的功能或相应的控制。录入期初余额时，若企业在年初建账，则上年年末的余额作为新一年的年初数，年初数就是期初余额；若企业是年中启用总账管理系统，则应将各账户此时的期末余额作为启用期的期初余额，并且还要录入自本年度年初到启用期的各账户借方、贷方累计发生额，系统将自动计算年初余额。

日常业务处理包括凭证管理、出纳管理、账簿管理等内容。凭证管理的主要内容包括填制凭证、凭证复核、凭证记账、凭证汇总、凭证查询等功能。出纳管理是总账管理系统为出纳人员提供的一套管理工具，包括出纳签字、现金日记账和银行存款日记账和资金日报的查询、支票登记簿以及银行对账。通过账簿查询功能可以查询各种账簿数据，包括前面介绍的现金日记账和银行存款日记账，以及基本的科目账簿的查询、各种辅助账的查询。

月末处理主要包括银行对账、自动转账、对账以及结账。自动转账包括转账定义和转账生成两个步骤。结账前要进行对账工作。结账由计算机自动完成，结出各种账簿的“本期发生额”和“月末余额”，并将本会计期间各会计科目的余额转入下一个会计期间，作为下一期间的期初余额，以便开始下一个会计期间的各项业务的处理。

通过实验，有助于帮助学生进一步理解总账管理系统的整体功能，掌握利用总账管理系统进行业务处理的操作方法。

复习思考题

1. 总账管理系统包括哪些主要功能？
2. 总账管理系统与其他系统之间的关系是怎样的？
3. 总账管理系统的业务处理流程是怎样的？
4. 为什么要进行总账选项的设置？
5. 录入期初余额有怎样的规定？
6. 填制凭证时系统会自动进行哪些检查？
7. 为什么要审核凭证？凭证审核具备哪些控制功能？
8. 如何修改错误的记账凭证？
9. 什么叫出纳凭证？为什么要进行出纳签字？
10. 何谓自动转账？如何进行自动转账？
11. 结账前系统会自动进行哪些检查？

总账管理系统复习题

第 4 章 报表管理系统

学习目标：

了解报表管理系统的主要功能以及报表管理系统与其他系统之间的数据传递关系，熟悉报表管理系统的业务处理流程，理解报表格式状态和数据状态的含义，掌握报表格式设置及数据处理包括的内容，掌握通过自定义和利用报表模板两种方式编制会计报表的方法。通过学习，学生能够独立使用报表管理系统编制报表，为进一步使用其他报表管理软件奠定基础。

关键词：

UFO 报表；格式状态；数据状态；单元公式；审核公式；舍位公式；关键字；表页重算；舍位平衡；图表

4.1 报表管理系统概述

用友 ERP-U8 环境下，报表管理系统又称为 UFO 报表管理系统。UFO 取自于 user friendly office 三个英文单词的首写字母。报表管理系统是用友 ERP-U8 系统的一个重要的子系统，是进行报表事务处理的有效工具，利用报表管理系统既可以编制财务报表，又可以编制其他办公事务报表。利用报表管理系统能够设计报表格式和编辑公式，从总账管理系统或其他业务处理系统取得有关数据，自动编制各种会计报表，对报表进行审核、汇总、舍位处理，生成各种分析图，并按各种格式输出各种会计报表。

4.1.1 报表管理系统主要功能

报表管理系统的主要功能是围绕编制三维报表开发的，具有非常强大的财务报表编制功能。

（1）文件管理。报表管理系统提供了创建新文件、打开已有文件、保存文件等一般文件管理功能，能够进行不同文件格式的转换，提供标准财务数据的导入、导出功能，能够和其他流行财务软件进行数据交换。

（2）格式管理。报表管理系统提供了丰富的格式设计功能，如设计报表尺寸、定义组合单元、设置字体字号及颜色、画表格线、调整行高列宽、设置显示比例等，内置了多种套用格式和多个行业的报表模板。

（3）数据处理。报表管理系统提供了丰富的数据处理功能，能够在一个报表文件中以三维表的形式建立大量格式相同的表页，并且在每张表页之间建立有机的联系；提供了表页计算、整表重算、汇总、舍位平衡、审核功能；提供了绝对单元公式和相对单元公式的编辑功能；提供了丰富的函数，可以从总账管理系统和应收款、应付款等其他系统提取数据，生成财务报表。

（4）图表处理。报表管理系统提供了强大的图表处理功能，能够利用报表数据生成各种形式的图表，如直方图、立体图、饼形图等，能够对图表进一步编辑。

（5）打印。报表管理系统提供了丰富的打印功能，所见即所得，屏幕显示内容和位置与实际打印效果一致；可以通过打印预览功能查看打印效果；可以对表头、表尾进行设置；全表打印功能；缩放打印；横向或纵向打印；等等。

4.1.2　报表管理系统与其他系统的关系

报表管理系统与其他子系统之间的数据传递方式为单向接收型，可以从总账、薪资、固定资产管理、应收款管理、应付款管理、采购管理、销售管理、库存管理、存货核算等子系统提取数据，生成各种财务报表。

4.1.3　报表管理系统的相关概念

1. 报表结构

一张财务报表一般由标题、表头、表体、表尾四部分组成，如图 4-1 所示。

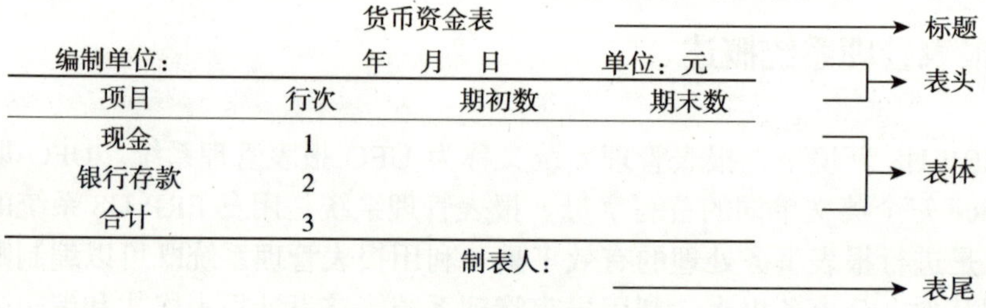

货币资金表 → 标题

编制单位：		年　月　日	单位：元
项目	行次	期初数	期末数
现金	1		
银行存款	2		
合计	3		

（编制单位至栏目名称行 → 表头；现金至合计行 → 表体）

制表人： → 表尾

图 4-1　货币资金表结构示意图

（1）标题。用来描述报表的名称。标题可能不止一行，有时会有副标题等内容。

（2）表头。描述报表整体性质的部分，位于每张表的前端，一般填列：报表编号、编制单位、编制日期、计量单位、各栏目名称等。

（3）表体。报表的核心和主体，数据的主要表现区域。

（4）表尾。表体以下辅助说明的部分以及编制人、审核人等内容。

2. 格式状态和数据状态

（1）格式状态。设置报表格式及公式时使用的状态。在格式状态下设计报表的格式，如表尺寸、行高列宽、单元属性、单元风格、组合单元、关键字、可变区等。报表的三类公式，即单元公式（计算公式）、审核公式、舍位平衡公式也在格式状态下定义。

在格式状态下所做的操作对本报表所有的表页都发生作用。在格式状态下不能进行数据的录入、计算等操作。在格式状态下时，只能看到报表的格式，报表的数据全部都隐藏了。

（2）数据状态。处理报表数据时使用状态。在数据状态下管理报表的数据，如输入数据、增加或删除表页、审核、舍位平衡、插入图表、汇总、合并报表等。在数据状态下不能修改报表的格式。在数据状态下时，看到的是报表的全部内容，包括格式和数据。该状态下所做的操作只对本表页有效。

3. 单元

单元是组成报表的最小单位，单元名称由所在行、列标识。行号用数字 1~9 999 表示，列标用字母 A~IV 表示。例如，A21 表示第 1 列第 21 行的那个单元。单元类型包括数值单元、字符单元、表样单元三种。

（1）数值单元：是报表的数据，其内容必须是数字。在数据状态下可直接输入，也可以由单元中存放的公式运算生成。建立一个新表时，所有单元的类型都默认为数值型。

（2）字符单元：是报表的数据，其内容可以是汉字、字母、数字及各种键盘可输入的符号组成的一串字符，一个单元中最多可输入 255 个字符。在数据状态下输入可直接输入，也可以由单元中存放的公式运算生成。

（3）表样单元：是报表的格式，是定义一个没有数据的空表所需的所有文字、符号或数字。一旦单元被定义为表样单元，那么在其中输入的内容对所有表页都有效。表样单元在格式状态下输入和修改，在数据状态下不允许修改。

4. 组合单元

组合单元由相邻的两个或更多的单元组成，这些单元必须是同一种单元类型（表样、数值、字符），报表管理系统在处理报表时将组合单元视为一个单元。组合单元的名称可以用区域的名称或区域中的单元的名称来表示。例如，把 B2 到 B3 定义为一个组合单元，这个组合单元可以用“B2,B3”或“B2：B3”表示。

5. 区域

区域由一张表页上的一组单元组成，自起点单元至终点单元是一个完整的长方形矩阵。在报表管理系统中，区域是二维的，最大的区域是一个二维表的所有单元（整个表页），最小的区域是一个单元。例如，A3 到 D5 的长方形区域表示为“A3：D5”，起点单元与终点单元之间用“：”连接。

6. 表页

在报表管理系统中编制的报表是三维表，包括表页、行、列三个维度。一个报表文件最多可产生 99 999 张表页。所有表页都具有相同的格式，但其中的数据不同。表页在报表中的序号在表页的下方以标签的形式出现，称为“页标”。例如，当前表的第 1 页，可以表示为“@1”。

7. 二维表和三维表

确定某一数据位置的要素称为“维”。在一张有方格的纸上填写一个数，这个数的位置可通过行和列（二维）来描述。

如果将一张有方格的纸称为表，那么这个表就是二维表，通过行（*X* 轴）和列（*Y* 轴）可以找到这个二维表中的任何位置的数据。

如果将多个相同的二维表叠在一起，找到某一个数据需增加一个要素，即表页号（Z轴）。这一叠表称为一个三维表。

如果将多个不同的三维表放在一起，要从这多个三维表中找到一个数据，又需要增加一个要素，即表名。三维表中的表间操作即称为 “四维运算”。

8. 固定区和可变区

固定区是组成一个区域的行数和列数的数量是固定的数目。一旦设定好以后，在固定区域内其单元总数是不变的。只有固定区的报表称为固定表。

可变区是屏幕显示一个区域的行数或列数是不固定的数字，可变区的最大行数或最大列数在格式设计中设定。在一个报表中只能设置一个可变区，或是行可变区或是列可变区。行可变区是指可变区中的行数是可变的；列可变区是指可变区中的列数是可变的。

设置可变区后，屏幕只显示可变区的第一行或第一列，其他可变行列隐藏在表体内。在以后的数据操作中，可变行列数随着用户的需要而增减。

有可变区的报表称为可变表，没有可变区的报表称为固定表。

9. 关键字

在报表管理系统中编制的报表是三维表，一个结构相同的报表文件可以管理若干张表页。要在多张表页中准确定位某张表页，就必须对每张表页设立一个定位标志，该定位标志就是关键字。

关键字的作用就是唯一地标识一个表页，它是游离于单元之外的特殊数据单元。UFO报表提供了六个关键字，即单位名称、单位编号、年、季、月、日，除此之外UFO报表还增加了一个自定义关键字，可以用于业务函数中。

关键字显示位置在格式状态下设置，关键字的值在数据状态下录入。每个报表文件可以定义多个关键字。

4.1.4 制作报表的流程

1. 启动系统，建立新表

启动报表管理系统，通过新建命令，可以建立一个新表，默认表名为report1，系统默认的状态为格式状态。用户可以在新表中设置报表的格式。保存文件时按照自己的要求可以重新命名。

2. 设计报表格式

报表的格式设计在格式状态下进行。设计的格式对本报表中的所有表页都有效。设计报表格式时可以自定义一张新表，也可以利用报表模板生成一张新表。格式设计包括以下基本操作。

（1）设置表尺寸，即设置行数、列数。

（2）定义行高、列宽。

（3）定义组合单元。

（4）画表格线。

（5）录入表内文字，包括标题、表头、表体、表尾等内容。

（6）设置单元属性。

（7）设置关键字及调整关键字在表页上的位置。

（8）设置单元风格。

（9）设置可变区。设置可变区仅适用于编制可变表，固定表不需要设置可变区。

3. 定义公式

定义公式都在格式状态下进行。公式包括三类公式，分别是单元公式、审核公式、舍位公式。

（1）单元公式，即报表的取数公式。定义了报表数据之间的运算关系，可以实现从其他系统采集数据，以及进行表内或表间的计算。

（2）审核公式，用于审核报表内或报表之间的钩稽关系是否正确。

（3）舍位公式，又叫舍位平衡公式，用于报表数据进行进位或小数取整时调整数据，避免破坏原数据平衡。例如，将以“元”为单位的报表数据变成以“百元”为单位的报表数据时，由于涉及报表数据本身的四舍五入，可能出现原本平衡的表内数据之间出现不平衡的情况，这时通过舍位公式就能仍然保持表内数据之间的平衡。

4. 报表数据处理

报表的数据处理在数据状态下进行，包括以下内容。

（1）追加表页。新建的报表中只有一张表页，用户可以根据需要追加若干张表页。

（2）录入关键字的值。如果在格式设置环节设置了关键字，则根据需要录入关键字的值，否则不需要录入关键字的值。

（3）录入需要手工录入的数据。报表中的大部分数据可以根据单元公式产生，有些无法定义单元公式的内容可以在数据状态下直接手工录入数据。

（4）如果有可变区，需追加可变行或可变列。

（5）其他数据处理，如报表审核、表页汇总、透视、舍位平衡。这些操作根据用户具体情况可以有选择地进行操作，而非必须要进行。

5. 报表图形处理

报表图形处理在数据状态下进行。利用报表的数据可以方便地制作各种图表，如直方图、饼形图等，可以对图表进一步编辑，图形可以打印输出。

6. 打印报表

打印报表时可以控制打印方向，横打或纵打、设置页眉页脚、缩放打印、打印预览等。

7. 保存退出

所有操作完成之后，保存退出。如未保存，则系统在退出时予以存盘提示。

4.2　报表格式设计

新表创建完成之后，就应进行报表的格式设计。报表格式设计是制作报表的基本步骤，它决定了整张报表的外观和结构。格式设计在格式状态下进行，所做操作对本报表所有的表页都有效。

报表格式设计主要包括设置表尺寸、定义行高和列宽、定义组合单元、画表格线、录入表内文字、设置单元属性、设置关键字及调整关键字在表页上的位置、设置单元风格等内容，对于可变表，还涉及设置可变区。

4.2.1 固定表格式设计

1. 设置表尺寸

设置表尺寸是指设置报表的行数和列数。报表包括标题、表头、表体和表尾四部分，设置表尺寸时选择的行数和列数要包括整个报表。如图 4-1 所示的货币资金表的表尺寸是 7 行 4 列。如果设置表尺寸有误，可以通过编辑菜单下的插入、追加、删除等命令进行增减调整。

2. 设置行高和列宽

报表的行高和列宽一般在格式状态下进行设置，也可以在数据状态下进行设置。

格式状态下，可以通过两种方法设置行高和列宽。第一种方法是先选中相应的行或列，然后运行格式菜单的行高或列宽命令进行设置；第二种方法是用鼠标直接拖动行标或列标进行调整。

数据状态下，只能通过鼠标拖动行标或列标的方式设置行高或列宽。

3. 定义组合单元

组合单元是由相邻的两个或多个单元组成，这些单元必须是同一种单元类型。组合以后的单元视同一个单元使用，单元组合后更便于设置报表的整体格式。如图 4-1 所示的货币资金表，报表标题“货币资金表”所在行的几个列单元组合后，更便于设置标题的居中操作。

4. 画表格线

表格线可以清楚地区分报表各栏目之间的位置。画表格线时，先选中画线区域，然后区域画线对话框中选择线型和样式即可；如果想删除区域中的表格线，只需要在对话框中选择样式为空线即可。

5. 录入表内文字

录入表内文字包括报表的标题、表头、表体、表尾等相关内容。

提示：

· 如果报表的编制单位是固定的，则可以作为表样型单元处理，此处直接录入编制单位；如果编制单位是不固定的，则不能在此处直接录入编制单位，应该将编制单位设置关键字，在后续进行数据处理时通过录入关键字的方式产生编制单位。

· 报表的日期是报表从总账管理系统及其他系统取数的时间依据，不能作为表内文字直接录入，应该设置为关键字。

6. 设置单元属性

单元属性设置包括单元类型、字体图案、对齐、边框四部分内容。

（1）单元类型。单元类型有三种，分别是数值型、字符型和表样型。

建立一个新表时，所有单元的类型默认为数值型。数值单元是报表的数据，在数据状态下使用，既可以输入数据，也可以根据单元公式产生数据。数值单元可以设置数据的格式，如加逗号、百分号、小数位等。

字符单元也是报表的数据，在数据状态下使用，可以输入汉字、字母、数字及各种键盘可输入的符号组成的一串字符，也可以由单元公式生成。

表样单元是报表的格式，在格式状态下使用，是定义一个没有数据的空表所需的所有文字、符号或数字。一旦单元被定义为表样，那么在其中输入的内容对所有表页都有效。

（2）字体图案。设置报表中各单元值的字体、字型、字号，以及各单元的背景色、前景色、图案等。系统默认为宋体，12 号字，普通字型，前景色是黑色，无背景色，无图案。

（3）对齐。设置各单元值的对齐方式，有水平方向对齐和垂直方向对齐两种设置方式；还可设置文字在单元内是否折行显示。系统默认对齐方式均为自动对齐。

（4）边框。设置报表的边框及线型样式。

7. 设置关键字及调整关键字在表页上的位置

关键字包括单位名称、单位编号、年、季、月、日，还可以自定义一个关键字，如旬、周等。关键字在格式状态下设置，在数据状态下录入关键字的值。一个关键字在一个报表文件中只能定义一次，不能重复定义。

关键字的位置是指关键字在单元或组合单元中所处的位置。设置完关键字后，关键字可能重合在一起，可以通过关键字偏移的方式进行位置调整。关键字只能左右移动，不能上下移动。关键字向左偏移写负数，向右偏移写正数。偏移的单位为像素。

8. 设置显示风格

设置显示风格是指设置报表是否显示行标、列标，以及各单元类型的显示颜色、网格显示颜色等。通过设置显示风格，可以突出报表特色，增加美感。

4.2.2　报表公式设计

在会计信息系统环境下，报表的数据大部分来自于总账管理系统及薪资管理、固定资产管理等其他子系统，有些报表之间以及同一报表文件的不同表页之间、同一表页的不同单元之间数据也有关联，因此可以通过定义单元公式的方式生成报表数据；为了保证报表数据正确，可以通过定义审核公式进行数据审核；还可以通过定义舍位公式进行报表数据的舍位操作。单元公式一般情况下必须设置，而审核公式和舍位公式则是根据需要设置。报表的各类公式都在格式状态下设置。

1. 单元公式

单元公式的作用是从总账管理、薪资管理等其他系统的数据库文件，或者其他报表、本表其他表页、本表不同单元中采集数据，填入本表的相应单元中。报表管理系统内置了一整套从各种数据文件中调取数据的函数，通过这些函数可以非常方便地生成报表数据。

企业常用的财务报表数据一般来源于总账管理系统或报表管理系统本身，取自于报表的数据又可以分为从本表取数和从其他报表的表页取数。

1）自总账取数的函数

总账管理系统又称为账务处理子系统，因此自总账取数的函数又称为账务函数。

账务函数的基本格式如下：

函数名("科目编码"，会计期间,["方向"], [账套号],[会计年度],[编码 1]，[编码 2])

提示：

·公式中所用的括号、引号、逗号等符号均为英文半角符号。

·科目编码，也可以是科目名称，必须用双引号引起来。

·会计期间，可以是"年""季""月"等变量，也可以是具体表示年、季、月的数字。

·方向，即"借"或"贷"，可以省略。

·账套号，为数字，缺省时默认为当前登录的账套号。

·会计年度，即数据的取数年度，缺省时默认为当年登录的年度。

·编码 1、编码 2，与科目编码的核算账类有关，可以取科目的辅助账，如职员编码、项目编码等，如无辅助核算则省略。

账务取数函数主要有以下几种。

函数名称	金额式	数量式	外币式
期初函数	QC()	SQC()	WQC()
期末函数	QM()	SQM()	WQM()
发生额函数	FS()	SFS()	WFS()
累计发生额函数	LFS()	SLFS()	WLFS()
条件发生额函数	TFS()	STFS()	WTFS()
对方科目发生额函数	DFS()	SDFS()	WDFS()
净额函数	JE()	SJE()	WJE()
汇率函数	HL()		

2）自本表本页取数函数

数据合计	PTOTAL()
平均值	PAVG()
最大值	PMAX()
最小值	PMIN()
方差	PVAR()

3）自本表其他表页取数函数

取自本表其他表页的数据可以利用某个关键字作为表页定位的依据，或者直接以页标号作为定位依据，指定取某张表页的数据。

利用关键字作为表页定位依据时，使用的函数是"SELECT()"。

例如，D1 单元的数据是取自于上个月 D2 单元的数据。函数为 D1=SELECT(D2,月@=月+1)。

利用页标作为定位依据时，直接定位到指定表页上。数据公式格式如下：

目标区域=数据源区域@页号

例如，D1 单元的数据是取自于第 2 张表页 D2 单元的数据。公式为 D1=D2@2。

4）自其他报表取数的函数

报表间取数时，不仅需要考虑数据来自于哪一张报表中的哪个单元，还要考虑来自于哪一页。取自于其他报表的数据公式格式如下：

目标区域="他表表名"–>数据源区域@页号

例如，D1 单元的数据是取自 D 盘 report1.rep 文件于第 2 张表页 D2 单元的数据。公式为 D1="D:\report1"–>D2@2。

2. 审核公式

财务报表中的数据往往存在一定的钩稽关系，如资产负债表的资产合计应等于负债加所有者权益合计。为了确保报表数据的准确性，可以利用这种报表之间或报表内部的钩稽关系对报表进行正确性检查，用于这种用途的公式称为审核公式。

编写审核公式的时候，除了写单元之间的钩稽关系等式，还要写出错误提示。当钩稽关系不成立时，系统会提示错误；当钩稽关系成立时，系统提示审核正确。

例如，假设某报表文件中 A48 是资产合计，E48 是负债及所有者权益合计，按钩稽关系 A48 应等于 E48。则编辑的审核公式为

A48=E48

MESS "资产合计不等于负债及所有者权益合计！"

在数据状态下执行审核命令时，如果报表中 A48 的值等于 E48，则系统提示"审核正确"，否则提示"资产合计不等于负债及所有者权益合计！"。

3. 舍位公式

报表数据在进行进位转换时，如以"元"为单位的报表在上报时可能会转换为以"千元""万元"为单位的报表。可能存在报表各单元之间原本平衡的数据关系由于数据的四舍五入而被破坏，为了保证进位后各单元之间的数据仍然保持平衡关系，因此需要对进位后的数据平衡关系进行再调整，使之符合指定的平衡关系。这种用于对报表数据舍位及重新调整报表平衡关系的公式就称为舍位公式，也叫舍位平衡公式。

报表进行舍位转换时，原报表仍然保存，系统会产生一个新的舍位表。

定义舍位公式时，需要输入舍位表名、舍位范围、舍位位数、平衡公式。

提示：

· 舍位公式是指用来重新调整报表数据进位后的数据平衡关系的公式。

· 每个公式占一行；如果有多个公式，多个公式可写在一行，也可各占一行，但公式之间必须用逗号隔开。

· 舍位公式中只能使用"=""+""–"运算符号，不能使用其他运算符号及函数。

用友 ERP-U8 版本特别说明：

（1）当舍位公式中有多个平衡公式时，这些平衡公式既可以各占一行，也可写在一行里面，但公式之间必须用","隔开，不能用其他符号隔开。

（2）等号左边既可以是一个单元，也可以是多个单元，如 C6=C4+C5，也可以是 C4+C5=C6。

4.2.3　报表模板

用友 ERP-U8 管理系统提供了 33 个行业的财务报表模板，每个行业里面涉及资产负债表、利润表、现金流量表等通用外部报表模板。利用报表模板可以快速地建立一张符合需要的财务报表。另外，系统也提供了自定义报表模板功能，利用此功能，用户可以将一些经常使用的报表定义为模板，以便今后直接调用，提高报表处理效率。

4.3　报表数据处理

数据处理包括报表编制、表页管理、图表处理、报表数据管理等处理。数据处理在数据状态下进行。

4.3.1　报表编制

报表编制的主要任务是对设置好报表格式及公式的报表进行数据计算，生成报表数据。基本步骤如下：

（1）打开报表文件。报表文件的扩展名为 REP，必须在报表管理系统打开，不能通过鼠标双击的方式打开。

（2）输入关键字。输入关键字的作用是命令系统按关键字的值，按照设置的单元公式从总账管理等其他子系统取数。只有输入关键字，取得的数据才正确。

（3）输入基本数据。编制报表时，有些数据不能通过定义单元公式的方式取得，如资产负债表中“一年内到期的长期负债”项目，每个月的值都不确定，需要由编制人员根据负债到期情况判断填写。对于这样的一些数据，需要在编制报表时直接输入数据。一些需要直接输入的表尾内容，此时也要输入相关内容。

（4）生成报表。输入关键字和基本数据后，系统会生成报表数据。生成报表数据时，系统提供了表页重算和整表重算功能。表页重算是指仅对当前表页的数据进行计算，不计算其他表页数据；整表重算是指整个报表文件的所有表页的数据都重新计算。用户要注意两种计算方式的区别。

如果定义了审核公式和舍位公式，可以进行审核和舍位平衡操作，此处不赘述。

4.3.2　表页管理

表页管理包括插入表页、追加表页、删除表页、表页排序等内容。

报表格式设置完成之后，默认只有一个表页，用户可以根据需要，增加多个表页。

插入表页是指在当前表页的前面增加一个表页。

追加表页是指在当前表页的后面增加一个表页。

删除表页是指删除多余不用的表页。

表页排序是指按照表页关键字的值或报表中任意一个单元的值重新排列表页顺序，

以便于用户查询管理报表。

4.3.3 图表处理

利用图表可以对报表数据进行直观分析，便于用户从整体上把握报表数据。报表管理系统提供了多种图表格式。图表生成以后可以进一步编辑调整及打印输出。

4.3.4 报表数据管理

报表数据管理是指对报表数据的进一步加工利用，主要包括报表透视、数据汇总、报表输出等。

1. 报表透视

报表数据存放在不同的表页上，正常情况下每次都只能看到当前表页的内容。如果想同时查看不同表页的内容，就可以利用透视功能进行查看。“透视”的作用是同时把不同表页的内容都显示在一个平面上，便于用户比对分析。

2. 数据汇总

数据汇总的含义是把同一报表文件不同表页的数据进行相加汇总，产生一个汇总表。通过数据汇总功能可以实现将同一报表文件不同时期的数据相加汇总，形成一个汇总表页，也可以将同一单位不同部门的同一张报表数据进行汇总，得到整个单位的汇总数据。

进行数据汇总时，可以按表页汇总，如果有可变区则可以按可变区汇总。数据汇总时，汇总表可以放在本表最后一张表页，也可以产生一个新报表。可以设置汇总条件，既可以按关键字的值汇总，也可以按单元格的值汇总，汇总条件可以组合。

3. 报表输出

报表输出一般包括打印输出、屏幕查询、网络传输、磁盘输出等形式。

（1）打印输出时，可以利用“强制分页”功能进行分页设置；利用“页面设置”功能进行报表页边距、页首页尾、缩放比例设置；利用“打印设置”功能进行纸张大小选择、打印方向设置，可以进行打印预览；等等。

（2）屏幕查询可以对当前正在编辑的报表进行浏览查看。

（3）网络传输是指通过计算机网络将报表传输到另外的工作站。

（4）磁盘输出是指将报表文件输出到磁盘上，以备存档或报送给其他部门。

实验五 报表管理

一、实验要求

（1）设计年度利润表的格式。

（2）设置利润表的计算公式。

（3）保存报表格式。

（4）生成自制利润表的数据。

（5）将已生成数据的自制利润表存储。
（6）利用报表模板生成“资产负债表”。
（7）利用报表模板生成“现金流量表”主表。

二、实验资料

（一）报表格式定义

表样内容：利润表，如表 4-1 所示。

表 4-1　利润表会企 02 表

编制单位：　　　　　　年　　月　　　　　　单位：元

项目	本月金额	本年金额
一、营业收入		
减：营业成本		
营业税金及附加		
销售费用		
管理费用		
财务费用		
资产减值损失		
加：公允价值变动损益（损失以“–”号填列）		
投资收益（损失以“–”号填列）		
其中：对联营企业和合营企业的投资收益		
二、营业利润（亏损以“–”号填列）		
加：营业外收入		
减：营业外支出		
其中：非流动资产处置损失		
三、利润总额（亏损以“–”号填列）		
减：所得税费用		
四、净利润		
五、每股收益		
（一）基本每股收益		
（二）稀释每股收益		

（二）生成报表数据

（1）单位名称：皮装实业有限公司。
（2）编制日期：20××年。

（三）报表模板运用

（1）利用报表模板生成“资产负债表”。
（2）利用报表模板生成“现金流量表”主表。

三、实验指导

（一）报表格式定义

1. 设置表尺寸

（1）在报表管理系统中单击“文件”|“新建”，打开报表“格式”状态窗口。

（2）单击“格式”|“表尺寸”，打开“表尺寸”对话框，录入行数“24”，列数“3”。

（3）单击“确认”按钮，出现表尺寸为 24 行 3 列的表格。

2. 定义行高列宽

（1）单击 A1 单元，再单击“格式”|“行高”，打开“行高”对话框。

（2）在“行高”对话框中，录入 A1 单元所在的行高“12”。

（3）单击“确认”按钮。

（4）单击选中 A3 单元后拖动鼠标到 C24，再单击“格式”|“行高”，打开“行高”对话框。

（5）在“行高”对话框中，录入 A3：C24 区域的行高为“6”。

（6）单击“确认”。

（7）单击选中 A1 单元，再单击“格式”|“列宽”，打开“列宽”对话框。

（8）在“列宽”对话框中，录入 A1 单元所在的列宽为“50”。

（9）用同样的方法设置 B1、C1 两个单元的列宽为“50”。

3. 画表格线

（1）单击选中 A4 单元后拖动鼠标到 C24 单元，再单击“格式”|“区域画线”，打开“区域画线”对话框，单击“网线”前的单选按钮。

（2）单击“确认”，如图 4-2 所示。

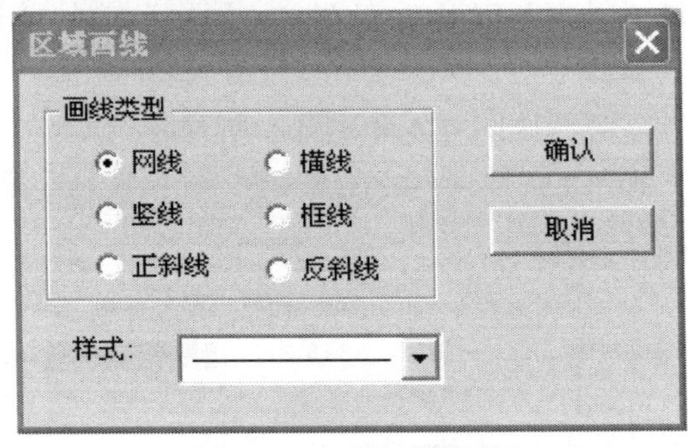

图 4-2　表格区域画线

4. 定义组合单元

（1）单击选中 A1 单元后拖动鼠标到 C1 单元，再单击“格式”|“组合单元”，打开“组合单元”对话框。

（2）单击“按行组合”按钮，将第 1 行组合为一个单元，如图 4-3 所示。

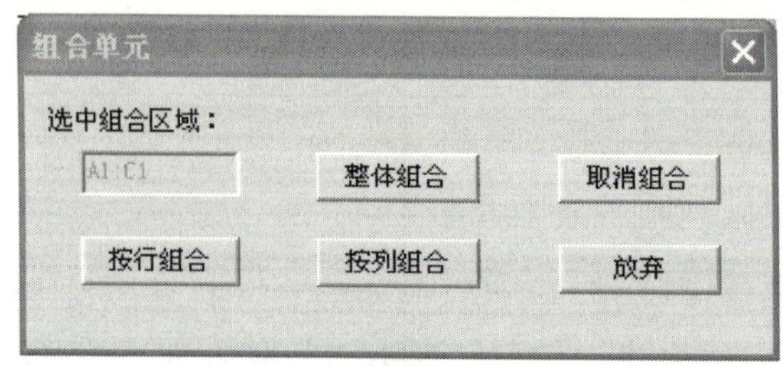

图 4-3　组合单元格

5. 输入项目内容

根据所给资料直接在对应单元输入所有项目内容，如表 4-1 所示。

6. 设置单元格属性

（1）单击选中 A1 单元，再单击“格式”|“单元属性”，打开“单元格属性”窗口。

（2）单击“字体图案”页签，打开“字体图案”页签。

（3）单击字体栏下三角按钮，选择相应的字体“宋体”，选择相应的字号“24”。

（4）单击“对齐”页签，打开“对齐”页签。

（5）单击水平方向“居中”以及垂直方向“居中”前的单选按钮。

（6）单击“确定”按钮。

（7）单击选中 A4 单元格拖动鼠标到 C4 单元，再单击“格式”|“单元属性”，打开“单元格属性”窗口。

（8）单击“字体图案”页签，打开“字体图案”页签。

（9）单击字体栏下三角按钮，选择“黑体”，单击字号栏下三角按钮，选择相应的字号。

（10）单击“对齐”页签，打开该页签。

（11）单击水平方向“居中”以及垂直方向“居中”前的单选按钮。依此方法再设置 A5：C24 区域的字体、字号。

（12）单击“确定”按钮，如图 4-4 和图 4-5 所示。

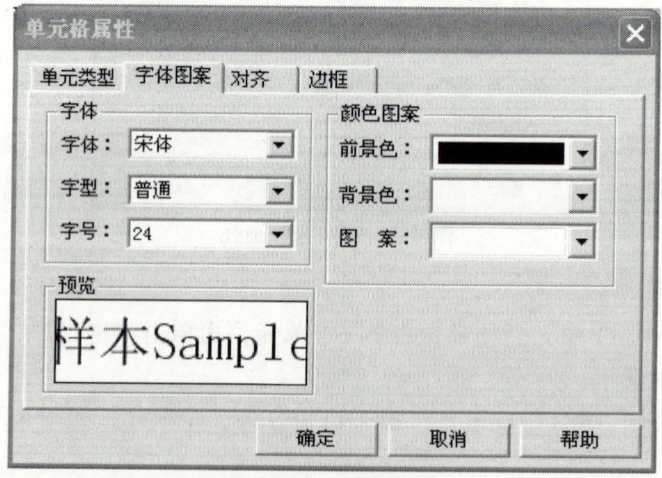

图 4-4　设置字体

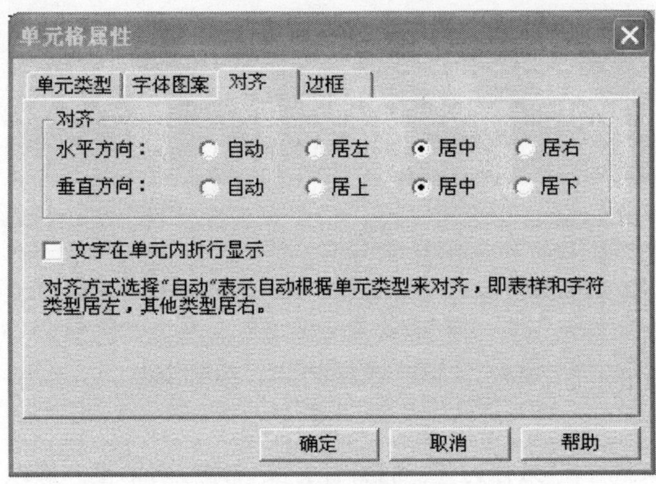

图 4-5　设置对齐方式

7. 定义关键字

（1）单击 A3 单元，单击“数据”|“关键字”|“设置”，打开“设置关键字”窗口，单击“单位名称”单选按钮。

（2）单击“确定”按钮，生成关键字“单位名称”的内容。

（3）单击 B3 单元，同上述操作生成关键字“年”的内容。

（4）单击 C3 单元，同上述操作生成关键字“月”的内容，如图 4-6 和图 4-7 所示。

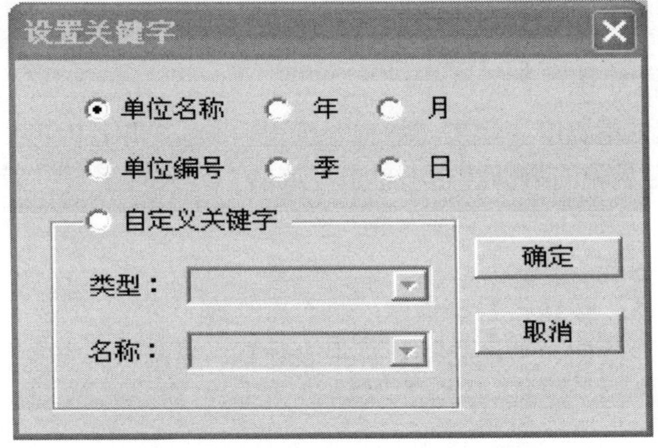

图 4-6　关键字生成界面——编制单位

8. 录入单元公式

（1）单击 B5 单元，单击“数据”|“编辑公式”|“单元公式”，打开“定义公式”对话框。

（2）在“定义公式”对话框中，录入 B5 单元公式，也可单击“函数向导”按钮，按向导进行操作，最后单击“确认”按钮。

（3）依此方法录入其他单元的结算公式。

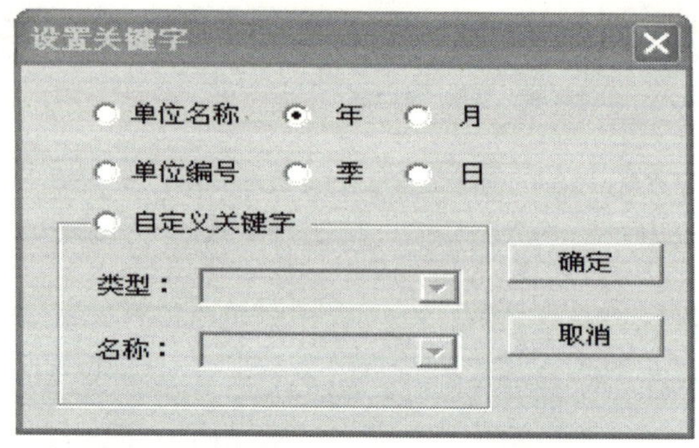

图 4-7　关键词生成界面——编制时间

9. 保存报表格式

（1）单击“文件”|“另存为”。打开保存文件路径对话框，修改文件名为“自制利润表”。

（2）单击“保存”按钮。

（二）生成报表数据

1. 打开自制利润表

（1）在报表管理系统中，单击“文件”|“打开”，进入“打开”对话框。

（2）在“打开”对话框中，找到所存的“自制利润表”报表文件。

（3）单击“打开”按钮，打开“自制利润表”。

2. 录入关键字并计算报表数据

（1）在报表管理系统中，单击“数据”按钮，进入 UFO 电子表的数据状态。

（2）在 UFO 电子表的数据状态下单击“数据”|“关键字”|“录入”，打开“录入关键字”对话框。

（3）录入单位名称、年、月。

（4）单击“确认”按钮，系统提示“是否重算第 1 页”。

（5）单击“是”按钮，系统自动计算报表数据，重新计算结果，如图 4-8 所示。

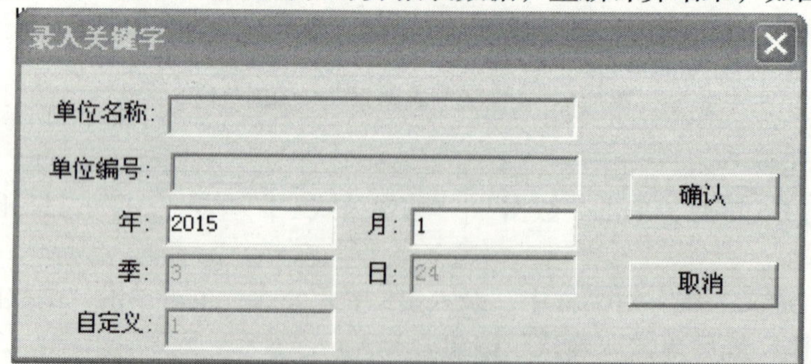

图 4-8　录入关键字

3. 将已生成的利润表另存为“1 月利润表”

（1）单击“文件”|“另存为”，打开另存为文件的路径，录入文件名“1 月利润表”。

（2）单击“保存”按钮。

（三）报表模板运用

1. 建立“资产负债表”格式

（1）在报表管理系统中，单击“文件”|“新建”，打开报表格式状态窗口。

（2）在报表格式状态窗口中，单击“格式”|“报表模板”，打开“报表模板”对话框。具体格式如表 4-2 所示。

表 4-2　资产负债表会企 01 表

编制单位：　　　　　　　　　　年　　月　　日　　　　　　　　　　单位：元

资产	期末余额	年初余额	负债和所有者权益（或股东权益）	期末余额	年初余额
流动资产：			流动负债：		
货币资金			短期借款		
交易性金融资产			交易性金融负债		
应收票据			应付票据		
应收账款			应付账款		
预付款项			预收款项		
应收利息			应付职工薪酬		
应收股利			应交税费		
其他应收款			应付利息		
存货			应付股利		
其中：消耗性生物资产			其他应付款		
一年内到期的非流动资产			一年内到期的非流动负债		
其他流动资产			其他流动负债		
流动资产合计			流动负债合计		
非流动资产：			非流动负债：		
可供出售金融资产			长期借款		
持有至到期投资			应付债券		
长期应收款			长期应付款		
长期股权投资			专项应付款		
投资性房地产			预计负债		
固定资产			递延所得税负债		
在建工程			其他非流动负债		
工程物资			其他长期负债		
固定资产清理			非流动负债合计		
生产性生物资产			负债合计		
油气资产			所有者权益：		
无形资产			实收资本		
开发支出			资本公积		
商誉			减：库存股		
长期待摊费用			盈余公积		
递延所得税资产			未分配利润		
其他非流动资产			所有者权益合计		
非流动资产合计					
资产总计			负债和所有者权益总计		

（3）单击企业所在行业栏下的下拉列表，选择“2007 年新会计制度科目”，再单击财务报表栏，选择“资产负债表”，如图 4-9 所示。

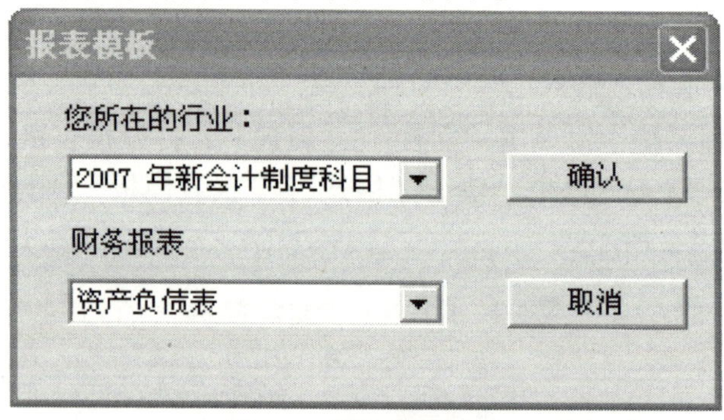

图 4-9　报表模板选择

（4）单击“确认”按钮。系统提示“模板格式将覆盖本表格式！是否继续？”，如图 4-10 所示。

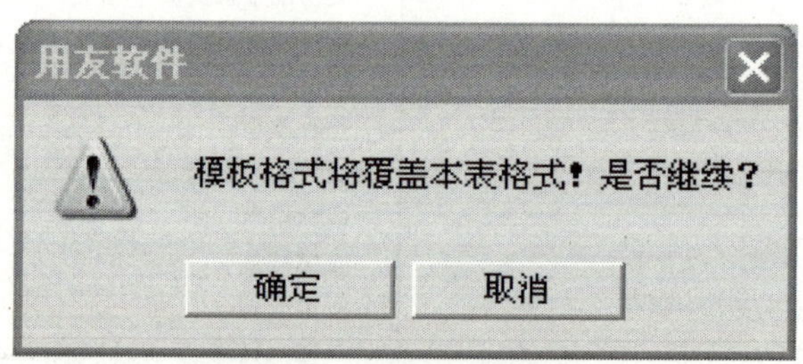

图 4-10　新表是否覆盖

（5）单击“确定”按钮，打开“2007 年新会计制度科目”设置的“资产负债表”模板，生成资产负债表。

根据企业情况，增减项目。并按需要调整报表标题、表头、表体、表尾字体和大小及行高、列宽。

2. 设置关键字

（1）在报表格式状态窗口中，单击选择 A3 单元，将“编制单位”删除。

（2）仍选择 A3 单元，单击“数据”|“关键字”|“设置”。打开“设置关键字”窗口，设置“年”“月”“日”等关键字。

（3）单击“确定”按钮。

3. 录入关键字并计算报表数据

切换到数据状态，录入关键字的值，生成并保存资产负债表。

4. 保存资产负债表

由模板生成的资产负债表如图 4-11 所示。

5. 依次按照下面步骤进行操作，完成现金流量表主表的生成

（1）指定“现金流量表科目”，输入涉及现金流量科目的业务，并选择相应现金流量项目。相关内容在第 2 章、第 3 章中已经操作过，此处不再赘述。

资产负债表

会企01表

单位名称：xxxxxxxxxxxxx年xxxxxxxxxxxxxx　　xx 月　　xx 日　　单位：元

资　产	行次	年初数	期末数	负债和所有者权益（或股东权益）	行次	年初数	期末数
流动资产：				流动负债：		演示数据	
货币资金	1	公式单元	公式单元	短期借款	34	公式单元	公式单元
交易性金融资产	2	公式单元	公式单元	交易性金融负债	35	公式单元	公式单元
应收票据	3	公式单元	公式单元	应付票据	36	公式单元	公式单元
应收股利	4	公式单元	公式单元	应付账款	37	公式单元	公式单元
应收利息	5	公式单元	公式单元	预收账款	38	公式单元	公式单元
应收账款	6	公式单元	公式单元	应付职工薪酬	39	公式单元	公式单元
其他应收款	7	公式单元	公式单元	应交税费	40	公式单元	公式单元
预付账款	8	公式单元	公式单元	应付利息	41	公式单元	公式单元
存货	9	公式单元	公式单元	应付股利	42	公式单元	公式单元
一年内到期的非流动资产	10			其他应付款	43	公式单元	公式单元
其他流动资产	11			一年内到期的非流动负债	44		
				其他流动负债	45		
流动资产合计	12	公式单元	公式单元	流动负债合计	46	公式单元	公式单元
非流动资产：				非流动负债：			
可供出售金融资产	13	公式单元	公式单元	长期借款	47	公式单元	公式单元
持有至到期投资	14	公式单元	公式单元	应付债券	48	公式单元	公式单元
投资性房地产	15	公式单元	公式单元	长期应付款	49	公式单元	公式单元
长期股权投资	16	公式单元	公式单元	专项应付款	50	公式单元	公式单元
长期应收款	17	公式单元	公式单元	预计负债	51	公式单元	公式单元
固定资产	18	公式单元	公式单元	递延所得税负债	52	公式单元	公式单元
减：累计折旧	19	公式单元	公式单元	其他非流动负债	53	公式单元	公式单元
固定资产净值	20	公式单元	公式单元	非流动负债合计	54	公式单元	公式单元
减：固定资产减值准备	21	公式单元	公式单元	负债合计	55	公式单元	公式单元
固定资产净额	22	公式单元	公式单元				
生产性生物资产	23	公式单元	公式单元	所有者权益（或股东权益）：			

图 4-11　由模板生成的资产负债表

（2）调用“现金流量表”主表模板格式。

（3）定义“现金流量表”主表公式，具体操作步骤如下。

第一，单击 C6 单元格，单击“数据”|“编辑公式”|“单元公式”，进入“定义公式”对话框，单击“函数向导”按钮，进入“函数向导”对话框，如图 4-12 所示。

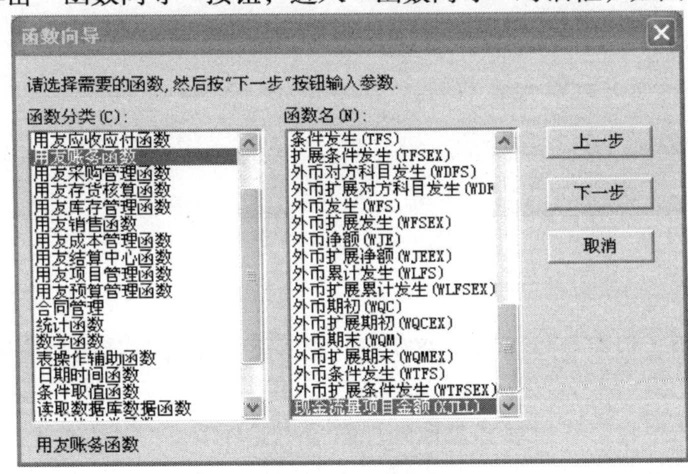

图 4-12　函数向导

第二，在“函数分类”列表框中选择“用友账务函数”，在“函数名”列表框中选择“现金流量项目金额（XJLL）”，单击“下一步”按钮，进入“用友账务函数”对话框。

第三，在“用友账务函数”对话框，单击“参照”按钮，进入“账务函数”对话框，如图 4-13 所示，单击“现金流量项目编码”后面的参照按钮，打开“现金流量项目”选项，双击选择相应的项目。单击“确定”按钮。

注意：“会计期间”设为“全年”，“方向”与选择的“现金流量项目”方向保持一致。最后在“定义公式”对话框单击“确认”按钮，如图 4-14 所示。在其他没有公式

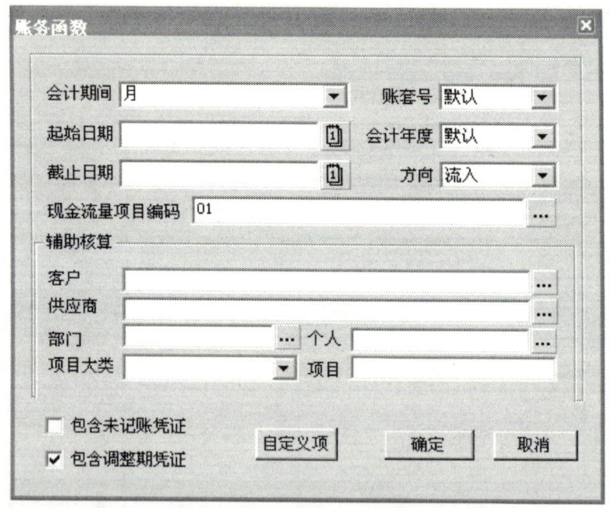

图 4-13 选择公式参数

的单元格用同样方法设置公式或按表内计算公式进行定义。

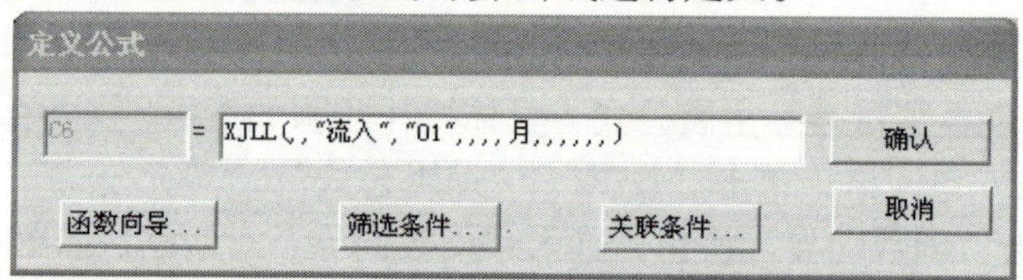

图 4-14 公式选择后的界面

（4）输入关键字并计算报表数据。

（5）保存“现金流量表”主表。

本 章 小 结

本章主要介绍了报表管理系统主要功能、报表管理系统与其他系统的关系、编制报表等内容。

报表编制包括报表格式设计和数据处理两个主要环节。

报表格式设计是制作报表的初始步骤，主要包括设置表尺寸、定义行高和列宽、定义组合单元、画表格线、录入表内文字、设置单元属性、设置关键字、定义公式、设置单元风格等内容。格式设计在格式状态下进行，所做操作对本报表所有的表页都有效。

数据处理包括报表编制、表页管理、图表处理、报表数据管理（报表透视、数据汇总、报表输出）等处理。数据处理在数据状态下进行。

通过实验，有助于帮助学生进一步理解报表管理系统的整体功能，掌握利用报表管理系统进行业务处理的操作方法。

复习思考题

1. 报表管理系统包括哪些主要功能?
2. 报表管理系统与其他系统之间的关系是怎样的?
3. 报表格式设置包括哪些内容? 报表数据处理包括哪些内容?
4. 报表公式有哪些类型? 什么情况下使用这些公式?
5. 报表的数据来源有哪些? 如何定义这些来源的单元公式?
6. 如何理解关键字? 如何设置关键字和录入关键字的值?
7. 数值单元、字符单元和表样单元的区别是什么?

报表管理系统复习题

第5章　薪资管理系统

学习目标：

了解薪资管理系统的主要功能以及薪资管理系统与其他系统之间的数据传递关系，熟悉薪资管理系统的业务处理流程，理解初始化的重要性，掌握多工资类别情况下初始化包括的内容，掌握薪资日常业务处理包括的内容及操作方法，掌握期末处理包括的内容及处理方法。通过学习，学生能够独立使用薪资管理系统进行薪资核算与管理，为进一步学习使用其他薪资管理软件奠定基础。

关键词：

薪资管理；工资类别；初始设置；日常业务处理；工资变动；工资分摊；账表查询；结账

5.1　薪资管理系统概述

薪资管理系统是会计信息系统的一个重要子系统，加强薪资核算与管理是企业的一项重要工作，利用薪资管理系统一方面能够准确地计算职工薪酬，进行职工薪酬的支付，另一方面能够及时地提供各种职工薪酬信息，同时通过转账凭证，将薪酬信息传递至总账管理和成本管理子系统，完成登记账簿和成本核算工作。

5.1.1　薪资管理系统的主要功能

用友 ERP-U8 薪资管理系统适用于企业、行政、事业和科研单位，既具备薪资的核算和发放功能，也具有比较强大的薪资分析和管理功能，充分满足用户的需要。其主要功能表现在以下方面。

1. 工资类别管理

薪资管理系统提供了多工资类别管理功能。当单位按周或一月多次发放工资，或者单位中有多种不同类别（部门）的人员，其工资发放项目不同，工资项目的计算公式也不同，但需要进行统一核算管理时，应选择建立多个工资类别。如果单位中所有人员的工资统一核算管理，这些人员的工资项目、工资项目计算公式都完全相同，这时只需要建立单个工资类别即可。

2. 人员档案管理

系统能够将基础档案中设置的人员档案采集到薪资管理系统中，并能够对人员档案进一步编辑。薪资管理系统也提供了设置职员附加信息的功能。

3. 工资项目管理

薪资管理系统根据单位薪资核算的一般需求，预装了一定数量的工资项目，用户可以根据本单位的需要，在此基础上灵活增加工资项目。

4. 公式设置管理

薪资计算具有较强的规律性，系统提供了三个基本的工资项目计算公式，即应发合计、扣款合计、实发合计，用户可以根据实际需求，自定义工资项目计算公式。

5. 工资数据管理

薪资管理系统根据工资项目计算公式自动计算工资项目金额，能够批量调整工资数据，自动计算个人所得税，自动计算和汇总工资数据，通过银行代发工资，自动完成工资分摊、计提和转账业务。

6. 工资报表管理

薪资管理系统提供了多角度查询工资数据功能，能够按个人、部门、工资类别等多角度查询工资表和工资分析表，便于管理人员多角度了解职工薪资构成及变动情况。

5.1.2　薪资管理系统与其他系统的关系

薪资管理系统和基础设置、总账管理系统、成本管理系统、报表管理系统都有数据传递关系。

薪资管理系统与基础设置模块共享数据，在基础设置中设置的职员档案信息可以传递到薪资管理系统；薪资管理系统将工资及各项费用分配的记账凭证传递到总账管理系统中，并且两个系统可以互相查询凭证；报表管理系统也可以从薪资管理系统中提取数据，生成财务报表；薪资管理系统生成的凭证能够传递到成本管理系统，为成本核算提供数据。

5.1.3　薪资管理系统的业务处理流程

采用多工资类别核算的用户，第一次启用薪资管理系统时的业务处理流程如图 5-1 所示。

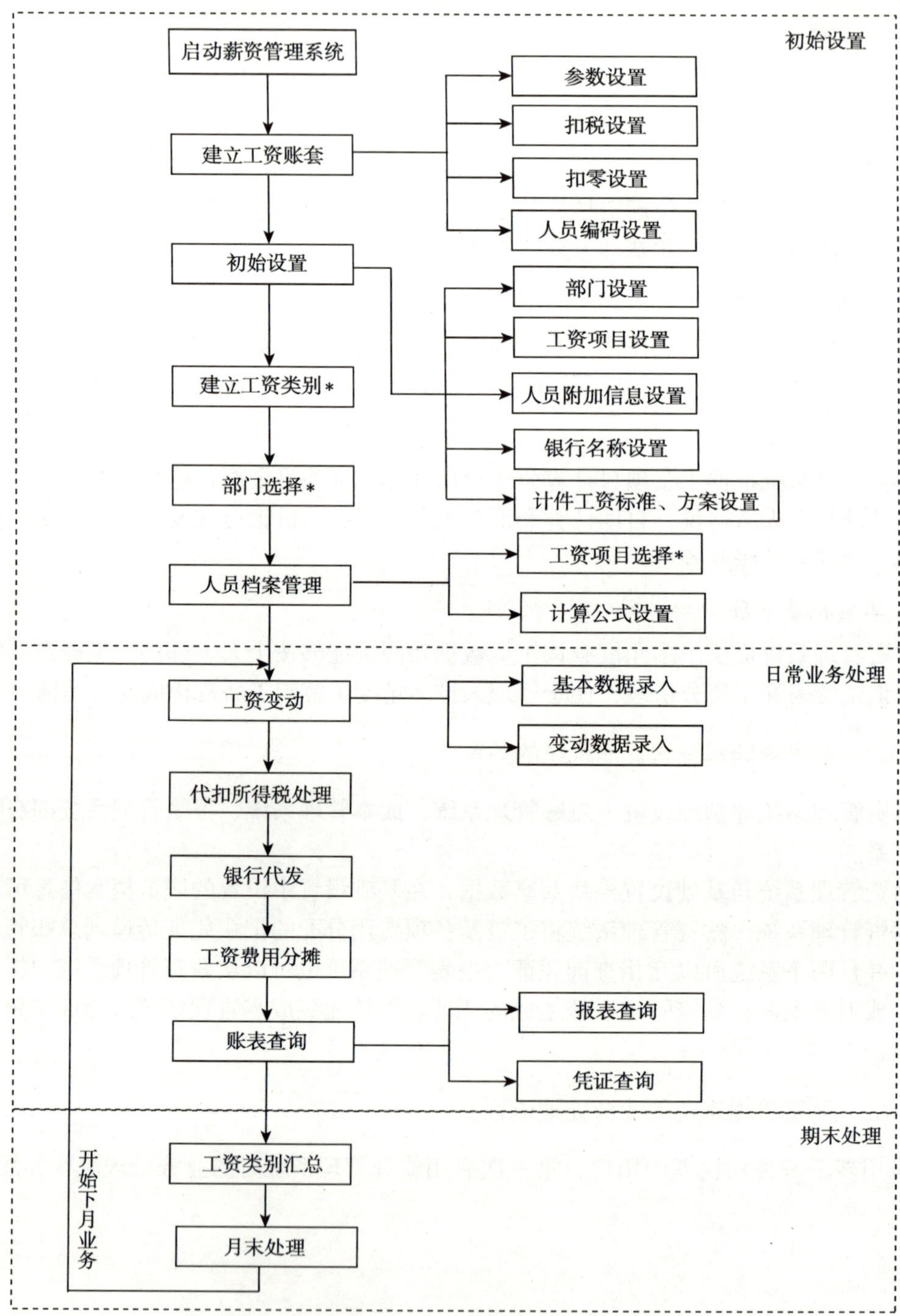

图 5-1　薪资管理系统多工资类别业务处理流程

当用户采用单工资类别时，处理流程中去掉带“*”标示的步骤

5.2　薪资管理系统初始设置

初始设置的作用在于建立薪资核算需要的基础环境。通过初始设置，能够建立工资核算账套，设置相应的参数，将核算薪资所涉及的部门、人员、工资项目、计算公式、计件工资标准等内容设置完成，在此基础上进行薪资核算和管理。初始设置主要内容包括建立工资账套和基础信息设置两部分。

5.2.1　建立工资账套

工资账套和系统管理中的账套是两个不同的概念。系统管理中的账套是针对整个会计信息系统而言的，是用户的总账套；而工资账套仅仅针对薪资管理系统而言，是用户使用薪资管理系统的前提。用户必须先建立账套，在此基础上才能建立工资账套。

用户第一次启用薪资管理系统的时候，系统会自动提示建立工资账套，并提示建账向导。建立工资账套包括四步，分别是参数设置、扣税设置、扣零设置、人员编码。

1. 参数设置

提示用户选择工资类别个数是单个还是多个，以及工资核算币种、是否核算计件工资等。如果用户要核算职工的计件工资，此处必须选择“核算计件工资”，否则系统无法进行计件工资的处理。

2. 扣税设置

提示用户是否代扣代缴个人所得税。如果实行代扣代缴职工个人所得税，则此处要选择“从工资中代扣个人所得税”。选中后，系统在进行工资变动处理时，会自动计算个人所得税。

3. 扣零设置

所谓扣零设置是指每次发放工资时把零头扣下，积累取整，并于下次发工资时补上。扣零类型有扣零至元、扣零至角、扣零至分等。扣零至分是指发放工资时把分扣下，只发放到角位，下次积累至角时再补发。其他扣零类型道理相似。扣零处理通常在以现金形式发放工资时使用，如果采用银行代发的形式发放工资，则不用进行扣零设置。

4. 人员编码

人员编码设置的作用是设置人员档案的编码长度，不含所属部门编码。人员编码在第 2 章系统管理与企业应用平台的人员档案设置中已进行了设置，此处按默认设置即可。

提示：

· 建立工资账套后，如果出现错误，可以通过“薪资管理”|“设置”|“选项”进行修改。

· 有些参数在建立工资账套后进行补充设置，如扣税基数、扣税依据的设置。

5.2.2　基础信息设置

基础信息设置包括人员类别设置、人员档案设置、部门设置、人员附加信息设置、工资项目设置、计算公式设置、代发工资的银行设置、工资类别管理设置等。如果实行多工资类别管理，则还包括建立工资类别、选择部门；如果核算计件工资，则还包括计件工资标准设置等。

1. 人员类别设置

设置人员类别便于对职员进行分类管理，便于进行工资费用的汇总、分配、分摊，费用的计提等各项处理，为企业提供不同类别人员的工资信息。

2. 人员档案设置

人员档案用于登记工资发放人员的姓名、职工编号、所在部门、人员类别等信息。

3. 部门设置

设置部门便于按部门核算各类人员工资，提供不同部门的工资信息。人员类别、人员档案、部门档案都是企业的共享数据，在初始设置时已经设置好的相关档案信息，在此处直接调用即可。

4. 人员附加信息设置

人员附加信息是除了姓名、性别等基本信息外，为了管理需要增设的一些辅助信息，如婚否、民族、政治面貌等。辅助信息不是必须必录内容，录入这些信息可以便于单位管理使用。

5. 工资项目设置

设置工资项目的目的在于区分职工工资构成，便于进行工资核算及费用分配。工资项目设置包括定义工资项目名称、类型、宽度、小数位数、增减项等内容。

当工资项目设置为“增项”时，则计算工资时该项目的数据自动计入“应发合计”工资项目，如基本工资、薪级工资等项目设置为“增项”。

当工资项目设置为“减项”时，则计算工资时该项目的数据自动计入“扣款合计”工资项目，如请假扣款、养老保险等项目设置为“减项”。

当工资项目设置为“其他”时，则计算工资时该项目数据不会自动计入“应发合计”或“扣款合计”，而是作为一个中间项目参与工资计算，如请假天数、加班天数等项目。“请假天数”这个工资项目，其对应的增减项应为“其他”，该工资项目是计算“请假扣款”的依据，而不能把请假的天数直接计入 “应发合计”或“扣款合计”工资项目中。

系统预先增加了一些必用的工资项目，如“应发合计”“扣款合计”“实发合计”等，这些工资项目在系统中有特定的用途，因此不能删除，也不能重命名。用户根据实际情况可自行增加一些工资项目。

提示：

· 采用单工资类别时，通过工资项目设置功能即可完成工资项目的设置。

· 采用多工资类别时，除了要进行工资项目设置外，还要打开工资类别，选择核算该类别工资需要的工资项目。

6. 计算公式设置

计算公式设置的功能在于确定某些工资项目的计算公式。对于固定的工资项目而言，一般在初始设置的时候直接录入该工资项目的金额，如基本工资；对于有规律变动的工资项目而言，一般采用设置计算公式的方式，由系统根据计算公式自动计算该工资项目的金额，如应发合计、实发合计、扣款合计等；对于无规律变动的工资项目而言，一般每月在计算工资时录入其数据，如加班天数、请假天数。

提示：

· 设置工资项目的计算公式时，要注意工资项目计算公式的计算顺序，应发合计、扣款合计、实发合计应是公式定义框中最后的3个公式。

· 实发合计公式在应发合计公式和扣款合计公式之后。

· 如采用多工资类别，应针对不同的工资类别分别进行公式设置。

7. 代发工资的银行设置

如果单位采用银行代发工资，则需要设置代发银行的档案，档案包括代发银行的编码、名称，以及账号长度等内容。设置代发银行档案之后，再进行代发银行的设置。设置代发银行的步骤如下：首先选择代发银行；其次根据代发银行的要求，设置传递给银行的文件格式；最后设置文件类型。

8. 工资类别管理设置

建立工资账套时，如果选择工资类别个数为单个，则不需要建立工资类别；如果选择工资类别个数为多个，则应建立不同的工资类别，针对不同类别分别进行工资初始设置和日常核算。

5.3　薪资管理系统日常业务处理

5.3.1　输入基本工资数据

对于一些基本不变的工资项目，如基本工资、岗位工资、薪级工资等，可以在初始设置工作完成之后，直接输入每个职员对应的工资项目中。输入基本工资数据时，可以通过“过滤器”功能把用到的工资项目过滤出来，把不用的工资项目暂时屏蔽掉，以提高输入速度；也可以通过“编辑”的形式，对选定的个人进行快速输入。如果某些部门或人员的工资项目金额相同，还可以通过“替换”的方式成批输入金额。其他方式此处不再赘述。

5.3.2　人员调入、调出、停发工资、内部调动

1. 人员调入

新职员调入时，应该先通过“企业应用平台”|“基础设置”|“基础档案”|“机构人员”|“人员档案”命令，把该职员信息输入单位人员档案文件中，然后再通过“薪资管理”|“设置”|“人员档案”命令，把该职员增加到对应的工资类别中。

2. 人员调出、停发工资

人员调出是指人员从本单位中调出。停发工资是指人员没有调出本单位但停发工资，如停薪留职。发生上述情况时，应在人员档案中选中“调出”或“停发”复选框。

调出的人员，其所有档案信息不可修改，其编号可以再次使用。调出人员在月末未结算前，且其编号未被他人使用的情况下，可以取消“调出”复选框，将调出标志取消。当年调出人员不可删除，年末进行处理后，新的一年开始时，方可将此人信息删除。

停发工资的人员，其档案信息保留，不能删除，但不再参与工资变动处理。取消“停发”选择后，可恢复工资发放。

3. 内部调动

内部调动包含两方面的含义：其一是指人员在同一个工资类别不同部门之间的调动；其二是指人员在不同工资类别之间的调动。人员在同一个工资类别不同部门之间调动时，直接修改人员档案所属部门即可；当人员在不同工资类别之间调动时，需要通过人员调动命令进行调动。

5.3.3　工资数据处理

通过工资数据处理功能可以录入工资项目的数据。有些工资项目设置了计算公式，录入原始工资项目数据后，通过“计算”按钮可以由系统根据计算公式自动计算工资数据；通过“汇总”按钮可以由系统自动进行工资数据汇总。

在修改了某些数据、重新设置了计算公式、进行了数据替换或在个人所得税中执行了自动扣税等操作后，最好调用本功能对个人工资数据重新计算，以保证数据正确。通常应发合计、扣款合计、实发合计在修改完数据后不自动计算合计项，如要检查合计项是否正确，可先执行重算工资，如果不执行重算工资，在退出工资变动时，系统会自动提示重新计算和汇总。

5.3.4　工资分摊

薪资是单位的一项重要费用，按照企业会计准则的规定，月末要进行薪资费用的分配，计入生产成本或相关费用中。

工资分摊包括工资总额的分配和以工资总额为基数，计提的各项费用的分配。

工资分摊包括两个步骤，首先设置工资分摊类型，然后根据工资分摊类型生成转账凭证。

5.3.5　汇总工资类别

当企业实行多工资类别核算时，各个工资类别都完成薪资日常业务处理后，可以进行工资类别汇总，通过工资类别汇总，系统自动生成一个汇总工资类别，汇总工资类别包含了该单位所有职工的薪资数据。

5.3.6　工资数据查询

薪资管理系统提供了强大的数据查询功能，可以查询各种工资表、工资分析表，也可以查询工资分摊时生成的各种记账凭证。如果发现记账凭证有误，可以对错误的记账凭证进行删除、冲销等处理。当记账凭证未在总账管理系统记账时，可以删除记账凭证；如果记账凭证已在总账管理系统记账，则可以通过冲销命令生成一张红字记账凭证，冲销原错误凭证。

5.4 薪资管理系统期末处理

期末处理是指在本期薪资日常业务处理完成之后，对本期做一个结账处理，将工资数据转至下一个会计期间。期末处理后，当月数据将不允许变动。期末处理区分月末结转和年末结转两种情况。

5.4.1 月末结转

月末结转是指将当月的数据经过处理后结转至下月。月末结转处理时，变动的工资项目数据可以清零，固定的工资项目数据可以保留至下月，以减轻下月工作量。

提示：

· 月末结转只在会计年度的 1~11 月进行，12 月的数据进行年末结转。

· 只有账套主管才能进行月末结转处理，其他人员无权进行。

· 本月工资数据未汇总时，系统不允许进行月末结转。

· 若为多工资类别，应打开工资类别分别进行月末结转处理。

5.4.2 年末结转

年末结转是指将工资数据经过处理后转至下年。年末结转时必须处理完所有工资类别的数据。

提示：

· 只有当月工资数据处理完毕后才能进行年末结转。

· 只有账套主管才能进行年末结转处理。

· 本月工资数据未汇总时，系统不允许进行年末结转。

· 若为多工资类别，应关闭所有工资类别，然后在“系统管理”|“年度账”中进行上年数据结转。

实验六　薪资管理

一、实验要求

（一）薪资管理初始设置

（1）建立工资账套。

（2）基础设置。

（3）工资类别管理。

（4）设置在岗人员工资账套的工资项目。
（5）设置在岗人员档案。
（6）设置计算公式。
（7）设置个人所得税纳税基础。

（二）薪资管理日常与期末处理

（1）分别对正式职工工资进行核算与管理。
（2）录入并计算 1 月的工资数据。
（3）查看扣缴所得税。
（4）银行代发工资。
（5）分摊工资并生成转账凭证。
（6）月末处理。

二、实验资料

（一）初始设置

1. 工资账套的参数

工资类别个数有多个，工资核算本位币为人民币，核算计件工资，扣税设置为“从工资中代扣个人所得税”；扣零设置为“不进行扣零设置”；人员编码长度设置为“5”位，启用日期为 2015 年 1 月 1 日。

2. 人员类别

企业的在职人员类别设置为“管理人员”、“开发人员”、“营销人员”、“生产人员”和“车间管理人员”。

3. 工资项目

工资项目如表 5-1 所示。

表 5-1 工资项目

工资项目名称	类型	长度	小数	增减项
基本工资	数字	8	2	增项
岗位工资	数字	8	2	增项
交通补助	数字	8	2	增项
奖金	数字	8	2	增项
住房公积金	数字	8	2	减项
养老保险金	数字	8	2	减项
失业保险金	数字	8	2	减项
医疗保险金	数字	8	2	减项
卫生费	数字	8	2	减项
缺勤扣款	数字	8	2	减项
缺勤天数	数字	8	2	其他
应付工资	数字	8	2	其他
应纳个人所得税	数字	8	2	其他

4. 银行名称

银行名称为“中国工商银行北京支行”，账号长度为19位，自动带出的账号长度为15位。

5. 工资类别

工资类别分为“正式职工”和“临时职工”。其中，“正式职工”所在部门包括各个部门及其下级部门；“临时职工”所在部门只包括“生产部门”。

6. 在岗正式人员档案

在岗正式人员档案如表5-2所示。

表5-2　在岗正式人员档案

职员编号	人员姓名	所属部门	性别	学历	人员类别	银行代发账号
10101	杨一帆	总经理办公室	男	大学	管理人员	2501122801000093830
10102	丁文建	总经理办公室	男	大学	管理人员	2501122801000093831
10103	赵慧	总经理办公室	女	大学	管理人员	2501122801000093832
10201	钱明	财务科	男	大学	管理人员	2501122801000093833
10202	王兰	财务科	女	大学	管理人员	2501122801000093834
10203	李萍	财务科	女	大学	管理人员	2501122801000093835
10204	刘冬冬	财务科	女	大学	管理人员	2501122801000093836
10301	周文华	企划科	男	大学	管理人员	2501122801000093837
10302	陈凯	企划科	男	大学	管理人员	2501122801000093838
10401	陈雪瑞	医务室	女	大学	管理人员	2501122801000093839
20101	吴永斌	销售科	男	大学	营销人员	2501122801000093840
20201	叶丽	供应科	女	大学	管理人员	2501122801000093841
20202	胡俊	供应科	男	大学	管理人员	2501122801000093842
30101	包沁怡	研发中心	女	大学	开发人员	2501122801000093843
40101	李彬彬	加工车间	男	大学	车间管理人员	2501122801000093844
40102	宁志敏	加工车间	男	大专	生产人员	2501122801000093845
40103	胡兰巧	加工车间	女	大专	生产人员	2501122801000093846
40201	周光荣	动力车间	男	大学	车间管理人员	2501122801000093847
40202	张小萌	动力车间	女	大专	生产人员	2501122801000093848
40203	李斯隆	动力车间	男	大专	生产人员	2501122801000093849
40204	钟杰	动力车间	男	大学	生产人员	2501122801000093850
40205	童峰	动力车间	男	大专	生产人员	2501122801000093851
40206	蒋劲松	动力车间	男	大学	生产人员	2501122801000093852
40301	高开	设备科	男	大学	管理人员	2501122801000093853
50101	汪春凌	材料库	男	大专	管理人员	2501122801000093854
50102	李兰	材料库	女	大专	管理人员	2501122801000093855
50201	李华康	成品库	男	大专	管理人员	2501122801000093856

7. 有关工资项目计算公式或规定

（1）缺勤扣款=基本工资÷21.5×缺勤天数。

（2）奖金=iff(人员类别=“营销人员”,800,600)。该公式的意思是营销人员的奖金是800元，其余人员的奖金是600元。

（3）营销人员的交通补助为300元，其他人员的交通补助为100元。

（4）住房公积金=（基本工资+岗位工资+交通补助+奖金）×0.1。

（5）自定义“应付工资”和“应纳个人所得税”两个项目的计算公式。

8. 扣税设置

个人所得税应在“应纳税所得额”基础上扣除 3 500 元（实务中按税法规定的扣税基数扣除）后计税。

（二）薪资日常与期末处理

1. 工资数据

2015 年 1 月有关的工资数据如表 5-3 所示。

表 5-3　2015 年 1 月有关的工资数据　　单位：元

人员姓名	基本工资	岗位工资	交通补助	奖金	住房公积金	养老保险金	失业保险金	医疗保险金	卫生费	缺勤扣款	缺勤天数
杨一帆	35 000	6 000				180	20	120	10		
丁文建	15 500	4 000				162	18	108	10		
赵慧	2 400	1 600				144	16	96	10		
钱明	25 000	5 000				162	18	108	10		
王兰	3 000	2 500				144	16	96	10		
李萍	2 700	2 000				144	16	96	10		
刘冬冬	2 500	2 000				144	16	96	10		
周文华	15 000	4 000				144	16	96	10		
陈雪瑞	1 500	1 800				180	20	120	10		
吴永斌	20 300	3 600				162	18	108	10		
叶丽	15 000	4 000				144	16	96	10		
胡俊	2 700	1 800				162	18	108	10		
包沁怡	20 000	4 500				144	16	96	10		
李彬彬	15 000	800				144	16	96	10		
宁志敏	15 100	2 000				144	16	96	10		
胡兰巧	15 100	2 000				144	16	96	10		
周光荣	15 000	800				162	18	108	10		
张小萌	15 100	2 000				162	18	108	10		
李斯隆	15 100	2 000				162	18	108	10		
钟杰	15 100	2 000				162	18	108	10		
童峰	15 100	2 000				162	18	108	10		
蒋劲松	15 300	2 000				162	18	108	10		
高开	1 800	2 600				180	20	120	10		
汪春凌	1 800	1 400				162	18	108	10		
李兰	1 800	1 200				144	16	96	10		
李华康	1 800	1 200				162	18	108	10		

注：“交通补助”“奖金”“住房公积金”按公司规定发放

2. 公司分摊的类型

公司分摊的类型为“应付工资”、“应付福利费”、“工会经费”和“职工教育经费”。

3. 有关计提标准

按应发工资总额的 14%计提福利费，按应发工资总额的 2%计提工会经费，按应发工资总额的1.5%计提职工教育经费。

4. 分摊构成设置

"应付工资"设置内容如表5-4所示。

表5-4　"应付工资"设置内容

部门名称	人员类型	项目	借方科目	贷方科目
总经理办公室	管理人员	应发工资	管理费用——工资	
财务部	管理人员	应发工资	管理费用——工资	
企划科	管理人员	应发工资	管理费用——工资	
医务室	管理人员	应发工资	应付职工薪酬——福利费	
销售科	营销人员	应发工资	销售费用——工资	
供应科	管理人员	应发工资	管理费用——工资	应付职工薪酬——工资
研发中心	开发人员	应发工资	管理费用——工资	
加工车间	管理人员	应发工资	制造费用——工资	
加工车间	生产人员	应发工资	生产成本——直接人工	
动力车间	管理人员	应发工资	制造费用——工资	
动力车间	生产人员	应发工资	生产成本——直接人工	
设备科	管理人员	应发工资	管理费用——工资	
材料库	管理人员	应发工资	管理费用——工资	
成品库	管理人员	应发工资	管理费用——工资	

提示：分摊福利费、工会经费、职工教育经费时，相关部门的借方科目和分摊应付工资时的借方科目相同；贷方科目分别为"应付职工薪酬——福利费""应付职工薪酬——工会经费""应付职工薪酬——职工教育经费"。

5. 银行代发

银行代发如表5-5所示。

表5-5　银行代发

栏目名称	数据类型	总长度	小数位数
单位编码	字符型	10	0
人员编号	字符型	5	0
账号	字符型	19	0
姓名	字符型	8	0
金额	数字型	10	2
录入日期	字符型	8	0

三、实验指导

（一）初始设置

1. 建立工资账套

（1）单击"开始"|"程序"|"用友 ERP-U872"|"企业应用平台"，打开"业务工作"选项卡，选择"人力资源"|"薪资管理"，出现"建立工资套——参数设置"窗口。

（2）在"建立工资套——参数设置"窗口中，单击"多个"前的按钮。

（3）选择币别“人民币 RMB”，单击“下一步”按钮。打开“建立工资套——扣税设置”对话框，单击“是否从工资中代扣个人所得税”前的复选框按钮。

（4）单击“下一步”按钮。打开“建立工资套——扣零设置”对话框，不操作。

（5）单击“下一步”按钮，系统要求和公共平台中的人员编码保持一致。

（6）单击“完成”按钮。

2. 设置人员类别

人员类别在第 2 章的基础档案中已经讲述，此处不再赘述，也不需要再操作。只是这个公共信息在薪资管理系统运用。人员类别的设置目的是为“工资分摊”设置入账科目时提供依据。

3. 设置薪资管理工资项目

（1）在关闭工资类别状态下，单击薪资管理系统“设置”菜单中的“工资项目设置”，打开“工资项目设置”对话框，如图 5-2 所示。

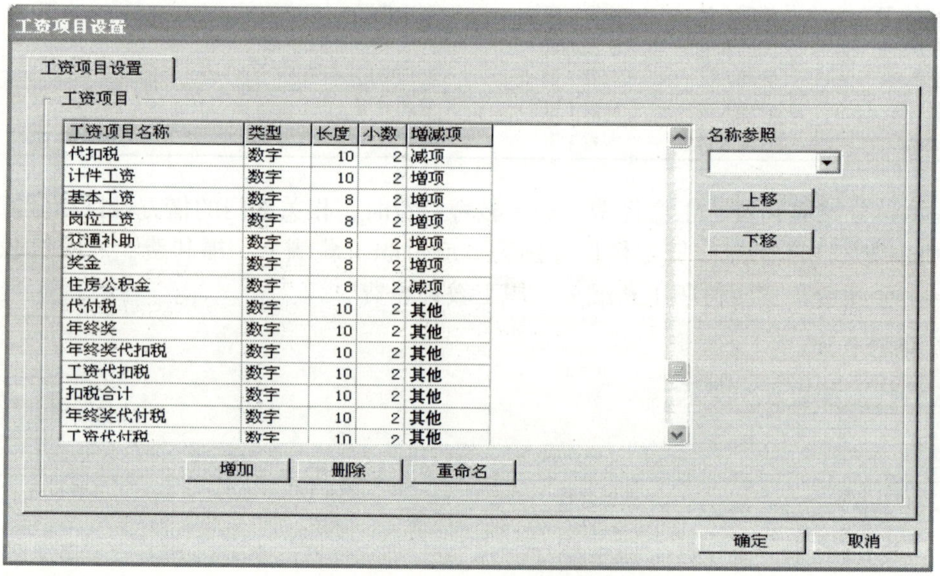

工资项目设置

工资项目设置

工资项目

工资项目名称	类型	长度	小数	增减项
代扣税	数字	10	2	减项
计件工资	数字	10	2	增项
基本工资	数字	8	2	增项
岗位工资	数字	8	2	增项
交通补助	数字	8	2	增项
奖金	数字	8	2	增项
住房公积金	数字	8	2	减项
代付税	数字	10	2	其他
年终奖	数字	10	2	其他
年终奖代扣税	数字	10	2	其他
工资代扣税	数字	10	2	其他
扣税合计	数字	10	2	其他
年终奖代付税	数字	10	2	其他
工资代付税	数字	10	2	其他

名称参照

上移

下移

增加 删除 重命名

确定 取消

图 5-2 设置公共工资项目

（2）单击对话框中的“增加”按钮，录入工资项目名称“基本工资”，单击“基本工资”所在行的类型栏下的三角按钮，选择小数位为“2”，选择增减项为“增项”，也可单击“名称参照”的下三角按钮选择对应工资项目。用同样方法，继续增加其他的工资项目。注意“增减项”一定要按表 5-1 内容修改。

（3）单击“确定”按钮，系统自动提示“工资项目已经改变，请确认各工资类别的公式是否正确。否则计算结果可能不正确”。

（4）单击“确定”按钮即可。

4. 设置银行名称

（1）单击左下角“基础设置”选项卡，再单击“基础档案”|“收付结算”|“银行档案”，进入“银行档案”对话框，单击“中国工商银行北京支行”所在行，单击“修

改”按钮，单击个人账户规则“定长”前的单选框，账号长度改为“19”，在“自动带出账号长度”栏中录入“15”。

（2）单击“保存”按钮，单击“退出”按钮。银行名称设置完成。

5. 建立工资类别

（1）打开“工资类别”|“新建工资类别”对话框，在工资类别名称输入“正式职工”。

（2）单击“下一步”按钮，打开“新建工资类别”对话框，单击“选定全部部门”。

（3）单击“完成”按钮。系统提示“是否以 2015-01-01 为当前工资类别的启用日期？”，单击“是”按钮。

（4）按照此方法继续设置工资类别“临时职工”。

6. 设置正式职工工资类别的人员档案

（1）打开“工资类别”|“打开工资类别”，进入“打开工资类别”对话框，单击“正式职工”，单击“确定”按钮。

（2）双击薪资管理系统“设置”中的“人员附加信息设置”，单击“增加”按钮，在“信息名称”栏录入“学历”，也可使用“栏目参照”功能，单击“增加”按钮，单击“确定”按钮。这个操作也可以在关闭工资类别的情况下进行。

（3）双击薪资管理系统“设置”中的“人员档案”，打开“人员档案”窗口。

（4）单击“批增”按钮，进入“人员批量增加”对话框，在左侧的“人员类别”列表框中，单击“管理人员”、“开发人员”、“营销人员”和“生产人员”前面的选择栏，出现“是”，所选人员类别下的人员档案出现在右侧列表框中，单击“确定”按钮。

（5）双击“杨一帆”所在的行，出现“人员档案明细”对话框，单击“银行名称”栏下的下三角按钮，选择“中国工商银行北京支行”，在银行账号栏录入“2501122801000093830”。单击“附加信息”页签，学历录入“大学”。单击“确定”按钮。依照此方法按表 5-2 内容录入，完成其他正式职工的工资档案设置。最后单击窗口右侧“×”按钮，关闭人员档案录入窗口，如图 5-3 所示。

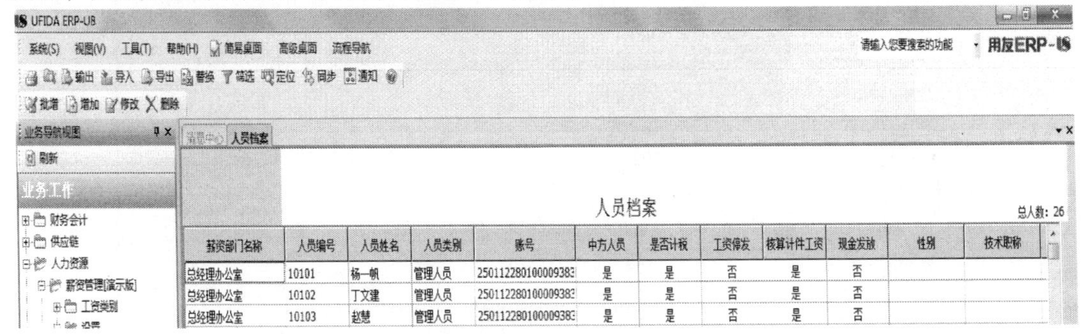

图 5-3 批增人员档案

7. 设置正式职工工资类别的工资项目

（1）在薪资管理系统的“正式职工”工资类别中，单击“设置”菜单中的“工资项目设置”，打开“工资项目设置——工资项目设置”对话框。

（2）单击“增加”按钮，工资项目列表中增加一空行，再单击“参照”按钮，选择

"基本工资"，工资项目名称、类别、长度、小数、增减项都自动带出，不能修改。依次继续增加其他的工资项目。

（3）单击选中"基本工资"，再单击"上移"按钮，将其移动至第一行。依此方法将每一个工资项目移动至指定位置，如图 5-4 所示。

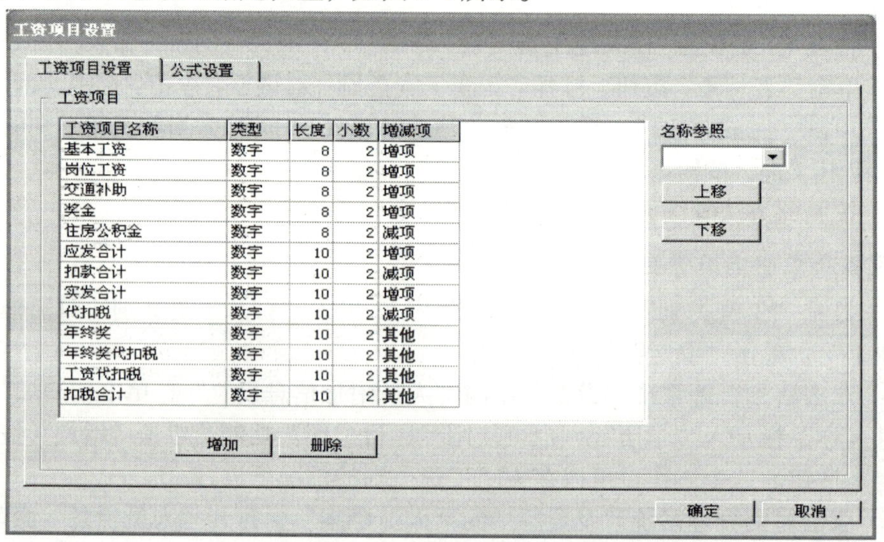

图 5-4　选择工资项目

（4）单击"确定"按钮。至此，"正式职工"工资类别的工资项目选择已经完成。

8. 设置"缺勤扣款"计算公式

（1）单击"设置"中的"工资项目设置"，打开"工资项目设置——工资项目设置"对话框。

（2）单击"公式设置"页签，如图 5-5 所示。

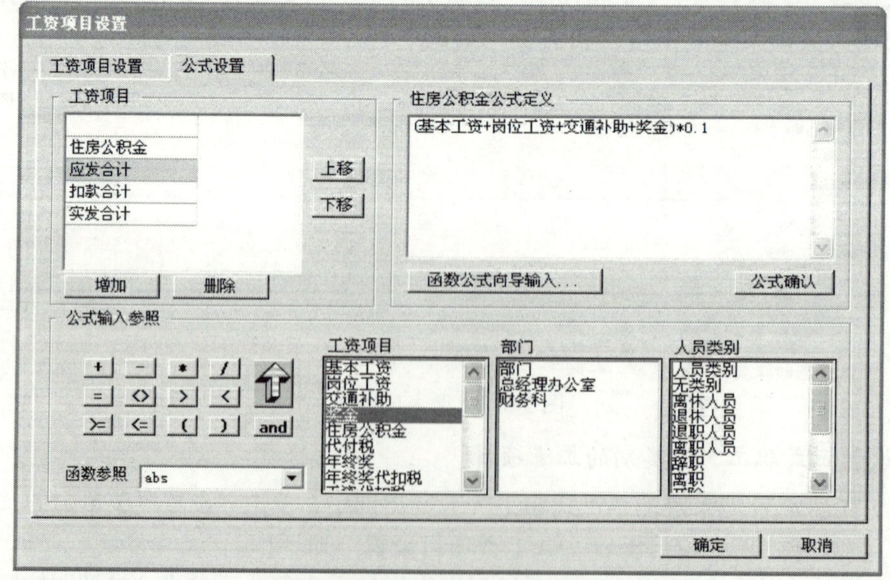

图 5-5　工资计算公式

（3）单击“增加”按钮，再单击工资项目栏下的下三角按钮，选择“缺勤扣款”。

（4）在“缺勤扣款公式定义”栏利用公式输入参照录入“基本工资 ÷ 21.5 × 缺勤天数”。

（5）单击“公式确认”按钮，“缺勤扣款”的计算公式设置完毕。

9. 设置“奖金”的计算公式

（1）单击菜单中“设置”项下的“工资项目设置”，打开“工资项目设置——工资项目设置”对话框。

（2）单击“公式设置”页签。

（3）单击“增加”按钮，再单击工资项目栏的下三角按钮，选择“奖金”项目。

（4）单击“函数公式向导输入”按钮，打开“函数向导——步骤 1”对话框。

（5）选择函数名“iff”，单击“下一步”按钮，打开“函数向导——步骤 2”对话框。

（6）在对话框的“逻辑表达式”处输入人员类别= “营销人员”；在“算数表达式 1”处录入 800；在“算术表达式 2”处录入 600。

（7）单击“完成”按钮。

（8）先单击“公式确认”按钮，再单击“确定”按钮。奖金的条件取值函数公式设置完成。

10. 扣税设置

（1）进入薪资管理系统中的“正式职工”工资类别，单击“设置”菜单下的“选项”，打开“选项”对话框，单击“扣税设置”页签，单击“编辑”按钮，将“实发合计”改为“应纳个人所得税”工资项目。

（2）单击“税率设置”按钮，打开“个人所得税申报表——税率表”对话框，将“基数”的“800”改为“3500”，单击“确定”按钮，如图 5-6 所示。

图 5-6　设置扣税基数

（3）单击“确定”按钮返回。

（二）薪资日常于期末处理

1. 录入并计算 1 月的工资数据

（1）单击“业务处理”菜单中的“工资变动”项，打开“工资变动”窗口。

（2）在“工资变动”窗口中，单击各栏目，根据表 5-3 的内容，分别录入工资项目数据，不要遗漏缺勤天数的录入。

（3）单击工具栏中的“计算”按钮，计算全部工资项目内容，单击“汇总”按钮。

（4）单击窗口右侧“×”按钮，关闭工资变动窗口，如图 5-7 所示。

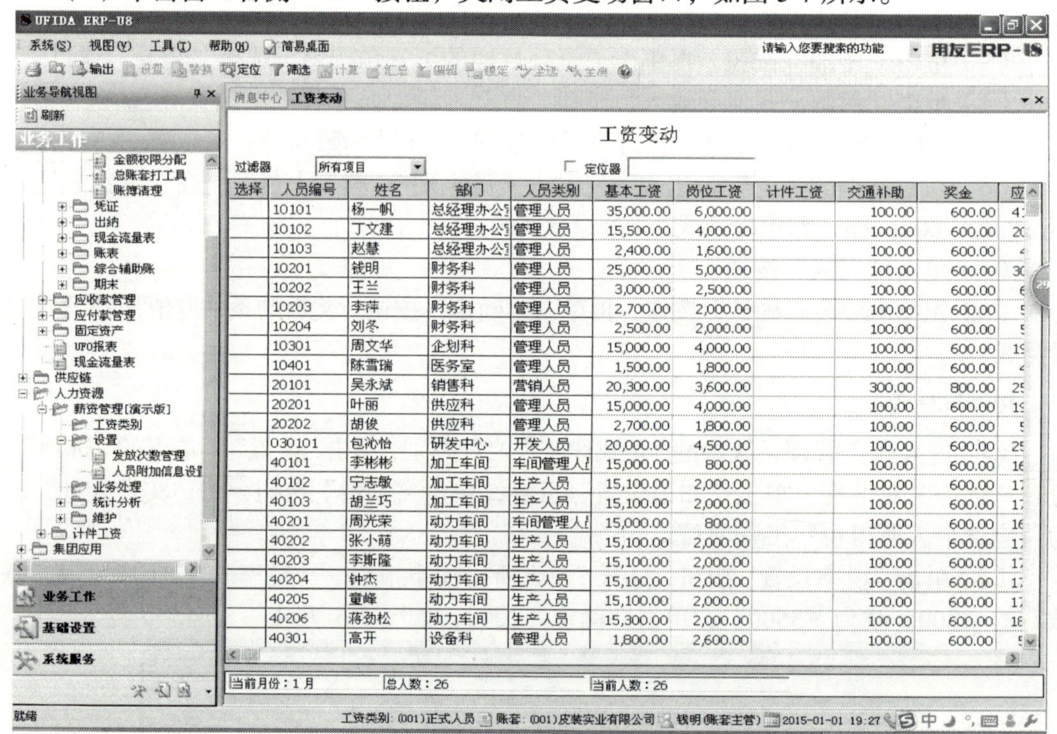

图 5-7　工资变动处理

2. 查看扣缴所得税

（1）打开“业务处理”|“扣缴所得税”，打开“个人所得税申报模板”对话框。

（2）“请选择所在地区名”处默认系统，在“报表名称”列表中选择“系统扣缴个人所得税年度申报表”，单击“打开”按钮。

（3）进入“所得税申报”对话框，不做修改，单击“确定”按钮。

（4）进入“所得税申报”界面，可以查看个人所得税的扣缴情况，单击“退出”按钮。

（5）进入“工资变动”窗口，重新计算、汇总。

3. 银行代发

（1）双击“业务处理”菜单下的“银行代发”，进入“请选择部门”对话框，选择所有部门，单击“确定”按钮，进入“银行文件格式设置”界面。

（2）在“银行模板”处，单击下三角按钮选择“中国工商银行北京分行”，系统自带相关银行的文件格式。

（3）单击“插入行”按钮，按表内容在栏目名称处手工输入“姓名”等其他信息，修改账号总长度为“19”。

（4）单击“确定”按钮，系统提示“确认设置的银行文件格式？”

（5）单击“是”按钮，系统保存设置，生成银行代发一览表。单击“否”，可以进一步修改相关内容。

4. 工资分摊

（1）单击“业务处理”菜单中的“工资分摊”，打开工资分摊窗口。

（2）单击窗口中的“工资分摊设置”按钮，打开“分摊类型设置”对话框。

（3）单击“分摊类型设置”对话框中的“增加”按钮，打开“分摊计提比例设置”对话框。

（4）在“计提类型名称”处录入“应付工资”，在“分摊计提比例”处选择“100%”。

（5）单击“下一步”按钮，打开在“分摊构成设置”对话框。

（6）在“分摊构成设置”对话框中，根据前表内容分别选择和录入应付工资设置的内容。

（7）单击“完成”按钮，返回到“分摊类型设置”对话框，如图5-8所示。

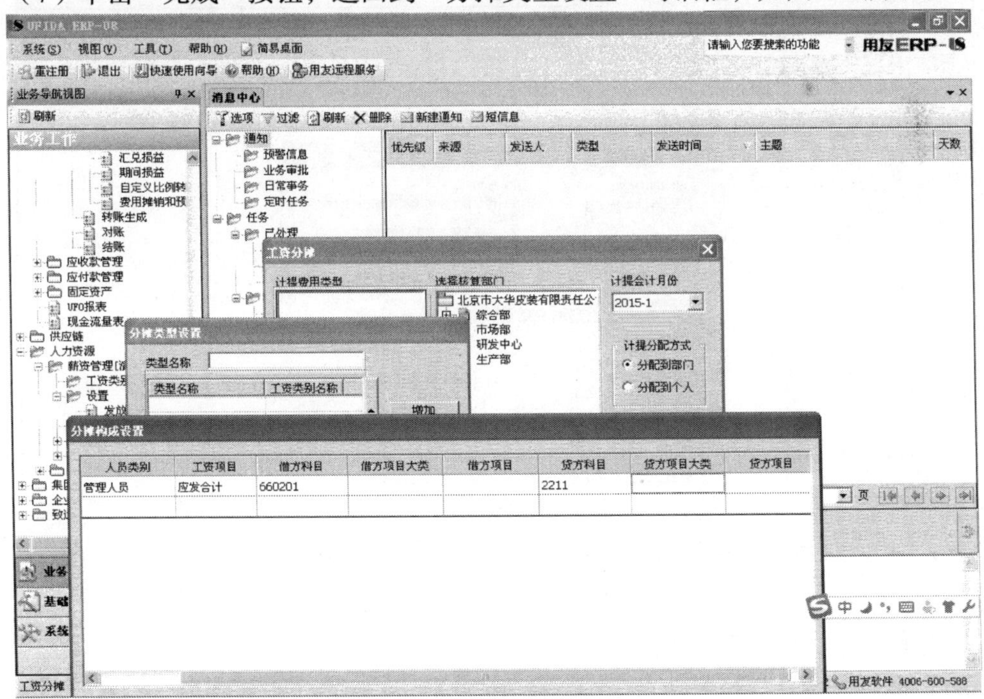

图5-8 工资分摊设置

（8）重复以上操作，分别完成“应付福利费”、“工会经费”和“职工教育经费”的分摊设置。

（9）单击“返回”按钮，返回到“工资分摊”对话框。

（10）分别单击“应付工资”“应付福利费”“工会经费”“职工教育经费”前的复选框，并单击选中各个部门，单击“明细到工资项目”前的复选框。

（11）单击“确定”按钮，打开“应付工资一览表”，单击“合并科目相同、辅助项相同的分录”复选框。

（12）单击工具栏中的“制单”按钮，生成应付工资分摊的转账凭证，选择凭证类别为“转账凭证”，选择制单日期，单击“保存”按钮。

（13）单击“退出”按钮。

5. 月末处理

（1）单击工具栏中“业务处理”菜单下的“月末处理”，打开“月末处理”对话框。

（2）单击“确定”按钮，系统提示“月末处理之后，本月工资将不许变动！继续月末处理吗？”

（3）单击“是”按钮。系统提示“是否选择清零项？”

（4）本实验选择“否”。系统提示“月末处理完毕！”

（5）单击“确定”按钮即可，如图 5-9 所示。

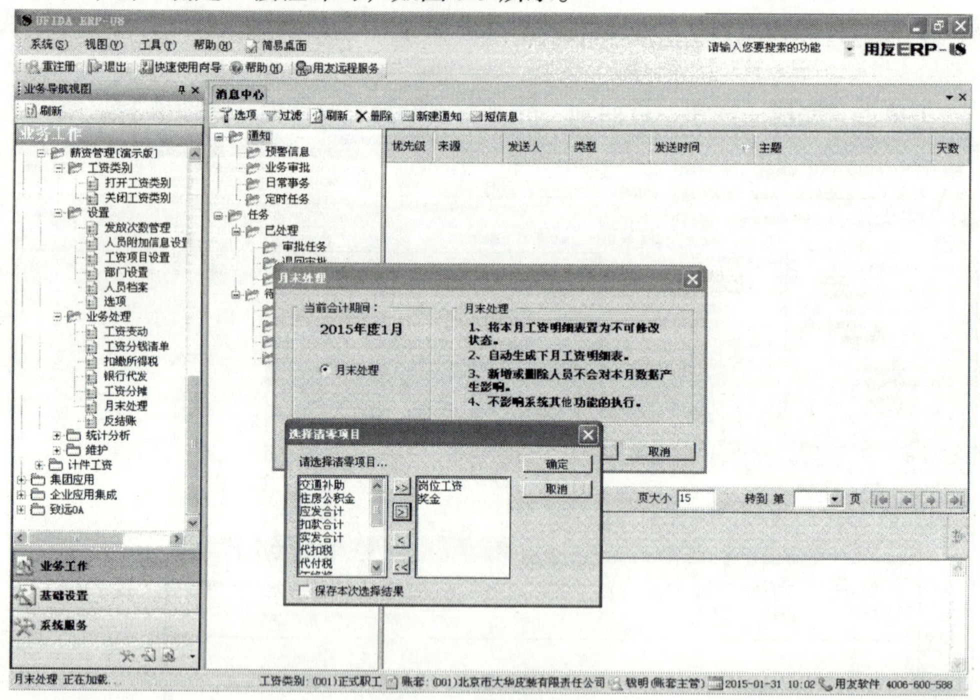

图 5-9 工资期末处理

6. 查看工资表和工资分析表

（1）单击“统计分析”菜单下的“账表管理”，打开“账表管理”窗口。

（2）双击“工资表”，打开“工资表”窗口。双击要查看的工资表，如工资发放条，输入查询条件，即可得到相应的查询结果，如图 5-10 所示。

工资发放条

输出　连打　套打　设置　内容　邮件　短信　退出

工资发放条
2015 年 01 月

部门 全部　　会计月份 一月　　人数：26

人员编号	姓名	基本工资	岗位工资	交通补助	奖金	住房公积金	养老保险金	失业保险金	医疗保险金	卫生费	缺勤扣款	缺勤天
10101	杨一帆	35,000.00	6,000.00	100.00	600.00	4,170.00	3,280.00	820.00	2,460.00	10.00		
10102	丁文建	15,500.00	4,000.00	100.00	600.00	2,020.00	1,560.00	390.00	1,170.00	10.00		
10103	赵慧	2,400.00	1,600.00	100.00	600.00	470.00	320.00	80.00	240.00	10.00		
10201	钱明	25,000.00	5,000.00	100.00	600.00	3,070.00	2,400.00	600.00	1,800.00	10.00		

图 5-10　查询工资条

（3）双击“工资分析表”，打开“工资分析表”窗口。双击要查看的工资分析表，如员工工资汇总表，输入查询条件，即可得到相应的查询结果。

7. 查询记账凭证

（1）单击“统计分析”菜单中的“凭证查询”，打开“凭证查询”窗口。

（2）在“凭证查询”窗口，单击要查询的业务类型的所在行，单击“凭证”按钮，就打开要查询的转账凭证。

（3）单击“退出”按钮退出。

在薪资管理系统中生成的工资分摊转账凭证，在总账管理系统中可以进行查询、审核、记账等操作，但不能在总账管理系统中修改和删除此类凭证，需要在薪资管理系统中的凭证查询功能里完成此操作：①单击“删除”按钮可以删除“未审核”的凭证；②单击“红字冲销”按钮，可以自动生成与原凭证相同的红字凭证，冲销“记账”的凭证；③单击“单据”按钮，可以显示已生成凭证的原始凭证；④单击“凭证”按钮，可以显示单张凭证界面。

本 章 小 结

本章主要介绍了薪资管理系统的主要功能、薪资管理系统与其他系统的关系、薪资管理系统的业务处理流程，以及薪资管理系统初始设置、日常业务处理、期末处理等内容。

薪资管理系统主要功能表现在工资类别管理、人员档案管理、工资项目管理、公式设置管理、工资数据管理、工资报表管理等方面。薪资管理系统和基础设置、总账管理系统、成本管理系统、报表管理系统都有数据传递关系。

初始设置的作用在于建立薪资核算需要的基础环境，主要内容包括建立工资账套和基础信息设置两部分。

日常业务处理包括输入基本工资数据，人员调入、调出、停发工资、内部调动，工资数据处理，工资分摊，汇总工资类别，以及工资数据查询等内容。

期末处理区分月末结转和年末结转两种情况。月末结转是指将当月的数据经过处理后结转至下月。月末结转处理时，变动的工资项目数据可以清零，固定的工资项目数据可以保留至下月，以减轻下月工作量。年末结转是指将工资数据经过处理后转至下年。

年末结转时必须处理完所有工资类别的数据。

通过实验，有助于帮助学生进一步理解薪资管理系统的整体功能，掌握利用薪资管理系统进行业务处理的操作方法。

复习思考题

1. 薪资管理系统包括哪些主要功能？
2. 薪资管理系统与其他系统之间的关系是怎样的？
3. 薪资管理系统的业务处理流程是怎样的？
4. 在什么情况下进行多工资类别管理？
5. 设置工资项目计算公式时为什么要注意公式的排列顺序？
6. 薪资管理系统生成的凭证出现错误时如何进行修改？

薪资管理系统复习题

第6章　固定资产管理系统

学习目标：

了解固定资产管理系统的主要功能以及固定资产管理系统与其他系统之间的数据传递关系，熟悉固定资产管理系统的业务处理流程，理解初始化的重要性及初始化包括的内容，掌握固定资产日常业务处理包括的内容及操作方法，掌握期末处理包括的内容及处理方法。通过学习，学生能够独立使用固定资产管理系统进行固定资产核算与管理，为进一步学习使用其他固定资产管理软件奠定基础。

关键词：

固定资产；选项；固定资产卡片；资产变动；折旧处理；凭证处理；账表查询；期末处理

6.1　固定资产管理系统概述

固定资产是指为生产商品、提供劳务、出租或经营管理而持有的，使用寿命超过一个会计年度的有形资产。加强固定资产的核算与管理是一项重要工作，利用固定资产管理系统，一方面能够进行固定资产增减变动的处理，进行相关业务的核算，生成转账凭证，自动传递到总账管理系统和成本管理系统，另一方面系统可以提供大量的固定资产账表信息，为单位加强固定资产管理提供依据。

6.1.1　固定资产管理系统的主要功能

固定资产管理系统的主要功能包括初始设置、日常业务处理、期末处理等方面。

（1）初始设置。完成对固定资产日常核算和管理所必需的各种系统参数和基本信息的设置，并输入固定资产系统的原始业务数据。例如，设置卡片项目、卡片样式、折旧方法、使用部门、使用状况、增减方式、资产类别等内容，以及录入固定资产原始卡片。

（2）日常业务处理。对固定资产的增减变动进行管理，更新卡片，计提折旧，生成折旧清单和折旧费用分配表，自动生成转账凭证，各种账表信息查询等。

（3）期末处理。期末计提固定资产减值准备，与总账管理系统对账和期末结账等内容。

6.1.2　固定资产管理系统与其他系统的关系

固定资产管理系统和基础设置、总账管理系统、成本管理系统、报表管理系统都有数据传递关系。

固定资产管理系统与基础设置模块共享数据，可以直接调用在基础设置中设置的会计科目等基础资料；固定资产管理系统将固定资产增减变动业务生成的转账凭证传递到总账管理系统中，并且两个系统可以互相查询凭证；报表管理系统也可以从固定资产管理系统中提取数据，生成财务报表；固定资产管理系统生成的计提折旧的凭证能够传递到成本管理系统，为成本核算提供数据。

6.1.3　固定资产管理系统的业务处理流程

固定资产管理系统的业务处理流程如图 6-1 所示。

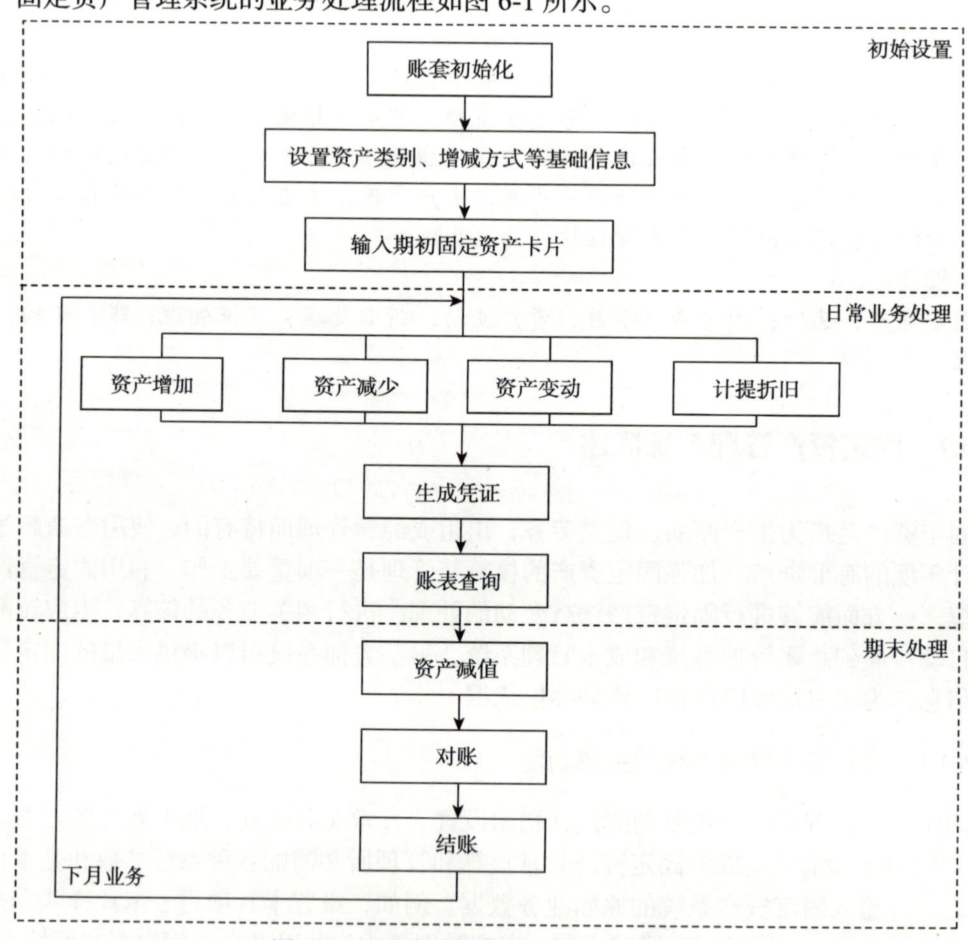

图 6-1　固定资产管理系统业务处理流程

6.2　固定资产管理系统初始设置

初始设置的作用在于建立固定资产管理系统需要的基础环境，并录入固定资产原始卡片。通过初始设置，能够对固定资产账套进行参数设置，完成资产类别、部门对应折旧科目等基础信息的设置，以及录入固定资产原始卡片等工作。

6.2.1　固定资产账套初始化

固定资产账套初始化是指在遵循企业会计准则关于固定资产核算规定的前提下，设置企业处理固定资产业务时所需要的参数环境，以及设置一些基本的对账科目等内容。

用户第一次启用固定资产管理系统时，系统会自动弹出初始化账套向导对话框，提示应该遵守的约定及说明、启用月份、折旧信息、编码方式、账务接口等内容。

（1）约定及说明。该部分内容给出了进行固定资产核算与管理时应遵守的基本规则，用户必须遵守这些规则才能进一步启用固定资产管理系统进行后续设置，以及进行相应业务的处理。

（2）启用月份。此处的启用月份就是用户在启用固定资产管理系统时设置的月份，不能修改。

（3）折旧信息。选择本账套是否计提折旧。计提折旧时选择对应的折旧方法和折旧汇总分配周期。

（4）编码方式。设置资产类别编码方式、固定资产编码方式，以及自动编号时的序号长度。

（5）账务接口。设置固定资产管理系统与总账管理系统对账时，固定资产和累计折旧的对账科目。

6.2.2　基础信息设置

1. 资产类别设置

设置资产类别的目的在于将固定资产划分为若干类别，从而提高管理效率。企业可根据实际情况，将固定资产划分为若干类别。

2. 部门对应折旧科目

企业会计准则规定，不同用途的固定资产计提折旧时，其折旧费要计入不同的会计科目中。例如，行政管理部门使用的固定资产，其折旧费要记入“管理费用”科目；生产部门使用的固定资产，其折旧费要记入“制造费用”科目；销售部门使用的固定资产，其折旧费要记入“销售费用”科目；等等。设置部门对应折旧科目的目的在于将不同的部门和不同的费用科目相对应，在后续计提折旧以及生成记账凭证时，系统自动将该部门使用的固定资产折旧费记入相关科目中，从而减少后续业务工作量。

3. 增减方式设置

设置增减方式的作用在于设置不同的固定资产增加方式、减少方式，以及不同的增减方式对应的入账科目。当企业发生固定资产增加、减少业务时，系统根据设置的增减方式自动生成记账凭证，从而减少后续业务的工作量。常用的固定资产增加方式有直接购入、投资者投入、融资租入、盘盈、接受捐赠、在建工程转入等；常用的固定资产减少方式有出售、投资转出、融资转出、捐赠转出、盘亏、报废、毁损等。

4. 使用状况设置

企业会计准则对固定资产是否计提折旧有专门规定，如房屋、建筑物以外未投入使用的固定资产不计提折旧。设置使用状况的目的在于区分固定资产的不同使用状况，从而决定是否计提固定资产折旧。

5. 折旧方法设置

在用友 ERP-U8 环境下，计提固定资产折旧是系统根据折旧方法自动进行的，企业可以根据实际情况，设置本单位计提固定资产折旧的方法。折旧方法包括直线法、工作量法、双倍余额递减法、年限总和法。固定资产管理系统预设了一些折旧方法，用户既可以使用系统提供的折旧方法，也可以自定义折旧方法。

6. 卡片项目设置

卡片项目是构成固定资产卡片的基本内容，固定资产管理系统预设了一些卡片项目，这些项目称之为系统项目。系统项目不能删除、修改。用户可根据单位实际情况，自定义卡片项目。

7. 卡片样式设置

卡片样式是指卡片的显示格式，包括格式（表格线、对齐形式、字体大小、字形等）、所包含的项目和项目的位置等。系统预设了卡片样式，但由于不同单位使用的卡片样式可能不同，即使是同一单位内部对不同的资产也会由于管理的内容和侧重点而使用不同样式的卡片，因此系统提供了卡片样式自定义功能。用户可以增加新的卡片样式，对已有卡片样式进行修改、删除等操作。

提示：

· 修改一个使用过的卡片样式，会影响已使用该样式录入的卡片。

· 已使用（类别设置中已选用或已使用该样式录入卡片）的样式不允许删除。

6.2.3　期初余额录入

期初余额是指固定资产管理系统投入使用前，企业已有的固定资产。这些固定资产的信息保存在固定资产卡片账上，针对固定资产管理系统而言就叫原始卡片。录入固定资产的期初余额，就是将原始卡片所记载的信息录入固定资产管理系统中，从而实现手工业务处理向信息系统处理的转变。

提示：

· 录入原始卡片时，通过“卡片”|“录入原始卡片”功能录入。

· 本月增加固定资产时，通过“卡片”|“资产增加”功能录入。

录入期初余额后，可以进行固定资产卡片的浏览、修改、删除等操作。

6.3　固定资产管理系统日常业务处理

固定资产的日常业务处理，主要是对本月固定资产的增加、减少、变动、盘点、计提折旧等业务进行的处理，以及生成记账凭证、进行账表查询等内容。

6.3.1　固定资产增加

固定资产增加操作也称为“录入新卡片”，与“录入原始卡片”相对应。

在日常使用过程中，可能会购进或通过其他方式增加企业资产，该部分资产通过“资产增加”操作录入系统。资产通过哪种方式录入，在于资产的开始使用日期，只有当开始使用日期的期间与录入的期间相等时，才能通过资产增加录入。

6.3.2　固定资产减少

固定资产减少，是指资产在使用过程中，由于毁损、出售、盘亏等各种原因，退出企业使用时进行的操作称为“资产减少”。系统提供固定资产减少的批量操作，为同时清理一批固定资产提供方便。

企业会计准则的规定，本月减少的固定资产仍要计提折旧。因此，在进行固定资产减少操作之前，要计提折旧，否则系统不支持固定资产减少操作。

对于误减少的固定资产可以进行撤销操作，即恢复已减少的固定资产。固定资产减少的恢复是一个纠错的功能，当月减少的固定资产可以恢复使用，不能恢复上月减少的固定资产。

6.3.3　固定资产变动

1. 原值变动

固定资产在使用过程中，发生下列情况时，可进行固定资产的原值变动处理：①根据国家规定对固定资产重新估价；②增加补充设备或改良设备；③将固定资产的一部分拆除；④根据实际价值调整原来的暂估价值；⑤发现原记固定资产价值有误的。发生上述情况时，用户可以通过原值变动功能调整固定资产原值。原值变动包括原值增加和原值减少两部分。

原值变动是通过输入变动单来完成的，固定资产管理系统根据变动单输入的信息自动改变固定资产卡片上的相应项目。根据变动单可以生成相应的记账凭证。

2. 部门转移

部门转移是指固定资产在使用过程中，因内部调配而发生的部门变动。例如，行政管理部门使用的固定资产转移到生产车间使用。当固定资产的使用部门发生变动时，要及时进行部门转移处理，否则影响计折旧费的分配。

3. 使用状况调整

固定资产在使用过程中，由于各种原因可能会发生使用状况的变化，如在用固定资产转为不需用固定资产。发生使用状况调整时，可通过使用状况调整功能实现。

4. 折旧方法调整

固定资产折旧方法一经确定，通常一年内不再变动。但遇到特殊情况时，也可以改变固定资产的折旧方法。折旧方法改变了的固定资产，当月按变动后的折旧方法计提折旧。

提示：

·固定资产的所属类别是要计提折旧的固定资产时，调整后的折旧方法不能为“不提折旧”。

·固定资产的所属类别是不计提折旧的固定资产时，其折旧方法不能调整。

5. 使用年限调整

固定资产使用过程中，由于科技进步、大修理等原因可能发生固定资产使用年限发生变动的情况，这时可通过本功能调整固定资产的使用年限。固定资产调整的当月就按调整后的年限计提折旧。

6. 累计折旧的调整

固定资产在使用过程中，由于多计提或少计提累计折旧等原因，出现要调整已计提折旧金额时，可通过累计折旧调整功能进行调整。

6.3.4 盘点

企业要定期对固定资产进行清查，至少每年清查一次，清查通过盘点实现。系统将固定资产盘点简称为资产盘点，是在对固定资产进行实地清查后，将清查的实物数据录入固定资产管理系统，通过实存数与账面数据比对，由系统自动生成盘点结果清单的过程。盘点单的录入项可以按业务需要选择卡片项目。资产盘点的基本步骤如下：

（1）生成盘点单。通过资产盘点命令录入实有数，生成一张盘点单。

（2）生成盘点结果清单。单击“核对”按钮，固定资产管理系统根据当前盘点单中的数据，自动与系统内盘点日期的卡片数据相比较生成盘点结果清单。可以查看固定资产是与实际相符还是出现了盘盈、盘亏，也可以单独查看盘盈及盘亏的资产清单。盘点结果清单仅供查看，不能保存，不能编辑。

（3）盘点盈亏确认。运行盘点盈亏确认命令，对盘盈、盘亏结果进行审核，录入处理意见。

（4）盘盈、盘亏处理。企业对资产的盘点结果审核之后，要对盘盈、盘亏的资产进行处理。如果是资产盘亏，则在盘亏处理之前先进行资产计提折旧操作，然后再进行盘亏处理。

6.3.5 计提折旧

计提折旧由固定资产管理系统自动完成。固定资产管理系统每期计提折旧一次，根据录入系统的资料自动计算每项资产的折旧，并自动生成折旧分配表，然后生成记账凭证，将本期的折旧费用自动登账。

计提折旧时，系统自动计提所有固定资产的当期折旧额，并将当期的折旧额自动累加到累计折旧项目中。计提折旧工作完成后，可直接查看折旧清单。系统除了自动生成折旧清单外，还同时根据部门对应折旧科目生成折旧费分配表，从而完成本期折旧费用登账工作。折旧分配表是将本期累计折旧分配到成本与费用中以及编制转账凭证的重要依据。

计提折旧遵循以下原则：

（1）在一个会计期间内可以多次计提折旧，每次计提折旧后，只是将计提的折旧累加到月初的累计折旧中，不会重复累计。

（2）若上次计提的折旧已生成记账凭证传递到总账管理系统，但尚未在总账管理系统记账，则必须删除该凭证才能重新计提折旧；若该记账凭证已在总账管理系统记账，则必须在固定资产管理系统冲销该凭证，然后才能重新计提折旧。

（3）计提折旧后又对账套进行了影响折旧计算或分配的操作时，必须重新计提折旧，以保证折旧计算的正确性。

（4）若按自定义的折旧方法计提折旧时，月折旧率或月折旧额出现了负数，则系统自动终止计提折旧。

（5）固定资产的使用部门和固定资产折旧要汇总的部门可能不同，为了加强固定资产管理，使用部门必须是明细部门，而折旧分配部门不一定是明细部门。因此，要在计提折旧后分配折旧费用时做出选择。

6.3.6　凭证处理

进行固定资产的增减变动处理后，要根据变动的业务生成记账凭证。记账凭证会自动传递到总账管理系统。固定资产管理系统需要制作记账凭证的情况包括资产增加（录入新卡片）、资产减少、卡片修改（涉及原值或累计折旧时）、资产评估（涉及原值或累计折旧变化时）、原值变动、累计折旧调整、计提减值准备调整、折旧分配等。

1. 生成记账凭证

生成记账凭证有两种方法：一种是立即制单；另一种是批量制单。

如果在选项设置中选择了“业务发生后立即制单”，则发生上述业务后，固定资产管理系统自动弹出记账凭证窗口，由用户将记账凭证缺省内容补充完整即可生成一张记账凭证。

如果在选项设置中未选择“业务发生后立即制单”，则业务发生后，由用户选择“批量制单”命令，选择对应的业务生成记账凭证。

2. 修改和删除记账凭证

固定资产管理系统生成的凭证传递到总账管理系统后，发现该凭证有误时，错误凭证的修改和删除只能在固定资产管理系统进行，总账管理系统无权修改和删除固定资产管理系统制作的凭证。

当修改已制单的原始单据中的有关金额时（如修改卡片的原值或累计折旧、修改评估单使原值或累计折旧的评估前后差额发生变化），必须对凭证做相应的处理，如删除或做红字对冲后，才允许修改。

如果要删除已制作凭证的卡片、变动单、评估单，或重新计提、分配折旧，进行资产减少的恢复等操作，必须先删除相应的凭证，否则系统禁止这些操作。

修改固定资产管理系统的凭证时，能修改的内容仅限于摘要、用户增加的分录、系统缺省的分录的折旧科目等项目，系统缺省的分录的金额与原始单据相关，不能修改。

3. 查询记账凭证

固定资产管理系统可在以下两种情况查看凭证:①在查看已制作凭证的原始单据(卡片、变动单、分配表、评估单)时，通过“处理”|“凭证”命令查看该单据的记账凭证;②选择“凭证查询”菜单，显示出系统制作传输到总账管理系统的所有凭证的列表，双击任一行，可查看该凭证。

6.3.7 账表查询

固定资产管理系统提供了丰富的账表查询功能，可以查询固定资产账簿、固定资产分析表、固定资产统计表和固定资产折旧表。

1. 固定资产账簿

(1)固定资产总账。固定资产总账是同时按部门和类别设立的反映在一个年度内的12个期间固定资产的价值变化的账页。当部门和类别为空时，表示要查看的是全部固定资产。

(2)单个固定资产明细账。单个固定资产明细账是为单个资产设立的序时反映该资产变化情况的账页，可联查相关的原始单据。

(3)固定资产登记簿。固定资产登记簿是按部门和类别设立的序时反映所有资产在一定期间范围内价值变化情况的账页。

(4)部门类别固定资产明细账。部门类别固定资产明细账是按部门和类别设立的反映属于该部门和类别的所有固定资产序时变化情况的账页。

2. 固定资产分析表

(1)部门构成分析表。部门构成分析表是企业内固定资产在各使用部门之间的分布情况的分析统计。

(2)使用状况分析表。使用状况分析表是对企业内所有固定资产的使用状况所做的分析汇总，使管理者了解固定资产的总体使用情况，尽快将未使用的固定资产投入使用，及时处理不需用的固定资产，提高固定资产的利用率和发挥应有的效能。

(3)价值结构分析表。价值结构分析表是对企业内各类固定资产的期末原值和净值、累计折旧净值率数据分析汇总，使管理者了解固定资产计提折旧的程度和剩余价值的大小。

(4)类别构成分析表。类别构成分析表是对企业固定资产的类别分布进行分析的报表。

3. 固定资产统计表

(1)评估汇总表。评估汇总表是按类别汇总显示固定资产评估变化情况的报表。本表中要汇总的类别是用户自己选择类别级次确定的。

(2)固定资产变动情况表。固定资产变动情况表是显示固定资产当年增加、减少、价值变动的报表。

(3)评估变动表。评估变动表是列示所有固定资产评估变动数据的统计表。

(4)固定资产统计表。固定资产统计表是按部门或类别统计该部门或类别的固定资产的价值、数量、折旧、新旧程度等指标的统计表。

（5）逾龄资产统计表。逾龄资产是指固定资产还在使用，但已超过固定资产折旧年限的资产。逾龄资产统计表就是统计指定会计期间内已经超过折旧年限的逾龄资产的状况。

（6）盘盈盘亏报告表。其反映企业以盘盈方式增加的固定资产和以盘亏、毁损方式减少的固定资产情况。因盘盈、盘亏、毁损属于非正常方式，通过该统计表，可以看出企业对资产的管理情况。

（7）役龄资产统计表。役龄资产统计表是统计指定会计期间内在折旧年限内正常使用的固定资产的状况。

（8）固定资产原值一览表。固定资产原值一览表是按使用部门和类别交叉汇总显示固定资产的原值、累计折旧、净值的统计表，便于管理者掌握固定资产的分布情况。本表中要汇总的部门是用户自己选择部门级次确定的，类别按照类别定义中定义的第一级类别。

（9）固定资产到期提示表。其主要用于显示使用年限恰好到期以及即将到期的固定资产信息，以丰富查询分析功能，提高产品的管理性能。选项中有“登录系统时显示资产到期提示表”的选项，则登录当期有到期固定资产时系统根据该参数判断用户登录时是否自动显示该表。在该表中显示一些固定资产的基本信息，如“原值”“累计折旧”等。

4. 固定资产折旧表

（1）部门折旧计提汇总表。其反映该账套内各使用部门计提折旧的情况，包括计提原值和计算折旧额，可按折旧汇总部门和期间查询。

（2）固定资产折旧清单表。其用于查询按固定资产明细列示的折旧数据及累计折旧数据信息，以完善系统报表查询功能。该报表可以按部门、资产类别查询固定资产的明细折旧数据信息。

（3）固定资产折旧计算明细表。它是按部门设立的，反映固定资产按类别计算折旧的情况，包括上月计提情况、上月原值变动和本月计提情况。

（4）固定资产及累计折旧表一。它是按期编制的反映能够各类固定资产的原值、累计折旧（包括年初数和期末数）和本年折旧的明细情况的报表。

（5）固定资产及累计折旧表二。它是固定资产及累计折旧表一的续表，反映本年截止查询期间固定资产的增减情况。本表与表一的数值之间是有联系的，它们之间的关系可用下列公式描述：

固定资产原值期末数合计=原值年初数合计+本年增加的原值合计–本年减少的原值合计

固定资产累计折旧期末数合计=累计折旧年初数合计+本年折旧额合计+本年增加累计折旧合计–本年减少累计折旧合计

但上述公式并不是绝对成立的，如在资产发生原值变动的情况下，表一反映该变动，而表二不反映。

6.4 固定资产管理系统期末处理

6.4.1 资产减值

企业应当在会计期末或至少在年末，对固定资产进行逐项检查，重新评估固定资产的价值，对于预计可收回金额低于账面价值的固定资产，应将可收回金额低于账面价值的差额作为固定资产减值准备，冲减固定资产的账面价值。固定资产减值准备必须按单项资产计提。

固定资产计提减值准备后，即使该固定资产的价值得以恢复，也不允许再冲回减值准备金额。

6.4.2 对账

对账的作用在于检验固定资产管理系统核算的固定资产的价值和总账管理系统中固定资产科目的数值是否相等。固定资产管理系统对固定资产进行详细核算与管理，总账管理系统接收固定资产管理系统传递的记账凭证，通过科目账的形式对固定资产进行总括管理。正常情况下，两个系统中有关固定资产的数据应该一致，但由于各种情况，可能会出现不一致的情况。

对账可以随时进行，前提是总账管理系统必须将接收的固定资产管理系统传递来的凭证登记入账，否则对账不平衡。固定资产管理系统在执行月末结账时自动对账一次，给出对账结果，并根据初始化或选项中的判断确定不平情况下是否允许结账。

只有固定资产管理系统初始化或选项中选择了与总账管理系统对账，本功能才可操作。

6.4.3 月末结账

1. 结账

月末结账每月进行一次，结账后当期的数据不能修改。12 月结账时固定资产管理系统要求完成本年应制单业务，也就是说必须保证批量制单表是空的才能结账。结账由系统自动完成。结账完成后，系统会提示用户系统的可操作日期已转成下一期间的日期，以下一期间的日期登录，才可对账套进行操作。

2. 恢复月末结账

恢复月末结账前状态，又称“反结账”，是固定资产管理系统提供的一个纠错功能。如果由于某种原因，在结账后发现结账前的操作有误，而结账后不能修改结账前的数据，因此可使用此功能恢复到结账前的状态以修改错误。

实验七 固定资产管理

一、实验要求

（1）建立固定资产账套。

（2）基础信息设置。
（3）录入原始卡片。
（4）固定资产增减。
（5）固定资产变动。
（6）固定资产评估。
（7）生成凭证及账表查询。
（8）计提固定资产减值准备。
（9）计提 1 月固定资产折旧。
（10）月末对账、结账。

二、实验资料

（1）固定资产账套启用，如表 6-1 所示。

表 6-1　固定资产参数设置

项目	参数设置
启用时间	2015 年 1 月 1 日
折旧方法	平均年限法（一）
折旧汇总分配周期	1 个月，当“月初已提月份=可使用月份-1”时将剩余折旧全部提足
固定资产编码方式	资产类别编码方式为 2112；固定资产编码方式为类别编码+序号，采用编号；序号长度为“5”
对账要求	要求固定资产管理系统与总账进行对账；固定资产对账科目为“1601”，累计折旧对账科目额为“1602”；对账不平衡的情况下不允许固定资产月末结账

（2）部门对应折旧科目，如表 6-2 所示。

表 6-2　部门对应折旧科目

部门名称	对应科目	部门名称	对应科目
综合部	管理费用——折旧费	研发部门	管理费用——折旧费
总经理办公室	管理费用——折旧费	生产部	制造费用——折旧费
财务科	管理费用——折旧费	加工车间	制造费用——折旧费
企划科	管理费用——折旧费	动力车间	制造费用——折旧费
医务科	管理费用——折旧费	设备科	制造费用——折旧费
市场部	管理费用——折旧费	库房	制造费用——折旧费
销售科	管理费用——折旧费	材料库	制造费用——折旧费
供应科	管理费用——折旧费	成品库	制造费用——折旧费

注：表中科目设置仅供参考，具体科目设置可以根据现行规定和企业实际情况进行调整

（3）固定资产类别，如表 6-3 所示。卡片样式均选择通用样式。

表 6-3　固定资产类别

类别编码	类别名称	使用年限/年	净残值率/%	计提属性	折旧方法
01	房屋及建筑物				
011	办公楼	30	2	正常计提	平均年限法（一）
012	厂房	30	2	正常计提	平均年限法（一）
02	机器设备				

续表

类别编码	类别名称	使用年限/年	净残值率/%	计提属性	折旧方法
021	生产线	10	3	正常计提	平均年限法（一）
022	办公设备	5	3	正常计提	平均年限法（一）

（4）固定资产增减方式，如表 6-4 所示。

表 6-4　固定资产增减方式

增加方式	对应入账科目	减少方式	对应入账科目
直接购入	银行存款——工行存款	出售	固定资产清理
投资者投入	实收资本——某某公司	投资转出	固定资产清理
捐赠	营业外收入——捐赠所得	捐赠转出	固定资产清理
盘盈	以前年度损益调整	盘亏	待处理财产损益——待处理固定资产损溢
在建工程转入	在建工程——基建工程	报废	固定资产清理

注：表中科目设置仅供参考，具体科目设置可以根据现行规定和企业实际情况进行调整

（5）录入固定资产卡片，如表 6-5 所示。

表 6-5　固定资产卡片

卡片编码	001	002	003
固定资产编号	011001	012001	021001
固定资产名称	1 号楼	2 号楼	A 生产线
类别编号	011	012	021
类别名称	办公楼	厂房	生产线
部门名称	总经理办公室	加工车间	加工车间
增加方式	在建工程转入	在建工程转入	在建工程转入
使用状况	在用	在用	在用
使用年限/年	30	30	10
折旧方法	平均年限法（一）	平均年限（一）	平均年限（一）
开始使用日期[1)]	2009 年 12 月 8 日	2009 年 12 月 8 日	2009 年 12 月 8 日
币种	人民币	人民币	人民币
原值/元	8 232 000	8 000 000	6 170 000
净残值率/%	2	2	3
净残值/元	164 640	160 000	185 100
累计折旧/元	1 590 400	1 562 000	1 308 600
月折旧率/%	0.27	0.27	0.81
月折旧额/元	22 226	21 600	49 977
净值/元	6 641 600	6 438 000	4 861 400
对应折旧科目	管理费用——折旧费	制造费用——折旧费	制造费用——折旧费

1）年度=启用年度−6

（6）1 月 7 日，购入计算机 31 台，分配给综合部门使用（均等分配），价款共计 527 000 元，增值税额 89 590 元，共计 616 590 元，以转账方式支付并投入使用，预计使用 5 年，残值率 3%。

（7）2015 年 1 月 16 日改扩建的厂房转入 3 号楼，作为厂房，交付给生产部门使用，用做加工车间和动力车间，使用比例为 1∶1。预计使用年限 30 年，原值 386 844 元，净残值率 2%，使用平均年限法（一）。

（8）期末处理以前面的资料为基础。

三、实验指导

1. 建立固定资产账套

（1）在“企业应用平台”中，双击“财务会计”下的“固定资产”，系统提示“这是第一次打开此账套，还未进行过初始化，是否进行初始化？”，如图6-2所示。

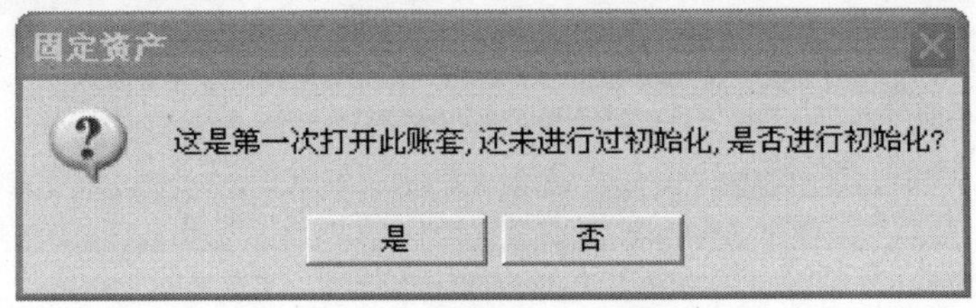

图6-2　固定资产初始化

（2）单击“是”按钮，就可以看到“固定资产初始化账套向导——约定及说明”界面。请注意仔细阅读相关系统约定，只有单击“我同意”按钮，才可以单击“下一步”按钮，如图6-3所示，打开“固定资产初始化账套向导——账套启用月份”窗口。

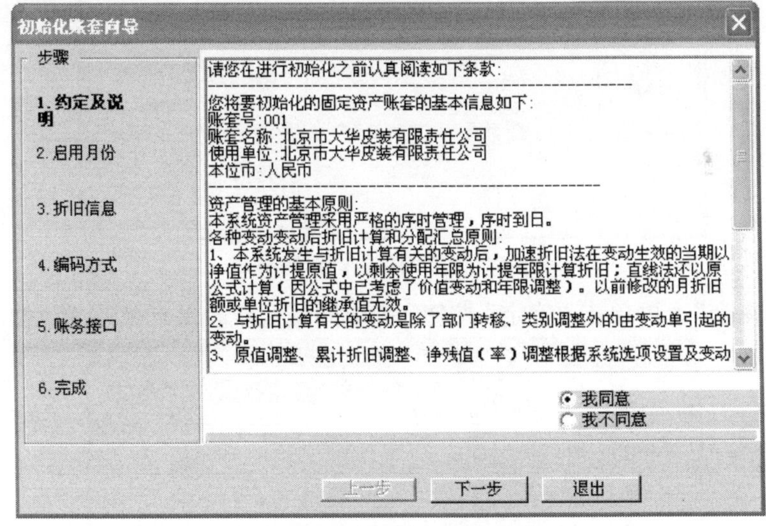

图6-3　固定资产初始化向导

（3）单击“下一步”按钮，打开“固定资产初始化账套向导——折旧信息”窗口。

（4）单击“下一步”按钮，打开“固定资产初始化账套向导——编码方式”窗口，如图6-4所示。根据实验资料确定各级别的编码长度。单击“自动编码’，选择编码方式，确定“序号长度”。

（5）单击“下一步”按钮，打开“固定资产初始化账套向导——财务接口”窗口。此时在固定资产对账科目栏输入“1601”并显示固定资产，在累计折旧对账科目栏输入“1602”并显示累计折旧，并按实验资料中的“对账要求”进行相关设置，如图6-5所示。

（6）单击“下一步”按钮，打开“固定资产初始化向导——完成”窗口。

（7）单击“完成”按钮，针对系统提示，单击“是”按钮，系统显示“已成功初始

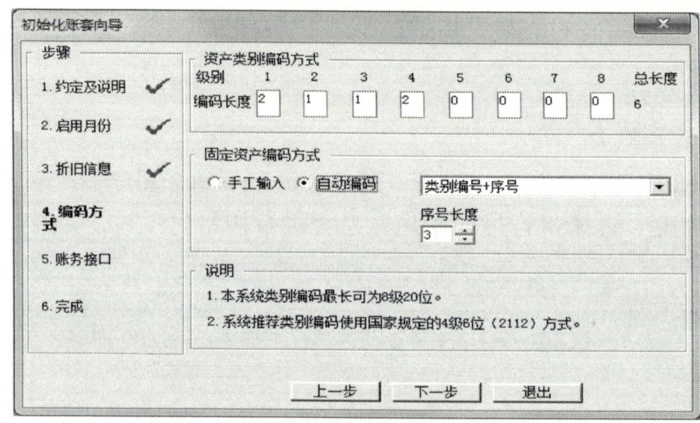

图 6-4　固定资产编号

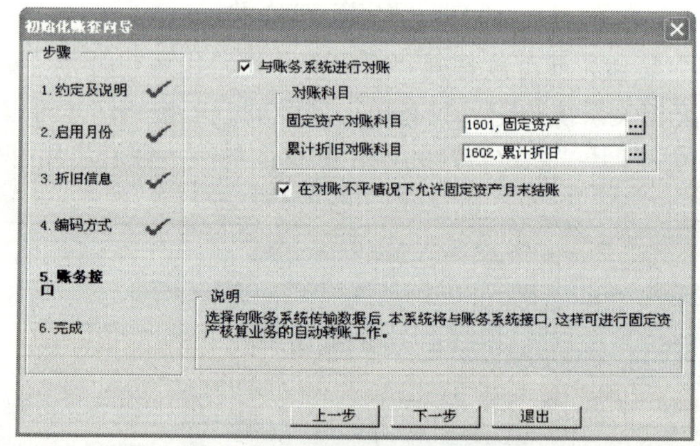

图 6-5　设置固定资产对账科目

化本固定资产账套"，再单击"确定"按钮，完成固定资产相关初始设置，如图 6-6 所示。

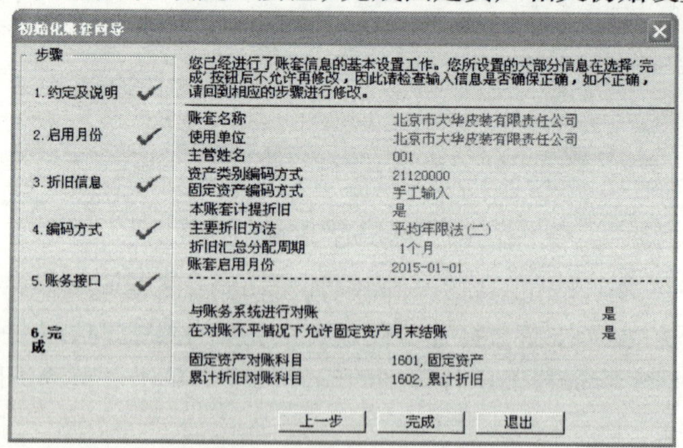

图 6-6　固定资产初始化完成

（8）单击"固定资产"|"设置"|"选项"可以对折旧信息、固定资产和累计折旧对账科目与缺省科目、资产编码方式等信息进行修改和补充。

2. 部门对应折旧科目设置

（1）如果用户还想对固定资产的相关信息进行修改，则可以单击"固定资产"而出现“设置”，然后在“选项”里单击“编辑”进行修改。

（2）如果需要增加新的部门，则直接在“基础设置”|“基础档案”|“机构人员”菜单里，单击“部门档案”，对部门进行设置。在系统弹出对话框里单击“增加”，注意保存。

（3）如果不需要新增部门，则在“固定资产”中的“设置”菜单里，单击“部门对应折旧科目”，系统弹出“固定资产部门编码目录”对话框。

（4）双击“固定资产部门编码目录”下的“综合科”，然后单击菜单栏中的“修改”。

（5）在“折旧科目”里，单击查询按钮找到损益类的“管理费用——折旧费”，再单击“确定”，并单击“保存”。如果“综合部”有下级，单击“是”后，可以单击“刷新”按钮，完成“综合部”下级部门折旧科目的定义，如图 6-7 所示。

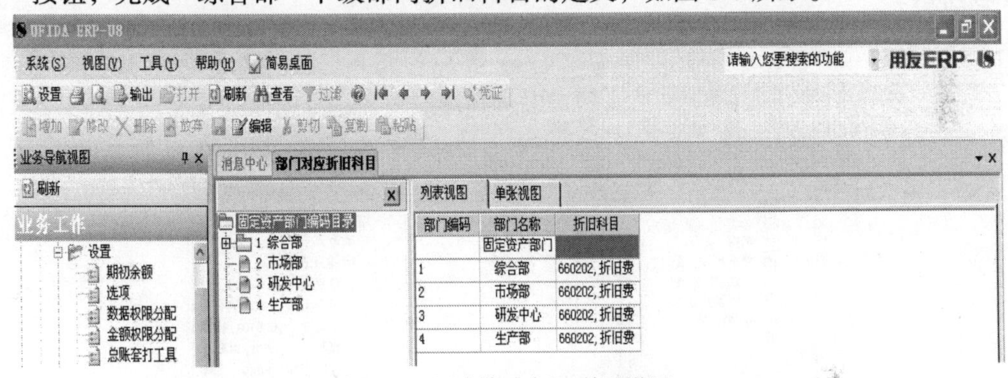

图 6-7　固定资产折旧科目设置

3. 设置固定资产类别

（1）单击“设置”下“资产类别”，打开“类别编码——列表视图”。单击“增加”按钮，进入“类别编码——单张视图”窗口。

（2）输入“01 房屋及建筑物”相关信息后单击“保存”，单击选中“01 房屋及建筑物”，再单击“增加”按钮，在窗口录入“011 办公楼”相关信息，单击“保存”，继续完成其他“房屋建筑物”的信息输入。

（3）单击“固定资产分类编码表”，单击“增加”按钮，录入“02 机器设备”，保存后，继续完成“机器设备”详细信息的输入，如图 6-8 所示。

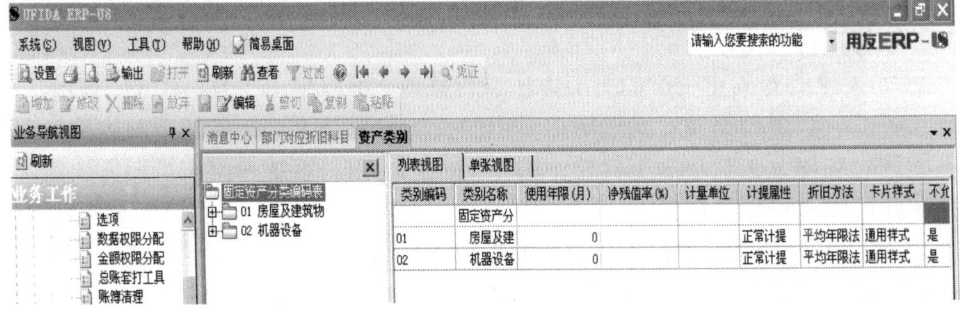

图 6-8　固定资产类别

4. 设置固定资产的增减方式

（1）单击固定资产系统“设置——增减方式”，打开“增减方式”窗口。

（2）在“增减方式目录表”，单击选中“直接购入”所在行，再单击“修改”按钮，打开“增减方式——单张视图”窗口，根据实验资料，在对应入账科目栏中选择或直接录入对应入账科目“1002”（如果银行存款下还有明细科目，如××银行的编码为100201，则在对应入账科目栏中录入“100201”）。

（3）单击“保存”按钮，以此方式继续设置其他增减方式的入账科目。注意有下级的要选择最低价科目。需要增加科目表中没有的科目，可以直接在“科目参照”中，单击“编辑”增加，如“营业外收入——捐赠所得”和“在建工程——基建工程”等，如图6-9所示。

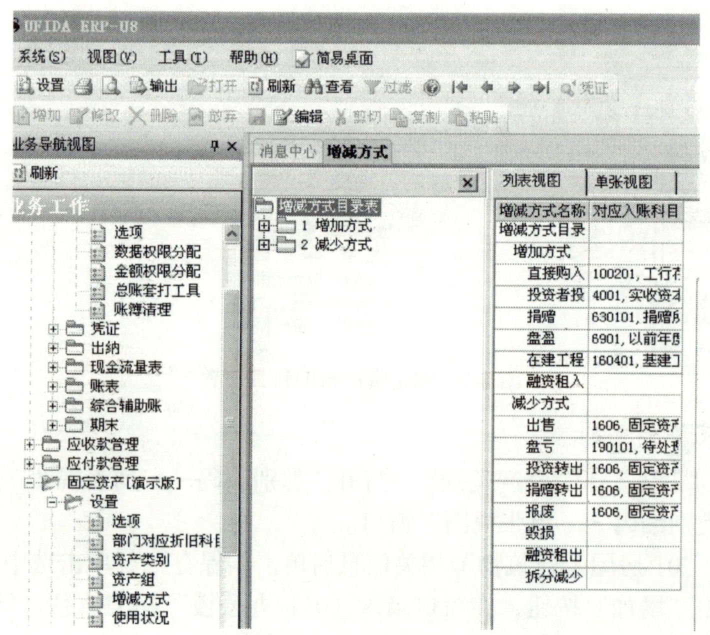

图6-9 固定资产增减方式设置

5. 折旧方法的设置

（1）展开固定资产“设置”菜单，单击“折旧方法”命令，系统弹出“折旧方法”对话框，该对话框列出已有的折旧方法。

（2）如果想要对固定资产的折旧方法进行修改，可以单击工具栏中的“修改”按钮，对选定的折旧方法进行修改（系统给出常用的折旧方法是系统缺省的折旧方法，只能选用，不能删除和修改）。单击工具栏中的“增加”按钮，系统弹出“折旧方法定义”对话框，在此可以进行相关定义。

（3）在“名称”项目中输入新增加的折旧方法名称，然后定义“月折旧率”，再定义“月折旧额”。定义的方法是双击“折旧项目”中的具体项目与单击“折旧方法定义”窗口上的计算公式按钮或数字按钮组成“月折旧额”和“月折旧率”中的自定义公式，最后单击“确定”按钮进行保存，完成新折旧方法定义。

6. 录入固定资产卡片

（1）如果要对固定资产的卡片样式进行修改，则展开“卡片”菜单，单击“卡片样式”命令，系统弹出“卡片样式”对话框，然后单击“修改”。

（2）如果不需修改卡片，则单击“卡片”下的“录入原始卡片”，打开“固定资产类别档案”窗口。

（3）选择、双击“固定资产类别档案”中的资产类别，如“011 办公楼”，会出现“录入原始卡片：00001 号卡片”对话框，如图 6-10 所示。

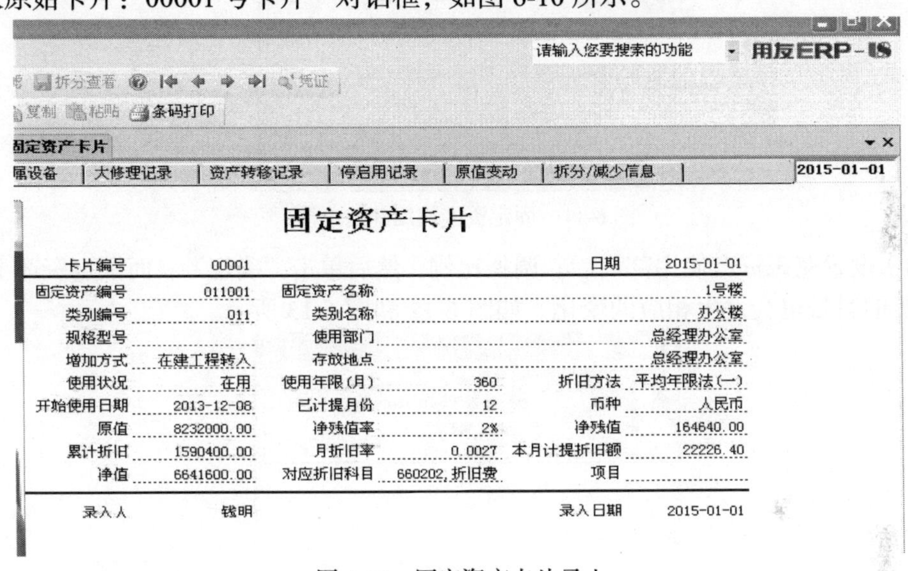

图 6-10 固定资产卡片录入

（4）在固定资产编号栏录入“011001”（011 代表房屋及建筑物，001 代表 1 号楼），在固定资产名称栏录入“1 号楼”，单击“使用部门”按钮，打开“本资产部门使用方式”对话框。

单击“单部门使用”，再单击“确定”，出现“部门参照”窗口，选择相应部门，单击“确认”。

单击固定资产卡片下的“增加方式”按钮，打开“增加方式参照”窗口，单击选中“105 在建工程转入”，并单击“确认”按钮。

（5）单击固定资产卡片下的“使用状况”按钮，打开“使用状况参照”窗口，单击“1001 在用”方式，再单击“确认”按钮。

（6）在“开始使用日期”栏、“原值”栏、“累计折旧”栏录入相关信息。此时“净值”“月折旧率”“已计提月份”等相关信息自动得出。

（7）单击“保存”按钮，系统提示“数据成功保存”后，再单击“确定”，完成该卡片的输入。以此方法继续录入其他的固定资产卡片。

7. 增加固定资产

（1）单击固定资产卡片下的“资产增加”，系统弹出“资产类别参照”对话框。

（2）选择、双击新增资产所属类别，如“022 办公设备”，弹出 “固定资产卡片”

录入窗口，此时可以参照前面的“固定资产——录入原始卡片”录入，输入新增固定资产的相关信息。

（3）如果需要在“部门名称”里选择“多部门使用”，则累计折旧按照比例来分配。依次单击“增加”按钮，依次双击“使用部门”，再单击查询按钮，查找相关使用部门，如图 6-11 所示。

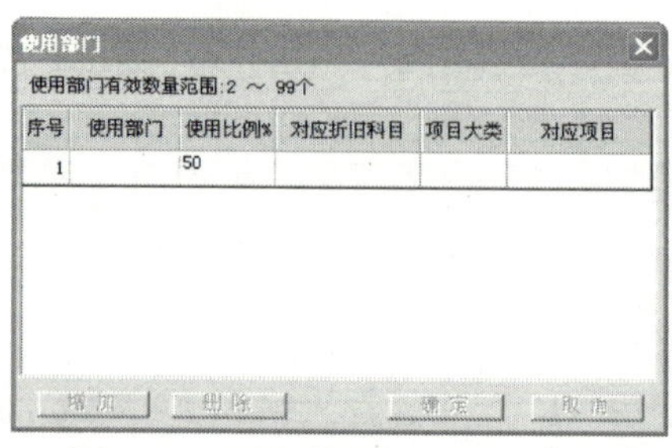

图 6-11　固定资产使用部门选择

（4）设置完该资产使用部门后，调整比例，然后单击“确定”，而固定资产卡片下的对应折旧科目也会发生相应的变化，如图 6-12 和图 6-13 所示。

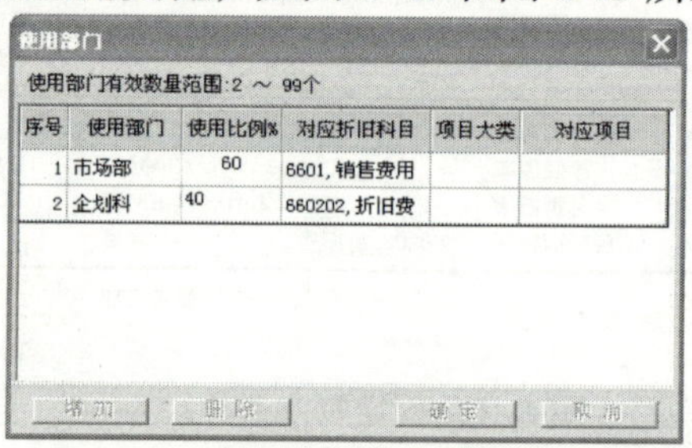

图 6-12　资产使用部门比例输入

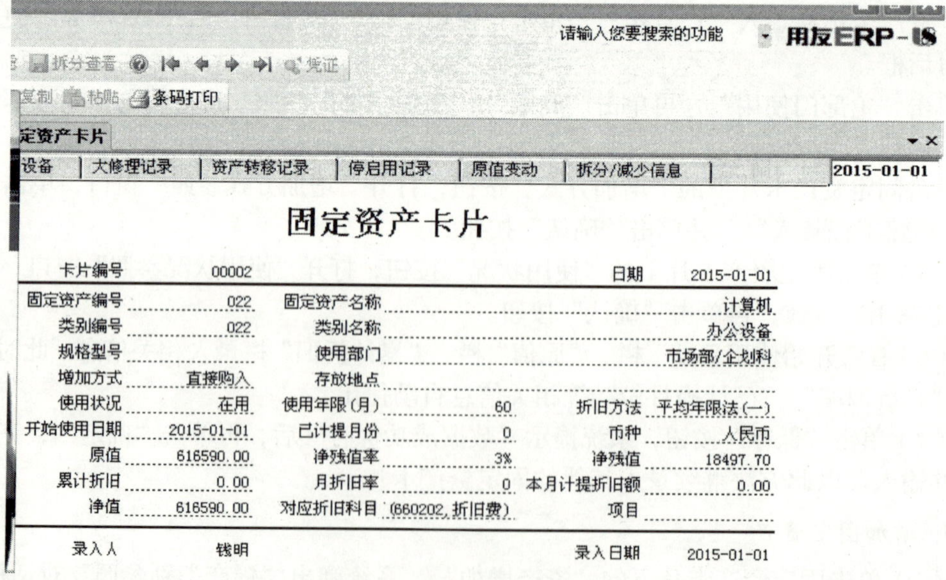

图 6-13　固定资产卡片录入

8. 减少固定资产

（1）单击“卡片”下的“资产减少”，打开“资产减少”对话框。

（2）在卡片编号栏录入要减少的资产或单击“卡片编号”栏的查询按钮进行选择。

（3）单击“增加”按钮，再双击“减少方式”的空格栏，如图 6-14 所示，选择“减少方式”。

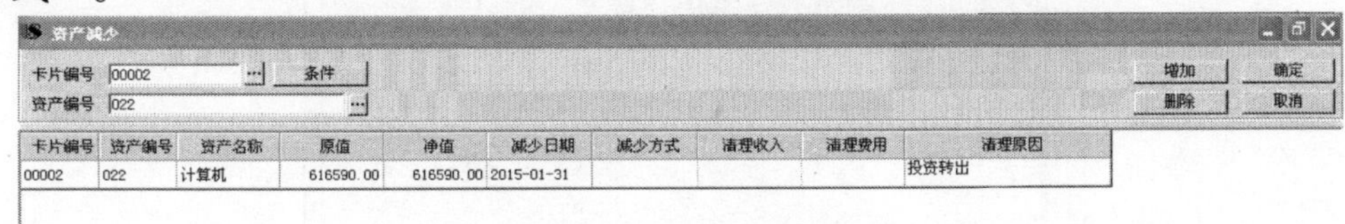

资产减少

卡片编号 00002　条件　增加　确定

资产编号 022　删除　取消

卡片编号	资产编号	资产名称	原值	净值	减少日期	减少方式	清理收入	清理费用	清理原因
00002	022	计算机	616590.00	616590.00	2015-01-31				投资转出

图 6-14　固定资产减少

（4）单击“确定”按钮，出现固定资产减少成功的提示图。单击“确定”按钮，完成固定资产减少操作。

9. 固定资产变动

（1）变动单。固定资产变动的原因很多，系统提供了原值变动、部门转移、使用状况调整、折旧方法调整、累计折旧调整、使用年限调整、工作量调整、净残值（率）调整和类别变动单输入等功能。当固定资产发生上述任何变动情况，单击固定资产“卡片”下的“变动单”下的菜单，在其中选择具体的变动方式，打开“固定资产变动单［新建变动单：00001 号变动单］”，如图 6-15 所示。选择需要变动的“卡片编码”，修改需变动的项目，最后单击“保存”按钮。

固定资产变动单

— 原值增加 —

变动单编号	00001			变动日期	2015-01-31
卡片编号	00001	资产编号	011001	开始使用日期	2013-12-08
资产名称			1号楼	规格型号	
增加金额	100000.00	币种	人民币	汇率	1
变动的净残值率	2%	变动的净残值			2000.00
变动前原值	8232000.00	变动后原值			8332000.00
变动前净残值	164640.00	变动后净残值			166640.00
变动原因	改造				
				经手人	钱明

图 6-15　固定资产增值

（2）变动单管理。系统可以对固定资产变动单进行查询、编辑、删除等操作。系统提供了按部门查询、按类别查询、按卡片查询、自定义查询。在“编辑”状态下可以新增变动单。

（3）批量变动。当某类或某部门有多项固定资产发生变动，变动原因或类型相同，可以采用“固定资产”|“卡片”|“批量变动”菜单，进行统一处理。

10. 固定资产评估

（1）单击“固定资产”|“卡片”|“资产评估”菜单，进入固定资产评估初始界面。

（2）单击“增加”按钮，进入“评估资产选择”窗口，如图 6-16 所示。选择“可评估项目”（注意原值、累计折旧、净值三项中只能且必须选其中两个项目，另一个项目通过公式“原值-累计折旧=净值”推算得到），进入“资产编号”与“卡片编号”选择窗口，选择要评估的资产。

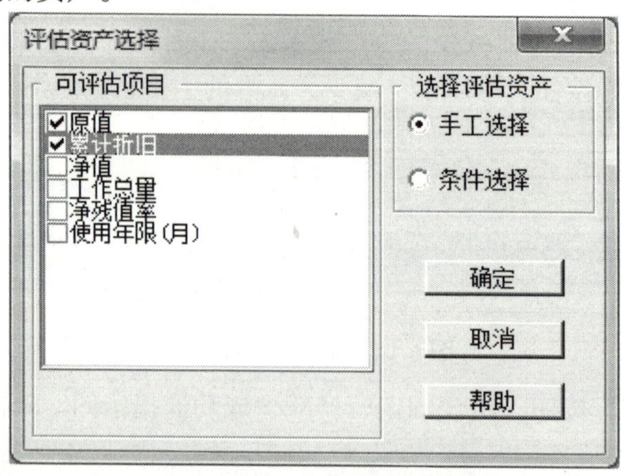

图 6-16　固定资产评估选择

（3）如图 6-17 所示，修改“可评估项目”评估后的值，并保存。如果需要修改有关计算公式，可以单击“计算公式”按钮，进行修改公式相关操作。

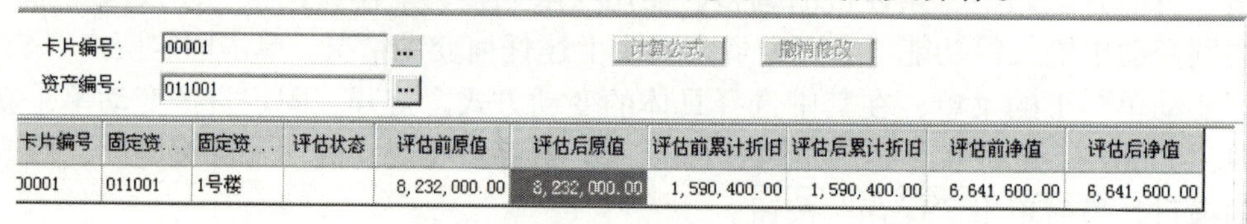

卡片编号	固定资...	固定资...	评估状态	评估前原值	评估后原值	评估前累计折旧	评估后累计折旧	评估前净值	评估后净值
00001	011001	1号楼		8,232,000.00	8,232,000.00	1,590,400.00	1,590,400.00	6,641,600.00	6,641,600.00

图 6-17　修改评估值

11. 批量生成凭证及凭证查询

1）批量生成凭证

（1）单击“固定资产”|“处理”|“批量制单”菜单，选择需要生成凭证的业务，如图 6-18 所示。

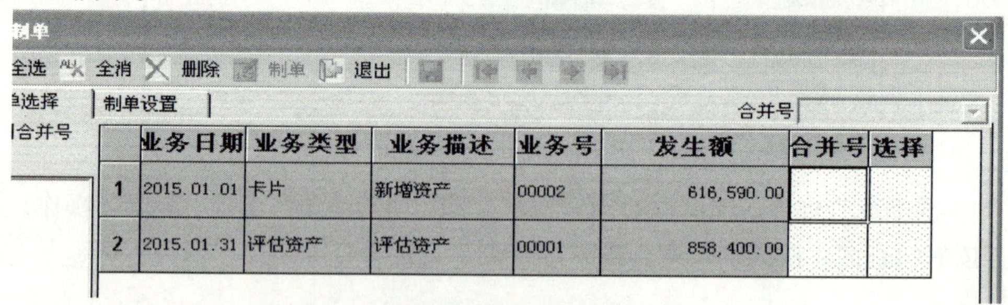

	业务日期	业务类型	业务描述	业务号	发生额	合并号	选择
1	2015.01.01	卡片	新增资产	00002	616,590.00		
2	2015.01.31	评估资产	评估资产	00001	858,400.00		

图 6-18　评估生成凭证

（2）单击“制单设置”按钮，进入“制单设置”窗口，如图 6-19 所示，进行具体科目的设置，单击“制单”按钮，进行凭证类别、制单日期、附件、有关科目及金额等凭证项目的输入，输入完毕，保存，系统凭证显示“已生成”。依此方法，逐一生成其他凭证。

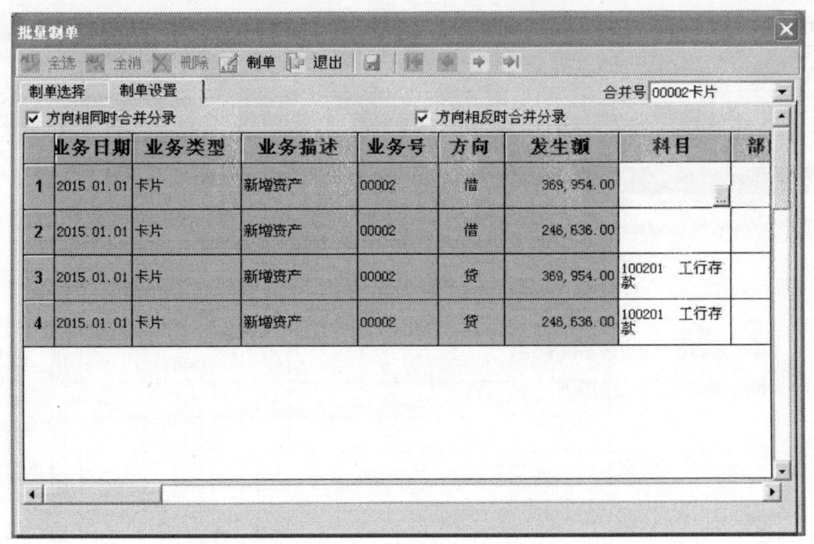

图 6-19　月末批量制单

2）查询凭证

（1）单击固定资产管理系统“处理”菜单下的“凭证查询”，系统弹出“凭证查询”对话框，如图 6-20 所示。在此，可对具体的凭证记录进行查询、编辑、删除、冲销等操作。如果计提了折旧后固定资产发生了变动，在此，可以删除“折旧计提凭证”。单击“查看”了解部门固定资产的使用情况和相应的固定资产卡片资料。

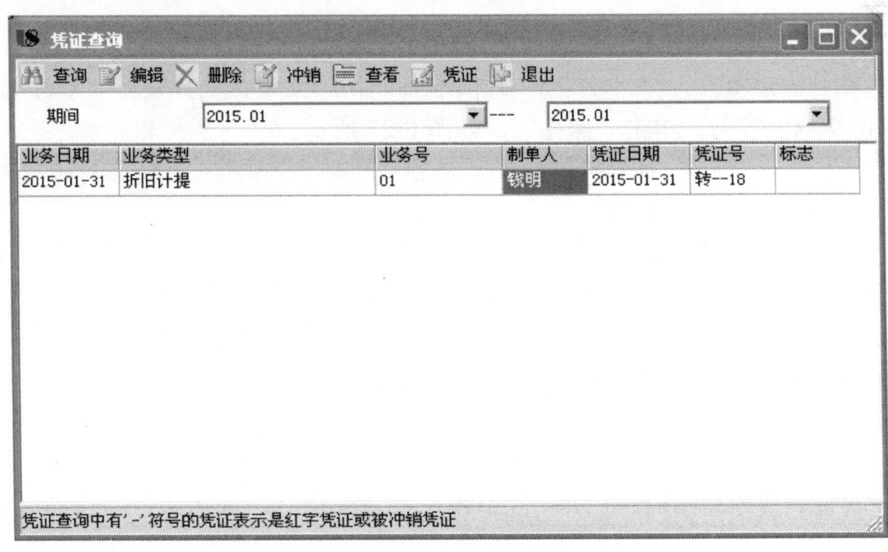

图 6-20　查询凭证选择

（2）再单击“凭证查询”菜单里的“查询”，如图 6-21 所示，“凭证查询”窗口，可对凭证进行详细查询。

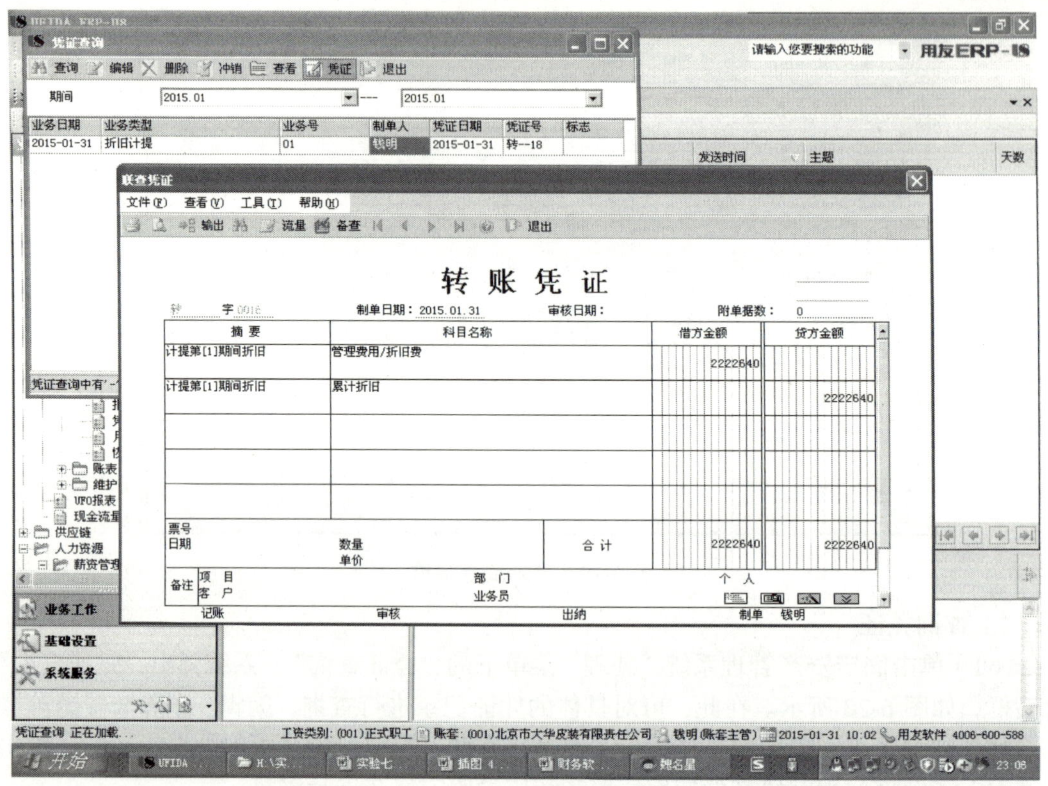

图 6-21 凭证查询

12. 计提减值准备处理

（1）在“固定资产”|“卡片”|“减值准备期初”菜单，选择资产“卡片编号”，然后输入期初减值准备，单击“保存”，如图 6-22 所示。

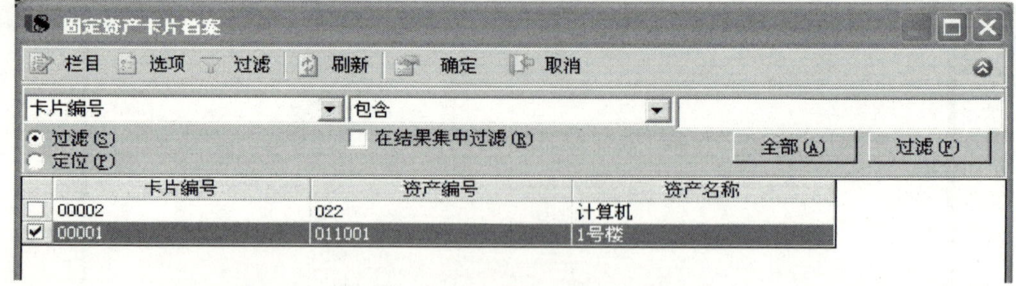

图 6-22 选择计提减值准备卡片

（2）当资产发生减值时，打开“固定资产”|“卡片”|“变动单”|“计提减值准备”菜单，输入“减值准备金额”和“变动原因”，单击保存，如图 6-23 所示。

13. 计提本月折旧

（1）单击固定资产系统“处理”菜单，单击“计提本月折旧”命令，系统弹出一个对话框“是否要查看折旧清单？”单击“是”，此时弹出折旧清单，查看是否有什么问题。在此窗口可以按照部门和类别来具体查询折旧数据，如图 6-24 所示。

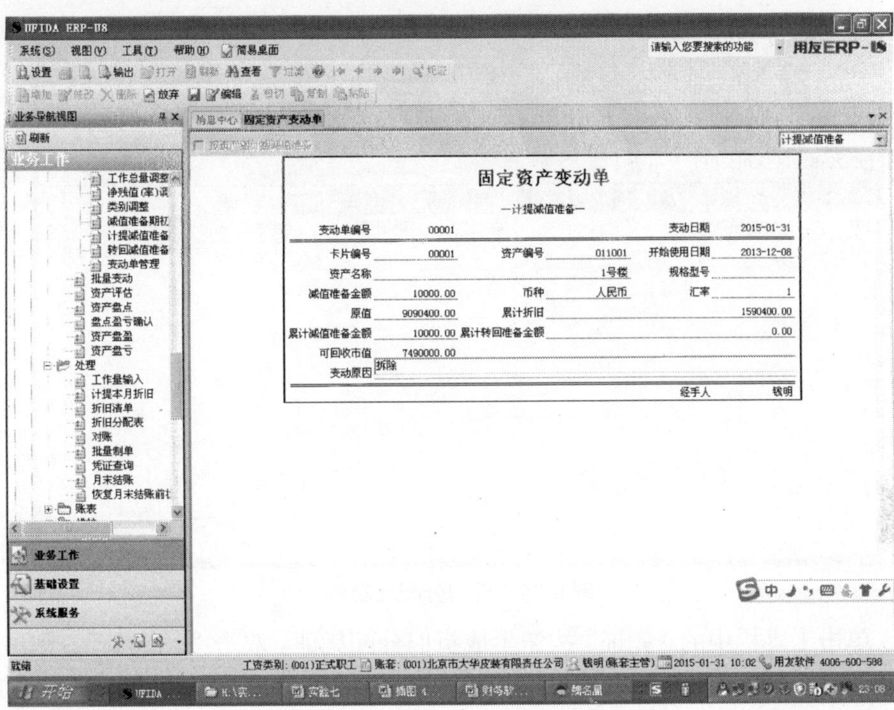

图 6-23　固定资产减值准备

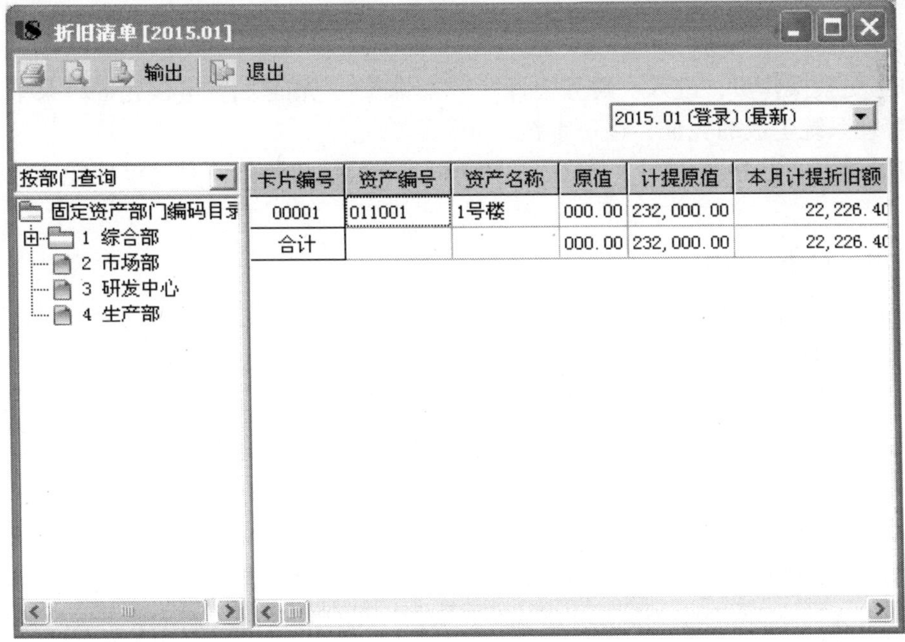

图 6-24　计提本月折旧

（2）单击“处理”下的“折旧分配表”，可以对其进行修改，如图 6-25 所示，也可以单击“打印”将其打印出来。

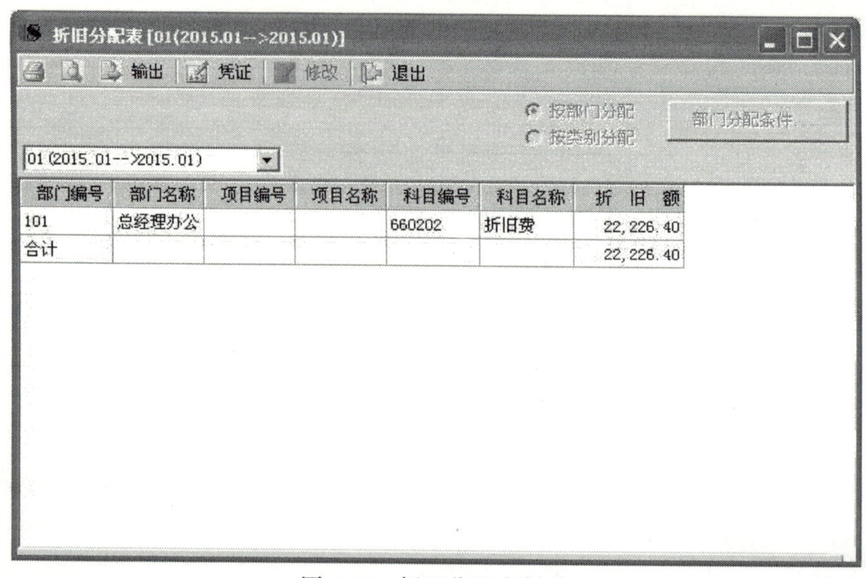

图 6-25　折旧分配表制单

（3）单击工具栏中的“凭证”按钮生成折旧分配凭证。双击“……字”，则出现“转账凭证”，单击“附单据数”上的横线，输入凭证号数，如果贷方科目没有设置好，则双击“科目名称”的第三栏，找到“累计折旧”，单击菜单上的“保存”按钮保存，系统显示“已生成”。

14. 审核凭证、记账

（1）更换操作员，进入“财务会计”|“总账”|“凭证”|“审核凭证”菜单，对固定资产管理系统生成的凭证，逐一审核。

（2）单击“财务会计”|“总账”|“凭证”|“记账”菜单，对已审核凭证进行记账处理。

15. 月末对账、结账

（1）单击“固定资产”|“处理”|“对账”，出现“与财务对账结果”对话框，显示“结果：平衡”字样，单击“确定”按钮。

（2）如果对账结果不平衡，可以对相关资料进行分析、查找原因，进行修正。

（3）单击“固定资产”|“处理”|“月末结账”模块，确认后，即可单击“开始结转”，进行结转操作，最后单击“确定”按钮。

16. 账表查询

（1）单击固定资产“账表”下的“我的账表”模块，系统弹出“报表”对话框，双击“分析表”下的“部门构成分析表”，单击“确定”，此时出现“部门构成分析表”窗口，如图 6-26 所示。单击“图形分析”，可用图形直观地反映固定资产使用状况。

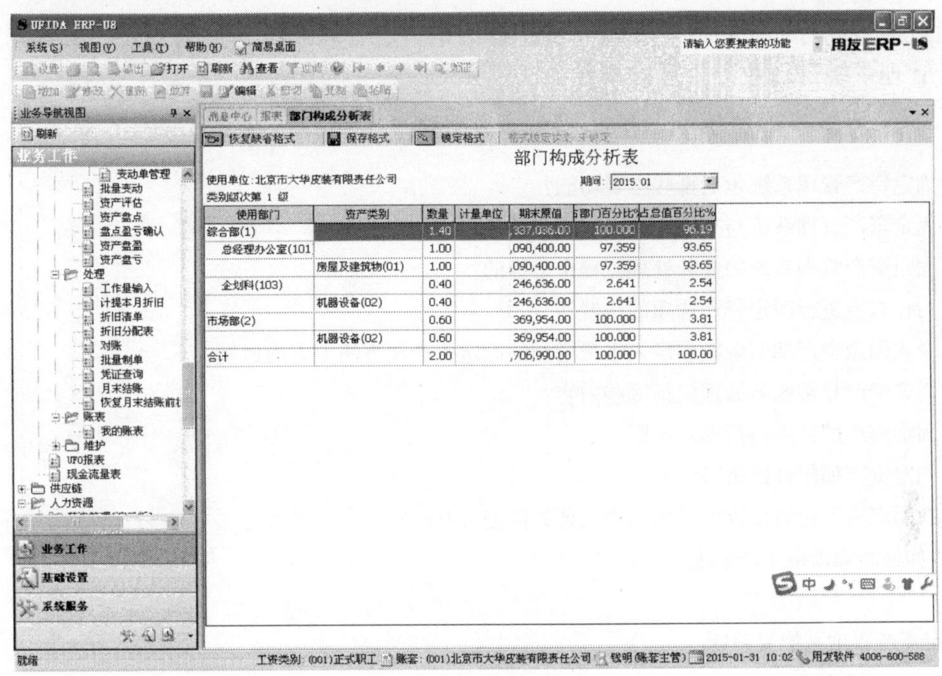

图 6-26　部门构成分析表

（2）单击“统计表”，双击“固定资产统计表”命令，系统弹出“固定资产统计表查询条件”对话框，输入或选择查询条件，然后单击“确定”按钮，系统将列出符合条件的“固定资产统计表”。以此方法，可以查询各种账表。

本 章 小 结

本章主要介绍了固定资产管理系统的主要功能、固定资产管理系统与其他系统的关系、固定资产管理系统的业务处理流程，以及固定资产管理系统初始设置、日常业务处理、期末处理等内容。

固定资产管理系统能够进行固定资产增减变动的处理，进行相关业务的核算，生成转账凭证，自动传递到总账管理系统和成本管理系统，同时提供固定资产账表信息，为单位加强固定资产管理提供依据。

其初始设置的作用在于建立固定资产管理系统需要的基础环境，并录入固定资产原始卡片。通过初始设置，能够对固定资产账套进行参数设置，完成资产类别、部门对应折旧科目等基础信息的设置，以及录入固定资产原始卡片等工作。

日常业务处理的作用在于进行本月固定资产的增加、减少、变动、计提折旧、盘点等业务的处理，以及生成记账凭证、进行账表查询等。

系统期末处理包括计提资产减值准备、对账、月末结账等内容。结账完成后，系统会提示用户系统的可操作日期已转成下一期间的日期，只有以下一个会计期间的日期登录，才可对固定资产账套进行操作。

通过实验，有助于帮助学生进一步理解固定资产管理系统的整体功能，掌握利用固定资产管理系统进行业务处理的操作方法。

复习思考题

1. 固定资产管理系统包括哪些主要功能？
2. 固定资产管理系统与其他系统之间的关系是怎样的？
3. 固定资产管理系统的业务处理流程是怎样的？
4. 为什么要进行固定资产选项的设置？
5. 录入固定资产期初余额和录入本月增加的固定资产在方法上有何区别？
6. 固定资产日常业务处理包括哪些内容？
7. 固定资产的盘点包括哪些步骤？
8. 固定资产如何计提折旧？
9. 在固定资产管理系统生成的错误凭证如何进行修改？
10. 如何查询固定资产账表？

固定资产管理系统复习题

第 7 章　应收款管理系统

学习目标：

了解应收款管理系统的主要功能以及应收款管理系统与其他系统之间的数据传递关系，熟悉应收款管理系统的业务处理流程，理解初始化的重要性以及初始化包括的内容，掌握应收款管理系统日常业务处理包括的内容及操作方法，掌握期末处理包括的内容及处理方法。通过学习，学生能够独立使用应收款管理系统进行应收款的核算与管理，为进一步学习使用其他应收款管理软件奠定基础。

关键词：

应收款管理；应收单据；收款单据；票据管理；转账；坏账处理；制单处理；期末处理

7.1　应收款管理系统概述

用友 ERP-U8 应收款管理系统，主要用于核算和管理企业与客户之间的往来款项。通过发票、其他应收单、收款单等单据的录入，对企业的往来账款进行综合管理，及时、准确地提供客户的往来账款余额资料，提供各种统计分析数据，如应收账龄分析、收款账龄分析、欠款分析、收款预测等，通过各种分析资料，帮助用户合理地进行资金的调配，提高资金的利用效率。

根据对客户往来款项核算和管理的程度不同，应收款管理系统提供了“详细核算”和“简单核算”两种应用方案，可供选择。

第一种方案：详细核算。

如果单位的销售业务以及应收款核算与管理业务比较复杂，或者需要追踪每一笔业务的应收款等情况，或者需要将应收款核算到产品一级，则可以选择“详细核算”方案。该方案能够帮助用户了解每一位客户每笔业务详细的应收情况、收款情况及余额情况，并进行账龄分析，加强客户及往来款项的管理，使用户能够依据每一客户的具体情况，实施不同的收款策略。

其主要功能包括：

（1）根据输入的单据或销售管理系统传递来的单据，记录应收款的形成。

（2）处理收款业务。

（3）处理应收票据业务。

（4）处理应收款的各种结转业务。

（5）对外币业务及汇兑损益进行结转处理。

（6）对相关业务生成记账凭证并传递到总账管理系统。

（7）丰富的查询统计分析。

第二种方案：简单核算。

如果单位的销售业务以及应收账款业务比较简单，或者现销业务很多，则可以选择“简单核算”方案。该方案着重于对客户的往来款项进行查询和分析。

其主要功能包括：

（1）若同时使用销售管理系统，可接收销售管理系统的发票，并对其进行制单处理。

（2）客户往来业务在总账管理系统生成凭证后，可以在应收款管理系统进行查询。

具体选择哪一种方案，可在应收款管理系统中通过设置系统选项“应收账款核算模型”进行设置。

7.1.1　应收款管理系统的主要功能

应收款管理系统的主要功能包括初始设置、日常业务处理、期末处理等方面。

（1）初始设置。初始设置包括系统参数设置、基础信息初始设置、录入期初余额等。

（2）日常业务处理。日常业务处理包括应收单据处理、收款单据处理、票据管理、转账处理、坏账处理、制单处理、单据和账表信息查询等。

（3）期末处理。期末处理包括结转汇兑损益、与总账管理系统对账、月末结账等。

7.1.2　应收款管理系统和其他系统的关系

应收款管理系统和基础设置、总账管理系统、销售管理系统、应付款管理系统、报表管理系统都有数据传递关系。

应收款管理系统与基础设置模块共享数据，可以直接调用在基础设置中设置的会计科目等基础资料；应收款管理系统接收销售管理系统传递的发票，对发票进行审核制单处理，并将生成的记账凭证传递到总账管理系统中，并且两个系统可以互相查询凭证；应收款管理系统与应付款管理系统之间互相传递数据，进行结转处理；报表管理系统也可以从应收款管理系统中提取数据，生成财务报表。

7.1.3　应收款管理系统的业务处理流程

应收款管理系统的业务处理流程如图 7-1 所示。

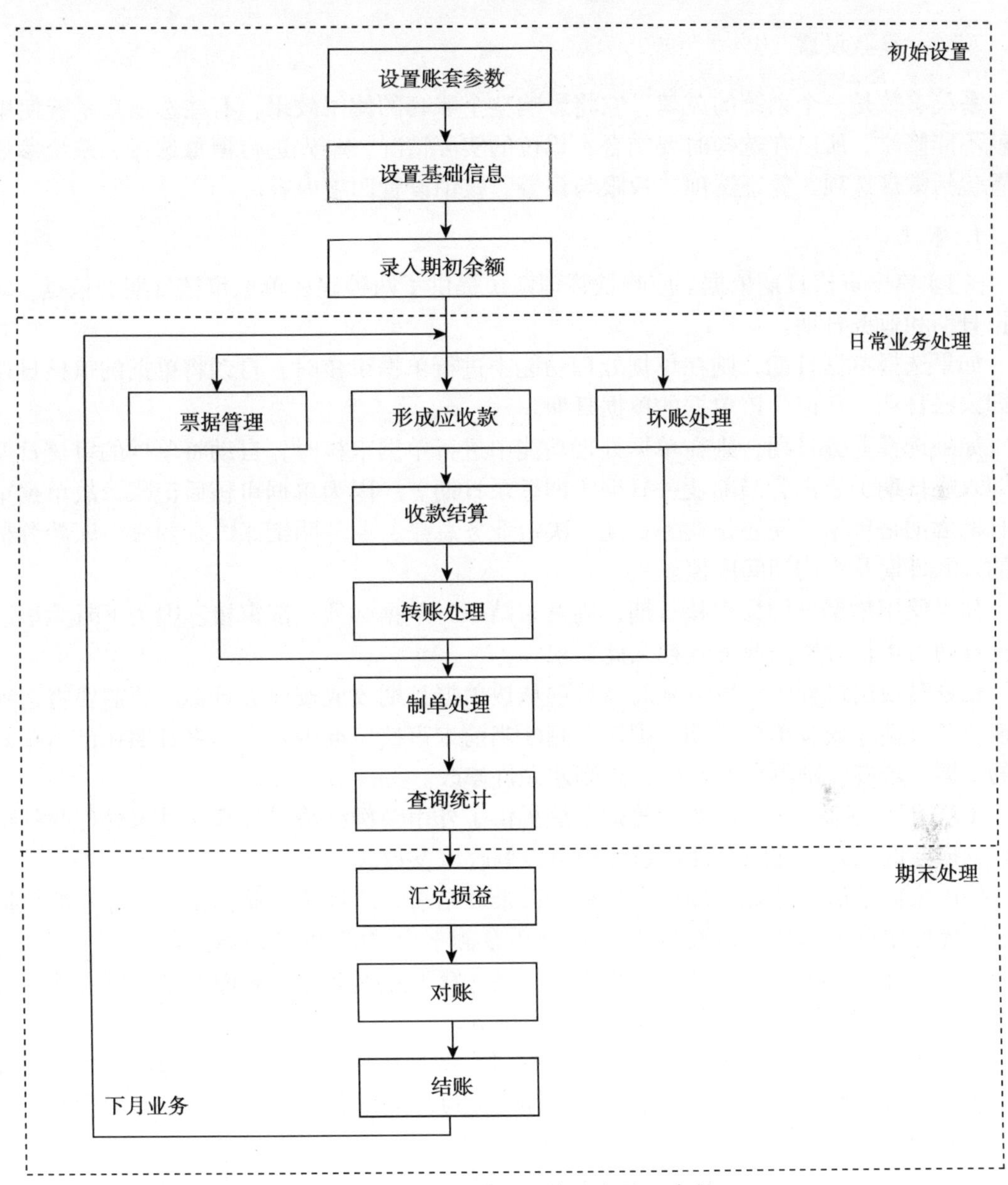

图 7-1　应收款管理系统业务处理流程

7.2　应收款管理系统初始设置

初始设置的作用在于建立应收款管理系统需要的基础环境，并录入应收账款的期初余额。通过初始设置，能够对应收款管理系统进行参数设置，完成应收款管理系统的科目设置、坏账准备设置、账龄区间设置等基础信息设置，以及录入应收账款的期初余额等工作。

7.2.1　参数设置

系统参数是一个系统的灵魂，它将影响整个账套的使用效果，有些选项在系统使用后就不能修改，所以在选择时要结合本单位的实际情况，事先进行慎重选择。系统参数设置包括常规选项、凭证选项、权限与预警、核销设置四项内容。

1. 常规

（1）单据审核日期依据。应收款管理系统提供了两种确认单据审核日期的依据，即单据日期和业务日期。

如果选择单据日期，则在单据处理功能中进行单据审核时，自动将单据的审核日期（即入账日期）登记为该单据的单据日期。

如果选择业务日期，则在单据处理功能中进行单据审核时，自动将单据的审核日期（即入账日期）登记为当前业务日期（即登录日期）。因为单据审核后记账，故单据审核日期依据是单据日期还是业务日期，决定业务总账、业务明细账、余额表、账龄分析等的入账日期及查询期间取值。

如果使用单据日期为审核日期，则月末结账时单据必须全部审核。因为下月无法以单据日期为审核日期。业务日期无此要求。

在账套使用过程中，可以随时将选项从按单据日期改成按业务日期。若需要将选项从按业务日期改成按单据日期，则需要判断当前未审核单据中有无单据日期在已结账月份的单据。若有，则不允许修改，否则才允许修改。

（2）汇兑损益方式。应收款管理系统提供了外币余额结清时计算和月末处理两种结转汇兑损益的方式。在账套使用过程中可以修改该参数。

外币余额结清时计算，即仅当某种外币余额结清时才计算汇兑损益。在计算汇兑损益时，界面中仅显示外币余额为“0”且本币余额不为“0”的外币单据。

月末处理，即每个月末计算汇兑损益。在计算汇兑损益时，界面中显示所有外币余额不为“0”或者本币余额不为“0”的外币单据。

（3）坏账处理方式。应收款管理系统提供了两种坏账处理的方式，即备抵法和直接转销法。在账套使用过程中，如果当年已经计提过坏账准备，则此参数不可以修改，只能下一年度修改。

如果选择备抵法，则还应该选择具体的方法，系统提供了三种备抵的方法，即应收余额百分比法、销售收入百分比法、账龄分析法。这三种方法需要在初始设置中录入坏账准备期初和计提比例或输入账龄区间等，并在坏账处理中进行后续处理。

销售收入百分比法：根据历史数据确定的坏账损失占全部销售额的一定比例估计。

应收账款余额百分比法：以应收账款余额为基础，估计可能发生的坏账损失。

账龄分析法：根据应收账款账龄的长短来估计坏账损失的方法。账龄越长，即账款被拖欠的可能性也越大，应估计的坏账准备金额也越大。

如果选择了直接转销法，则直接在下拉框中选择该方法即可。当坏账发生时，直接在坏账发生处将应收账款转为费用即可。

（4）代垫费用类型。代垫费用类型解决从销售管理系统传递的代垫费用单在应收款管理系统用何种单据类型进行接收的功能。应收款管理系统默认为其他应收单，用户也可在初始设置中的单据类型设置中自行定义单据类型，如定义代垫费用应收单，然后在系统选项代垫费用类型中进行选择。该选项随时可以更改。

（5）应收账款核算模型。应收款管理系统提供两种应收系统的应用模型，即简单核算与详细核算。用户必须选择其中一种方式，系统缺省选择详细核算方式。该选项在系统启用时或者还没有进行任何业务（包括期初数据录入）处理时才允许进行选择设置、修改。

选择简单核算：只是完成将销售、出口生成凭证传递给总账这样的模式。（在总账中以凭证为依据进行往来业务的查询）如果销售业务以及应收账款业务比较简单，或者现销业务很多，则可以选择此方案。

选择详细核算：可以对往来业务进行详细的核算、控制、查询、分析。如果销售业务以及应收款核算与管理业务比较复杂，或者需要追踪每一笔业务的应收款、收款等情况，或者需要将应收款核算到产品一级，则需要选择详细核算。

建议单位选择详细核算，这样可对客户、供应商以及往来款项进行更详细的管理及核算。

（6）是否自动计算现金折扣。用户可以选择自动计算现金折扣和不自动计算现金折扣两种方式。

如果为了鼓励客户在信用期间内提前付款而采用现金折扣政策，则可以选择自动计算现金折扣。需要在发票或应收单中输入付款条件，则在核销处理界面中系统依据付款条件自动计算该发票或应收单可享受折扣，可输入本次折扣进行结算，则原币余额=原币金额–本次结算金额–本次折扣。

如果选择不自动计算现金折扣，则系统既不计算也不显示现金折扣。

在账套使用过程中可以随时修改该参数。

若选择自动计算现金折扣，请通过单据核销界面中的“栏目”设置单据栏目，将可享受折扣和本次折扣栏目设为显示状态。

（7）是否登记支票。这是应收款管理系统提供给用户付款时自动登记支票登记簿的功能。该选项可以随时修改。用户需要在结算方式定义中将需要登记支票簿的结算方式（如转账支票等）在“是否票据管理”中打钩表示进行票据管理。

选择登记支票，应收款管理系统自动将具有票据管理结算方式的付款单登记支票登记簿；若不选择登记支票登记簿，则用户可以通过付款单上的“登记”按钮，进行手工登记支票登记簿。

该选项首先需要在总账管理系统选项中选择“支票控制”。

（8）应收票据直接生成收款单。此选项默认选择为“是”。 如果选择为“是”，则表示应收票据保存时，则同时生成收款单。如果选择为“否”，则表示应收票据保存后，不生成收款单，需在票据界面手工单击“收款”按钮才可生成收款单。

2. 凭证

（1）受控科目制单方式。应收款管理系统所指受控科目，是指所有带有客户往来辅助核算的科目。有两种受控科目的制单方式可供选择，即明细到客户、明细到单据。

明细到客户：当用户将一个客户的多张单据合并生成一张凭证时，如果核算这多张单据的控制科目相同，系统自动将其合并成一条分录。这种方式的目的是在总账管理系统中能够根据客户来查询其详细信息。

明细到单据：当用户将一个客户的多张单据合并生成一张凭证时，系统会将每一笔业务形成一条分录。这种方式的目的是在总账管理系统中能查看到每个客户的每笔业务的详细情况。

在账套使用过程中，可以随时修改该参数的设置。

受控科目在合并分录时若自动取出的科目相同，辅助项为空，则不予合并成一条分录。

（2）非受控科目制单方式。有三种非受控科目制单方式可供选择，即明细到客户、明细到单据、汇总方式。

明细到客户：当用户将一个客户的多张单据合并生成一张凭证时，如果核算这多笔业务的非受控科目相同、且其所带辅助核算项目也相同，则系统自动将其合并成一条分录。这种方式的目的是在总账管理系统中能够根据客户来查询其详细信息。

明细到单据：当用户将一个客户的多张单据合并生成一张凭证时，系统会将每一笔业务形成一条分录。这种方式的目的是在总账管理系统中能查看到每个客户的每笔业务的详细情况。

汇总方式：当用户将多个客户的多张单据合并生成一张凭证时，如果核算这多张单据的非受控科目相同、且其所带辅助核算项目也相同，则系统自动将其合并成一条分录。这种方式的目的是精简总账中的数据，在总账管理系统中只能查看到该科目的一个总的发生额。

在账套使用过程中，可以随时修改该参数的设置。

非受控科目在合并分录时若自动取出的科目相同，辅助项为空，则不予合并成一条分录。

（3）控制科目依据。本系统所指控制科目，是指所有带有客户往来辅助核算的科目。系统提供了六种设置控制科目的依据，即按客户分类、按客户、按地区、按销售类型、按存货分类、存货。

按客户分类设置：客户分类是指用户根据一定的属性将往来客户划分的类别，如将客户根据时间分为长期客户、中期客户和短期客户；按客户的信用将客户分为优质客户、良性客户、一般客户和信用较差的客户等。在这种方式下，可以针对不同的客户分类设置不同的应收科目和预收科目。

按客户设置：针对不同的客户在每一种客户下设置不同的应收科目和预收科目。这种设置适合特殊客户的需要。

按地区设置：针对不同的地区分类设置不同的应收科目和预收科目。例如，将客户分为华东、华南、东北等地区，在不同的地区分类下设置科目。

按销售类型设置：针对不同的销售类型设置不同的应收科目和预收科目。

按存货分类设置：针对不同的存货分类设置不同的应收科目和预收科目。

按存货设置：针对不同的存货设置不同的应收科目和预收科目。

设置控制科目的目的是为了在“初始设置”|“控制科目设置”中依据用户在系统选项控制科目依据中的选择，针对客户分类（客户、地区、销售类型、存货分类、存货）设置不同的控制科目。

（4）销售科目依据。应收款管理系统提供了五种设置存货销售科目的依据，即按存货分类、按存货、按客户、按客户分类、按销售类型设置存货销售科目。在此设置的销售科目，是系统自动制单科目取值的依据。

按存货分类设置：存货分类是指根据存货的属性对存货所划分的大类。例如，用户可以将存货分为原材料、燃料及动力、在存货及产成品等大类，然后针对这些存货分类设置不同的科目。

按存货设置：如果存货种类不多，用户可以直接针对不同的存货设置不同的科目。

按客户设置：如果客户不多，可以直接针对不同的客户设置不同的科目。

按客户分类设置：客户分类是指根据客户的属性对客户所划分的大类，用户可以针对这些客户分类设置不同的科目。

按销售类型设置：针对用户的销售类型设置不同的科目。

账套使用过程中，可以随时修改该参数的设置。

设置销售科目的目的是为了在“初始设置”|“产品科目设置”中可以针对不同的存货分类（存货、客户、客户分类、销售类型）设置不同的产品销售收入科目、应交增值税科目、销售退回科目。

（5）月结前全部生成凭证。其是指月末结账前是否要将本月的全部单据和处理生成记账凭证。

如果选择了月结前全部生成凭证，则在进行月末结账时，系统将检查截止到结账月是否有未制单的单据和业务处理。若有，系统将提示不能进行本次月结处理，但可以详细查看这些记录；若没有，才可以继续进行本次月结处理。

如果未选择月结前全部生成凭证，则在月结时只是允许查询截止到结账月的未制单单据和业务处理，不进行强制限制。

（6）方向相反的分录合并。其是指对本月的单据和处理生成记账凭证时，对于科目相同、辅助项相同、方向相反的凭证分录是否合并。

选择合并：在制单时若遇到满足合并分录的要求，且分录的情况如上所描述的，则系统自动将这些分录合并成一条，根据在哪边显示为正数的原则来显示当前合并后分录的显示方向。

选择不合并：在制单时若遇到满足合并分录的要求，且分录的情况如上所描述的，则不能合并这些分录，还是根据原样显示在凭证中。

系统缺省选择不合并分录，该选项可以随时修改。

即使选择合并分录，在坏账收回制单时也不合并应收账款科目，即该选项对坏账收回制单无效。

（7）核销生成凭证。核销就是确定收款单或付款单与原始的发票、应收单之间的对应关系的操作。通过核销，可以把应收款和已收款建立联系，明确收到的款项对应的是哪一笔应收款。

选择“否”时，不管核销双方单据的入账科目是否相同均不需要对这些记录进行制单。

选择“是”，则需要判断核销双方的单据当时的入账科目是否相同，不相同时，需要生成一张调整凭证。例如，发票的入账科目为 112201，收款单冲销的入账科目为 112202，则当这张收款单核销这张发票后，系统生成如下凭证：借记“112202”，贷记“112201”。

系统缺省选择需要生成凭证，该选项可以随时修改。

（8）预收冲应收生成凭证。其是指用预收款冲销应收款时，当预收、应收科目不一致时，是否生成转账凭证。

选择“是”，则对于预收冲应收业务，当预收、应收科目不相同时，系统生成一张转账凭证。月末结账时需要对预收冲应收分别进行是否生成凭证记录的检查。

选择“否”，则对于预收冲应收业务不管预收、应收科目是否相同均不生成凭证。月末结账时不需要检查预收冲应收记录是否生成凭证。

系统缺省选择需要生成凭证，该选项可以随时修改。

（9）红票对冲生成凭证。红票对冲是指用某客户的红字发票与其蓝字发票进行冲抵。实际工作中，对同一个客户，既有蓝字发票，同时又有红字发票，财务人员需要将红蓝发票进行冲销，调整应收账款。

若选择红票对冲生成凭证，则对于红票对冲处理，当对冲单据所对应的受控科目不相同时，系统生成一张转账凭证。月末结账时系统将对红票对冲处理分别进行有无需要生成凭证的记录的检查。

选择不生成凭证，则对于红票对冲处理，不管对冲单据所对应的受控科目是否相同均不生成凭证。月末结账时不需要检查红票对冲处理生成凭证情况。

系统缺省选择需要进行制单，该选项可以随时修改。

3. 权限与预警

（1）信用额度控制。如果选择了进行信用控制，则用户在应收款管理系统保存录入的发票和应收单时，当票面金额+应收借方余额-应收贷方余额>信用额度时，系统会提示本张单据不予保存处理。该信用额度取自客户档案中的信用额度，若用户需要进行信用额度控制，则首先需要在客户档案中设置每个客户的信用额度。

如果不选择信用额度的控制，则在保存发票和应收单时不会出现控制信息。

在账套使用过程中可以修改该参数。

提示：

· 该参数的作用范围仅限于在本系统中增加发票和应收单时。

（2）信用额度报警。用户可以选择是否需要根据客户的信用额度进行预警。预警时，系统计算发票或应收单的信用比例是否达到报警条件，符合条件则显示信用期报警单。若登录的用户没有信用额度报警单查看权限时，就算设置了报警也不显示该报警单信息。

信用比率=信用余额 ÷ 信用额度

信用余额=信用额度-应收账款余额

选择根据信用额度进行自动预警时，需要输入预警的提前比率，且可以选择是否包含信用额度等于0的客户。

当选择预警时，系统根据设置的预警标准显示满足条件的客户记录。即只要该客户的信用比率小于等于设置的提前比率时就对该客户进行报警处理。若选择信用额度等于0的客户也预警，则当该客户的应收账款大于0时即进行预警。

该选项可以随时修改。

提示：

- 该参数的作用范围仅限于在本系统中增加发票和应收单时。
- 信用额度控制值选自客户档案的信用额度。

4. 核销设置

核销就是确定收款单或付款单与原始的发票、应收单之间的对应关系。

（1）应收款核销方式。本系统提供两种应收款的核销方式，即按单据、按产品。

按单据核销：系统将满足条件的未结算单据全部列出，由用户选择要结算的单据，根据用户所选择的单据进行核销。

按产品核销：系统将满足条件的未结算单据按产品（即存货）列出，由用户选择要结算的存货，根据所选择的存货进行核销。

如果企业收款时没有指定具体收取的是某个存货的款项，则可以采用按单据核销。对于单位价值较高的存货，企业可以采用按产品核销，即收款指定到具体存货上。一般企业，按单据核销即可。

在账套使用过程中，可以随时修改该参数的设置。

（2）规则控制方式。系统提供了严格和提示两种核销规则控制方式。

严格：默认为严格，如果选择严格的控制方式，则核销时严格按照选择的核销规则进行核销，如不符合核销规则，则不能完成核销操作。

提示：选择为提示，则核销时如果不符合核销规则，系统会给予提示，提示后由用户选择是否完成核销操作。

（3）核销规则。系统提供了按客户、部门、业务员、订单、合同、项目、发（销）货单等多种对象进行核销。默认为按客户核销。用户可按“客户+其他项”进行组合选择。如选择“客户+部门”，则表示核销时，需客户相同，且部门相同。其他以此类推。

（4）收付款单审核后核销。

默认为不选择，则表示收付款单审核后不进行立即核销操作。

可修改为选择，并默认为自动核销，表示收付款单审核后进行立即自动的核销操作；选择为手工核销，则表示收付款单审核后，立即自动进入手工核销界面，由用户手工完成核销。

7.2.2 基础档案设置

与应收款管理系统业务处理相关的基础档案包括客户分类、客户档案、地区分类、存货分类、存货档案、部门档案、职员档案、外币及汇率、会计科目、凭证类别、结算方式、付款条件、开户银行等，这些基础档案在基础设置模块设置完成后，应收款管理系统与之共享数据，可以直接调用在基础设置中设置的这些基础档案。

7.2.3 核算规则设置

设置核算规则，是指设置在应收款管理系统中处理各项应收款业务时对应的入账科目，便于用户进行会计核算，同时便于用户加强应收款的管理。

1. 设置科目

设置科目是指设置在应收款管理系统中处理各项应收款业务时对应的入账科目，便于用户进行会计核算。其包括基本科目设置、控制科目设置、产品科目设置、结算方式科目设置四项内容。

（1）基本科目设置。用户可以在此定义应收款管理系统凭证制单所需要的基本科目，如应收科目、预收科目、销售收入科目、税金科目等。若用户未在单据中指定科目，且控制科目设置与产品科目设置中没有明细科目的设置，则系统制单时，依据制单规则取基本科目设置中的科目设置。

（2）控制科目设置。其是指进行应收科目、预收科目的详细设置。依据用户在系统选项中的控制科目选项而显示设置依据。可按客户分类、客户、地区分类、销售类型、存货分类、存货进行控制科目的设置。若单据上有科目，则制单时取单据上的科目；若无，则系统依据单据上的客户信息在制单时自动带出控制科目。若控制科目没有输入，则系统取基本科目设置中应收、预收科目。

（3）产品科目设置。其是指进行销售收入科目、应交增值税科目、销售退回科目的设置。依据用户在系统初始设置中的销售科目依据选项而显示设置依据。可按存货分类、存货进行产品科目的设置。若单据上有科目，则制单时取单据上的科目；若无，则系统依据单据上的存货信息在制单时自动带出产品销售收入科目、税金科目等。若产品科目没有输入，则系统取基本科目设置中销售收入、税金科目。如果按存货分类进行科目设置，则可按存货分类+税率进行科目的设置。

（4）结算方式科目设置。其是指进行结算方式、币种、科目的设置。对于现结的发票及收付款单，若单据上有科目，则制单时取单据上科目；若无，则系统依据单据上的结算方式查找对应的结算科目，系统制单时自动带出。若未输入，则用户需手工输入凭证科目。

2. 坏账准备设置

坏账准备设置是指用户定义本系统内计提坏账准备比率和设置坏账准备期初余额的功能，它的作用是系统根据用户的应收账款进行计提坏账准备。

企业应于期末针对不包含应收票据的应收款项计提坏账准备，其基本方法是销售收入百分比法、期末应收账款余额百分比法、应收账款账龄百分比法等。用户可以在此设置计提坏账准备的方法和计提的有关参数。

坏账准备设置根据应收款管理系统选项中所设置的坏账处理方式的不同而处理不同。

当坏账处理方式为“销售收入百分比法”和“应收余额百分比法”时，用户录入坏账准备期初余额、提取比率、坏账准备科目和对方科目；当坏账处理方式为“账龄分析法”时，用户录入坏账准备期初余额、坏账准备科目、对方科目，选择账龄区间方案，针对账龄区间方案录入相应账龄区间的坏账计提比率。

提示：

· 当用户做过任意一种坏账处理（坏账计提、坏账发生、坏账收回）后，就不能修改坏账准备数据，只允许查询。

· 如果在选项中坏账处理方式选择了直接转销法，则在初始设置中看不到坏账初始设置功能。

3. 账期内账龄区间设置

账龄区间设置是指用户定义账期内应收账款或收款时间间隔的功能，它的作用是便于用户根据自己定义的账款时间间隔，进行账期内应收账款或收款的账龄查询和账龄分析，清楚了解在一定期间内所发生的应收款、收款情况。

序号：序号由系统生成，从01开始，不能修改。序号为01的区间由系统自动生成，用户不能修改、删除。

总天数：直接输入该区间的截止天数。

起止天数：系统会根据用户输入的天数自动生成相应的区间。

4. 逾期账龄区间设置

逾期账龄区间设置是指用户定义逾期应收账款或收款时间间隔的功能，它的作用是便于用户根据自己定义的账款时间间隔，进行逾期应收账款或收款的账龄查询和账龄分析，清楚了解在一定期间内所发生的应收款、收款情况。

序号：序号由系统生成，从01开始，用户不能修改。序号为01的区间由系统自动生成，用户不能修改、删除。

5. 报警级别设置

报警级别设置，是指将客户按照客户欠款余额与其授信额度的比例分为不同的类型，以便于掌握各个客户的信用情况。

序号：序号由系统生成，从01开始。序号为01的区间由系统自动生成，用户不能修改。

级别名称：直接输入级别名称，名称最好能够上下对应。

比率：直接输入该区间的比率。

起止比率：系统会根据用户输入的比率自动生成相应的区间。

6. 单据类型设置

单据类型设置是指用户将自己的往来业务与单据类型建立对应关系，达到快速处理业务以及进行分类汇总、查询、分析的效果。

用户可以在此设置单据的类型。系统提供了发票和应收单两大类型的单据。

如果同时使用销售管理系统，则发票的类型包括增值税专用发票、普通发票、销售调拨单和销售日报。如果单独使用应收款管理系统，则发票的类型不包括后两种。

发票是系统默认类型，不能修改删除。

应收单记录销售业务之外的应收款情况。由用户设置应收单的不同类型。可以将应收单划分为不同的类型，以区分应收货款之外的其他应收款。例如，用户可以将应收单分为应收代垫费用款、应收利息款、应收罚款、其他应收款等。应收单的对应科目由用户自己定义。

用户只能增加应收单的类型，应收单中的其他应收单为系统默认类型，不能删除、修改。发票的类型是固定的，不能修改、删除。不能删除已经使用过的单据类型。

7.2.4　期初余额录入

通过期初余额录入功能，用户可将正式启用账套前的所有应收业务数据录入系统中，作为期初建账的数据，系统即可对其进行管理，这样既保证了数据的连续性，又保证了数据的完整性。

在应收款管理系统中，期初余额都是以单据的形式录入。当企业初次使用本系统时，要将上期未处理完的单据都录入本系统，以便于以后的处理。当进入第二年度处理时，系统自动将上年度未处理完的单据转成下一年度的期初余额。在下一年度的第一个会计期间里，用户可以进行期初余额的调整。期初余额的单据类型包括销售发票、应收单、预收款、应收票据四种类型。

期初销售发票是指还未核销的应收账款，以单据的形式列示，已核销部分金额不显示。

期初应收单是指还未结算的其他应收单，以应收单的形式列示，已核销部分金额不显示。

期初预收款是指提前收取的客户款项，在系统中以收款单的形式列示。

期初应收票据是指还未结算的票据。

录入销售发票和应收单的期初余额时，方向有正向和负向之分，正向表示应收款增加的方向，即应收款项的借方；负向表示应收款减少的方向，即应收款项的贷方。

录入预收款和应收票据的余额时，方向只能选择正向，不能选择负向。正向表示预收款和应收票据增加的方向。对于预收款而言，即贷方；对于应收票据而言，即借方。

提示：

· 录入期初余额时，注意要在相应的单据上填写入账科目，否则应收款管理系统和总账管理系统对账时可能出现试算不平衡。

· 已进行后续处理如转账、核销等的期初余额不允许修改。

7.3　应收款管理系统日常业务处理

应收款管理系统的日常业务主要围绕形成应收款、收回应收款、收到预收款、应收票据管理、转账处理、坏账处理、制单等业务展开，为了便于对应收款进行管理，该系统还具备单据查询、账表管理等功能。

7.3.1　应收单据处理

应收单据处理是指用户进行的单据输入和单据管理工作。应收单据处理是应收款管理系统业务处理的起点。应收单据包括销售业务中的各类发票和销售业务之外的各种应收单据。应收单据处理主要包括应收单据录入和应收单据审核。

1. 应收单据录入

（1）销售发票录入。其区分两种情况：如果用户启用了销售管理系统，则销售发票及代垫费用产生的其他应收单不在应收款管理系统中录入，需要在销售管理系统填制销售发票，复核后，传递给应收款管理系统；如果用户没有启用销售管理系统，则销售发票及代垫费用产生的其他应收单在应收管理系统中进行录入。

（2）应收单录入。无论是否启用销售管理系统，非销售业务形成的应收单都在应收系统中录入（除代垫费用单外，在启用销售系统的情况下，代垫费用单在销售管理系统录入）。

2. 应收单据审核

应收单据的审核是指对单据的正确性进一步进行审核确认，并在单据上填上审核日期、审核人的过程。应收单据只有经过审核，才能进行制证处理。已审核的应收单据不允许修改、删除。

在销售管理系统中增加的发票也在应收款管理系统中审核；在应收款管理系统审核前应首先在销售系统中对该发票进行复核，未复核则不能在应收款管理系统中审核入账。

提示：

· 已审核的应收单据不能进行修改和删除处理。

· 不能在已结账月份中进行审核和弃审处理。

· 已经审核过的单据不能进行重复审核。

· 已经做过后续处理（如核销、转账、坏账、汇兑损益等）的单据不能进行弃审处理。

7.3.2 收款单据处理

收款单据处理是指对已收到的款项进行单据录入、审核的过程。如果收到的是应收款，则还包括单据核销。

1. 收款单据录入

企业收到客户款项时要填制收款单。企业收到每一笔款项时，应知道该款项是客户结算所欠货款，还是提前支付的货款，还是支付其他费用。系统用款项类型来区别不同的用途。用户在录入收款单时，需要指定其款项用途。对于同一张收款单，如果包含不同用途的款项，应在表体记录中分行显示。

款项类型包括应收款、预收款、其他费用。在一张收款单中，若选择表体记录的款项类型为应收款，则该款项性质为冲销应收款；若选择表体记录的款项类型为预收款，则该款项用途为形成预收款；若选择表体记录的款项类型为其他费用，则该款项用途为其他费用。

对于不同用途的款项，系统提供的后续业务处理不同。对于冲销应收账款，以及形成预收款的款项，需要进行核销，即将收款单与其对应的销售发票或应收单进行核销勾对，进行冲销客户债务的处理。对于其他费用用途的款项则不需要进行核销。

若一张收款单中，表头客户与表体客户不同，则视表体客户的款项为代收款。

企业发生销售退货业务需要退还客户款项时，在应收款管理系统填制付款单。同样，需要指明付款单是应收款项退回、预收款退回、还是其他费用退回。应收、预收性质的付款单可与应收、预收用途的收款单、红字应收单、红字发票进行核销。

2. 收款单据审核

收款单据的审核是指审核收款业务是否正确，并对收款单据进行记账，在单据上填上审核日期、审核人的过程。

应收款管理系统通过收款单据审核来确认收款业务的成立。用户填制收款单后，对收款单进行审核后记入应收明细账。本系统提供的审核有三个含义：其一确认收款；其二对单据输入的正确与否进行审查；其三记入应收明细账。

审核收款单据时，既可以在填制收款单时进行审核，也可以通过收款单据审核命令成批审核。

提示：

· 已审核的收款单据不允许修改及删除。

· 不能在已结账月份中进行审核和弃审处理。

· 已经审核过的单据不能进行重复审核。

· 已经做过后续处理（如核销等）的单据不能进行弃审处理。

3. 核销处理

单据核销是用户日常进行的收款核销应收款的工作。单据核销的作用是解决收回客商款项核销该客商应收款的处理，建立收款与应收款的核销记录，监督应收款及时核销，加强往来款项的管理。

核销方式有三种，分别是单张核销、手工核销、自动核销。

（1）单张核销。当用户填制完一张收款单保存后，通过“核销”按钮进行的单张收款单和应收款之间的勾兑冲销。

（2）手工核销。手工核销是指用户手工输入要核销的客户，然后进行收款单与它们对应的应收单据的核销工作。通过本功能可以根据查询条件选择需要核销的单据，然后手工核销，加强了往来款项核销的灵活性。

（3）自动核销。自动核销是指用户确定核销范围，由系统自动用收款（付款）单核销与它们对应的应收（应付）单的工作。

7.3.3　票据管理

当客户不是以现金、支票或汇票等形式支付货款，而是用银行承兑汇票或商业承兑汇票进行支付时，用户可以通过票据管理功能记录票据详细信息，以及记录票据处理情况。需要将应收票据科目设置成带有“客户往来”辅助核算的科目。

（1）增加票据。当用户收到银行承兑汇票或商业承兑汇票时，通过该功能将该汇票录入应收款管理系统的票据管理中。 如果在系统选项中选中“应收票据直接生成收款单”，则系统保存当前票据后，同时自动生成一张收款单。如果该选项未选中，则需要单击“收款”按钮才生成收款单。根据该收款单生成的会计分录是借记“应收票据”，贷记“应收账款”。用户可以在“收款单据录入”中查询该收款单，并可以与应收单据进行核销勾对，冲减客户应收账款。

关于修改票据：录入的票据出现错误时，可以进行票据的修改。修改方法是打开票据管理窗口，在票据列表中找到该票据，双击打开直接修改即可。

提示：

· 票据所形成的收款单已经核销的不能被修改。

· 已经进行过计息、结算、转出等处理的票据不能被修改。

关于删除票据：要删除票据时，在票据列表界面选中要删除的票据，单击工具栏中的“删除”按钮即可。

提示：

· 收到日期在已经结账月的票据不能被删除。

· 票据所形成的收款单已经核销的不能被删除。

· 已经进行过计息、结算、转出等处理的票据不能被删除。

（2）票据贴现。票据贴现是指持票人因急需资金，将未到期的承兑汇票背书后转让给银行，贴给银行一定利息后收取剩余票款的业务活动。

票据贴现后，将不能再对其进行转出、结算、背书等其他处理。

（3）票据背书。票据背书是指持票人以转让汇票权利或授予他人一定的汇票权利为目的，在汇票背面或粘单上记载有关事项并签章的票据行为。

票据背书时，用户背书方式可选择是冲销应付账款，还是其他。

对应每一张票据可以输入背书金额，如果背书金额大于被背书金额，系统自动将其差额作为利息，不能修改；如果背书金额小于被背书金额，系统自动将其差额作为费用，不能修改。

若供应商有应付款，则显示该供应商单据，对应每一张单据可以输入本次对冲金额，输入的对冲金额不能大于该单据的余额，且各张单据中输入的对冲总金额不能超过票据的背书金额，超过时单击确认键系统提示“冲销金额应小于等于背书金额”。

如果背书金额大于应付账款，则将剩余金额记为供应商的预付款，并结清该张票据。

提示：

· 票据背书后，将不能再对其进行其他处理。

· 当背书方式为“冲销应付账款”时，如果背书金额大于应付账款，则将剩余金额记为供应商的预付款，并结清该张票据。

· 票据背书时，承兑单位与背书单位可以相同。

（4）票据计息。票据分为带息票据和不带息票据。带息票据是指汇票到期时，承兑人按票据面额及应计利息之和向收款人付款的商业汇票。选中一张票据，然后单击工具栏“计息”按钮，就可以对当前的票据进行计息处理。分别选择所需的计息金额、开始计息日期和截止计息日期，进行票据计息。输入完毕后，单击“确定”按钮，可保存前述的操作，系统会自动把结果保存在票据登记簿中。

（5）票据结算。票据结算是指票据兑现。票据到期兑现票据的票面款项，款项转为银行存款。

（6）票据转出。由于某种原因，票据迟迟没有结算，需要重新恢复应收账款。

提示：

· 票据转出后，将不能再对其进行其他处理。

7.3.4 转账处理

通过转账处理可以满足用户调整应收账款的需要。转账处理包括应收冲应收、预收冲应收、应收冲应付、红票对冲等业务。

（1）应收冲应收。应收冲应收是指将一个客户的应收款转到另一个客户中，或者将一个部门的应收款转到另一个部门中，或者一个业务员的应收款转到另一个业务员中。

实际业务中，发现客户之间进行合并，或发现已审核的销售发票或其他应收单据中客户错了，或者某个部门撤销了，要将该部门名下的应收款全部转到另一个部门名下，或者某个业务员离职了，要将该业务员名下所有的应收款转到另一个业务员名下，这时财务人员需要将这些业务进行调整，进行转账处理。通过应收冲应收功能将应收账款、预收账款在客商之间或部门之间或业务员之间进行转入、转出，实现应收业务的调整，解决应收款业务在不同客商间入错户或合并户或同一客户下不同部门间或不同业务员间的并账问题。

（2）预收冲应收。预收冲应收是指用该客户的预收款冲销其应收款的业务。

（3）应收冲应付。应收冲应付是指用某客户的应收账款，冲抵某供应商的应付款项。

提示：

· 应收款的转账金额合计应该等于应付款的转账金额合计。

· 应收冲应付功能可以进行不等额对冲。如果应收金额大于应付金额，即将多余金额生成一条该供应商的预付款分录。如果应付款金额大于应收款金额，即将多余金额生成一条该客户的预收款分录。

（4）红票对冲。红票对冲可实现某客户的红字应收单与其蓝字应收单、收款单与付款单之间的冲抵。例如，发生退货时，用红字发票冲蓝字发票。

7.3.5 坏账处理

所谓“坏账”，是指购货方因某种原因不能付款，导致企业不能收回的应收账款。坏账处理包括计提坏账准备、坏账发生、坏账收回、坏账查询等内容。

1. 计提坏账准备

计提坏账准备是指企业根据一定的标准，预先计算提取的不能按期收回的应收款项。系统提供计提坏账准备的方法主要有销售收入百分比法、应收余额百分比法和账龄分析法。

在进行坏账处理之前，应做好如下准备工作：首先在系统选项中选择坏账处理的方法，然后在初始设置中设置有关参数。

（1）销售收入百分比法。销售收入百分比法是指按照本年度销售收入总额的一定比例，提取坏账准备。系统自动算出当年度销售收入总额，并根据计提比率计算出本次计提金额。销售总额默认值为本会计年度发票总额，用户可以根据实际情况进行修改。如果确认此次计提成功，则单击工具栏中的“确认”按钮，确认此次操作。本次计提确认后，本年度将不能再次计提坏账准备，并且不能修改坏账参数。

(2)应收余额百分比法。应收余额百分比法是指按照本年度应收账款余额的一定比例，提取坏账准备。系统自动算出当年度应收账款余额，并根据计提比率计算出本次计提金额。应收账款的余额默认值为本会计年度最后一天的所有未结算完的发票和应收单余额之和减去预收款数额。外币账户用其本位币余额，用户可以根据实际情况进行修改。如果确认此次计提成功，则单击工具栏中的“确认”按钮，确认此次操作。确认后，本年度将不能再次计提坏账准备，并且不能修改坏账参数。

(3)账龄分析法。账龄分析法是指根据应收账款入账时间长短来估计坏账损失的方法。系统自动算出各区间应收余额，并根据计提比率计算出本次计提金额。各区间余额由系统生成（本会计年度最后一天的所有未结算完的发票和应收单余额之和减去预收款数额），可以根据实际情况进行修改。

提示：

· 初次计提时，用户首先应在初始设置进行设置。设置的内容包括提取比率、坏账准备期初余额。

· 不论按哪种方法计提坏账准备，计提比率都不能在计提坏账准备时修改，只能在初始设置中改变计提比率。

2. 坏账发生

当企业确定某笔应收账款确实无法收回时，就可以确定为发生了坏账。坏账发生是指系统提供用户确定某些应收款为坏账的工作。通过本功能，用户可选定发生坏账的应收业务单据，确定一定期间内应收款发生的坏账，便于及时用坏账准备进行冲销，避免应收款长期呆滞的现象。

3. 坏账收回

坏账收回是指某笔应收款项已确定为坏账后，又被收回的款项。通过本功能可以对一定期间发生的应收坏账收回业务进行处理，反映应收账款的真实情况，便于对应收款的管理。

进行坏账收回处理时，首先要填制收款单。但填制的收款单不能进行审核处理，否则系统会作为普通的收款单对待，而不认为是收回的坏账款项；然后，进行坏账收回处理即可。

4. 坏账查询

坏账查询是指系统提供的对系统内进行坏账处理过程和处理结果的查询功能。通过坏账查询功能可以查询一定期间内发生的应收坏账业务处理情况及处理结果，加强对坏账的监督。

提示：

· 系统提供了取消操作的功能，当用户进行业务处理时，如果某项业务处理进行了错误处理，则可通过取消操作来撤销错误处理。撤销方法是运行“其他处理”|“取消操作”命令，选择要取消的操作即可撤销误操作。

7.3.6　制单处理

制单处理可以生成记账凭证，并将凭证传递至总账管理系统。系统提供了实时制单和批量制单功能。通过批量制单，可以在此快速、成批生成凭证，还可依据规则进行合并制单等处理。制单处理前，需要在初始设置中进行相关入账科目的设置。

7.3.7　账表查询

账表查询包括单据查询和账表管理。

（1）单据查询。其包括发票、应收单、收付款单、凭证、单据报警、信用报警、应收核销明细表等内容的查询。每项查询都可以按查询条件进行组合查询。

通过凭证查询可以实现查看、修改、删除、冲销凭证的操作。在应收款管理系统生成的记账凭证在总账管理系统记账前可以修改、删除，记账后只能进行冲销操作。

（2）账表管理。通过账表管理功能，可以查询业务总账、业务明细账、业务余额表等业务账表，可以进行应收账龄、收款账龄、欠款分析、收款预测等统计分析，可以进行科目明细账、科目余额表等科目账查询等，此处不再赘述。

7.4　应收款管理系统期末处理

应收款管理系统期末处理主要包括汇兑损益、与总账对账和结账等工作。

1. 汇兑损益

如果单位本期发生外币业务，则需要对外币业务进行汇兑损益核算。系统选项中提供了两种处理汇兑损益的方式：一是月末计算；二是单据结清时计算汇兑损益。用户可以在此计算外币单据的汇兑损益并对其进行相应的处理。

2. 与总账对账

通过与总账对账功能，可以检查应收款管理系统和总账管理系统中的往来账是否相等，若不相等，可以查看造成不等的原因。可以选定对账条件，系统根据选择条件显示与总账的对账结果。在与总账对账结果中，可以选择金额式、数量金额式、数量外币式和外币金额式四种报表格式。

对账方式有两种：

（1）按客户+币种：选择此项，显示各客户应收款与总账分币种的对账结果。系统默认此选项。

（2）按科目+客户：选择此项，显示各客户应收款与总账在对应科目下的对账结果。

3. 结账

如果确认本月的各项业务处理已经结算，则可以选择执行月末结账功能。当执行了月末结账功能后，该月将不能再进行任何处理。结账必须逐月进行，如果这个月的前一个月没有结账，则本月不能结账。用户一次只能选择一个月进行结账。结账的业务规则如下：

应收款管理系统与销售管理系统集成使用，应在销售管理系统结账后，才能对应收款管理系统进行结账处理；当选项中设置审核日期为单据日期时，本月的单据（发票和应收单）在结账前应该全部审核；当选项中设置审核日期为业务日期时，截止到本月末还有未审核单据（发票和应收单），照样可以进行月结处理；如果本月的收款单还有未审核的，不能结账；当选项中设置月结时必须将当月单据以及处理业务全部制单，则月结时若检查当月有未制单的记录时不能进行月结处理；当选项中设置月结时不用检查是否全部制单，则无论当月有无未制单的记录，均可以进行月结处理；如果是本年度最后一个期间结账，建议将本年度进行的所有核销、坏账、转账等处理全部制单；如果是本年度最后一个期间结账，建议将本年度外币余额为 0 的单据的本币余额结转为 0。

应收款管理系统提供了取消月结的功能，用户可以通过取消月结功能取消本月结账。当总账管理系统本月已结账时，则不能取消应收款管理系统的月末结账。

实验八　应收款管理

一、实验要求

（一）应收款初始设置

（1）账套参数设置。
（2）初始设置。
（3）设置单据编号。
（4）期初余额录入。

（二）日常业务处理

（1）应收单据处理。
（2）收款单据处理。
（3）核销处理。
（4）票据管理。
（5）转账处理。
（6）坏账处理。
（7）制单处理。
（8）取消操作。

（三）期末处理

（1）账表查询。

（2）期末结账。

二、实验资料

（一）应收款初始设置

（1）账套参数设置（选项设置）资料，如表 7-1 所示。

表 7-1　应收款管理账套参数设置（选项）

项目	选项
单据审核日期依据	业务日期
坏账处理方式	应收账款余额百分比法
应收账款核算类型	详细核算
代垫费用类型	其他应收款
受控科目制单方式	明细到客户
非受控科目制单方式	汇总方式
控制科目依据	按客户
销售科目依据	按存货
月末结账前是否全部制单	是
核销是否生成凭证	否
预收冲应收是否生成凭证	是
红票对冲是否生成凭证	是
凭证是否可编辑	是
制单时是否回写摘要	是
应收款核销方式	按单据

（2）初始设置资料，如表 7-2~表 7-6 所示。

表 7-2　应收款管理科目设置

大类	项目	设置科目
基本科目设置	应收科目本币	1122 应收账款
	预收科目本币	2203 预收账款
	银行承兑科目	1121 应收票据
	商业承兑科目	1121 应收票据
	现金折扣科目	660302 财务费用
	票据利息科目	6011 利息收入
	票据费用科目	660302 财务费用
产品科目设置	甲产品	600101 主营业务收入（甲）
	乙产品	600102 主营业务收入（乙）
	应交增值税科目	22210105 应交增值税（销项税额）

注：设置结算科目和产品科目之前要完成本单位开户银行和存货档案设置（资料见实验九供应链管理系统初始设置）

表 7-3　结算科目方式设置

结算方式	币种	本单位账号	科目
1 进账单	人民币	0015672001	100201
201 现金支票	人民币	0015672001	100201
202 转账支票	人民币	0015672001	100201

续表

结算方式	币种	本单位账号	科目
301 商业承兑汇票	人民币	0015672001	100201
302 银行承兑汇票	人民币	0015672001	100201
4 电汇结算	人民币	0015672001	100201
5 其他	人民币	0015672001	100201

表 7-4　坏账准备设置

项目	设置内容
提取比例	0.5%
坏账准备期初余额	1 350.00
坏账准备科目	1231 坏账准备
对方科目	6701 资产减值损失

表 7-5　账期内账龄区间设置

序号	起止天数	总天数
01	1 ~ 30	30
02	31 ~ 60	60
03	61 ~ 90	90
04	91 ~ 120	120
05	121 以上	

表 7-6　逾期账龄区间设置

序号	起止天数	总天数
01	1 ~ 30	30
02	31 ~ 60	60
03	61 ~ 90	90
04	91 ~ 120	120
05	121 以上	

（3）按“手工改动，重号时自动重取”，设置单据编号。

（4）期初余额，如表 7-7~表 7-9 所示。

表 7-7　预收账款期初余额

单据编号（自动）	客户名称	业务日期	金额/元	结算方式	结算编号	预收账款票号
0000000001	九宫公司	2014 年 10 月 19 日	100 400	1	JZ101	W101
0000000002	源士公司	2014 年 11 月 20 日	20 000	1	JZ102	W102

表 7-8　销售发票（专用发票）期初余额

单据编号（自动）	0000000001	0000000002
客户名称	华丰公司	物美公司
业务日期	2014 年 8 月 5 日	2012 年 10 月 18 日（年度=建账年度−3）
货物编号	302	301
货物名称	乙产品	甲产品
数量/箱	45	1
含税单价/元	5 844	7 020
总价/元	262 980	7 020

表 7-9　应收票据期初余额

客户名称	开票日期	收到日期	到期日	金额/元	票据编号
天仑公司	2014 年 9 月 15 日	2014 年 9 月 20 日	2015 年 2 月 15 日	40 000	X256
新星公司	2014 年 11 月 13 日	2014 年 11 月 13 日	2015 年 2 月 13 日	20 000	X679

表 7-7~表 7-9 所有业务的部门均为“销售科”，业务员为“吴永斌”；表 7-9 票据类型均为“商业承兑汇票”。

（二）日常业务处理

2015 年 1 月 1 日 ~ 2015 年 1 月 31 日本公司发生如下属于应收款管理系统核算的经济业务。

1. 应收单业务

（1）1 月 1 日，销售给荷都公司乙产品 20 箱，上月 30 日发货未编制发货单，本月作为期初发货单处理，不含税单价 5 000 元，价款及增值税合计 117 000 元，业务员吴永斌（业务类型——普通销售；销售专用发票；“应收账款”对应票号 Y001）。

（2）1 月 9 日，根据合同约定销售给上海源士公司甲产品 3 箱，不含税单价 7 000 元，价款及增值税共计 24 570 元，业务员吴永斌（业务类型——普通销售；销售专用发票；“应收账款”对应票号 Y002）。

（3）1 月 20 日，荷都公司购买本公司乙产品 50 箱，不含税单价 5 000 元，价款及增值税合计 292 500 元，为荷都公司代垫运费 2 000 元，运费以银行转账支票形式支付，支票号 Z1017，业务员吴永斌（业务类型——普通销售；销售专用发票；“应收账款”对应票号 Y003）。

（4）1 月 27 日，销售给新星公司甲产品 80 箱，不含税单价 7 000 元，价款及增值税合计 655 200 元，为新星公司代垫运费 4 000 元，运费以银行转账支票形式支付，支票号 Z1018，业务员吴永斌（业务类型——普通销售；销售专用发票；“应收账款”对应票号 Y004）。

（5）1 月 29 日，销售给朝阳公司乙产品 120 箱，不含税单价 5 000 元，价款及增值税合计 702 000 元，业务员吴永斌（业务类型——普通销售；销售专用发票；“应收账款”对应票号 Y005）。

（6）1 月 31 日，荷都公司因为质量原因将收到的 2 箱乙产品退回，不含税单价 5 000 元，价款及增值税合计 11 700 元，开出红字专用发票，业务员吴永斌（业务类型——普通销售；销售专用发票；“应收账款”对应票号 Y005）。

2. 收款单业务

（1）1 月 4 日，预收朝阳公司货款 240 000 元，采用转账支票（JZ010）进行结算，业务员吴永斌，“预收账款”对应票号 W001。

（2）1 月 10 日，收到荷都公司用于结算货款的转账支票一张（JZ011）117 000 元，业务员吴永斌，“应收账款”对应票号 Y001。

（3）1 月 19 日收到华丰公司前欠货款 56 000 元，采用转账支票结算（JZ012），业务员吴永斌，“应收账款”对应票号 Y201。

（4）1 月 29 日，收到朝阳公司用于结算货款的转账支票（JZ013），金额 462 000 元，业务员吴永斌，“应收账款”对应票号 Y005。

（5）1 月 30 日，收到新星公司用于结算货款的转账支票（JZ014），金额 659 200 元，业务员吴永斌，“应收账款”对应票号 Y004。

3. 票据业务

（1）1 月 10 日，新星公司开出转账支票承兑本年 11 月 8 日开出的商业承兑汇票，金额 20 000 元，支票号 Z2015，原汇票票据号 X679，业务员吴永斌。

（2）1 月 16 日，天津天仑公司开出的商业承兑汇票到期，转入应收账款。原票据号 X256，金额 40 000 元，“应收账款”对应票号 Y007。

（3）1 月 20 日，收到荷都公司向本单位开出的商业承兑汇票一张用于货款结算，票据号 X789，金额 294 500 元，票据 2 个月后到期，“应收账款”对应票号 Y003，业务员吴永斌。

4. 坏账处理业务

（1）1 月 9 日应收天津物美公司账款 7 020 元，款项已经超过 3 年，经批准确认款项已无法收回，予以注销，“应收账款”对应票号 Y202，业务员吴永斌。

（2）1 月 31 日，按要求计提坏账准备。

（三）期末处理

（1）查询业务以前面资料为基础。

（2）期末结账业务以前面业务为基础。

三、实验指导

（一）应收款初始设置

1. 应收款管理账套参数设置

应收款管理账套参数设置具体操作步骤如下：登录企业应用平台，时间为 2015 年 1 月 1 日，进入“业务工作”|“财务会计”|“应收款管理”|“设置”|“选项”，在账套参数设置界面的常规页面，单击“编辑”按钮，单据审核日期依据为“业务日期”，坏账处理方式为“应收余额百分比法”，代垫费用类型为“其他应收单”，应收账款核算类型为“详细核算”。在账套参数设置的凭证页面，选择受控科目制单方式为“明细到客户”，非受控科目制单方式为“汇总方式”，控制科目依据为“按客户”，销售科目依据为“按存货”，月结前全部生成凭证，预收冲应收生成凭证，红票对冲生成凭证，凭证可编辑，制单时回写摘要。在账套参数设置的核销设置页面，应收款核销方式为“按单据”，收付款审核后核销，核销办法为“自动核销”。单击“确定”按钮，完成账套参数设置，如图 7-2~图 7-4 所示。

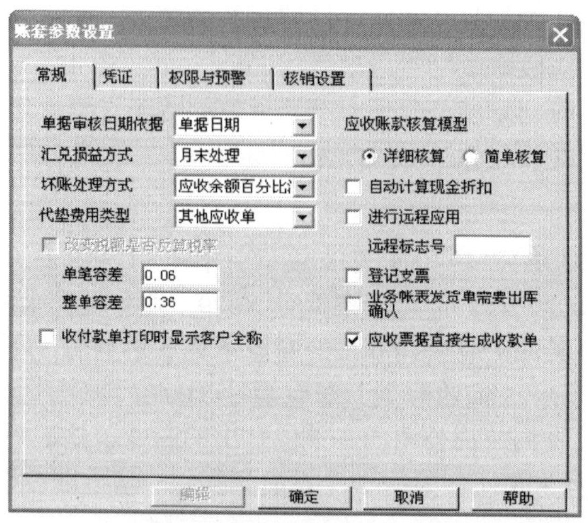

图 7-2　应收选项常规设置

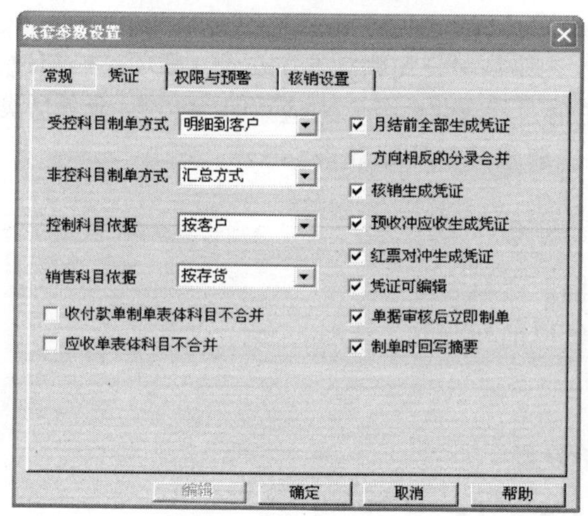

图 7-3　应收选项凭证设置

2. 应收款管理的初始设置

1）设置科目

科目设置中基本科目设置操作步骤如下：进入“应收款管理”|“设置”|“初始设置”，选择界面树形结构中的“基本科目设置”，应收科目本币中输入科目代码“1122”，预收科目本币中输入科目代码“2203”，银行承兑科目输入“1121”，商业承兑科目输入“1121”，现金折扣科目输入“660302”，票据利息科目输入“6011”，票据费用科目输入“660302”，税金科目输入“22210105”，如图 7-5 所示。产品科目设置操作方法是：在初始设置界面，选中“产品科目设置”，对库存商品甲和乙分别输入销售收入科目编码“600101”和“600102”，应交增值税科目均输入“22210105”。科目设置中结算方式科目设置具体操作步骤步骤如下：在设置科目树形结构图中选中“结算方式科目设置”，单击“结算方式”空白栏处，下拉选择框中依次选中“现金结算”“现金支票”

等结算方式，币种选择“人民币”，科目对应选择“1001”或者“100201”等。

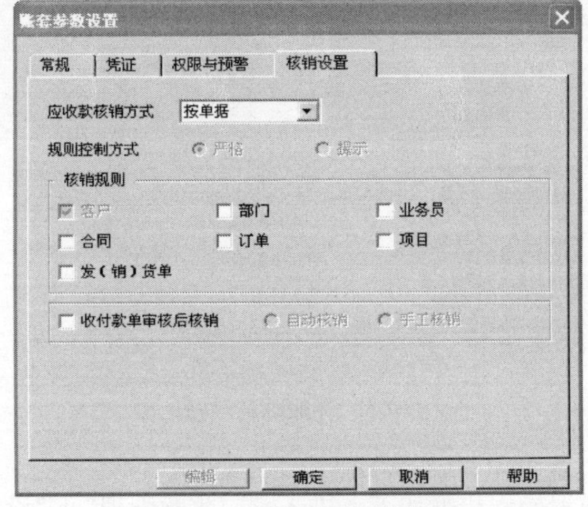

图 7-4 应收选项核销设置

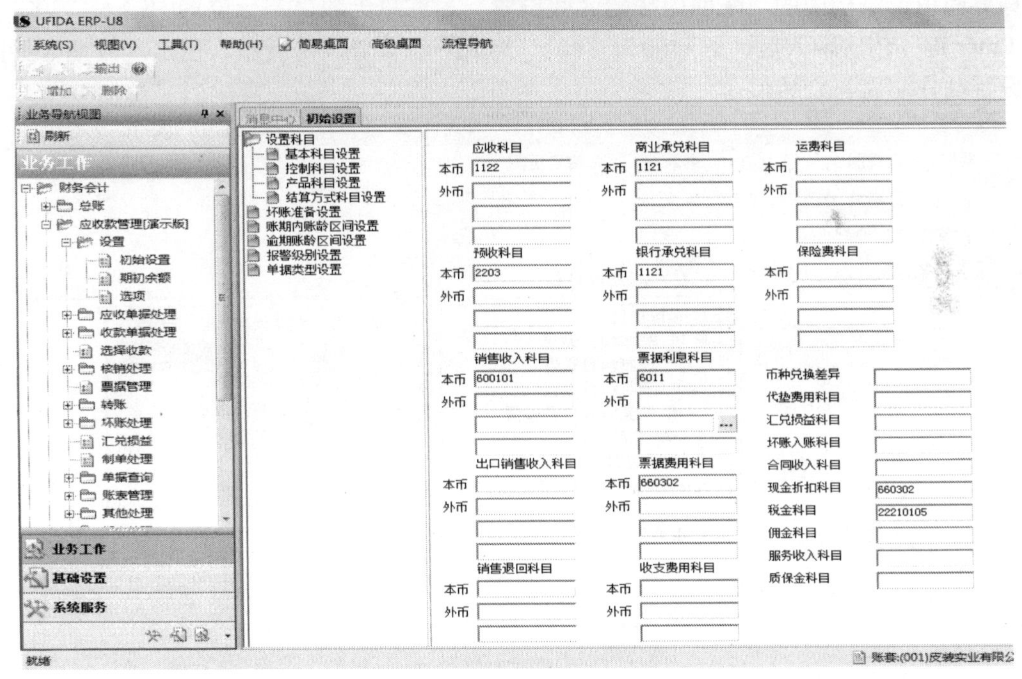

图 7-5 应收基本科目设置

2）坏账准备设置

坏账准备设置的具体操作步骤如下：进入“应收账款管理”|“设置”|“初始设置”，选择界面树形结构中的“坏账准备设置”，“提取比率”栏输入 0.5%，“坏账准备期初余额”输入“1350”，“坏账准备科目”输入“1231”，对方科目选择“6701”，单击“确认”按钮，完成坏账准备设置，如图 7-6 所示。

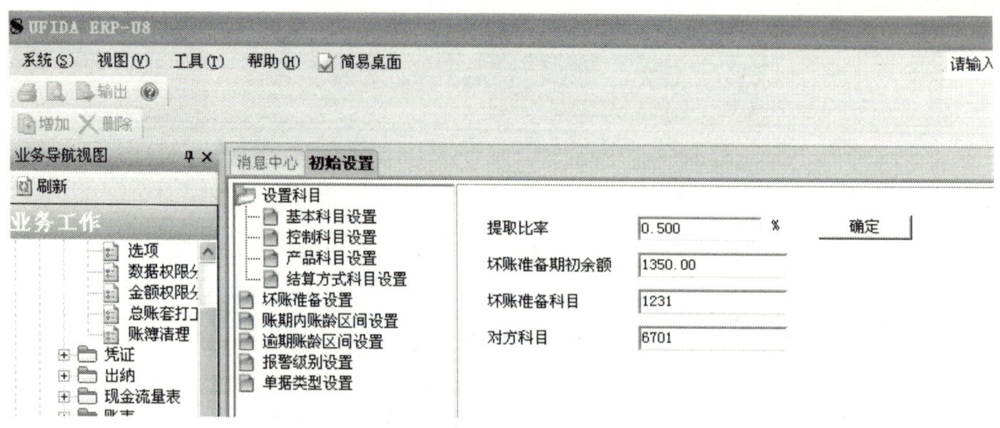

图 7-6　坏账准备设置

3）账龄区间设置

账期内账龄区间设置操作步骤如下：进入“应收款管理”|“设置”|“初始设置”，选择界面树形结构中的“账期内账龄区间设置”，在总天数第一行位置中输入“30”，按 Enter 键，依次输入后面的“60”“90”“120”，如图 7-7 所示，退出。逾期账龄区间设置操作步骤与之相似。

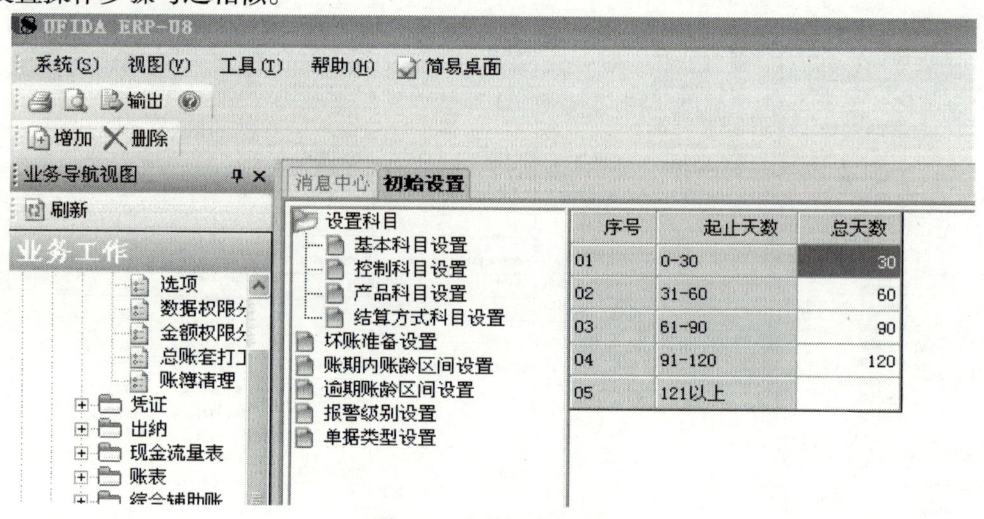

图 7-7　账龄区间设置

3. 单据编号设置

（1）在“用友 ERP-U8 门户”中，在“基础设置”页签下，单击“单据设置”，打开“单据编号设置”窗口。

（2）单击左侧“单据类型”窗口中“销售管理”|“销售专用发票”，打开“单据编号设置——销售专用发票”窗口。

（3）在“单据编号设置——销售专用发票”窗口中，单击“修改”按钮，单击“手工改动，重号时自动重取”前的复选框。

（4）保存后，单击“退出”按钮，依次设置其他单据编号规则。

4. 应收款管理期初余额

1）期初余额录入

销售发票——应收账款期初余额录入具体操作步骤如下：进入“应收款管理”|“设置”|“期初余额”，在“期初余额——查询”界面，单击“确定”后进入“期初余额明细表界面”，单击“增加”按钮，在“数据类别”窗口，选择“单据名称”为“销售发票”，“单据类型”为“销售专用发票/销售普通发票”，“方向”为“正向”，单击“确定”按钮后，单击菜单栏“增加”，进入销售发票信息录入界面，按照业务内容录入具体发票信息，录入完毕后单击菜单栏“保存”，如需继续增加，则单击“增加”，重复以上步骤，所有信息录入完毕，退出，如图7-8所示。

图7-8 发票余额录入

应收单——其他应收款期初余额录入具体的操作步骤如下：进入“应收款管理”|“设置”|“期初余额”，从“期初余额——查询”界面单击“确定”按钮后，单击菜单栏“增加”，进入“单据类别”界面，选择单据名称为“应收单”，方向“正向”，单击“确定”按钮，进入应收单增加界面，按照业务内容输入相关信息，如需输入多条记录，单击“增加”菜单，重复以上步骤，所有信息录入完毕退出。

预收款——预收账款期初余额具体操作步骤如下：进入“应收款管理”|“设置”|“期初余额”，从“期初余额查询”界面单击“确定”按钮后，单击菜单栏“增加”，进入“单据类别”界面，选择单据名称为“预收款”进入“收款单”界面，按照业务内容输入相关信息，单击“保存”，如需输入多条记录，单击“增加”菜单，重复以上步骤，所有信息录入完毕退出。

应收票据——应收票据期初余额录入具体的操作步骤如下：进入“应收款管理”|“设置”|“期初余额”，从“期初余额查询”界面单击“确定”按钮后，单击菜单栏“增加”，进入“单据类别”界面，选择单据名称为“应收票据”，按照业务内容输入相关

信息，单击“保存”，如需输入多条记录，单击“增加”菜单，重复以上步骤，所有信息录入完毕退出，如图 7-9 和图 7-10 所示。

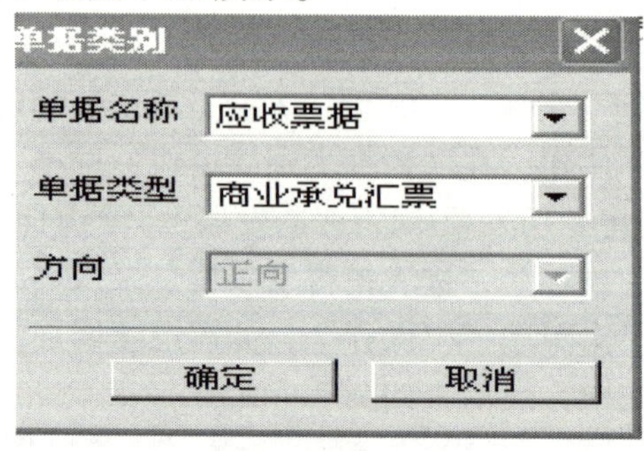

图 7-9　应收票据录入

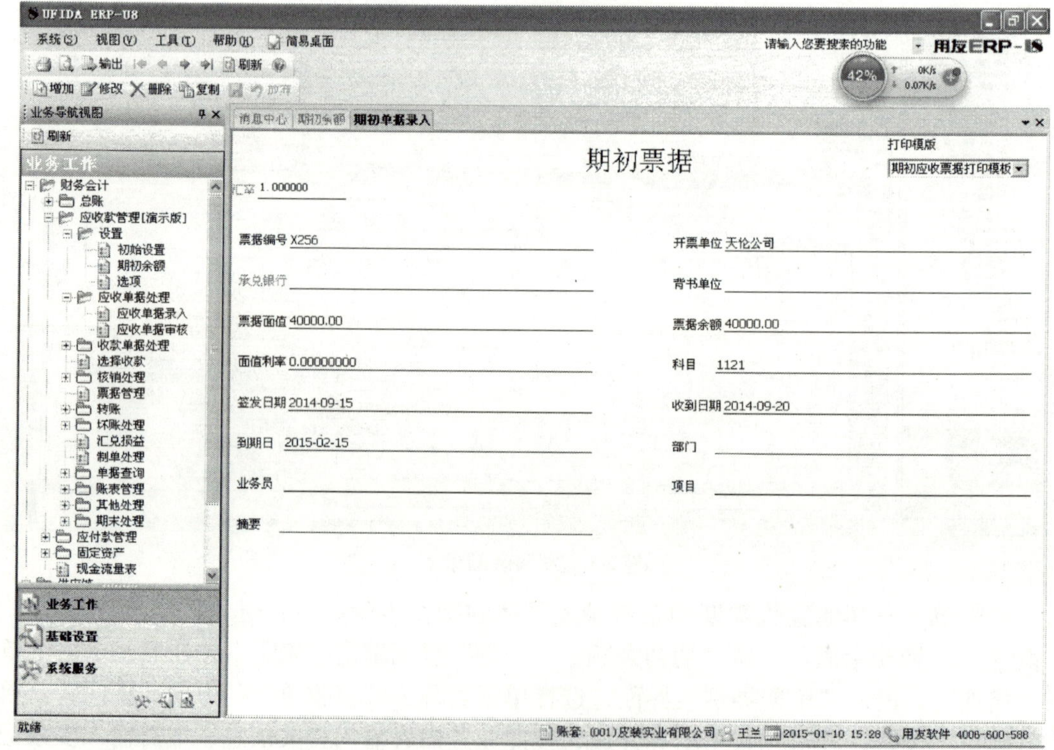

图 7-10　应收票据余额录入

2）期初对账

期初对账的具体操作步骤如下：进入“应收款管理”|“设置”|“期初余额”界面，单击菜单栏“对账”，完成应收款管理系统与总账管理系统期初余额的对账。

（二）日常业务处理

1. 应收单据处理

1）应收单据录入

录入应收单的具体操作步骤如下：进入“应收款管理”|“应收单据处理”|“应收单

据录入”，单据名称选择“销售发票”，单据类型选择“销售专用发票”（如果是普通发票，选择“销售普通发票”），方向选择“正向”（如果是红字发票则选“负向”），单击“确认”按钮，进入销售发票增加页面，按照业务内容输入相关信息，单击“保存”，如需继续输入，单击菜单栏“增加”，继续录入发票信息，保存后退出，如图 7-11 所示。输入的发票可以通过单击菜单栏“上张”“下张”翻页查看，并且可以在相关页面单击菜单栏“修改”“删除”按钮进行相关操作。其他应收单的操作办法类似。

图 7-11　应收单据录入

2）应收单据审核

审核应收单可以选择两种不同的审核方式，即自动批审与手工审核。自动批审操作步骤：单击“应收单据审核”，进入“单据过滤条件”界面，在“未审”复选框前打钩，其他选项为空，单击“批审”按钮，完成自动批审。手工审核时，在“单据过滤条件”界面，所有选项为空，单击“确认”按钮，进入“应收单据列表”，先单击菜单栏“全选”，然后单击“审核”，完成全部未审核单据的审核。单击“弃审”，可以实现单据的取消审核。

进行审核以后，会有提示“是否立即制单”，选择“是”，则出现相关业务的凭证填制界面，修改有关项目后“保存”即可生成凭证；选择“否”则可在所有业务完成以后通过“制单处理”功能实现制单。

2. 收款单据处理

1）收款单据的录入

录入收款单据的具体操作步骤如下：进入“应收款管理”|“收款单据的处理”，单击“收款单据录入”，在“收款单”界面，单击菜单栏“增加”，录入一张新的收款单，款项类型依据需要可选择“应收款”或者“预收款”等类型，信息输入完毕后单击“保

存”，如需录入多张，则单击“增加”后重复以上操作步骤，如图 7-12 所示。录入收款单操作完毕以后，可以在当前界面通过菜单栏的“上张”“下张”翻看、查询录入的单据信息，并可以单击“修改”或者“删除”进行相关操作。

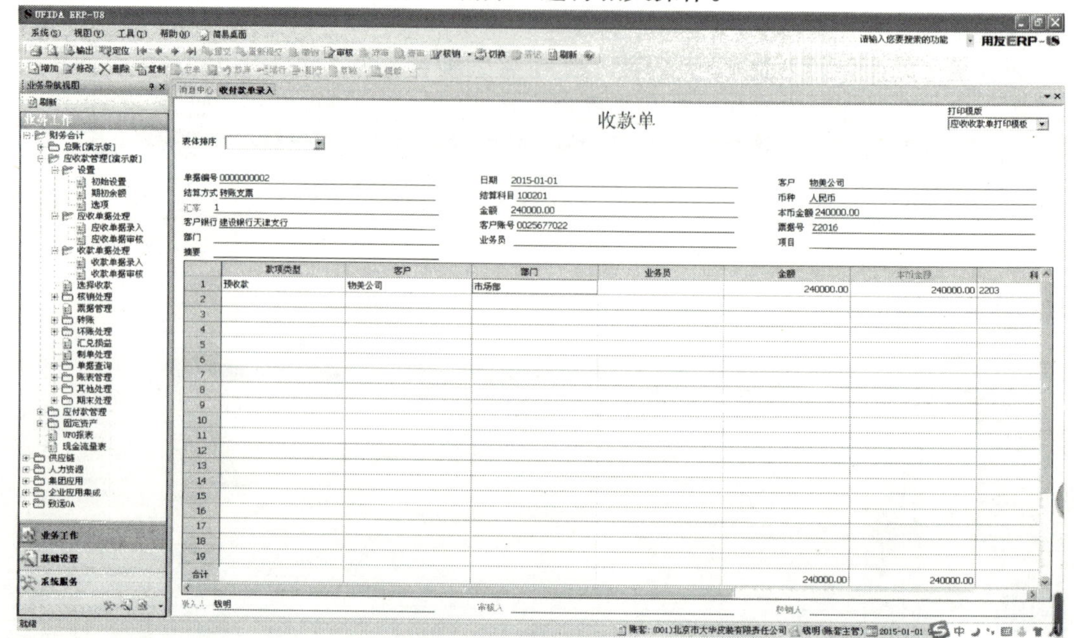

图 7-12　收款单录入

2）收款单据审核

收款单的审核可以在录入一张收款单之后直接单击菜单栏“审核”来实现，也可以在“收款单处理”|“收款单据审核”下进行操作。收款单据的审核提供两种审核方式，即自动批审和手工审核。如要自动批审，在“收款单据过滤条件”页面，所有过滤条件为空，单击“批审”按钮，自动完成审核，并提供审核报告。如选择手工审核，则在“收款单据过滤条件”页面输入相应过滤条件后，进行满足条件单据的审核，或者选择过滤条件为空，单击“确认”按钮，进入“收付款列表”，单击菜单栏“全选”，然后单击“审核”，完成所有的单据的审核，如需取消审核，则可单击“弃审”，取消审核标识。

3. 核销处理

对于收付款单据进行核销处理时，首先必须在“应收账款系统”|“设置”|“选项”|“核销设置”界面，对“收付款单审核后是否核销”选项进行勾选，然后再勾选具体单据的核销处理方式，即手工核销和自动核销。

1）手工核销

手工核销时必须输入客户信息。手工核销具体操作步骤如下：单击“核销处理”|“手工核销”，进入核销过滤条件界面，选择需要进行核销处理的客户，输入收付款单、被核销单据过滤条件，单击“确认”按钮，进入单据核销界面，上边列表显示该客户可以核销的收付款单记录，下边列表显示该客户符合核销条件的对应单据；手工输入本次结算金额，上下列表中的结算金额合计必须保持一致，单击“保存”按钮，即可完成核

销；也可以手工输入本次结算金额后，单击菜单栏“分摊”，系统将当天收付款单列表中的本次结算金额合计自动分摊到被核销单据列表的本次结算栏，如图 7-13、图 7-14 所示。单击“保存”，系统自动保存收付款单据核销信息，退出。

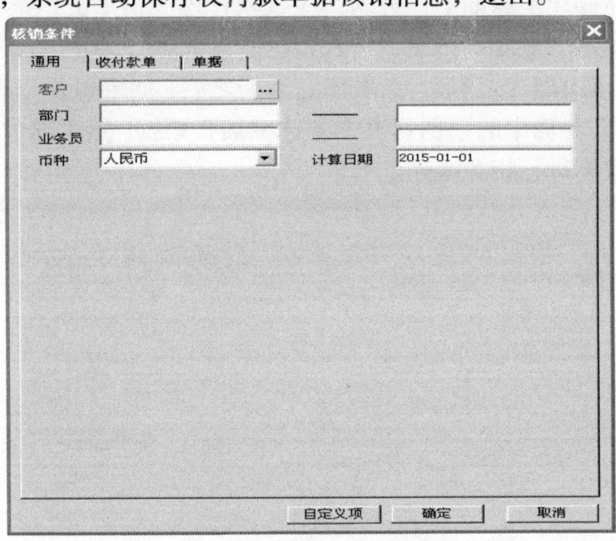

图 7-13 核销条件选择

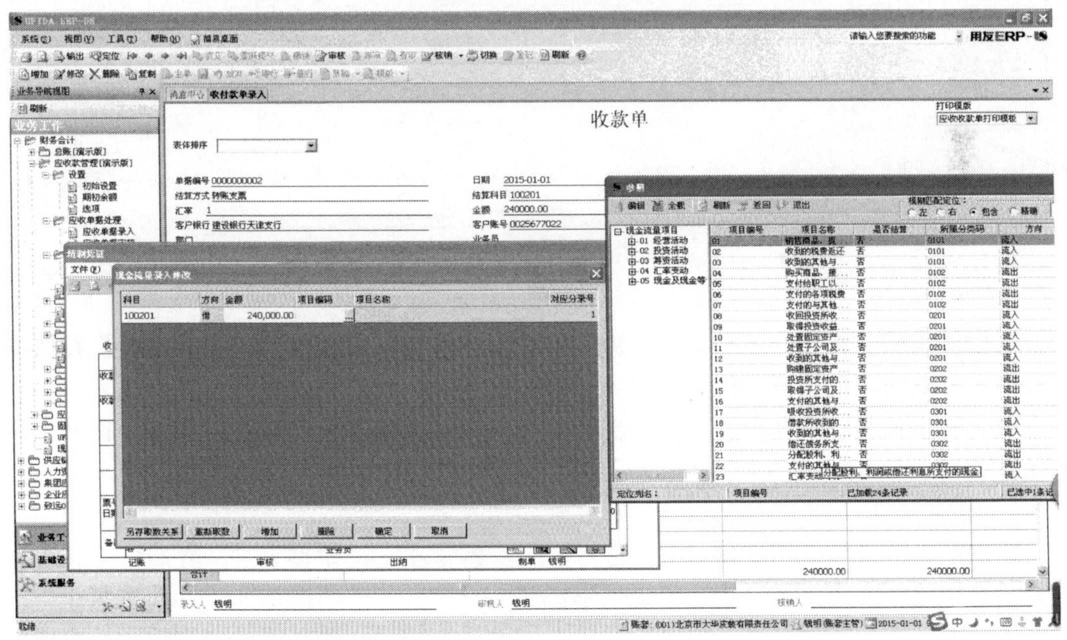

图 7-14 手工核销操作

2）自动核销

自动核销操作具体步骤如下：单击“核销处理”|“自动核销”，进入核销过滤条件界面。输入过滤条件，单击“确认”按钮。核销完成后，提交自动核销报告，显示以核销的情况和未核销的原因。

4. 票据管理

1）票据增加

增加票据的具体操作步骤如下：进入“应收款管理”，单击“票据管理”，在过滤条件选择界面直接单击“过滤”按钮，进入票据管理界面，单击“增加”，按照业务要求输入一张新票据，如图 7-15 所示。在增加完票据之后，如果想要修改、删除票据信息，可以先在“票据管理”界面中的票据列表中先选中某张票据，然后通过单击菜单栏的“修改”“删除”等对票据进行相关操作。

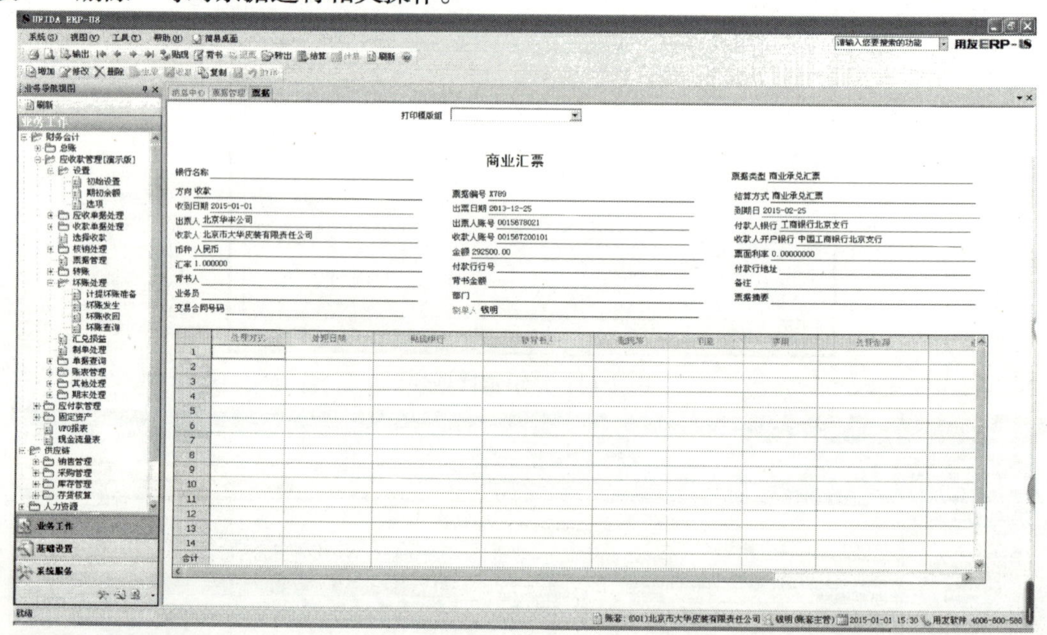

图 7-15　票据增加

2）票据转出

票据转出的具体操作步骤如下：进入“应收款管理”|“票据管理”界面，现在票据列表中选择要转出的票据，然后单击菜单栏“转出”，在“票据转出”界面输入要转出的金额、转出日期、应收科目以及应收单类型，如图 7-16 所示，单击“确定”按钮，完成操作。

3）票据结算

票据结算的具体操作步骤如下：进入“应收款管理”|“票据管理”界面，先在票据列表中选中要结算的票据，然后单击菜单栏“结算”，在“票据结算”界面按照业务内容输入结算金额、结算科目等内容后，单击“确认”按钮，单击菜单“收款”，完成票据的结算，如图 7-17 所示。

5. 转账处理

（1）应收冲应收——将某一账户的应收款转到另一客户中，通过本功能将应收款业务在客户之间进行转入、转出，实现应收业务的调整，解决应收款业务在不同客户间入错户或并户的问题。

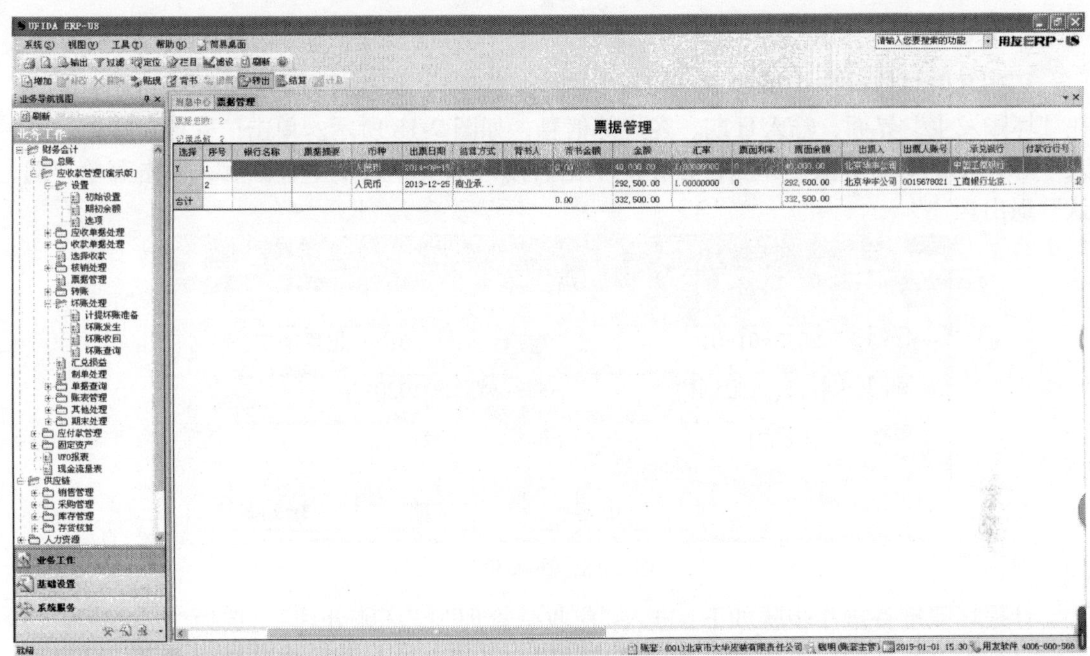

图 7-16　票据转出

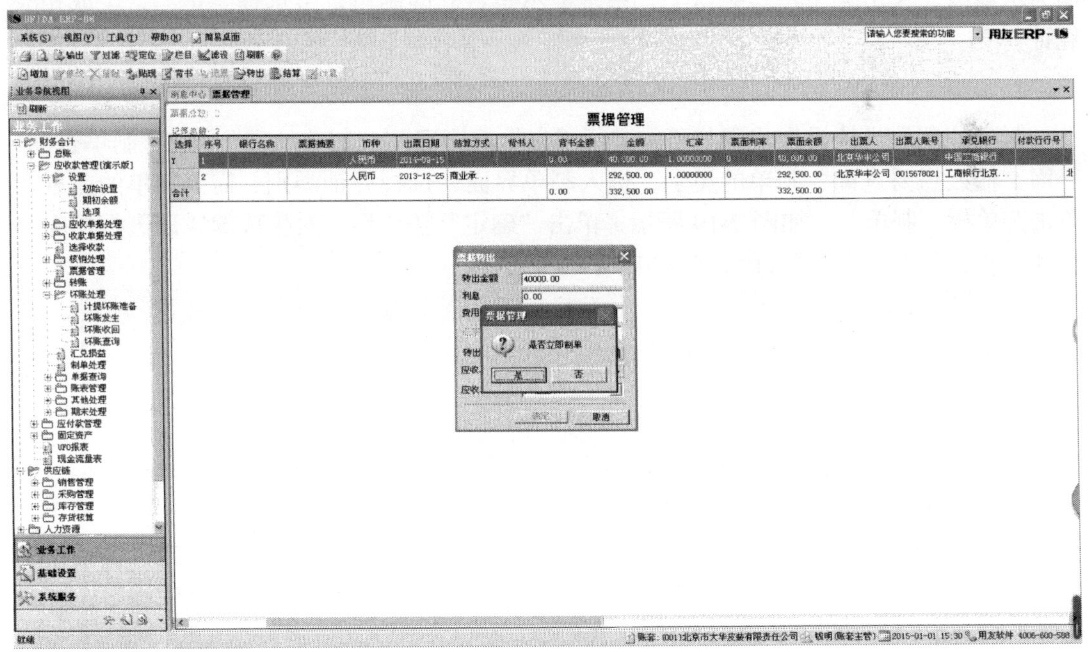

图 7-17　票据结算

（2）应收冲预收——处理客户的预收款和该客户应收欠款的转账核销业务。

（3）应收冲应付——用某客户的应收账款，冲抵某供应商的应付款项。

（4）红票对冲——用某客户的红字发票与其蓝字发票进行冲抵。对冲的方式可以分成手工对冲和自动对冲。手工对冲时，输入公司，单击“分摊”后保存；自动对冲时，“是否进行自动红票对冲”界面单击“是”。

6. 坏账处理

坏账发生具体操作步骤如下：进入“应收款管理”|“坏账处理”，选择“坏账发生”，在“坏账发生”界面，输入日期、客户等信息，如图 7-18 所示。单击“确定”按钮，进入“坏账发生明细单据”界面，在相应单据后输入本次坏账发生金额后，单击菜单“确认”退出。

图 7-18　坏账发生

计提坏账准备操作步骤如下：进入“应收款管理”|“坏账处理”，选择“坏账计提”，系统自动根据目前的应收账款余额按照先前设定的百分比计提本期的坏账准备，计提金额无法修改，单击菜单栏“确认”，系统提示是否立即制单，可选择“是”，生成相应凭证。

7. 制单处理

制单处理的具体操作步骤如下：进行“应收款管理”|“制单处理”，在“制单查询”界面，输入想要查询、制单的类别，进入制单界面，选择凭证类别、需要制单的业务，单击菜单栏“制单”，如图 7-19 所示，单击“确定”按钮后，对生成的凭证进行相应补充和修改，单击“保存”即可完成制单。

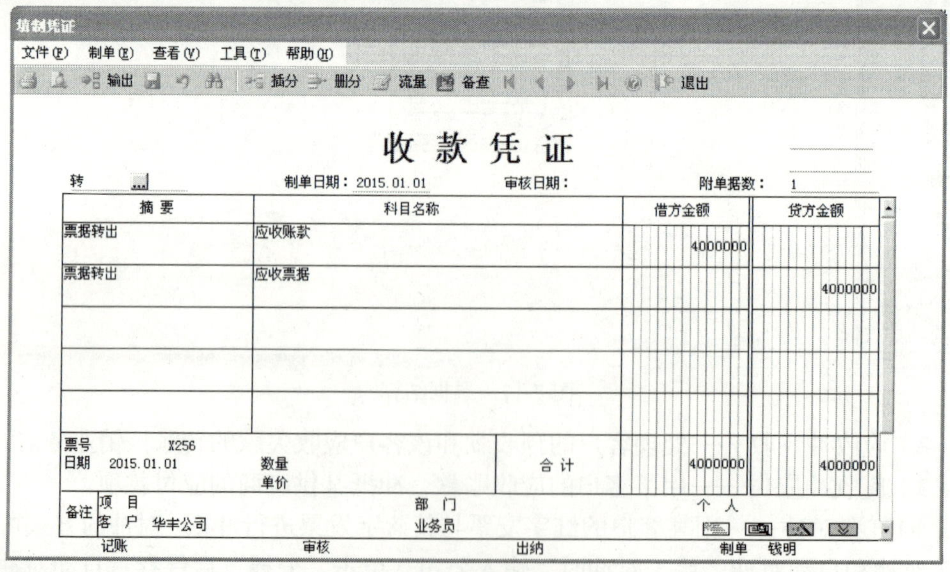

图 7-19　制单处理

8. 取消操作

取消操作的具体步骤如下：进入“应收账款管理”|“其他处理”，在“取消操作条件”界面，输入想要取消操作的内容，选择相应条件，单击菜单栏“确定”，即可完成取消操作。

（三）期末处理

（1）查询本月应收款管理系统生成的凭证情况，并具体查看 1 月 4 日收款单的制单内容。

查询本月的凭证生成情况的操作办法是：在“单据查询”下，进入“凭证查询”，系统即可显示本月应收系统生成的全部凭证列表。想要查询 1 月 4 日收款单的制单内容，则在该界面，找到该张凭证的记录条，双击该条记录，即可查看详细的凭证内容。

（2）查询本月的应收核销明细表，并查 1 月 27 日开具给上海新星公司销售发票的具体内容。

查询本月的应收核销明细表的具体步骤如下：在“单据查询”下，单击“应收核销明细表”，在“过滤条件”中输入日期“2015.01.01—2015.01.31”，单击“过滤”按钮，进入“应收核销明细表”界面。若要查询 1 月 27 日开具给上海新星公司销售发票的具体内容，则在核销明细表的记录中选中该条记录，双击记录条，即可以看到该张发票的具体内容。

（3）查询业务明细账、对账单。

查询本月的业务明细账要通过“账表管理”|“业务账表”|“业务明细账”进行查询，单击“过滤”按钮直接进入查询结果界面。查询本月对账单则进入“对账单”查询，过滤条件默认。

（4）与总账进行对账。

其操作步骤如下：进入“账表管理”|“业务账表”|“与总账对账”，录入对账条件，单击“确认”按钮；进入“与总账对账结果”界面，如图 7-20 所示。双击对账不平的记录条，可以查看对账不平的明细记录。

（5）进行本月的应收账龄分析和收款预测。

对本月的应收账龄进行分析应在“账表管理”|“统计分析”|“应收账龄分析”下进行，默认过滤条件，进入所有客户的应收账龄分析表界面，可以选择不同的客户查看具体的账龄分析情况。对本月的收款预测应在“账表管理”|“统计分析”|“收款预测”下进行。按照要求选择输入预测对象等信息，单击“确认”按钮，进入所有客户的收款预测界面，可选择查看不同客户的预测情况。

（6）查询本月科目明细账。

查询本月科目账的具体步骤如下：进入“账表管理”|“科目账查询”|“科目明细账查询”，在“客户往来科目明细账”界面，选择查询表，输入查询条件、明细对象，单击“确认”按钮。进入科目明细账界面，单击菜单栏“总账”，可以查看科目余额表内容，选中某条具体凭证记录条，单击菜单栏“凭证”，可以查看该张凭证具体内容。

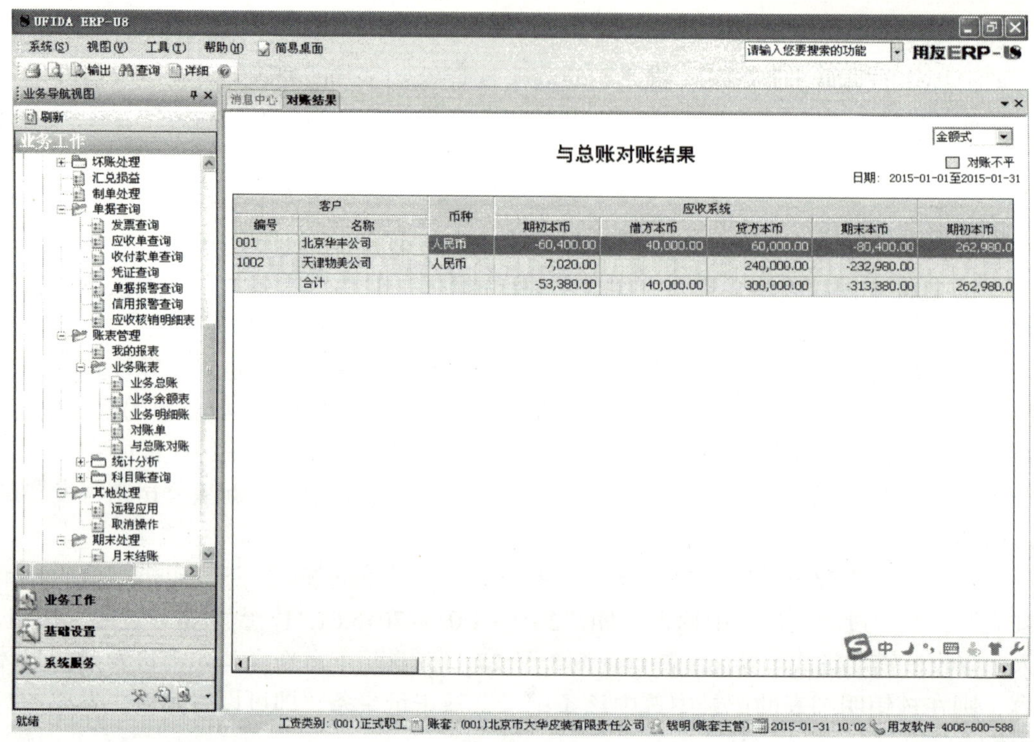

图 7-20　对账

（7）月末结账。

月末结账的具体步骤如下：进入“应收款管理”|“期末处理”|“月末结账”，双击“月末处理”界面的“一月”的结账标志栏，单击“下一步”，如图 7-21 所示，进入“月末处理情况”界面，单击“完成”按钮，完成本月结账。

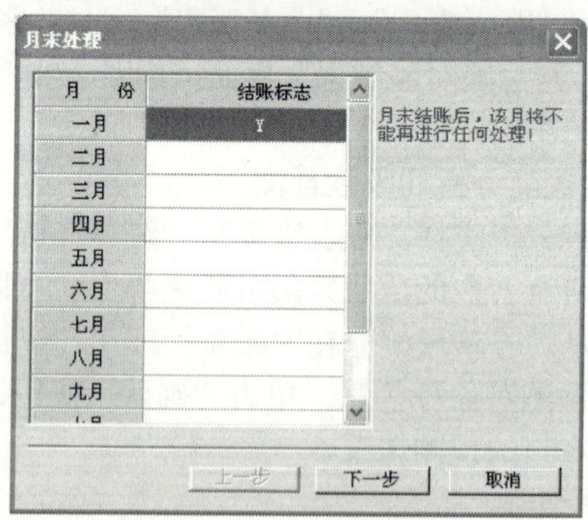

图 7-21　月末结账

（8）取消结账。

取消月末结账的具体操作步骤如下：进入“应收款管理”|“期末处理”|“取消月结”，选择“一月”，单击“确定”按钮，取消本月结账。

本 章 小 结

本章主要介绍了应收款管理系统的主要功能、应收款管理系统与其他系统的关系、应收款管理系统的业务处理流程，以及应收款管理系统初始设置、日常业务处理、期末处理等内容。

应收款管理系统主要用于核算和管理企业与客户之间的往来款项。通过发票、其他应收单、收款单等单据的录入，对企业的往来账款进行综合管理，及时、准确地提供客户的往来账款余额资料，提供各种分析报表，如账龄分析表等，通过各种分析报表，帮助用户合理地进行资金的调配，提高资金的利用效率。

初始设置的作用在于建立应收款管理系统需要的基础环境，并录入应收账款的期初余额。

日常业务主要围绕形成应收款、收回应收款、收到预收款、应收票据管理、转账处理、坏账处理、制单等业务展开，具备单据查询、账表管理等功能。

应收款管理系统期末处理主要包括结转汇兑损益、期末对账和结账等工作。如果单位本期发生外币业务，则需要对外币业务进行汇兑损益核算。通过与总账对账功能，可以检查应收款管理系统和总账管理系统中的往来账是否相等。结账工作必须在期末进行。

通过实验，有助于帮助学生进一步理解应收款管理系统的整体功能，掌握利用应收款管理系统进行业务处理的操作方法。

复习思考题

1. 应收款管理系统包括哪些主要功能?
2. 应收款管理系统与其他系统之间的关系是怎样的?
3. 应收款管理系统的业务处理流程是怎样的?
4. 为什么要进行应收款选项的设置?
5. 如何在应收款管理系统和总账管理系统录入期初余额?
6. 应收款管理系统的日常业务处理包括哪些内容?
7. 核销的含义及核销的方法?
8. 如何进行坏账处理? 如何进行坏账收回的处理?
9. 在应收款管理系统生成的错误凭证如何进行修改?
10. 如何查询应收款的相关账表?
11. 如何取消在应收款管理系统进行的误操作?

应收款管理系统复习题

第8章　供应链管理系统

学习目标：

了解供应链管理系统的主要功能以及供应链管理系统与其他系统之间的数据传递关系，了解供应链管理系统应用方案，理解供应链管理系统初始化的重要性以及初始化包括的内容，掌握供应链管理系统相关基础档案的设置方法，掌握供应链管理系统录入期初余额的方法。通过学习，学生能够独立设置供应链相关基础档案，录入供应链期初余额，为进一步学习使用其他供应链管理软件奠定基础。

关键词：

供应链管理；采购管理；销售管理；库存管理；存货核算；应收款管理；应付款管理；总账管理；选项；基础档案；期初余额；对账

8.1　供应链管理系统概述

供应链管理系统是用友 ERP-U8 管理软件的重要组成部分，它是以企业采购、销售、库存管理业务环节中的各项活动为对象，不仅记录各项业务的发生，还能够有效地跟踪其发展过程，为财务核算、业务分析、管理决策提供依据，从而实现企业财务业务一体化全面管理，为企业全面提供物流、资金流、信息流资料。

8.1.1　供应链管理系统的主要功能模块

供应链管理系统主要包括合同管理、采购管理、销售管理、库存管理、存货核算、售前分析、出口管理、进口管理、委外管理、GSP 质量管理等模块。在实际应用中，企业可以根据实际情况，有选择地启用某些模块。为了便于学习，结合企业实际应用情况，本书重点介绍采购管理、销售管理、库存管理、存货核算四大模块。

1. 采购管理

采购管理的主要功能在于帮助企业对采购业务的全部流程进行管理，提供请购、采购订货、采购到货、采购入库、采购发票、采购结算的完整采购流程的处理，企业既可以按规范的标准流程进行业务处理，也可根据自身实际情况进行采购流程的定制。适用于各类工业企业和商业批发、零售企业、医药、物资供销、对外贸易、图书发行等商品流通企业的采购部门使用。

2. 销售管理

销售管理的主要功能在于帮助企业对销售业务的全部流程进行管理，提供了报价、订货、发货、开票的完整销售流程的处理，支持普通销售、委托代销、分期收款、直运、零售、销售调拨等多种类型的销售业务，并可对销售价格和信用进行实时监控。适用于工业企业和商业批发、零售企业、医药、物资供销、对外贸易、图书发行等商品流通企业的销售部门使用。

3. 库存管理

库存管理的主要功能在于帮助企业对采购入库、销售出库、产成品入库、材料出库、其他出入库、盘点管理等业务引起的存货入库、出库进行处理，提供仓库货位管理、批次管理、保质期管理、出库跟踪入库管理、可用量管理、序列号管理等全面的业务处理。系统着重实现工商企业库存管理方面的需求，覆盖目前工业、商业的大部分库存管理工作。

4. 存货核算

存货核算的主要功能在于帮助企业核算存货入库成本、出库成本、结余成本，反映和监督存货的收发、领退和保管情况，反映和监督存货资金占用情况，动态反映存货资金的增减变动，提供存货资金的周转和利用情况，以降低库存，减少资金占用。

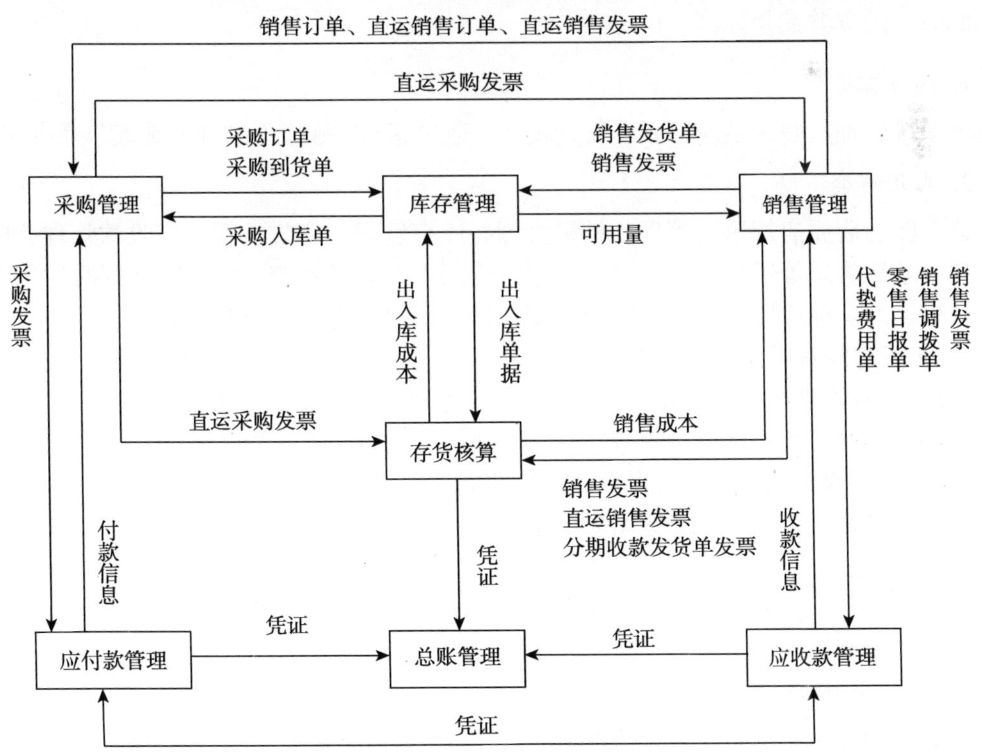

图 8-1　供应链管理系统数据流程图

8.1.2 供应链管理系统的应用方案

企业启用采购管理、销售管理、库存管理、存货核算等模块进行财务业务一体化处理时，这些模块既可以单独使用，也可以集成使用。集成使用更有利于从整个企业的角度发挥信息化处理的优点，发挥供应链管理系统的强大功能。

8.1.3 供应链管理系统数据流程

当企业集成启用采购管理、销售管理、库存管理、存货核算、应收款管理、应付款管理、总账管理系统各模块时，这些系统之间的数据传递关系如图 8-1 所示。

8.2 供应链管理系统初始设置

企业集成启用供应链管理系统时，因为每一笔业务的处理会同时涉及财务、业务的多个模块，因此对供应链管理系统进行初始设置时，要同时进行相关模块的设置，以满足业务处理的需要。

供应链管理系统初始设置包括建立并启用账套、参数设置、设置基础档案、录入期初余额等内容。

8.2.1 建立并启用账套

1. 建立账套

由系统管理员登录供应链系统管理模块，通过运行“账套”|“建立账套”命令实现。

2. 启用账套

建立账套后要启用采购管理、销售管理、库存管理、存货核算、应收款管理、应付款管理、总账管理等子系统。建议企业同时启用上述各子系统。如果不能同时启用上述各子系统，为避免启用后续系统时的麻烦，建议用户在启用系统时：

（1）库存管理系统与存货核算系统在同一月份启用。

（2）采购管理系统与存货核算系统、库存管理系统在同一月份启用。

（3）应付款管理系统与采购管理系统在同一月份启用。

（4）应收款管理系统与销售管理系统在同一月份启用。

具体操作见第 2 章的系统管理与企业应用平台部分，此处不再赘述。

8.2.2 参数设置

1. 采购管理系统参数

1）业务及权限控制

（1）普通业务必有订单。选择该选项，则发生普通采购业务时，必须填制采购订单；如不选择该选项，则采购订单不是必填项。

（2）允许参照订单到货及入库。如不允许，则参照订单生成到货单、入库单时，不可超订单数量。如允许，则参照订单生成到货单、入库单时，可超订单数量，但不能超过订单数量入库上限，即订单数量×（1+入库超额上限），入库上限在存货档案中设置。

（3）退货必有订单。该选项仅在必有订单模式下使用。如果选择，则在退货时，采购退货单只能参照来源单据生成；如果不选择，则退货单可以手工增加。

（4）供应商供货控制。有三种选择，默认为“不检查”，可随时修改。

选择“不检查”时：在录入单据和保存单据时不检查供应商与存货是否在供应商存货对照表中。

选择“检查提示”时：在录入单据和保存单据时要检查供应商与存货的对应关系，给出提示，让用户来决定“是否继续”，系统不严格控制。

选择“严格控制”时：在录入单据和保存单据时，要检查供应商与存货的对应关系，如果不符合供应商与存货对应关系，则单据严格控制不允许保存。

（5）订单/到货单/发票单价录入方式。单选，可随时修改。

手工录入：用户直接录入。

取自供应商存货价格表价格：带入供应类型为“采购”的无税单价、含税单价、税率，可修改；若无则手工录入。参见供应商存货价格表。

最新价格：系统自动取最新的订单、到货单、发票上的价格，包括无税单价、含税单价、税率，可修改。取价规则参见“历史交易价参照设置”。

（6）历史交易价参照设置。填制单据时可参照的存货价格，最新价格的取价规则也在此设置，可随时更改。

来源：用户可选择在业务中作为价格基准的单据，在参照历史交易价和取最新价格时取该单据的价格。选择内容为订单、到货单、发票。

是否按供应商取价：选中则按照当前单据的客户带入历史交易价。按照供应商取价能够更加精确地反映交易价。因为同一种存货，从不同供应商取得的进价可能有所差异。

显示最近（ ）次历史交易价记录：录入，默认为10次。

（7）最高进价控制口令。系统默认为“system”，可修改，可为空。设置口令，则在填制采购单据时，如超过最高进价，系统提示，并要求输入控制口令，口令不正确不能保存采购单据。不设置口令，则在填制采购单据时，如超过最高进价，系统提示，不需输口令，确定后即可保存。

2）公共及参照控制

（1）本系统启用的会计月、启用日期：根据采购管理系统的启用月和会计月的第一日带入，不可修改。

（2）单据进入方式。进入采购单据时，单据进入方式的设置。默认值为空白单据，可随时修改。

空白单据：进入单据卡片时，不显示任何信息。

最后一张单据：进入单据卡片时，显示最后一次操作的单据。

2. 销售管理系统参数

1）业务控制

（1）有零售日报业务。选中，系统增加“零售日报”菜单项，相关报表如销售收入明细账中包含零售日报的数据。否则系统不能处理零售日报业务。有销售调拨业务、有委托代销业务、有分期收款业务、有直运销售业务选项含义与此类似，选中时系统增加相应业务菜单项，相关报表中包含相应业务报表的数据。否则系统不能处理相应业务。

（2）允许超订量发货。设置在参照订单生成发货单、生成销售发票时，是否可超过订单的数量。通过该参数可根据销售订单控制销售发货数量，限制业务人员的权限，降低出货回款的风险。

未选中情况下，在参照销售订单生成发货单、销售发票，保存时对订单累计发货数、累计开票数（开票直接发货模式下）与订单数量进行比较，累计发货（开票）数>订单数量，不允许保存；累计发货（开票）数≤订单数量，允许保存。

选中情况下，在发货时，可以超出销售订单量进行发货。即允许累计发货（开票）数>订单数量，但需要根据存货档案中的发货超额上限进行控制，即累计发货（开票）数≤订单数量（1+存货档案的发货超额上限）。

（3）允许超发货量开票。未选中情况下，在参照销售发货单生成销售发票，保存时对发货单的累计开票数与发货数量比较，累计开票数>发货数量，不允许保存；累计开票数≤发货数量，允许保存。选中情况下，在进行开票操作时不检查，允许单据保存。

（4）销售生成出库单。选中，则在销售管理系统审核（或复核）销售发货单、销售发票、零售日报、销售调拨单时，系统自动生成销售出库单，传递到库存管理系统和存货核算系统，销售出库单的数量不能修改，即一次发货一次全部出库。

未选中时，销售出库单在库存管理参照销售发货单生成；在参照时，可以修改本次出库数量，即一次发货可以多次出库。

2）其他控制

（1）新增发货单默认。设置新增发货单时是否参照销售订单。如选不参照单据，则新增发货单时不弹出销售订单的参照界面；如选参照订单，新增发货单时弹出销售订单的参照界面，可以参照订单生成发货单。

（2）新增发票默认。设置新增发票时是否参照单据，参照时是参照订单还是参照发货单。如选择不参照单据，则新增发票时不弹出参照界面；如选择参照订单，则新增发票时弹出销售订单的参照界面；如选择参照发货单，则新增发票时弹出销售发货单的参照界面。

3. *库存管理系统参数*

1）通用设置

（1）业务设置。进行一些业务选择设置，如是否有组装拆卸业务、委托代销业务等，选择相关选项时，库存管理系统能够进行相关业务处理，提供相关的报表信息。否则不能进行相关业务处理，也无法提供相关报表信息。

（2）修改现存量时点。设置发生存货出库、入库业务后，何时改变该存货的现存量。未选中时，在保存该业务单据时修改现存量；选中时，在审核该业务单据时修改现存量。

2）专用设置

（1）业务开关。设置在参照订单、到货单等生成入库单，以及参照发货单生成出库单等单据时，是否可以超过参照单据的数量。未选中情况下，保存出入库单据时，系统对出库、入库数量和参照的单据数量进行比较，累计入库、出库的数量大于参照的单据数量时，不允许保存；选中时可以保存。

（2）自动带出单价的单据。设置自动带出单价的单据，并设置入库单成本、出库单成本的来源。

复选，默认为否，可随时修改。选择内容为采购入库单、销售出库单、产成品入库单、材料出库单、其他入库单、其他出库单、调拨单、调拨申请单、盘点单、组装单、拆卸单、形态转换单、不合格品记录单、不合格品处理单。

4. 存货核算系统参数

1）核算方式

（1）按仓库核算。按在仓库档案中设置的计价方式核算存货成本，每个仓库单独核算出库成本。

（2）按部门核算。按在仓库档案中设置的所属部门设置的计划方式核算存货成本，相同所属部门的各仓库统一核算出库成本。

（3）按存货核算。按用户在存货档案中设置的计价方式进行核算。

只有在期初记账前，才能将按存货设置计价方式改为按仓库或部门设置计价方式，或由按仓库或部门设置计价方式改为按存货设置。期初记账后便不能修改计价方式了。

系统默认按仓库核算。

2）暂估方式

（1）月初回冲。月初时系统自动生成红字回冲单，报销处理时，系统自动根据报销金额生成蓝字采购报销入库单，即蓝字回冲单。

（2）单到回冲。报销处理时，系统自动生成红字回冲单，并生成采购报销入库单。

（3）单到补差。报销处理时，系统自动生成一笔调整单，调整金额为实际金额与暂估金额的差额。

3）销售成本核算方式

（1）按销售出库单。销售出库单方式是指按销售出库单所列数量核算销售成本。

（2）按销售发票。销售发票方式是指按销售发票所列数量核算销售成本。

普通销售情况下，按销售出库单核算销售成本和按销售发票核算销售成本的结果是一样的；在核算分期收款、委托代销等业务的销售成本时，销售出库单所列数量和销售发票所列数量不一致，应该选择按销售发票核算销售成本。

8.2.3 设置基础档案

购销存业务的处理涉及大量的基础档案信息，在前面介绍其他子系统的时候，已经设置了较多的基础档案，如会计科目、凭证类别、部门档案、职员档案等，这些基础档案和供应链管理系统所需要的基础档案可以共享，不用重新进行设置。此处仅介绍一些前面没有涉及的基础档案，以及对供应链管理系统本身进行的一些基础设置。

1. 存货分类

企业可以根据对存货的管理要求对存货进行分类管理，以便于对业务数据的统计和分析。存货分类最多可分8级，编码总长不能超过30位，每级级长用户可自由定义。存货分类用于设置存货分类编码、名称及所属经济分类。例如，工业企业的存货分类可以分为三类，即材料、产成品、应税劳务。用户可以在此基础上继续分类。例如，材料继续分类，可以按材料属性分为钢材类、木材类等；产成品继续分类可以按照产成品属性分为紧固件、传动件、箱体等。商业企业的存货分类的第一级一般可以分为两类，分别是商品、应税劳务。商品继续分类可以按商品属性分为日用百货、家用电器、五金工具等，也可以按仓库分类，如一号仓库、二号仓库等。

2. 计量单位

实际工作中，有的存货只有一个计量单位，如计算机的计量单位是“台”，椅子的计量单位是“把”；而有的存货有两个计量单位，如啤酒既可以按“瓶”计量，也可以按“箱”计量；布既可以按“米”、按“尺”计量，也可以按“匹”计量；等等。因此设置计量单位分两步进行，首先设置计量单位组，然后再设置具体的计量单位。

计量单位组分无换算、浮动换算、固定换算三种类别。每个计量单位组中有一个主计量单位、多个辅助计量单位，可以设置主辅计量单位之间的换算率；还可以设置采购、销售、库存和成本系统所默认的计量单位。

（1）无换算计量单位组。在该组下的所有计量单位都以单独形式存在，各计量单位之间不需要输入换算率，系统默认为主计量单位。

（2）浮动换算计量单位组。设置为浮动换算率时，可以选择的计量单位组中只能包含两个计量单位。此时需要将该计量单位组中的主计量单位、辅计量单位显示在存货卡片界面上。

（3）固定换算计量单位组。设置为固定换算率时，可以选择的计量单位组中才可以包含两个（不包括两个）以上的计量单位，且每一个辅计量单位对主计量单位的换算率不为空。此时需要将该计量单位组中的主计量单位显示在存货卡片界面上。

计量单位组设置完成后，再针对相应的计量单位组，设置具体的计量单位。

3. 存货档案

存货也叫物料，包括企业在生产经营过程中用到的各种原材料、库存商品、周转材料等，随同发货单或发票一起开具的应税劳务等也应设置在存货档案中，因为这些应税劳务扣除抵扣的增值税后，剩余成本要计入存货成本中。通过设置存货档案，便于对这些存货进行资料管理、实物管理和业务数据的统计、分析。

1）基本选项卡

该选项卡下包含了存货档案的基本信息。存货属性非常重要，只有设置了存货的相关属性，才能对该项存货进行相应的业务处理。例如，某存货设置了外购属性，则该存货才能填制采购发票；某存货设置了生产耗用属性，才能填制生产领料单，被生产车间领用。同一存货可以设置多个属性。

（1）内销。具有该属性的存货可用于销售给国内客户。发货单、发票、销售出库单等与销售有关的单据参照存货时，参照的都是具有销售属性的存货。开具在发货单或发票上的应税劳务，也应设置为销售属性，否则开具发货单或发票时无法参照。

（2）外销。具有该属性的存货可用于销售给国外客户。发货单、发票、销售出库单等与销售有关的单据参照存货时，参照的都是具有销售属性的存货。开具在发货单或发票上的应税劳务，也应设置为销售属性，否则开具发货单或发票时无法参照。新增存货档案外销默认为不选择。

（3）外购。具有该属性的存货可用于采购。到货单、采购发票、采购入库单等与采购有关的单据参照存货时，参照的都是具有外购属性的存货。开具在采购专用发票、普通发票、运费发票等票据上的采购费用，也应设置为外购属性，否则开具采购发票时无法参照。

（4）生产耗用。具有该属性的存货可用于生产耗用。例如，生产产品耗用的原材料、辅助材料等。具有该属性的存货可用于材料的领用。材料出库单参照存货时，参照的都是具有生产耗用属性的存货。

（5）委外。具有该属性的存货主要用于委外管理。委外订单、委外到货单、委外发票、委外入库单等与委外有关的单据参照存货时，参照的都是具有委外属性的存货。

（6）自制。具有该属性的存货可由企业生产自制。例如，工业企业生产的产成品、半成品等存货。具有该属性的存货可用于产成品或半成品的入库，产成品入库单参照存货时，参照的都是具有自制属性的存货。

（7）应税劳务。应税劳务是指开具在采购发票上的运输费、包装费等采购费用或开具在销售发票或发货单上的应税劳务。应税劳务属性与“自制”“在制”“生产耗用”属性互斥。

2）成本选项卡

成本选项卡主要用于在存货的成本核算过程中提供价格计算的基础依据。

（1）计价方式。存货成本核算方式有三种，分别是按仓库核算、按部门核算、按存货核算，具体设置方法在存货核算系统选项中设置。当存货成本核算方式设置为“按存货核算”时，必须在此处设置存货的计价方式，核算过程中系统将严格按照用户设置的计价方式进行成本的确认。当存货成本核算方式设置为按仓库核算或按部门核算时，则不用在存货档案成本选项卡中设置计价方式。

（2）最高进价。最高进价是指进货时用户参考的最高进价，为采购进行进价控制。如果用户在采购管理系统中选择要进行最高进价控制，则在填制采购单据时，如果最高进价高于此价，系统会要求用户输入口令，如果口令输入正确，方可高于最高进价采购，否则采购单据不能被保存。

（3）最低售价。存货销售时的最低销售单价，为销售进行售价控制。用户在录入最低售价时，根据报价是否含税录入无税售价或含税售价。如果用户在销售管理系统中选择有最低售价控制，则在填制销售单据时，如果最低售价低于此价，系统会要求用户输入口令，如果口令输入正确，方可低于最低售价销售，否则销售单据不能被保存。

3）控制选项卡

控制选项卡主要用于对存货的出库、入库数量及存货盘存进行管理。

（1）最高库存。存货在仓库中所能储存的最大数量，超过此数量就有可能形成存货的积压。最高库存不能小于最低库存。用户在填制出库单、入库单时，如果某存货的目前结存量高于最高库存，系统将予以报警。注意，需要在库存管理系统选项中选中“最高最低库存限制”选项，才能报警。

（2）最低库存。存货在仓库中应保存的最小数量，低于此数量就有可能形成短缺，影响正常生产。如果某存货当前可用量小于此值，用户在填制出库单、入库单及登录产品时系统将予以报警。需要在库存管理系统选项中选中“最高最低库存限制”选项，才能报警。

（3）请购超额上限。设置根据请购单生成采购订单时，可以超过来源请购单订货的上限范围。在采购管理系统选项中选中“允许超请购订货”时，订货可超过请购量的上限值。以小数的形式输入，如可以超过上限 20%，则输入 0.2。例如，某请购单请购存货的数量为 200 件。在采购管理选项中选中了“允许超请购订货”。请购超额上限 0.1。则根据该请购单生成采购订单时，采购订单的数量最多可以为 220 件，其中 20 件即为请购超额的上限数量。

（4）入库、出库超额上限。设置根据来源单据生成出入库单时，可以超过来源单据出库或入库的上限范围。手工输入的数据，在出库、入库时根据录入的数据计算控制。百分比数据以小数类型录入。

（5）发货允超上限，即发货允许超出订单的上限。

（6）上次盘点日期。新增记录可以手工输入上次盘点日期，以后就由系统自动维护，每次在该存货盘点时自动回填盘点日期，不允许修改。当设置盘点周期为天时必须输入该项内容，如果不填系统默认为当前注册日期。如果该存货盘点方式为周期盘点，则需要录入上次盘点日期。当前日期≥上次盘点日期+盘点周期时，表示该存货为到期盘点存货。

（7）盘点周期。根据选择的盘点周期单位来确定实际输入的内容。当设置周期盘点时必须输入该项内容，可以输入大于 0 的整数，缺省为 1。

（8）盘点周期单位。其可选择的内容有天、周、月，必须选择其中一种。

（9）盘点日设置。当没有设置周期盘点或设置盘点周期为天时，无须输入该项内容；当设置盘点周期为周时，该项内容可以设置星期一到星期日七项内容，必须选择其中一项，注意 1 表示周日，2 表示周一，3 表示周二，依次类推，7 表示周六；当设置盘点周期为月时，该项内容可以设置 1~31 日作为选择项，每次只能且必须选择其中一项。

（10）是否批次管理。其是指存货是否需要批次管理。只有在库存选项设置为“有批次管理”时，此项才可选择。如果存货是批次管理，录入出库、入库单据时，系统将要求用户输入出库、入库批号。

（11）是否出库跟踪入库。可以修改，但是若需要将该选项从不选择状态改成选择状态，则需要检查该存货有无期初数据或者出入库数据，有数据的情况下不允许修改。在录入出库单时需要指定对应的入库单，只有设置此项才可以跟踪到供应商对应存货收发存情况。

（12）是否序列号管理。默认为“否”，随时可改。在库存管理系统选项设置为“启用序列号管理”时，对于有序列号管理存货，在出库、入库时可以维护其对应序列号信息。

4. 仓库档案

存货一般是用仓库来保管的，对存货进行核算管理，首先应对仓库进行管理。第一次使用供应链管理系统时，应先将本单位使用的仓库，预先输入系统之中，即进行“仓库档案设置”。核算存货成本时，有三种方式可选，即按仓库核算、按部门核算、按存货核算。前述存货档案时，介绍了如何按存货核算成本。

当用户选择按仓库核算存货成本时，一方面要在存货核算系统选项中选择“按仓库核算”方式，另一方面就是设置仓库档案时，设置该仓库的计划方式。设置完成后，所有从该仓库发出的存货，都按照此处设置的计价方式计价。

当用户选择按部门核算存货成本时，一方面要在存货核算系统选项中选择“按部门核算”方式，另一方面就是设置仓库档案时，设置该仓库的计划方式，同时设置该仓库所属部门。设置完成后，所有从该部门所属仓库发出的存货，都按照此处设置的计价方式计价。

5. 收发类别

收发类别设置，是为了用户对存货的出库、入库情况进行分类汇总统计而设置的，表示存货的出入库类型，用户可根据本单位的实际需要自由灵活地进行设置。

6. 采购类型

采购类型是用户根据企业需要自行设定的项目，用户在使用采购管理系统，填制采购入库单等单据时，会涉及采购类型栏目。如果企业需要按采购类型进行统计，那就应该建立采购类型项目。

采购类型不分级次，企业可以根据实际需要进行设立。例如，从国外购进、从国内购进、从省外购进、从本地购进；从生产厂家购进，从批发企业购进；为生产采购，为委托加工采购，为在建工程采购；等等。

7. 销售类型

用户在处理销售业务时，可以根据自身的实际情况自定义销售类型，以便于按销售类型对销售业务数据进行统计和分析。用户可以根据业务的需要方便地增加销售类型。

8. 产品结构

产品结构是指产品的组成成分及其数量，又称为物料清单（bill of material，BOM），即企业生产的产品由哪些材料组成。

（1）母件。母件可以是最终完成的产成品；也可以是生产装配过程中形成的半成品，或由不同材料构成的部件；还可以是经过加工过的半成品、外购部件等。

（2）子件。子件是构成母件的组成部分。有多级结构的产品需要一级一级输入。例如，计算机由显示器、主机、键盘、鼠标组成；主机由机箱、软驱、硬盘、主板、中央处理器（central processing unit，CPU）等组成。首先在存货档案中定义好这些物料的编号、名称、规格型号等，在输入产品结构时需要先输入计算机的下一层结构，然后输入主机的下一层结构。

9. 费用项目

企业在销售过程中会发生一些代垫费用、支出费用，系统将其设置为费用项目，以方便记录和统计费用发生情况。

10. 设置存货科目

企业发生购销存业务时，对于存货的入库、出库业务，都要在存货核算系统生成记账凭证。例如，企业发生材料入库业务时，要在存货核算系统生成入库凭证，借记“原材料”，贷记“材料采购”，如果在存货核算系统基础设置中预先设置了该存货对应的入账科目是“原材料”，则生成记账凭证时，系统会将该“原材料”科目自动填入记账凭证的借方，从而简化会计人员制证的工作量。如果没有预先设置该存货对应的入账科目，则生成记账凭证时，“原材料”科目便不会自动填入记账凭证借方。

因此，本功能的作用在于设置存货核算系统中生成凭证所需要的各种存货科目、差异科目、分期收款发出商品科目、委托代销科目，以便在系统生成凭证时自动带出相关科目，否则无法生成科目完整的凭证。

设置存货科目时，既可以按仓库设置，也可以按存货分类、按存货设置。

11. 设置存货对方科目

此功能用于设置存货核算系统中生成凭证时，所需要的存货对方科目所对应的会计科目，以便在系统生成凭证时自动带出相关科目，否则无法生成科目完整的凭证。

如前例，凭证中的“原材料”科目是存货科目，“材料采购”科目则是存货对方科目。存货的出库、入库业务类型不同，存货对方科目也不同。

8.2.4 录入期初余额

供应链管理系统的期初余额，是指启用用友 ERP-U8 供应链管理系统之前，尚未处理完毕的采购业务、销售业务，以及各种存货的结余余额。在启用用友 ERP-U8 供应链管理系统处理购销存业务时，必须先将这些期初余额录入相关的系统中，以实现手工业务处理向信息化处理的转移。

有关期初余额录入的内容及顺序、相关解释如表 8-1 所示。

表 8-1 供应链管理系统期初数据的内容及录入方法

系统名称	操作	内容	说明
采购管理	录入	期初暂估入库	暂估入库是指货到票未到
		期初在途物资	在途物资是指票到货未到
	期初记账	采购期初记账	不论有无期初数据，都要进行采购期初记账，否则不能进行日常业务处理
销售管理	录入并审核	期初发货单	已发货、出库，但未开票
		期初委托代销发货单	已发货未结算的数量
		期初分期收款发货单	已发货未结算的数量
库存管理	录入（取数）并审核	期初库存的存货余额	库存管理和存货核算系统共用期初数据
		不合格期初存货余额	未处理的不合格品结存数
存货核算	录入（取数）并审核	期初库存的存货余额	可以通过取数功能从库存系统取数，也可以直接录入余额
		期初分期收款发出商品余额	

实验九　供应链管理系统初始设置

一、实验要求

（1）设置本单位开户银行。
（2）设置存货档案。
（3）设置仓库档案。
（4）设置销售和采购类型。
（5）设置收发类型。
（6）应付款管理初始设置。

二、实验资料

（1）本单位开户行及账号信息，如表 8-2 所示。

表 8-2　本单位开户行及账号信息

开户银行编码	开户银行名称	银行账号
01	中国工商银行北京支行	0015672001010101011

（2）存货计量单位，如表 8-3 所示。

表 8-3　存货计量单位

计量单位组（分组）	代码	01
	名称	基本计量单位（无换算）
计量单位（单位）	011	千克
	012	个
	013	套
	014	箱
	015	元

（3）存货分类，如表 8-4 所示。

表 8-4　存货分类

类别	名称
1	原料及主料
2	周转材料
3	库存商品
4	其他

（4）存货档案，如表 8-5 所示。

表 8-5　存货档案

编码	名称	计量单位组	所属类别	计量单位	税率	属性
101	A 材料	01	1	千克	17%	外购、生产耗用、内销、外销、出库跟踪入库
102	B 材料	01	1	千克	17%	外购、生产耗用、内销、外销
201	包装物	01	2	个	17%	外购、生产耗用、内销、外销
202	工作服	01	2	套	17%	外购、生产耗用、内销、外销
301	甲产品	01	3	箱	17%	自制、外销、内销
302	乙产品	01	3	箱	17%	自制、外销、内销
401	运输费	01	4	元	17%	外购、内销、外销、应税劳务

（5）仓库档案，如表 8-6 所示。

表 8-6　仓库档案

仓库编码	仓库名称	计价方式
1	原料库	移动平均法
2	周转材料库	移动平均法
3	成品库	移动平均法

（6）收发类别，如表 8-7 所示。

表 8-7　收发类别

收发类别编码	收发类别名称	收发标志	收发类别编码	收发类别名称	收发标志
1	正常入库	收	3	正常出库	发
101	采购入库	收	301	销售出库	发
102	成品入库	收	302	发料出库	发
103	调拨入库	收	303	调拨出库	发
104	其他入库	收	304	其他出库	发
2	非正常入库	收	4	非正常出库	发
201	盘盈入库	收	401	盘亏出库	发
202	其他入库	收	402	其他出库	发

（7）采购和销售类型，如表 8-8 所示。

表 8-8　采购和销售类型

项目	类型名称	类型代码	入库/处理类别	是否默认值
采购类型	普通采购	1	采购入库	是
销售类型	普通销售	1	销售出库	是
销售类型	委托代销	2	销售出库	否

（8）设置应付款管理系统的参数，如表 8-9 所示。

表 8-9　应付款管理系统账套参数设置（选项）

项目	选择
单据审核日期依据	业务日期
应付账款核算类型	详细核算
受控科目制单方式	明细到供应商
非受控科目制单方式	汇总方式
是否启用供应商权限	是
是否根据单据自动报警	提前 7 天自动报警
应付账款核销方式	按单据

（9）科目设置，如表 8-10 所示。

表 8-10　应付款管理系统科目设置

	项目	设置科目
基本科目设置	应付科目	2202 应付账款
	预付科目	1123 预付账款
	采购科目	1401 材料采购
	采购税金科目	22210101 应交税费——应交增值税（进项税）
	商业汇票科目	2201 应付票据
	现金折扣、票据费用科目	660302 财务费用——利息支出
	票据利息科目	6411 利息支出
	收支费用科目	660109 销售费用——其他费用

（10）结算方式科目，如表 8-11 所示。

表 8-11　结算方式科目设置

结算方式	币种	科目
现金支票	人民币	100201
转账结算	人民币	100201
商业汇票	人民币	100201
信汇	人民币	100201
其他	人民币	100201

（11）账龄区间，如表 8-12 所示。

表 8-12　账龄区间设置

序号	起止天数	总天数
01	1 ~ 30	30
02	31 ~ 60	60
03	61 ~ 90	90
04	91 ~ 120	120
05	121 以上	

（12）报警级别。A 级时的总比率为 10%；B 级时的总比率为 20%；C 级时的总比率为 30%；D 级时的总比率为 40%；E 级时的总比率为 50%；总比率在 50%以上为 F 级。

（13）期初余额（存货税率均为 17%，开票日期均为 2014 年）。

应付款管理系统期初余额，如表 8-13 所示。

表 8-13　应付款管理系统期初余额

单据名称	方向	开票日期	票号	供应商名称	采购部门（业务员）	科目编码	货物名称	数量/千克	无税单价/元	价税合计/元
采购专用发票	正	11月13日	C565	元科公司	供应部（胡俊）	2202	A 材料	239.32	100.00	28 000
采购专用发票	正	11月19日	C356	天得公司	供应部（叶丽）	2202	B 材料	444.40	100.01	52 000
商业承兑汇票（3个月）	正	11月12日	C568	南利公司	供应部（叶丽）	2201				16 400
商业承兑汇票（3个月）	正	11月28日	C569	青胜公司	供应部（胡俊）	2201				93 600
预付款单（转账支票）	正	09月18日	Z1020	阳华公司	供应部（胡俊）	1123				68 000
预付款单（转账支票）	正	10月8日	Z1021	永鑫公司	供应部（胡俊）	1123				40 000

（14）应收款管理系统初始设置。其相关资料见实验八实验资料之“应收款初始设置”。

三、实验指导

（一）基础档案设置

1. 本单位开户行及账号信息

它主要用来建立和管理企业开户银行及账号信息。在“企业应用平台”中单击“基础设置”|“基础档案”|“收付结算”，打开“本单位开户银行”，可以进行本单位开户银行及所属银行等信息的增加、修改、删除操作，如图 8-2 所示。如果开户银行账户长度与银行档案不符，可以对银行档案中的相关内容进行修改。

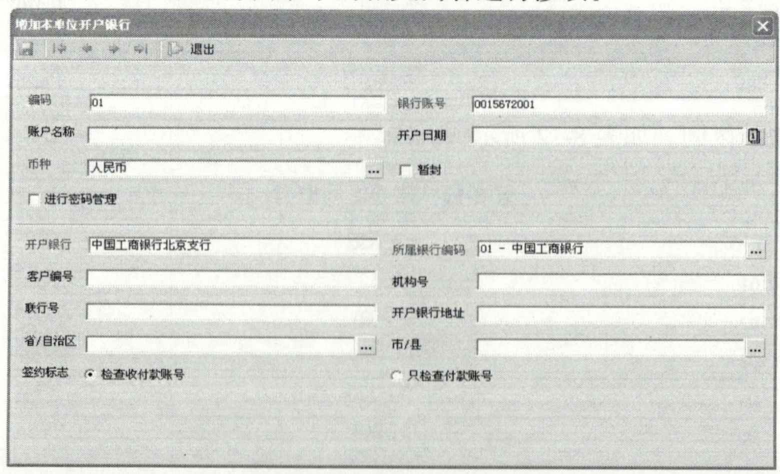

图 8-2　增加本单位开户银行

2. 存货计量单位

存货计量单位设置包括存货计量单位组及计量单位的代码和名称的信息设置。计量单位信息录入的具体操作步骤是，在进入“企业应用平台”|“基础设置”|“基础档案”|“存货”后，选择“计量单位”，进入操作界面，单击菜单栏“分组”，进入“计量单位分组”界面，单击“增加”，按要求输入相关信息，如“计量单位组编码”输入“01”，“计量单位组名称”输入“基本计量单位”，“计量单位组类别”选择“无换算”，单击“保存”后退出即可。回到“计量单位编码”“计量单位名称”，单击“保存”，然后退出，完成计量单位信息的录入，如图8-3所示。

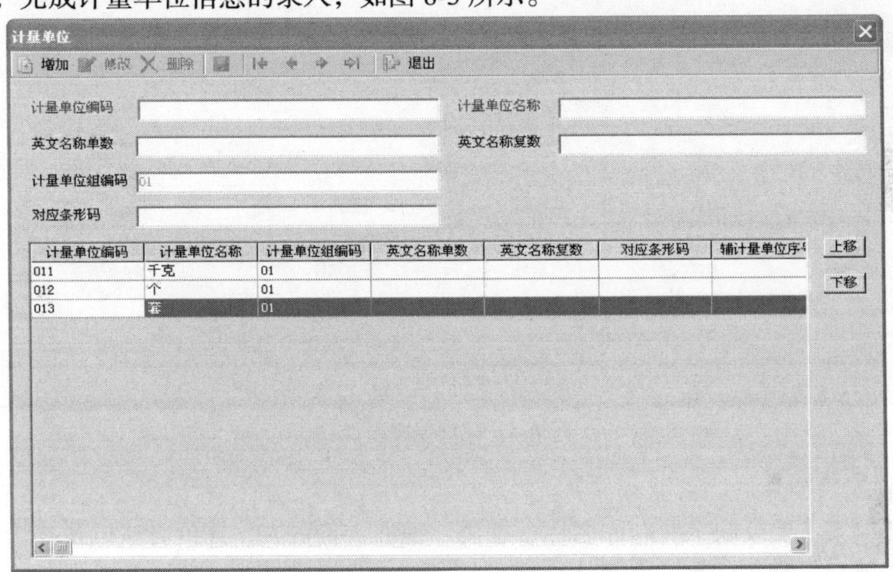

图8-3　设置存货计量单位

3. 存货分类

存货分类反映企业存货的分类编码、分类名称及对应条形码。其具体操作步骤是，在“企业应用平台”中，进入“基础设置”|“基础档案”|“存货”，单击“存货分类”，进入“存货分类”界面，单击“增加”，按要求输入类别编码、类别名称等信息后，单击“保存”，退出。单击其他按钮可以对存货分类信息进行修改、删除操作。

4. 存货档案

存货档案包括的内容很多，企业可以根据系统要求，设置并录入所需各种信息。基本信息主要包括企业存货名称、编码、计量单位组、所属存货分类、计量单位、税率和属性等。在进入“企业应用平台”|“基础设置”|“基础档案”|“存货”后，选择“存货档案”，可对存货档案信息进行增加、修改、删除等操作。要增加存货档案信息，必须先在界面左边的树形结构图中选中要增加的存货档案的类别，单击菜单栏“增加”，才可以进入“增加存货档案”界面，进行增加相关信息操作（注意：在选择输入“主计量单位”时，需要单击“全部”按钮），如图8-4所示。

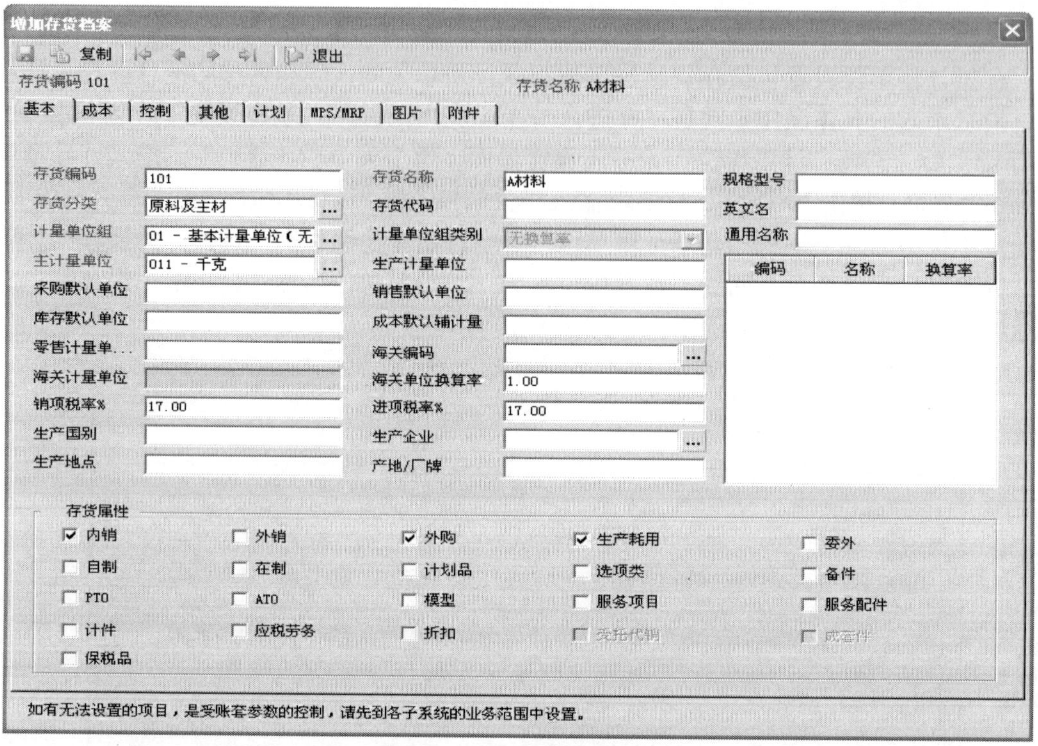

图 8-4 存货档案设置

5. 仓库档案

仓库档案主要反映企业仓库名称、编码、地址、负责人、计价方法以及是否货位管理、是否物料管理等信息。在进入“企业应用平台”|“基础设置”|“基础档案”|“业务”后，选择“仓库档案”，即可对仓库档案信息进行增加、修改、删除等操作，如图8-5所示。

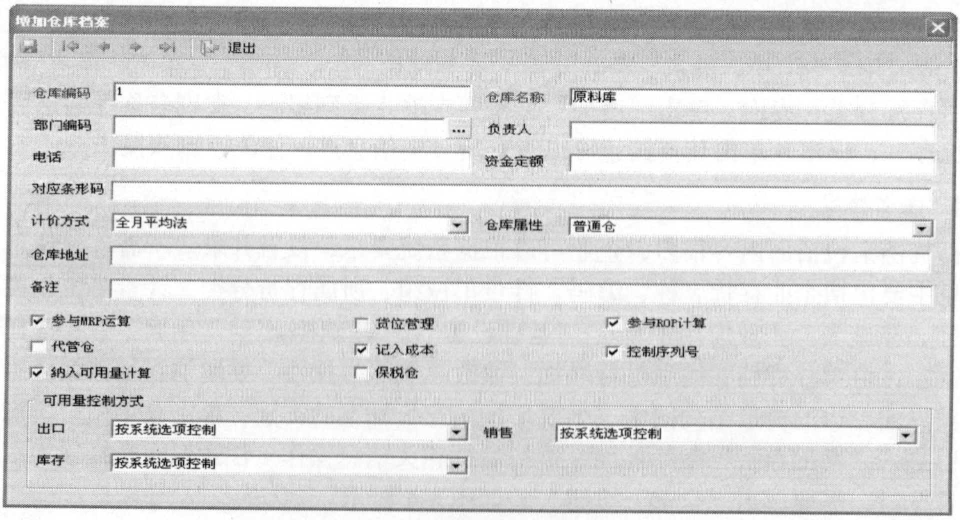

图 8-5 仓库档案设置

6. 收发类别

收发类别主要反映企业各类材料和产品收入、发出的类别名称和编码。在进入“企业应用平台”|“基础设置”|“基础档案”|“业务”后，选择“收发类别”，即可对企业存货收发的类别名称和编码信息进行增加、修改、删除等操作，如图 8-6 所示。

图 8-6　收发类别设置

7. 采购和销售类型

进入“企业应用平台”|“基础设置”|“基础档案”|“业务”后，选择“采购类型”和“销售类型”，可对企业存货采购和销售方法、入库出库方式等信息进行增加、修改、删除操作，如图 8-7、图 8-8 所示。

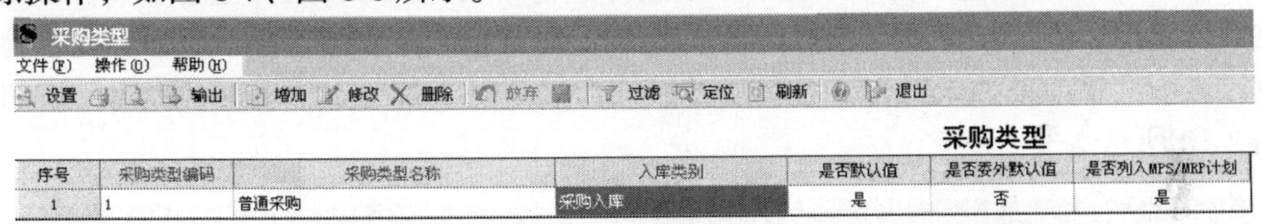

图 8-7　采购类型设置

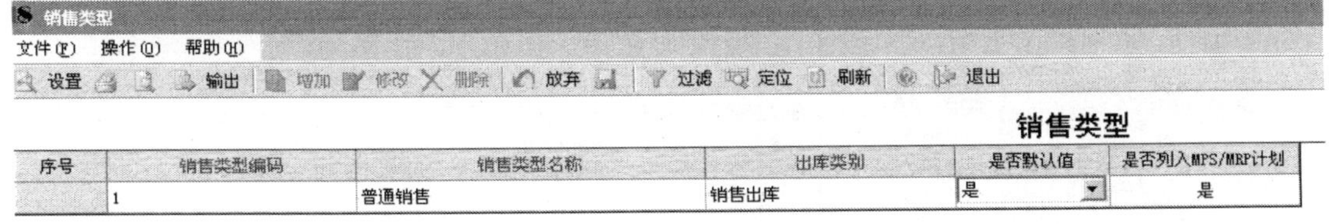

图 8-8　销售类型设置

（二）应付款管理系统设置

1. 设置系统参数

（1）在“企业应用平台”中，双击“财务会计”中的“应付款管理”，打开应付款管理系统。

（2）在应付款管理系统中，单击“设置”|“选项”，打开“账套参数设置”对话框。

（3）在“账套参数设置”对话框中，单击“编辑”按钮，分别在“常规”“凭证”“权限与预警”三项页签中按实验资料逐项进行设置，如图 8-9 所示。

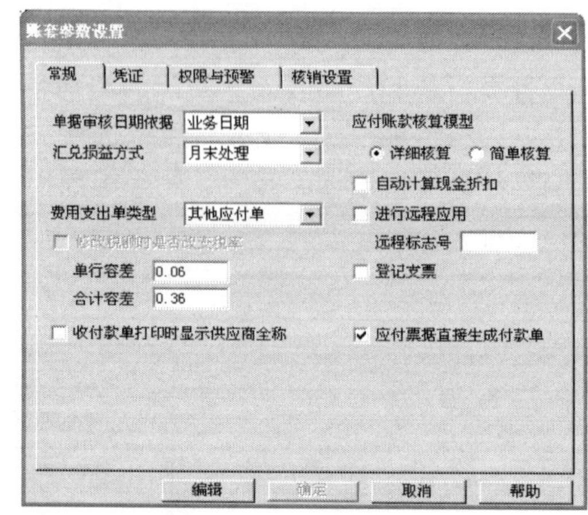

图 8-9　应付款选项设置

（4）单击“权限与预警”页签。单击“是否启用供应商权限”前的复选框，单击“是否根据单据自动报警”复选框，在提前天数栏选择提前天数“7”，单击“确定”。

2. 设置基本科目

（1）在应付款管理系统中，单击“设置”|“初始设置”，打开“初始设置”窗口。

（2）在“初始设置”窗口中，录入或选择应付科目“2202”及其他的基本科目（请根据系统提示，将“2202 应付账款”及“2201 应付票据”在总账管理系统中设置其辅助核算内容为“供应商往来”，并且其受控系统为“应付系统”），单击“退出”按钮，如图 8-10 所示。

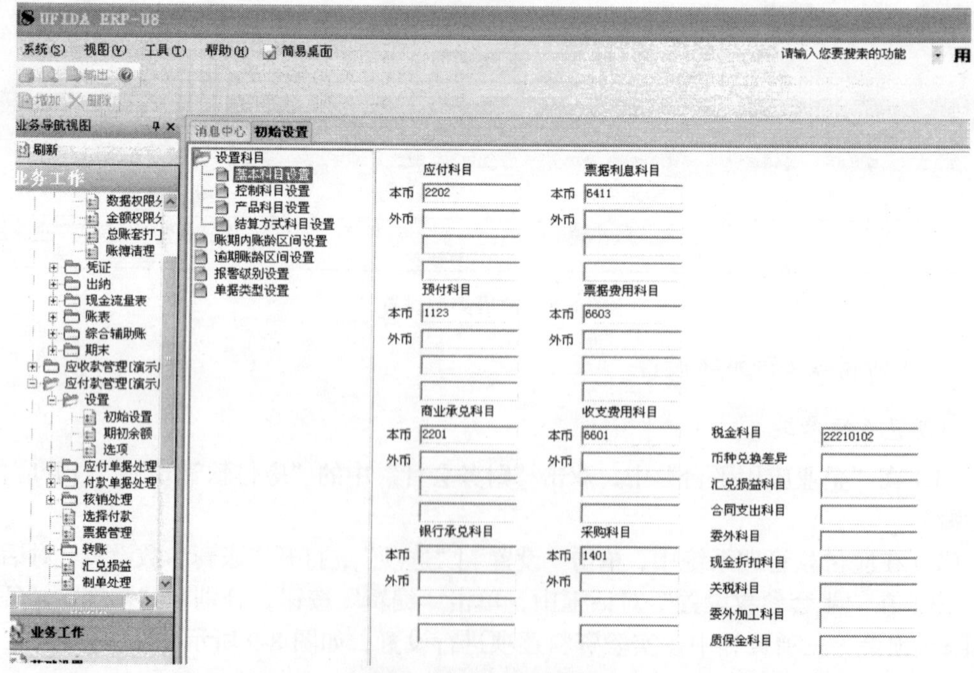

图 8-10　设置基本科目

3. 结算方式科目

（1）在应付款管理系统中，单击“设置”|“初始设置”窗口。

（2）单击“结算方式科目设置”，打开“结算方式科目设置”窗口。

（3）单击结算方式栏下三角按钮，选择“现金结算”，单击币种栏，选择“人民币”，在科目栏录入或选择“1001”，回车。依此方法继续录入其他的结算方式科目，单击“退出”按钮，如图 8-11 所示。

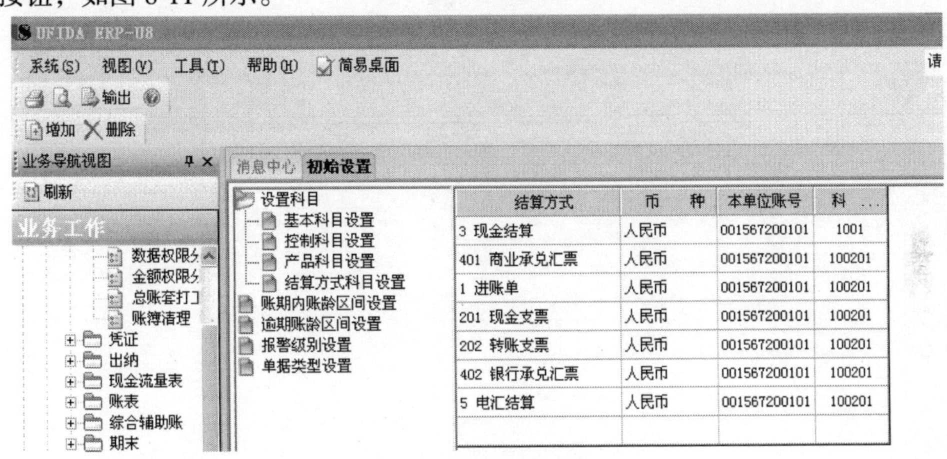

图 8-11　设置结算科目

4. 设置账龄区间

（1）在应付款管理系统中，单击“设置”|“初始设置”，打开“初始设置”窗口。

（2）单击“账龄区间设置”，在总天数栏录入“30”后回车，再在总天数栏录入“60”后回车。依此方法继续录入其他的总天数，单击“退出”按钮。

5. 设置报警级别

（1）在应付款管理系统中，单击“设置”|“初始设置”，打开“初始设置”窗口。

（2）单击“报警级别设置”，在总比率栏录入“10”，在级别名称栏录入“A”，回车，依此方法继续录入其他的总比率和级别，单击“退出”按钮。

6. 单据编号设置

（1）在“企业应用平台”中，在“基础设置”页签下，单击“单据设置”，打开“单据编号设置”窗口。

（2）单击左侧“单据类型”窗口中“采购管理”|“采购专用发票”，打开“单据编号设置——采购专用发票”窗口。

（3）在“单据编号设置——采购专用发票”窗口中，单击修改按钮，单击“手工改动，重号时自动重取”前的复选框。

（4）保存后，单击“退出”按钮，依次设置其他单据编号规则，退出。

7. 录入期初采购发票

（1）在应付款管理系统中，单击“设置”|“期初余额”，打开“期初余额——查询”窗口。

（2）单击“确定”按钮，打开“期初余额明细表”窗口。

（3）单击“增加”按钮，打开“单据类型”窗口。

（4）单击“确定”按钮，打开“采购专用发票”窗口，如图 8-12 所示。

图 8-12　录入期初采购发票

（5）修改开票日期为“2014-11-13”，录入发票号“C565”，在供应商栏录入或单击供应商栏参照按钮，选择“元科公司”，在科目栏录入“2202 应付账款”，在部门栏录入“供应部”，在货物编号栏录入“A 材料”，在数量栏录入“239.32”，在原币单价栏录入“100”。

（6）单击“保存”按钮。依此方法继续录入第二张采购专用发票。

8. 录入预付款单

（1）在应付款管理系统中，单击“设置”|“期初余额”，打开“期初余额——查询”窗口。

（2）单击“确认”按钮，打开“期初余额明细表”窗口。

（3）单击“增加”按钮，打开“单据类别”窗口，单击单据名称栏下三角按钮，选择“预付款”。

（4）单击“确认”按钮，打开“付款单”窗口，如图 8-13 所示。

（5）修改日期为“2014-09-18”，在供应商名称栏录入“阳华公司”，在结算方式栏选择“转账支票结算”，在金额栏录入“68000”，在票据号栏输入“转账支票号”，在部门栏录入“供应部”，在摘要名称栏录入“预付货款”。

（6）单击“保存”按钮，依此方法继续录入第二张采购专用发票。

图 8-13　录入付款期初余额

9. 应付款系统与总账系统对账

在“期初余额明细表”窗口中，单击“对账”按钮，打开“期初对账”窗口，如图8-14所示。单击“退出”按钮，退出。

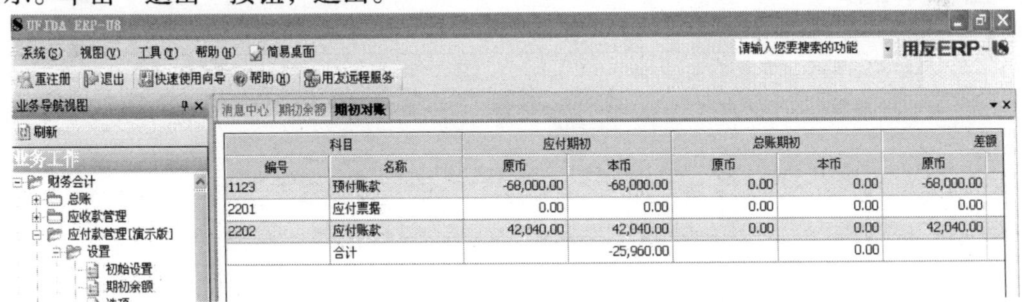

图 8-14　应付与总账期初对账

（三）应收款管理系统设置

其具体内容此处略。

本 章 小 结

本章主要介绍了供应链管理系统的主要功能、应用方案、数据流程，以及供应链管理系统初始设置等内容。

企业启用采购管理、销售管理、库存管理、存货核算等模块进行财务业务一体化处理时，有利于从整个企业的角度发挥信息化处理的优点，发挥供应链管理系统的强大功能。

供应链管理系统初始设置包括建立账套、设置基础档案、录入期初余额等内容。企业集成启用供应链管理系统时，要同时对总账管理、采购管理、销售管理、库存管理、存货核算、应收款、应付款各模块进行初始设置，以满足业务处理的需要。

通过实验，有助于帮助学生进一步理解供应链管理系统的整体功能，掌握对供应链管理系统进行初始设置的操作方法。

复习思考题

1. 供应链管理系统包括哪些功能模块？各模块的功能是怎样的？
2. 供应链管理系统各模块的数据处理流程是怎样的？
3. 供应链管理系统的应用方案有哪些？
4. 供应链管理系统的参数含义是怎样的？
5. 如何录入供应链管理系统的期初余额？

供应链管理系统复习题

第 9 章　采购管理系统

学习目标：

了解采购管理系统的主要功能以及采购管理系统与其他系统之间的数据传递关系，掌握普通采购业务的财务业务一体化处理流程，掌握采购管理系统日常业务处理包括的内容及操作方法，掌握在应付款管理系统审核发票、付款结算以及生成凭证的方法，掌握在存货核算系统记账和生成凭证的方法，掌握账表查询和期末结账的方法。通过学习，学生能够独立进行采购业务的处理，进行采购成本和入库成本的核算与管理，为进一步学习使用其他采购管理软件奠定基础。

关键词：

采购管理；采购请购单；采购到货单；采购入库单；采购发票；采购结算；账表管理；应付款管理；存货核算

9.1　采购管理系统概述

采购管理系统是用友 ERP-U8 供应链管理系统的一个重要子系统，其主要功能在于帮助用户对采购业务的全部流程进行管理，提供请购、采购订货、采购到货、采购入库、采购发票、采购结算的完整采购流程处理，用户可根据自身实际情况进行采购流程的定制。适用于各类工业企业和商业批发、零售企业、医药、物资供销、对外贸易、图书发行等商品流通企业进行采购业务的核算与管理，采购管理系统既可以单独使用，又可以与用友 ERP-U8 其他系统集成使用，提供完整全面的业务和财务一体化流程处理。

9.1.1　采购管理系统的主要功能

采购管理系统的主要功能包括初始设置、日常业务处理、期末处理等方面。

（1）初始设置。初始设置包括对采购管理系统进行参数设置，录入期初单据并进行期初记账，以及对供应商进行资格审批、录入供应商存货对照表、供应商存货价格表等，并按照供应商进行相关业务的查询和分析。

（2）日常业务处理。日常业务处理即进行采购业务的日常操作，主要包括请购、采购订货、采购到货、采购入库、采购发票、采购结算等业务，用户可以根据业务需要选用不同的业务单据、定义不同的业务流程。通过账表查询功能可以查询存货的现存量，查看采购统计表、采购账簿、采购分析表等统计分析报表。

（3）期末处理。期末处理包括采购管理系统结账操作，以及取消结账操作。

9.1.2　采购管理系统与其他系统的关系

采购管理系统和基础设置、库存管理系统、存货核算系统、应付款管理系统、销售管理系统都有数据传递关系。

采购管理系统与基础设置模块共享数据，在基础设置中设置的部门档案、职员档案、仓库档案、存货档案等信息可以传递到采购管理系统；采购管理系统向库存管理系统传递采购订单、采购到货单等数据，可以接收库存管理系统填制的入库单数据；采购管理系统可以向存货核算系统传递直运采购发票，在存货核算系统生成直运采购业务的记账凭证；采购管理系统可以接受销售管理系统传递的直运销售订单、直运销售发票等数据；采购管理系统向应付款管理系统传递采购发票，并可接收应付款管理系统传递的发票付款信息等。采购管理系统与其他系统的数据传递关系详见图 8-1 供应链管理系统数据流程图。

9.2　采购管理系统日常业务处理

按货物和发票到达的先后，采购业务划分为单货同行、货到票未到（暂估入库）、票到货未到（在途物资）三种业务类型，不同业务类型的处理方式不同。

采购过程中可能会发生退货业务，退货的时点各有不同，可能是付款前退货，也可能是付款后退货；可能是入库单记账前退货，也可能是入库单记账后退货等。退货时点不同，业务处理方式也不同。

9.2.1　单货同行的采购业务

单货同行的采购业务是指采购业务发生后，采购发票和货物本月同时到达企业的采购业务。从财务业务一体化处理的角度出发，单货同行采购业务的处理流程如图 9-1 所示。

1. 请购

请购也叫采购请购，是指企业内部向采购部门提出采购申请，或采购部门汇总企业内部采购需求提出采购清单。

请购是采购业务处理的起点，也是 MPS①/MRP 计划与采购订单的中间过渡环节。用于描述和生成采购的需求，如采购什么货物、采购多少、何时使用、向谁采购等内容。

请购的结果是在采购管理系统填制并审核请购单。

采购请购是可选环节，用户可以根据业务需要决定是否选用。

2. 采购订货

采购订货是指企业根据采购需求，与供货单位之间签订采购合同、购销协议。

---

① MPS（master produt schedule），即主生产计划。

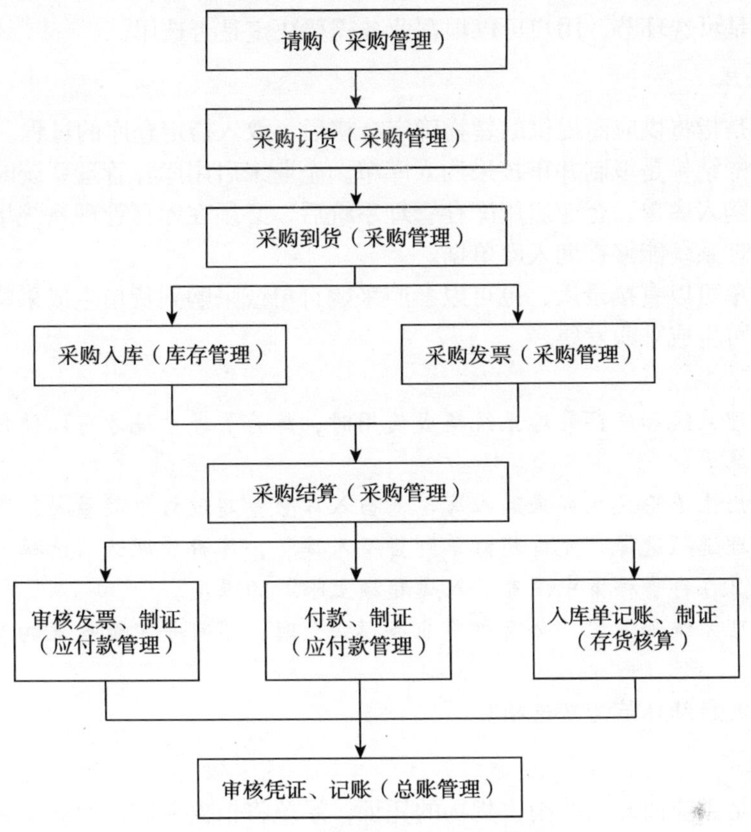

图 9-1　单货同行采购业务处理流程

采购订货的结果是在采购管理系统填制并审核采购订单。采购订单可以手工录入，也可以参照请购单、销售订单、采购计划（MPS/MRP、ROP①）、采购合同生成，还可以通过请购比价的方式生成采购订单。

采购订货是可选环节，用户可以根据业务需要决定是否选用。

提示：

· 参照请购单生成采购订单时，表示订货业务是同一笔请购业务的后续步骤；手工直接录入采购订单时，表示订货业务和请购业务没有关系，订货业务不是同一笔请购业务的后续步骤。建议采用参照生单的方式生成业务单据。其他环节道理同此。

3. 采购到货

采购到货是采购订货和采购入库的中间环节，一般由采购业务员根据供应商通知或送货单填写，确认对方所送货物、数量、价格等信息，以到货单的形式传递到仓库作为保管员收货的依据。

采购到货的结果是在采购管理系统填制并审核到货单。采购到货单可以手工录入，也可以参照订单生成。

① ROP（re-order point），即再订货点。

采购到货是可选环节，用户可以根据业务需要决定是否选用。

4. 采购入库

采购入库是指将供应商提供的货物确定合格后，放入指定仓库的过程。

采购入库的结果是填制并审核采购入库单。企业未启用库存管理系统时，在采购管理系统填制采购入库单；企业启用库存管理系统后，必须在库存管理系统填制采购入库单，在采购管理系统能够查询入库单据。

采购入库单可以直接录入，也可以参照采购订单或采购到货单生成采购入库单。根据采购入库单可生成采购发票。

提示：

·采购管理系统和库存管理系统集成使用时，库存管理系统才可以使用“生单”命令生成采购入库单。

·如果采用生单形式生成采购入库单，当入库数量超过订单数量时，要进行如下修改：①采购管理选项选择“允许超订单到货及入库”，库存管理选项选择“允许超采购订单入库”；②在存货档案中设置“入库超额上限”的限度。

·采购管理系统如设置“必有订单业务模式”时，不可手工录入采购入库单，必须参照生成。

·此环节及后续环节为必选项。

5. 采购发票

采购发票是供应商开出的销售货物的凭证，系统将根据采购发票确认采购成本，并据以登记应付账款。采购发票在采购管理系统填制。采购发票既可以直接填制，也可以参照采购订单、采购入库单生成。

提示：

·在实际业务中，存在采购人员在采购取得货物的同时将货款先行垫付的情况，这时需将款项直接支付给本单位的采购人员，在采购发票保存后就可以进行现付款处理，不用再执行图 9-1 中所示第 9 步应付款管理系统付款、制证处理。

6. 采购结算

采购结算也叫采购报账，在手工环境下，采购人员拿着经主管领导审批过的采购发票和仓库确认的采购入库单到财务部门，由财务人员确定采购成本的过程。本系统中采购结算是指针对采购入库单，根据发票确定其采购成本的过程。采购结算的结果是在采购系统生成采购结算单，它是记载采购入库单与采购发票对应关系的结算对照表。

1）结算的业务规则

（1）入库单的金额可以与发票金额不等，入库单金额可以为空。采购结算后，入库单上的单价都被自动修改为发票上的存货单价，即发票金额作为入库单的实际成本。

（2）采购结算按照单据记录进行结算，结算后生成结算单，分别记下入库单和发票的相应信息，修改入库单的结算数量，在当前发票的左上角增加“已结算”红色标记。

（3）如果需要修改或删除入库单、采购发票，必须先取消采购结算，即删除采购结算单。取消了结算的入库单、发票，其左上角的“已结算”红色标记消失。

（4）以下情况不能取消入库单行的结算：①已结算的采购入库单已在存货核算系统记账；②先暂估再结算的入库单，已在存货核算系统作暂估处理。

2）采购结算的方式

采购结算分为自动结算和手工结算两种方式。

（1）自动结算。自动结算是计算机自动将供应商相同、存货相同、数量相等的采购入库单和采购发票进行结算。系统按照三种结算模式进行自动结算，即入库单和发票、红蓝入库单、红蓝发票。

入库单与发票：系统将供应商、存货、数量完全相同的入库单记录和发票记录进行结算，生成结算单。

红蓝入库单：系统将供应商、存货相同、数量绝对值相等符号相异的红蓝入库单行记录进行对应结算，生成结算单。入库单记录可以没有金额，只有数量。

红蓝采购发票：系统将供应商、存货相同、金额绝对值相等符号相异的采购发票记录对应结算，生成结算单。结算的成本即各发票记录的金额。

（2）手工结算。手工结算是指用户自行选择入库单和发票进行结算，结算条件比自动结算更加灵活。例如，可以结算入库单中部分货物，未结算的货物可以在以后取得发票时再行结算；可以同时对多张发票和多张入库单结算；可以进行采购发票和运费发票与入库单进行结算；等等。结算内容包括入库单与发票结算、蓝字入库单与红字入库单结算、蓝字发票与红字发票结算。

运费发票是记录在采购货物过程中发生的运杂费、装卸费、入库整理费等费用的单据。运费发票记录可以在手工结算时进行费用分摊，也可以单独进行费用结算。运费发票如果与采购入库单或直接与存货进行结算，会产生一张结算单。

7. 应付款管理系统审核发票、制证

采购结算后，采购活动即结束。但是从财务业务一体化处理的角度出发，该项采购活动还未最终处理完成，还要由财会部门进行账务处理。账务处理内容包括在应付款管理系统审核采购发票，根据采购发票制证；在存货核算系统根据采购入库单登记存货明细账，根据采购入库单制证；在应付款管理系统填制付款单，根据付款单制证；最后在总账管理系统审核记账凭证、记账；等等。

采购管理系统填制的采购发票会自动传递到应付款管理系统。

（1）审核发票。财会人员对采购发票进行审核时，要区分采购发票的基本情况：是否进行了现结处理，是否进行了采购结算等，要针对不同情况选择审核范围。既可以成批审核，也可以审核单张发票。审核发票的同时可联查单据。审核通过后根据采购发票进行制证处理。

（2）制证。应付款管理系统对不同的单据类型或不同的业务处理既提供了实时制单的功能，也提供了一个统一制单的平台，用户可以在此快速、成批生成凭证，并可依据规则进行合并制单等处理。

采用实际成本计价法时，根据采购发票生成的记账凭证是：借记“在途物资”“应交税费—应交增值税—进项税额”等科目，贷记“应付账款”“银行存款”等科目。

采用计划价法时，根据采购发票生成的记账凭证是：借记“材料采购”“应交税费 —

应交增值税—进项税额”等科目，贷记“应付账款”“银行存款”等科目。

提示：

· 本系统的控制科目可以在其他系统进行制单，但在其他系统制单会造成应付款管理系统与总账管理系统对账不平（存货核算系统除外）。

· 在本系统制单时，若要使用存货核算系统的控制科目，则需要在总账管理系统选项中选择可以使用存货核算系统控制科目选项。

· 制单日期系统默认为当前业务日期。制单日期应大于等于所选的单据的最大日期，但小于当前业务日期。

· 如果同时使用了总账管理系统，则输入的制单日期应该满足总账制单日期要求，即大于同月同凭证类别的日期。

· 一张原始单据制单后，将不能再次制单。

· 如果在退出凭证界面时，还有未生成的凭证，则系统会提示是否放弃对这些凭证的操作。如果选择是，则系统会取消本次对这些业务的制单操作。

8. 存货核算系统单据记账、制证

在存货核算系统进行的单据记账、制证工作是财会人员的工作。

（1）单据记账。单据记账是指负责材料核算的会计人员根据采购入库单登记存货明细账等账簿，而非指登记会计科目账。

在库存管理系统填制并审核采购入库单后，系统自动将该采购入库单传递到存货核算系统。负责材料核算的会计根据该采购入库单进行单据记账，从而将该存货的入库信息登记在存货明细账、材料差异明细账、差价明细账、受托代销商品明细账、受托代销商品差价账等相关账簿上。

提示：

· 无单价的采购入库单不能记账。

· 记账时系统按时间顺序自动记账。

· 已记账的单据不能修改和删除。如果发现已记账单据有误，则在本月未结账情况下可以取消记账。如果已记账的单据已经生成凭证，则必须先删除相关凭证，然后才能取消记账。

（2）制证。单据记账后，可以根据该采购入库单生成记账凭证。制证时既可对已结算的入库单进行制证，也可以对未结算的入库单制证。

采用实际成本计价法时，根据采购入库单生成的记账凭证是：借记“原材料”“库存商品”等科目，贷记“在途物资”科目。

采用计划价法时，根据采购发票生成的记账凭证是：借记“原材料”“库存商品”等科目，贷记“材料采购”科目。

9. 应付款管理系统付款、制证

根据合同规定，企业向供应商支付款项时，应该在应付款管理系统填制并审核付款单。

付款单据中款项类型有三种，分别是应付款、预付款、其他费用。如果款项是偿付前欠供应商的款项，则款项类型选择“应付款”；如果是预付给供应商的款项，则款项类型选“预付款”；其他情况选“其他费用”。

填制付款单后，可以将该付款单和与之对应的采购发票进行核销。

付款单保存后可以进行立即制单，也可以进行批量制单。生成的凭证是借记“应付账款”，贷记“银行存款”“库存现金”等科目。

提示：

· 图 9-1 中第 7 步应付款管理系统审核发票、制证和第 8 步存货核算系统的单据记账、制证是并行的关系，二者顺序可以互换。

10. 总账管理系统审核凭证、记账

应付款管理系统和存货核算系统生成的记账凭证都会自动传递到总账管理系统。

在总账管理系统中，记账凭证按来源可以分为两类，即手工填制的凭证和机制凭证。

（1）手工填制的凭证是指在总账管理系统根据审核无误的原始凭证直接填制的记账凭证。

（2）机制凭证是指在总账管理系统内部通过自动转账功能生成的凭证，以及在其他系统生成传递到总账管理系统的凭证。

在总账管理系统查询凭证或进行出纳签字、审核凭证时，用鼠标单击凭证类别名称，系统会提示凭证来源。

总账管理系统仍然需要对接收自其他系统的凭证进行审核，审核通过后进行记账处理。审核时如果发现凭证错误，在总账管理系统不能对接收自其他系统的凭证进行修改、删除操作，需要到生成凭证的相应系统进行修改、删除。

9.2.2　货到票未到的采购业务

货到票未到是指采购活动发生后，本月收到了货物，但月末结账前没有收到发票。对于这样的业务，月末要进行暂估记账，形成暂估凭证，下月初进行回冲处理，等收到发票后再进行采购结算等后续处理。

用友 ERP-U8 供应链管理系统对暂估记账的业务提供了三种回冲处理方法，即月初回冲、单到回冲、单到补差。

1. 月初回冲

进入下月后，存货核算系统自动生成与暂估入库单相同的“红字回冲单”，同时自动登录相应的存货明细账，冲回存货明细账中上月的暂估入库记录。根据“红字回冲单”制单，冲回上月暂估入库的记账凭证。

收到采购发票后，录入采购发票，对采购入库单和采购发票进行结算。结算完毕后，进入存货核算系统，执行“暂估处理”命令，系统根据发票自动生成一张“蓝字回冲单”，其上金额为发票上的金额（“蓝字回冲单”所起作用相当于采购入库单），同时登记存货明细账，使库存增加，依据“蓝字回冲单”制单，生成采购入库的记账凭证。

如果下月仍未收到发票，存货系统月末结账后，系统又自动生成“蓝字回冲单”和“红字回冲单”，其中“蓝字回冲单”所起作用相当于暂估入库的采购入库单，据其进行暂估记账，“红字回冲单”的作用是冲回存货明细账中上月暂估入库的记录。

2. 单到回冲

单到回冲是指下月初不做处理。等到收到采购发票后，在采购管理系统录入采购发票并进行采购结算，然后到存货核算系统进行“暂估处理”，系统自动生成“红字回冲单”和“蓝字回冲单”，同时据此登记存货明细账。“红字回冲单”的入库金额为上月暂估金额，“蓝字回冲单”的入库金额为发票上的报销金额。在存货核算系统根据“红字回冲单”“蓝字回冲单”制单，生成记账凭证传递到总账管理系统。

3. 单到补差

单到补差是指下月不做处理。等到收到采购发票后，在采购系统录入采购发票并进行采购结算，然后到存货系统进行“暂估处理”。如果报销金额与暂估金额的差额不为零，则产生调整单，一张采购入库单产生一张调整单，用户确认后自动计入存货明细账。最后根据“调整单”制单，生成记账凭证传递到总账管理系统。如果差额为零，则不生成调整单。

以月初回冲为例，暂估处理的业务流程如图 9-2 所示。

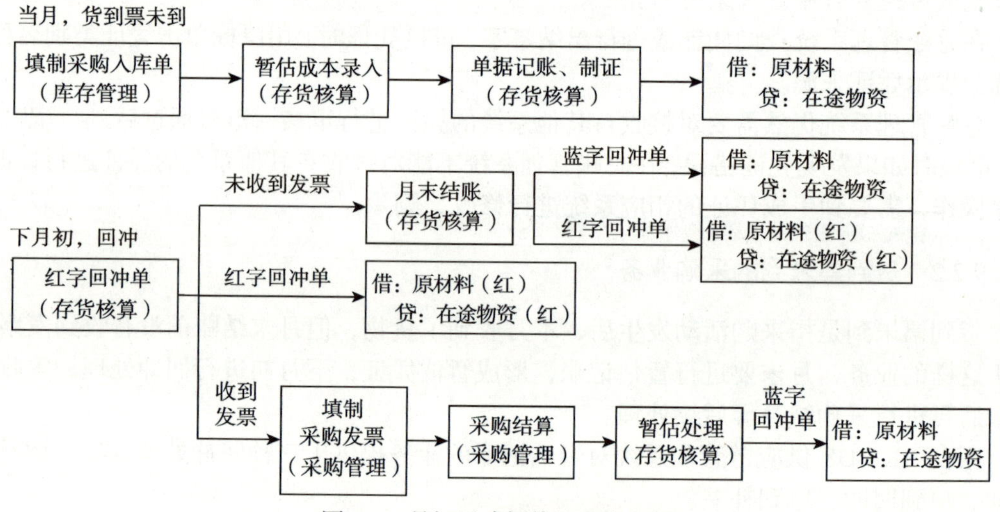

图 9-2　月初回冲暂估处理流程图

说明：图 9-2 的月初暂估回冲流程图中只反映了月初回冲方式下暂估处理业务的相关内容，没有反映采购结算后在应付款管理系统进行审核发票、制证，以及在存货核算系统进行单据记账、制证，在总账管理系统审核凭证、记账等处理。

举例：

资料：2014 年 8 月 15 日，单位采购入库 100 根内存，月末没有收到发票。暂估入库为单价 100 元，金额共 10 000 元。9 月 5 日收到 80 根内存的采购发票 8 100 元，未收到其余内存的采购发票。其他内容略。

要求：月初回冲方式下进行暂估处理。

处理方法及步骤：

（1）8 月 15 日，在库存管理系统填制并审核 100 根内存的采购入库单。

（2）8 月 31 日，在存货核算系统进行暂估成本录入，暂估金额为 10 000 元，进行正常单据记账，生成记账凭证。

借：原材料　　10 000
　　贷：在途物资　　10 000

（3）8 月 31 日存货核算系统结账，系统自动生成 100 根内存的红字回冲单，回冲暂估金额。根据红字回冲单，9 月初生成红字记账凭证。

借：原材料　　[10 000]
　　贷：在途物资　　[10 000]

（4）9 月 5 日，在采购管理系统填制采购发票，金额 8 100 元。进行采购结算。在存货核算系统进行结算成本处理，通过“暂估”处理，系统会自动生成 80 根内存的蓝字回冲单，金额 8 100 元。根据蓝字回冲单生成凭证。

借：原材料　　8 100
　　贷：在途物资　　8 100

（5）9 月 30 日，还有 20 根内存没有收到发票。存货系统月末结账，系统会自动生成 20 根内存的蓝字回冲单（等于又进行了暂估记账）和 20 根内存的红字回冲单（等于又进行了红字回冲），金额是 1 900 元。10 月初可以根据蓝字回冲单和红字回冲单分别生成记账凭证。

根据蓝字回冲单生成的记账凭证：

借：原材料　　1 900
　　贷：在途物资　　1 900

根据红字回冲单生成的记账凭证：

借：原材料　　[1 900]
　　贷：在途物资　　[1 900]

9.2.3　票到货未到的采购业务

票到货未到是指企业收到了供应商开具的采购发票，而没有收到供应商提供的货物。这种情况下，可以采用两种处理方法：

第一种方法：对发票进行压单处理，等收到货物后，再一并进行处理。

第二种方法：在采购管理系统中填制采购发票，等收到货物后在填制采购入库单，进行采购结算等处理。

第一种方法的优点是业务处理简单，但不能提供在途物资信息；第二种处理方法能够提供在途物资的详细信息。企业可视企业管理要求不同采用不同方法。

9.2.4　采购退货业务

采购活动发生后，由于购买的材料质量等原因可能发生退货。对于退货业务，要针对不同情况，采用不同的退货处理方法。

1. 货虽收到，但未做入库手续

这种情况下，直接将货物退回给供应商即可，不用在软件系统中做任何处理。

2. 入库单处理情况

（1）入库单未记账。用户填制了采购入库单，但未在存货核算系统进行单据记账。此时又分三种情况：①未填制采购发票。如果部分退货，可以直接修改采购入库单；如果全部退货，可以删除采购入库单。②已填制采购发票但未结算。如果是部分退货，可以修改采购发票和采购入库单；如果是全部退货，可以删除采购发票和采购入库单。③已填制采购发票且进行了采购结算。如果结算后的发票没有付款，则可以取消结算，修改（或删除）采购发票和采购入库单；如果结算后的发票已经付款，则必须录入退货单和红字发票。

（2）入库单已记账。这种情况下，不论是否填制了采购发票、是否进行了采购结算、是否进行了发票付款，均需填制退货单。

3. 采购发票处理情况

（1）采购发票未付款。如果采购入库单未记账，则可以修改（或删除）采购发票和采购入库单；已结算时先取消结算，再修改（或删除）采购发票和采购入库单。如果采购入库单已经记账，则必须录入退货单和红字发票。

（2）采购发票已付款。这种情况下，无论采购入库单是否记账，都必须填制退货单和红字发票。

提示：

· 单据一经使用则不能修改（或删除），必须取消使用才能修改（或删除）。

· 在采购入库单未记账、未填制采购发票的情况下发生退货业务时，也可以填制退货单。采购入库单和退货单同时与采购发票进行结算。

入库单已记账、发票已付款情况下全部退货业务处理流程如图 9-3 所示。

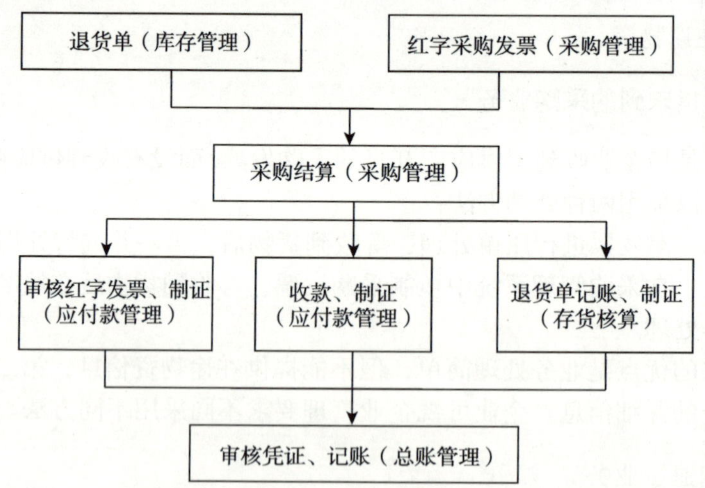

图 9-3 入库单已记账、发票已付款情况下全部退货业务处理流程图

9.2.5 受托代销业务

1. 受托代销的含义

受托代销是一种先销售后结算的采购模式，是指其他企业委托本企业代销其商品，

代销商品的所有权仍归委托方；代销商品销售后，本企业与委托方进行结算，开具正式的销售发票，商品所有权转移。

受托代销的业务模式是与委托代销相对应的一种业务模式，可以节省商家的库存资金，降低经营风险。适用于有受托代销业务的商业企业，只有在建账套时“企业类型”选择为“商业”或“医药流通”，系统才能处理受托代销业务。

提示：

· 采购管理系统选项中选择“启用受托代销”。

· 库存管理系统选项中选择“有无受托代销业务”。

· 存货档案中设置存货属性“受托代销”、外购、内销、外销。

· 设置为受托代销商品的存货不能用于非受托代销商品的采购业务。

2. 受托代销业务流程

（1）双方签订供销合同，其中用户为受托方，供货商为委托方，用户录入采购订单。

（2）委托方发货、受托方收货，采购部门填制受托代销到货单。

（3）用户仓库办理入库手续，填制受托代销入库单。

（4）受托方售出代销商品后，手工开具代销商品清单交委托方，委托方开具手工发票。

（5）受托方通过受托代销结算，系统自动生成受托代销发票和受托代销结算单。

9.2.6 综合查询

1. 单据查询

系统提供了单据列表查询功能，如请购单列表、采购订单列表、到货单列表、入库单列表、采购发票列表、结算单列表等各种列表，便于用户从整体上把握单据填制情况。

2. 单据执行情况分析表

系统自动统计单据执行情况，包括请购单执行统计表、采购订单执行统计表、采购订单预警和报警表，便于用户查询单据执行情况。

3. 现存量查询

系统提供了现存量查询功能，便于用户及时掌握存货库存情况。

4. 采购报表

1）统计表

（1）到货明细表。用户可以按照到货单查询存货的到货、入库明细。

（2）采购明细表。用户可以查询采购发票的明细情况，包括数量、价税、费用、损耗等信息。

（3）入库明细表。用户可以查询采购入库单的明细情况。

（4）结算明细表。用户可以查询采购结算的明细情况。

（5）未完成业务明细表。用户可以查询未完成业务的单据明细情况，包括入库单、发票，货到票未到为暂估入库，票到货未到为在途存货。

（6）增值税发票处理状态明细表。用户可以据此统计符合条件的增值税发票的处理情况。

（7）采购综合统计表。用户可以按照报表汇总条件查询采购业务的入库、开票、付款统计情况。

（8）采购计划综合统计表。用户可以按照存货或存货分类对入库、出库、结存、采购订货、销售发货、结存情况进行汇总统计，从而综合地反映企业的购销存情况。

2）采购账簿

（1）在途货物余额表。在途货物余额表是普通采购业务的采购发票结算情况的滚动汇总表，反映供货商的采购发票上的货物采购发生、采购结算以及未结算的在途货物情况。

（2）采购结算余额表。采购结算余额表是普通采购业务的采购入库单结算情况的滚动汇总表，反映供货商的采购发生、采购结算以及未结算的暂估货物情况。

3）采购分析

（1）采购成本分析。可根据采购发票，对某段日期范围内的存货结算成本与参考成本、计划价进行对比分析。

（2）采购类型结构分析。根据采购发票，对某段时期内各种采购类型的业务比重进行分析。

（3）采购资金比重分析。根据采购发票，对各种货物占用采购资金的比重进行分析。

（4）采购费用分析。根据采购发票，对应税劳务存货占采购货物的比重进行分析。

（5）采购货龄综合分析。这是对采购入库未结算的存货，分析到目前某日期为止它们各自的货龄。

9.3 采购管理系统期末处理

9.3.1 月末结账

月末结账是逐月将每月的单据数据封存，并将当月的采购数据记入有关报表中。结账的月份必须连续，不允许跨月结账。

在采购管理、销售管理、库存管理、存货核算、应收款管理、应付款管理、总账管理等系统集成使用情况下，结账顺序如图 9-4 所示。采购管理系统月末结账后，才能进行库存管理、存货核算、应付款管理的月末结账。

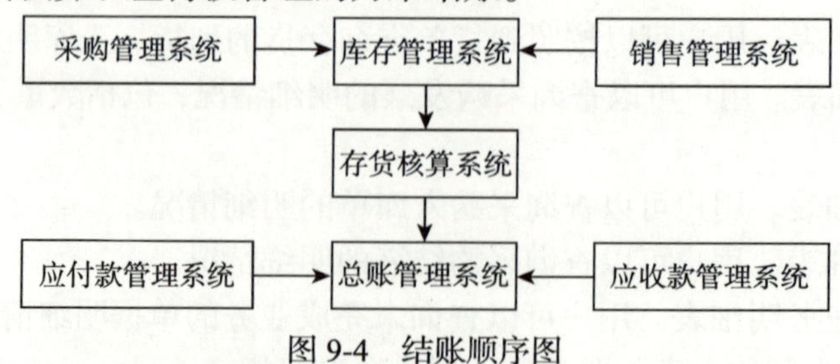

图 9-4 结账顺序图

9.3.2　取消结账

如果采购管理系统要取消月末结账，必须先取消存货核算、库存管理、应付款管理等系统的月末结账；如果库存管理、存货核算、应付款管理等系统的任何一个系统不取消月末结账，则不能取消采购管理系统的月末结账。

实验十　采购管理

一、实验要求

（一）采购管理系统初始设置

（1）确保同时使用了应收款管理系统、应付款管理系统、销售管理系统、采购管理系统、库存管理系统和存货核算系统。
（2）根据所给的实验资料补充设置用户权限。
（3）单据编号设置。
（4）采购选项设置。

（二）采购日常业务处理

（1）掌握普通采购业务处理。
（2）掌握现结业务处理。
（3）掌握采购运费处理。
（4）了解采购退货业务。
（5）了解估价处理。

（三）采购期末处理

（1）期末结账及取消。
（2）报表查询。

二、实验资料

（一）采购初始设置

（1）系统启用时间：2015 年 1 月 1 日。
（2）用户权限资料。

004 叶丽——角色：采购主管、仓库主管。所在部门：供应科，主要负责采购业务处理。权限：具有公共目录设置、公共单据、采购管理、库存管理的全部操作权限。

005 吴永斌——角色：销售主管、仓库主管。所在部门：销售科，主要负责销售业务处理。权限：具有公共目录设置、公共单据、销售管理、库存管理的全部操作权限。

（3）设置采购专用发票、采购普通发票和采购运费发票的发票号为“手工改动，重号时自动重取”，其他系统相关单据编号设置与此相同。

（4）采购相同的采购选项设置按默认设置。
（5）采购期初记账。

（二）采购日常业务处理

2015 年 1 月 1 日至 2015 年 1 月 31 日，本公司发生如下经济业务：

（1）1 月 1 日，向广东华顺公司开出 3 个月的无息商业承兑汇票（票号：C572），购买 B 材料 200 千克，单价 110 元，价款 22 000 元，增值税额 3 740 元，共计 25 740 元。材料于 1 月 9 日送达入库，并验收（单据 3 张）（业务员胡俊）。

（2）1 月 2 日，向山东青胜公司开出转账支票（票号：ZZ024）一张，购买 A 材料 400 千克，单价 130 元，价款 52 000 元，增值税额 8 840 元，对方代垫运费 600 元，共计 61 440 元。材料已到达企业，并验收入库（单据 4 张）（业务员叶丽）。

（3）1 月 5 日，开出转账支票（ZZ025）一张，从北京南利公司购入工作服 20 套，单价 300 元，价款 6 000 元，增值税额 1 020 元，已验收入库（单据 2 张）（业务员叶丽）。

（4）1 月 6 日，从北京新星公司购入 A 材料 200 千克，单价 150 元，价款 30 000 元，增值税额 5 100 元，材料验收入库，款项尚未支付（单据 1 张）（业务员叶丽）。

（5）1 月 10 日，按照预付货款供货合同，永鑫公司把 B 材料 375 千克发运到本公司，单价 96 元，价款 36 000 元增值税额 6 120 元，运杂费 400 元，资料已验收入库，用转账支票（票号：ZZ026）将余款结清（业务员胡俊）。

（三）采购期末处理

以前期实验资料为基础：
（1）进行 1 月采购管理子系统结账。
（2）查询本公司 1 月采购统计明细表。
（3）查询本公司 1 月采购账簿。
（4）进行本公司 1 月采购成本分析。
（5）进行本公司 1 月采购类型结构分析。

三、实验指导

（一）采购系统初始设置

关于系统启用和权限设置参照之前操作说明，此处不再重复。

1. 单据编号设置

在“基础设置”|“单据设置”|“单据编号设置”，打开“单据编号设置”对话框，在“单据类型”下选择“采购管理”|“采购专用发票”，单击对话框中左上角的“修改”，钩上“手工改动，重号时自动重取”并保存，如图 9-5 所示。同理，设置采购普通发票和采购运费发票等为“手工改动，重号时自动重取”。

2. 采购管理子系统的采购选项设置按默认设置

如果实际需要修改，可根据实际要求修改，如图 9-6 所示。

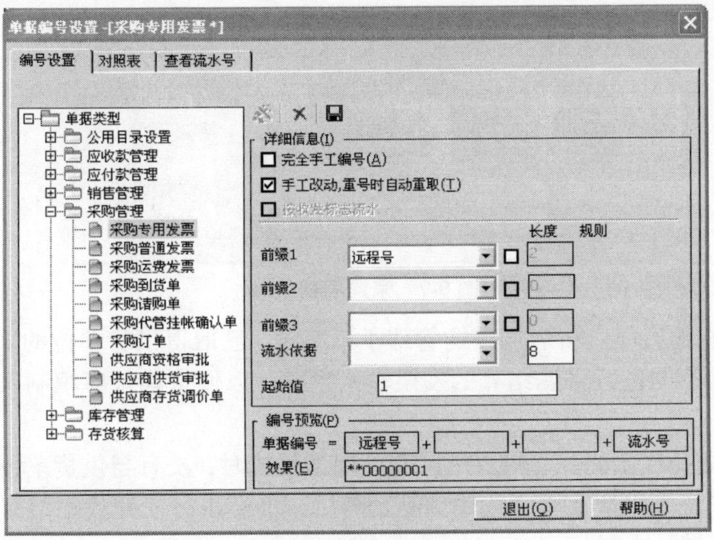

图 9-5　设置单据编号

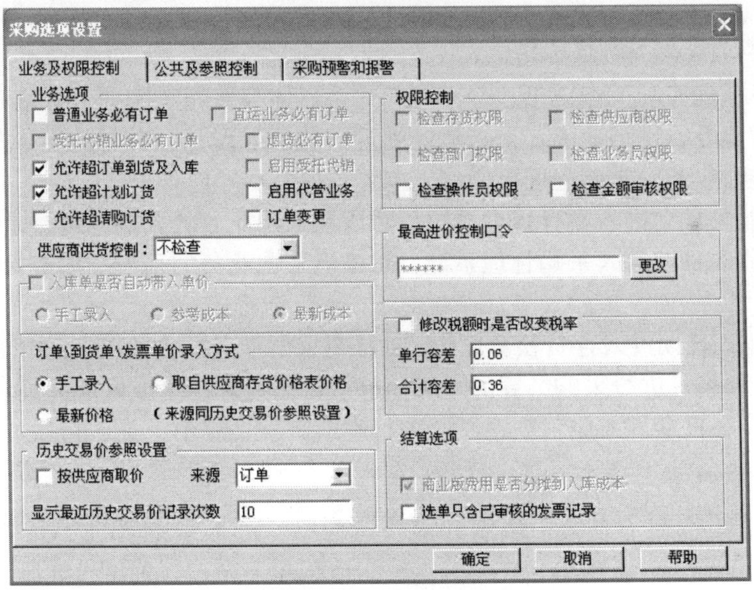

图 9-6　设置采购选项

3. 采购期初记账

期初记账是将采购期初数据计入有关采购账；期初记账后，期初数据不能增加、修改，除非取消期初记账。初次使用采购管理子系统时，应先输入采购管理的期初数据，如图 9-7 所示。如果系统已有上年的数据，在“结转上年”后，上年度采购数据自动结转本年。

4. 期初数据

（1）期初暂估入库：将启用采购管理子系统时，没有取得供货单位的采购发票，而不能进行采购结算的入库单输入系统，以便取得发票后进行采购结算。

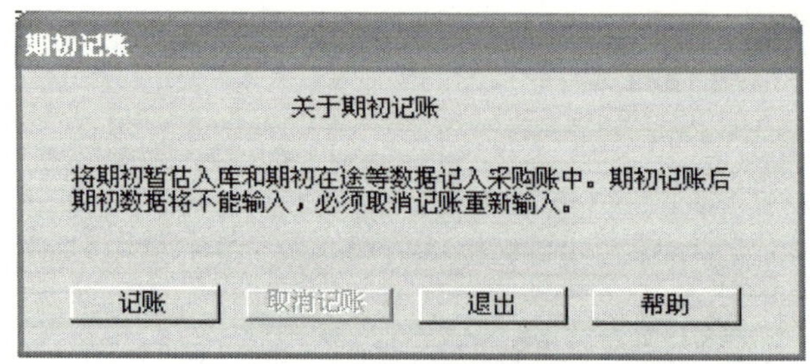

图 9-7 采购期初记账

（2）期初在途存货：将启用采购管理子系统时，已取得供货单位的采购发票，但货物没有入库，而不能进行采购结算的发票输入系统，以便货物入库填制入库单后进行采购结算。

（3）期初受托代销商品：将启用采购管理子系统时，没有与供货单位结算完的受托代销商品输入系统，以便在受托代销商品销售后，能够进行受托代销结算。

（二）采购日常业务处理

1. 采购业务的基本操作流程

采购业务根据实际工作情形，分不同形式，具体有普通采购业务、请购比价采购业务、采购退货业务、现结业务、采购运费处理、估价处理等。对每一笔采购业务，都应严格按照该类型业务操作流程进行操作，主要步骤基本顺序如下：

（1）以业务日期进入库存管理系统，对该笔采购业务的采购单进行录入并审核。

（2）以业务日期进入采购管理系统，对该笔采购业务的采购发票进行录入、审核、结算。

（3）以业务日期进入存货核算系统，对该笔采购业务所发生的入库单进行记账；对上月收到的货物当月进行采购结算的入库单进行暂估处理；生成入库凭证。

（4）以业务日期进入应付款系统，进行发票审核、制单，录入付款单并制单。

2. 普通采购业务的操作指导

（1）在采购管理子系统中填制并审核请购单。进入采购管理子系统的业务工作界面，单击“请购”|“请购单”，进入“采购请购单”窗口，如图 9-8 所示。单击“增加”，输入相关时间、部门、业务员和存货数据，输入后单击“保存”，再单击“审核”，退出。

（2）在采购管理子系统中填制并审核采购订单。单击“采购订货”|“采购订单”，进入“采购订单”窗口，如图 9-9 所示。单击“增加”|“生单”|“请购单”，打开“过滤条件选择”对话框，进行“过滤”，出现“拷贝并执行”窗口，选择要拷贝的请购单，单击“确定”。自动将采购请购单的信息带入采购订单，保存。再单击“审核”，退出。

（3）在采购管理子系统中填制到货单。单击“采购到货”|“到货单”窗口，如图9-10所示。单击“增加”|“生单”|“采购订单”，打开“过滤条件选择”对话框，进行过滤，

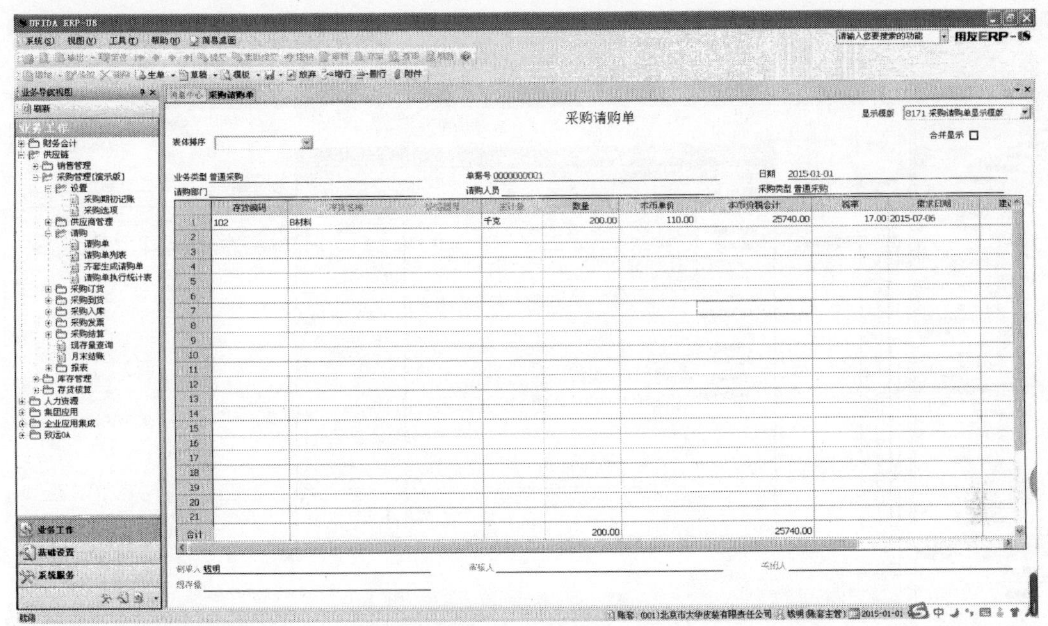

图 9-8　采购请购单

拷贝并执行

订单拷贝请购单表头列表

选择	请购单编号	请购单日期
Y	0000000001	2015-01-01
合计		

订单拷贝请购单表体列表

选择	供货商	存货编码	存货名称	规格型号	主计量	请购数量	已订货数量	本币单价	本币价	表体税率	请购单编号	需求分类代号说明
Y		102	B材料		千克	200.00	0.00	110.00	25,740.00	17.00	0000000001	
合计												

图 9-9　采购订单

弹出“拷贝并执行”窗口，选择要拷贝的采购订单，单击“确定”，自动将采购订单的信息带入采购到货单，保存。再单击“审核”，退出。

（4）在库存管理子系统中填制并审核采购入库单。进入库存管理子系统的业务工作界面，单击“入库业务”|“采购入库单”，弹出“采购入库单”窗口，如图 9-11 所示。单击“生单”（增加则为手工录入）|“采购到货单”，打开“过滤条件选择”对话框，进行过滤。此时会弹出“到货单生单列表”窗口，选择要拷贝的采购到货单，单击“确

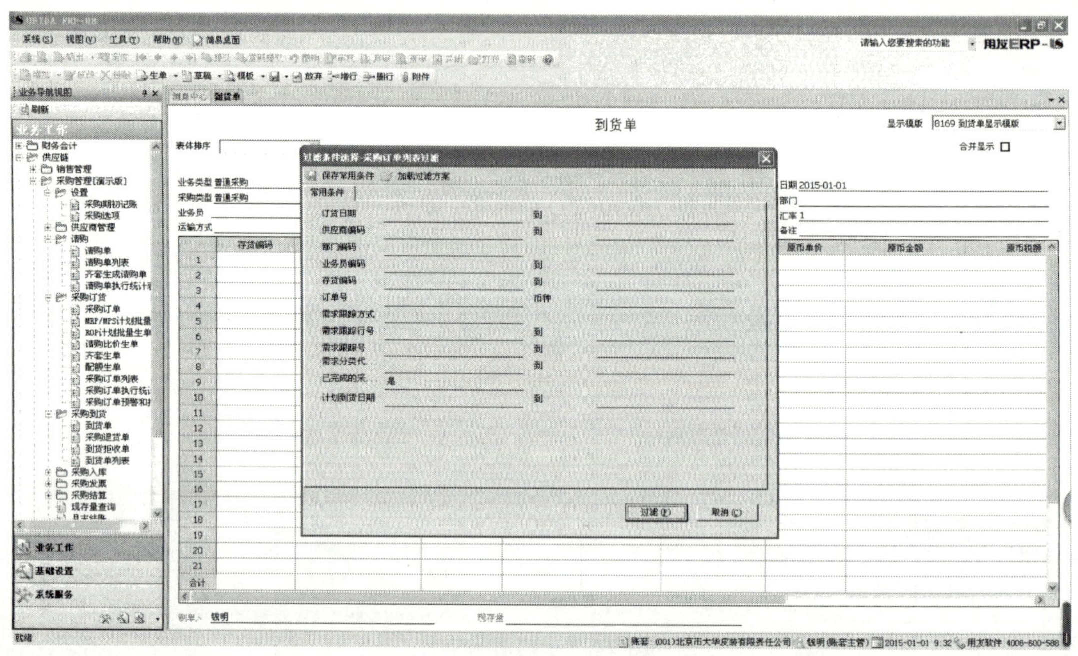

图 9-10　生成采购到货单

定”，自动将到货单的信息带入采购入库单，保存。再单击“审核”，退出。

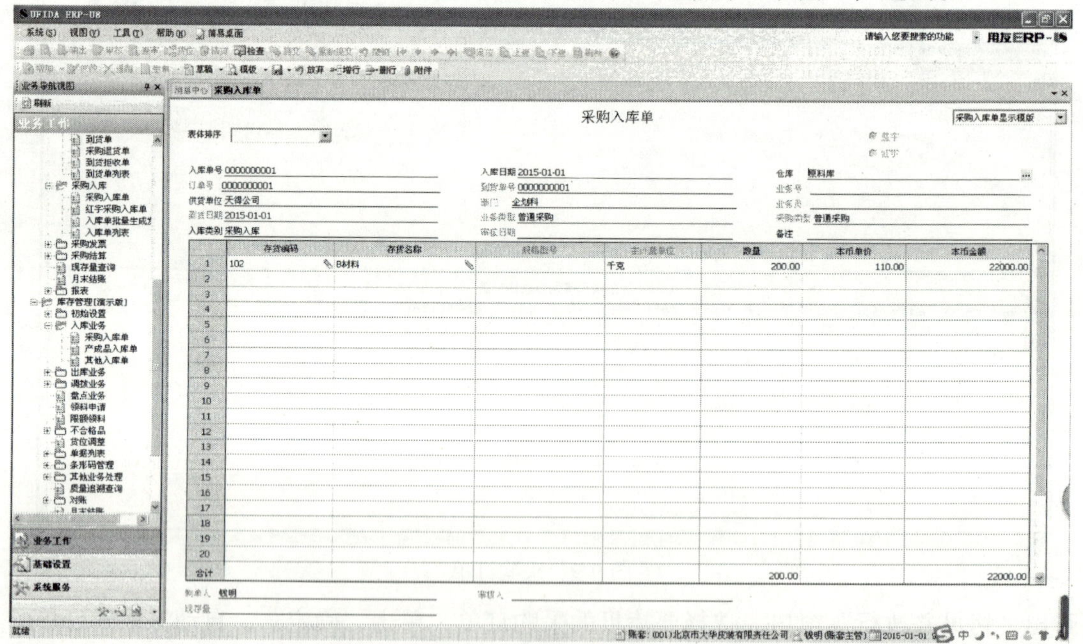

图 9-11　采购入库单

（5）在采购管理子系统中填制并审核采购发票。回到采购管理子系统的业务工作界面，单击“采购发票”|“专用采购发票”，进入“专用发票”窗口，如图 9-12 所示。单击“增加”|“生单”|“入库单”，打开“过滤条件选择”对话框，进行过滤，此时弹出“发票拷贝入库单”窗口，选择要拷贝的入库单，单击“确定”，自动将采购入库单的

信息带入采购专用发票，输入发票编号，保存并退出。

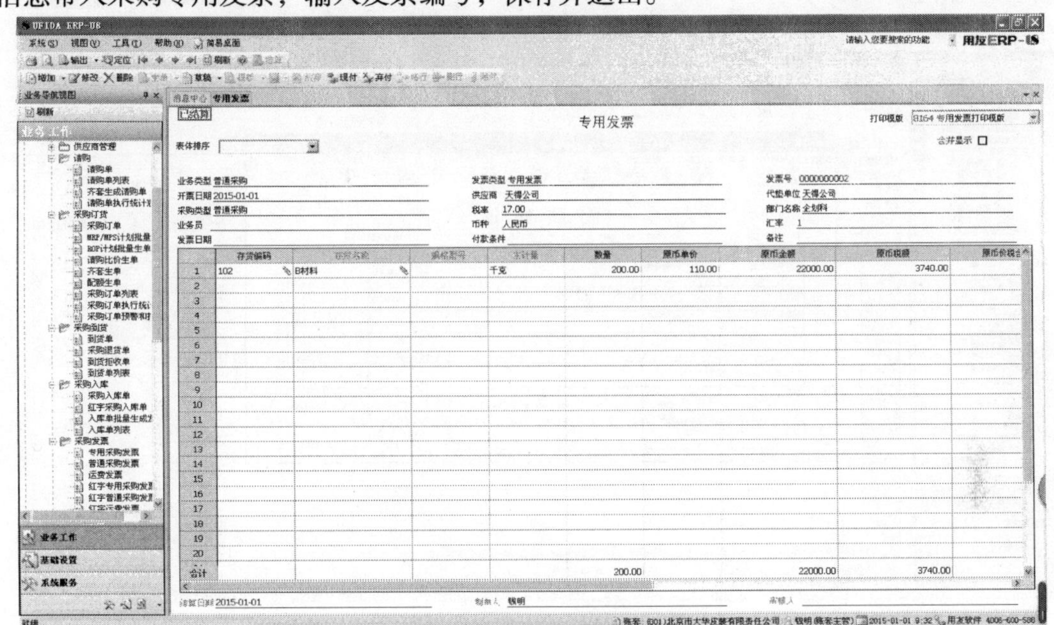

图 9-12　生成采购发票

（6）在采购管理子系统中执行采购结算。单击“采购结算”|“自动结算”，弹出“采购自动结算”对话框，从结算模式中选择“入库单和发票”。单击“过滤”，系统提示“结算成功”，单击确定并退出。

（7）在应付款管理系统中审核采购专用发票并生成应付凭证：①进入“财务会计”|“应付款管理”子系统，单击“应付款单据处理”|“应付单据审核”。弹出“应付单据过滤条件”对话框，按供应商进行过滤。再进入“单据处理”窗口，选择要审核的采购专用发票，单击“审核”，系统提示“审核成功”后，单击确定并退出。②再据此进行制单处理，打开“制单处理”对话框，单击“发票制单”，确定，进入“采购发票制单”窗口，选择需要制单的发票（如供应商），如图 9-13 所示。选择凭证类别为“转账凭证”，单击“制单”，进入“填制凭证”窗口，单击“保存”，出现“已生成”标记，退出。

（8）在存货核算子系统中记账并生成入库凭证：①进入存货核算子系统的业务工作界面，单击“业务核算”|“正常单据记账”，打开“过滤条件选择”对话框，单击“过滤”按钮，进入“正常单据记账列表”窗口，选择要记账的采购专用发票，单击“记账”，确定并退出。②在“财务核算”|“生成凭证”，打开“生成凭证”窗口，单击工具栏上的“选择”，弹出“查询条件”，全选状态下，直接单击“确定”，弹出“未生成凭证一览表”，选择要制单的记录，确定，进入“生成凭证”窗口，选择凭证类型为“转账凭证”，单击“生成”，进入填制凭证窗口，单击“保存”，出现“已生成”标记，退出。

（9）在应付款管理子系统中进行付款处理并生成付款凭证。进入“财务会计”|“应

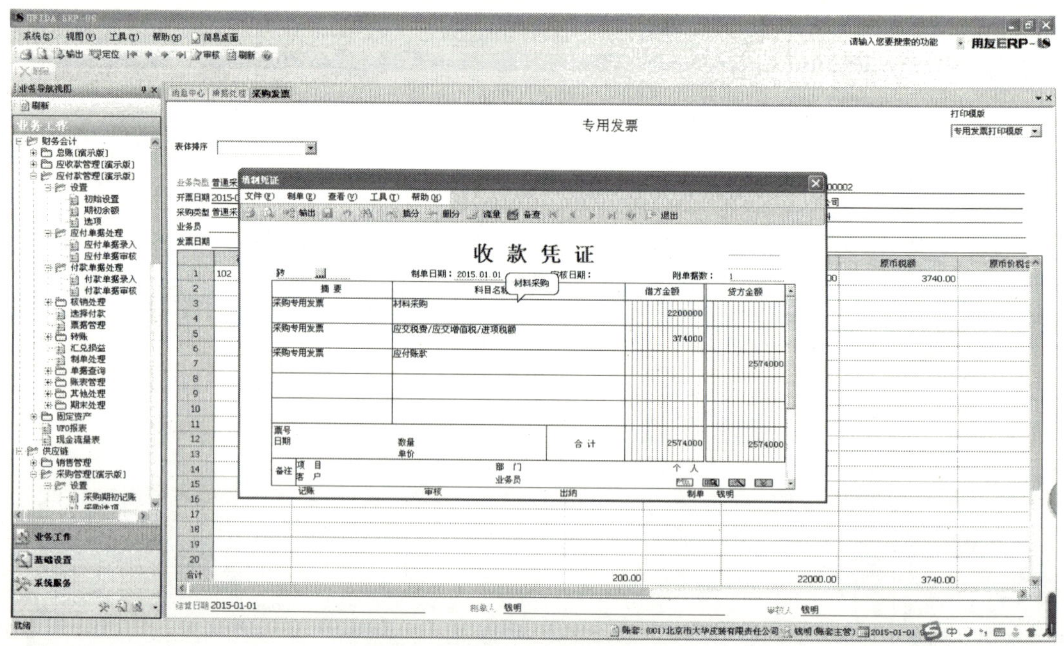

图 9-13　应付单审核并生成凭证

付款管理”|“付款单据处理”|“付款单据录入”，进入“付款单据录入”窗口。单击“增加”，选择供应商，结算方式及金额，单击保存。单击“审核”，系统提示“是否立即生单？”选择“是”，进入填制凭证窗口，选择凭证类别为“付款凭证”，单击“保存”，系统标记“已生成”，退出。

（10）相关查询。在采购管理子系统提供“到货明细表”“入库明细表”“采购明细表”等报表查询；同时在库存管理系统中，可以查询“库存台账”；在存货核算系统中查询“收发存汇总表”。

3. 现结业务

（1）在库存管理系统中直接填制并审核采购入库单。进入库存管理子系统的业务工作界面，单击“入库业务”|“采购入库单”，进入“采购入库单”窗口。单击“增加”，选择仓库、供应商、入库类别“采购入库”、存货编码、数量、单价等信息。录入资料的内容完毕后“保存”再“审核”，退出。

（2）在采购管理系统中录入采购专用发票进行现结处理和采购结算。回到采购管理子系统的业务工作界面，单击“采购发票”|“专用采购发票”，进入“采购专用发票”窗口。单击“增加”|“生单”|“入库单”，打开“过滤条件选择”对话框，单击“过滤”，出现“发票拷贝入库单”窗口，选择要拷贝的入库单，单击“确定”，调整相关数据，单击“保存”，再单击“现付”，系统弹出“采购现付”对话框，输入相关资料内容，如结算方式、金额、支票号、银行账号，单击“确定”，发票显示“已现付”标记。再单击“结算”，自动完成采购结算，发票显示“已结算”标记，退出。

（3）在应付款管理系统中审核采购专用发票并进行现结制单：①进入应付款管理子系统的业务工作界面，单击“应付单据处理”|“应付单据审核”，打开“应付单过滤条

件”对话框，选择供应商及窗口左下角“包含已现结发票”标记，单击“确定”，进入“单据处理”窗口。选择要审核的采购专用发票，单击“审核”，“审核成功！”后单击“确定”，退出。②再单击“制单处理”，打开“制单查询”对话框，选择“现结制单”，再选择供应商，单击“确定”，进入“制单”窗口，选择要制单的记录，凭证类型为“付款凭证”，单击“制单”，进入“填制凭证”窗口，“保存”后凭证显示“已生成”，退出。

（4）在存货核算管理系统中记账并生成入库凭证。进入存货核算子系统的业务工作界面，录入该笔存货的入库凭证，操作步骤与普通采购业务的存货入库操作步骤类同（参见前面所述普通采购业务第 8 步）。

4. 采购运费处理

采购运费处理基本与现结业务类同，只是多一张运费发票，需在采购管理子系统中填制并进行采购结算。

（1）在库存管理系统中填制并审核采购入库单。

（2）参考现结业务中采购入库单的填制与审核步骤。

（3）在采购管理系统中参照采购入库单填制采购专用发票。

（4）参考现结业务中填制采购专用发票的相应步骤。

（5）在采购管理系统中填制运费发票并进行采购手工结算。进入采购管理子系统的业务工作界面，单击“采购发票”|“运费发票”，进入“采购运费发票”窗口，如图 9-14 所示，单击“增加”，输入发票号、供应商、存货“运输费”及金额等资料内容，单击“保存”，退出。

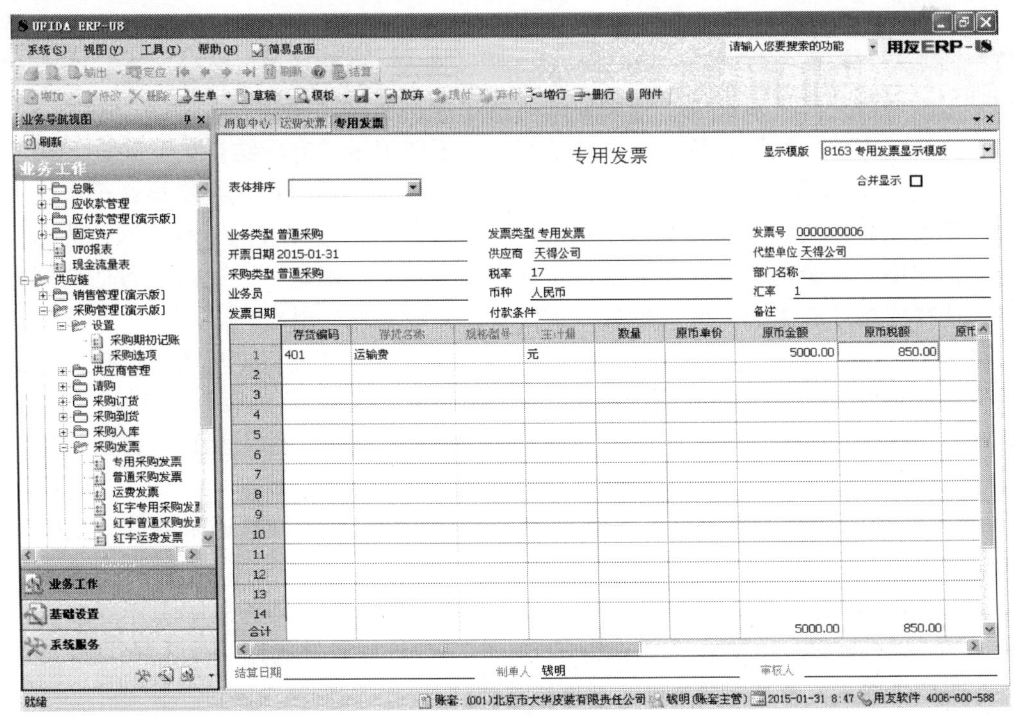

图 9-14　采购运费发票处理

（6）再单击“采购结算”|“手工结算”，进入“手工结算”窗口，单击“选单”，进入“结算选单”窗口。单击“过滤”，选择要结算的单据，单击“确定”，返回“手工结算”窗口。选择运费分摊方式“按数量”，进行“分摊”，系统弹出分配方式的确认信息，确认后，后单击“结算”，系统提示“结算完成！”后单击“确定”，退出。

（7）在应付款管理系统中审核发票并合并制单。同理，在应付款管理子系统中进行采购专用发票和运费发票的审核，具体操作步骤详见普通采购业务。并进行制单处理，打开“制单处理”对话框，选择“发票制单”，单击“确定”，进入“制单”窗口，选择凭证类型为“转账凭证”，单击“合并”，再单击“制单”，进入“填制凭证”窗口，单击“保存”，退出。

（8）在存货核算系统中记账并生成入库凭证。具体操作步骤详见普通采购业务。

5. 估价处理

暂估业务分两种：一是上月货到票未到，只得在上月月末暂估业务，本月发票已到，修改发票并结算制单；二是本月月末发票未到，只得在月底录入暂估入库成本并记账生成凭证。

1）上月暂估业务，本月发票已到（发票数量单价与入库时数量单价不一定相同）

（1）在采购管理子系统中填制采购发票：进入采购管理子系统工作界面，单击“采购发票”|“专用采购发票”，进入“专用发票”窗口。单击“增加”|“生单”|“入库单”，打开“过滤条件选择”对话框，单击“过滤”，系统弹出“发票拷贝入库单列表”窗口。选择要拷贝的入库单，单击“确定”，采购专用发票则依据选择的入库单生成，修改输入发票号、数量、单价，单击“保存”，退出。

（2）在采购管理系统中手工结算：在采购管理子系统，单击“采购结算”|“手工结算”，进入“手工结算”窗口。单击“选单”，进入“结算选单”窗口。单击“过滤”，弹出“过滤条件选择”对话框，选择要结算的单据，单击“确定”。返回“手工结算”窗口，修改入库单的结算数量，单击“结算”，系统提示“完成结算！”确定，退出。

（3）在存货核算子系统中执行结算成本处理并生成凭证：进入存货核算子系统工作界面，单击“业务核算”|“结算成本处理”，打开“暂估处理查询”对话框，选择“原料库”，选中“未全部结算完的单据是否显示”，单击“确定”，进入“暂估结算表”窗口，选择要结算成本的单据，单击“暂估”，完成结算，退出。

再单击“财务核算”|“生成凭证”，打开“生成凭证”窗口。单击“选择”，系统弹出“查询条件”，选择“红字回冲单、蓝字回冲单（报销）”，确定。单击“全选”|“确定”，进入“生成凭证”窗口，选择“转账凭证”类型，输入科目“材料采购”，单击“生成”，进入“填制凭证”窗口，保存并退出。

（4）应付款管理系统中审核发票并制单：具体操作步骤同普通采购业务中的相应处理。

（5）在采购管理系统中查询暂估入库余额表：在采购管理子系统工作界面，单击“账表”|“采购账簿”|“暂估入库余额表”，打开“过滤条件选择”对话框，进行过滤，查看上期结余数量、本期结算数量、本期结算数量等相关数据，退出。

2）本月月末发票未到，暂估入库处理

（1）在库存管理系统中填制并审核采购入库单：具体操作步骤同现结业务中的相应处理，采购入库单不填写单价。

（2）月末发票未到，在库存管理系统中录入暂估入库成本并记账生成凭证：进入存货核算子系统工作界面，单击“业务核算”|“暂估成本录入”，打开“采购入库成本成批录入查询”对话框，单击“确定”，进入成本录入窗口，录入单价，单击“保存”，退出。

再单击“业务核算”|“正常单据记账”，过滤，进入“未记账单据一览表”窗口，选择要记账的采购专用发票，单击“记账”，退出。

再单击“财务核算”|“生成凭证”，弹出“生成凭证”窗口，单击“选择”，弹出“查询条件”，选择“采购入库单（暂估记账）”，确定，全选，进入“生成凭证”窗口，选择“转账凭证”类型，补充输入“材料采购”科目，单击“生成”，保存凭证后，退出。

6. 退货处理

根据退货所在的结算时间点，可以分为结算前部分退货和结算后部分退货，两者处理因此有所不同。

1）结算前部分退货

（1）在库存管理系统中填制并审核采购入库单：具体操作步骤同现结业务中的相应处理。

（2）在库存管理系统中填制红字采购入库单：具体操作步骤同现结业务中的相应处理，入库单为红字。

（3）在库存管理系统中根据采购入库单生成采购专用发票：参考现结业务部分所讲内容。

（4）在采购管理系统中处理采购手工结算：参考现结业务部分所讲内容。

2）结算后部分退货处理

（1）在库存管理系统中填制红字采购入库单并审核：参考前面相应步骤，入库单为红字。

（2）在采购管理系统中填制红字采购专用发票并执行采购结算：在采购管理子系统中，单击“采购发票”|“红字专用采购发票”，进入“采购专用发票（红字）”窗口，单击“增加”|“生单”|“入库单”，打开“过滤条件选择”对话框，过滤选择红字入库单，出现“拷贝并执行”窗口，选择要拷贝的红字入库单，单击“确定”，生成“红字采购专用发票”，输入发票号，保存，退出。再进行结算，退出。

（三）采购期末处理

1. 结账处理

（1）进入采购管理子系统，单击“月末结账”，打开“月末结账”对话框，选择结账月份。

（2）单击“选择标志”，做“选中”标记。

（3）单击“结账”，系统提示“月末结账完毕!”单击“确定”，在“是否结账”栏显示“已结账”，退出。

2. 取消结账

（1）进入采购管理子系统，单击“月末结账”，打开“月末结账”对话框，选择取消结账月份。

（2）单击“选择标志”，做“选中”标记。

（3）单击“取消结账”，系统提示“取消月末结账完毕！”单击“确定”，在“是否结账”栏显示“未结账”，退出。

3. 报表查询

采购管理子系统提供关于采购、入库、结算等一系列报表查询功能，操作简便，直接单击“报表”菜单下各个功能子菜单，进行查询，在此不再赘述。

本章小结

本章主要介绍了采购管理系统的主要功能、采购管理系统与其他系统的关系、采购管理系统的各项基本业务处理流程，以及采购管理系统日常业务处理、期末处理等内容。

采购管理系统的主要功能在于帮助用户对采购业务的全部流程进行管理，提供请购、采购订货、采购到货、采购入库、采购发票、采购结算的完整采购流程处理。采购管理系统的主要功能包括初始设置、日常业务处理、期末处理等方面。

按货物和发票到达的先后，日常采购业务划分为单货同行、货到票未到（暂估入库）、票到货未到（在途物资）三种业务类型。

单货同行采购业务是指采购业务发生后，采购发票和货物本月同时到达企业的采购业务。处理流程按请购、采购订货、采购到货、采购入库、采购发票、采购结算、应付款管理系统审核发票和制证、存货核算系统单据记账和制证、应付款管理系统付款和制证、总账管理系统审核凭证和记账等顺序进行处理。

货到票未到是指采购活动发生后，本月收到了货物，但月末结账前没有收到发票。对于这样的业务，月末要进行暂估记账，形成暂估凭证，下月初进行回冲处理，等收到发票后再进行采购结算等后续处理。

票到货未到是指企业收到了供应商开具的采购发票，而没有收到供应商提供的货物。可以采用两种处理方法：第一种方法是对发票进行压单处理，等收到货物后，再一并进行处理；第二种方法是在采购管理系统中填制采购发票，等收到货物后再填制采购入库单，进行采购结算等处理。

采购管理系统提供了综合查询功能，可以进行单据查询、单据执行情况分析表、现存量查询、采购报表查询等。

采购管理系统期末结账时要注意和其他模块的先后顺序。采购管理系统月末结账后，才能进行库存管理、存货核算、应付款管理、总账管理等系统的月末结账。

通过实验，有助于帮助学生进一步理解采购管理系统的整体功能，掌握利用采购管理系统进行业务处理的操作方法。

复习思考题

1. 采购管理系统包括哪些主要功能?
2. 采购管理系统与其他系统之间的关系是怎样的?
3. 普通采购业务的财务业务一体化的处理流程是怎样的?
4. 简述不同情况下企业退货业务的处理方法和处理流程。
5. 简述月初回冲方式下暂估入库业务的处理流程。
6. 简述财务业务集成应用情况下各系统的结账顺序。

采购管理系统复习题

第 10 章　销售管理系统

学习目标：

了解销售管理系统的主要功能以及销售管理系统与其他系统之间的数据传递关系，掌握普通销售业务、分期收款业务、委托代销业务、销售退货业务的财务业务一体化处理流程，掌握在应收款管理系统审核发票、收款结算以及生成凭证的方法，掌握在存货核算系统记账和生成凭证的方法，掌握账表查询和期末结账的方法，了解直运业务处理流程。通过学习，学生能够独立进行销售业务的处理，进行销售成本和销售收入的核算与管理，为进一步学习使用其他销售管理软件奠定基础。

关键词：

销售管理；销售报价单；销售订单；销售发货单；销售发票；销售出库；账表管理；应收款管理；存货核算

10.1　销售管理系统概述

销售管理系统是用友 ERP-U8 供应链管理系统的一个重要子系统，其主要功能在于帮助用户对销售业务的全部流程进行管理，提供报价、订货、发货、开票的完整销售流程处理，支持普通销售、委托代销、分期收款、直运、零售、销售调拨等多种类型的销售业务，并可对销售价格和信用进行实时监控。适用于各类工业企业和商业批发、零售企业、医药、物资供销、对外贸易、图书发行等商品流通企业进行销售业务的核算与管理。既可以单独使用，也可以与用友 ERP-U8 其他系统集成使用，提供完整全面的业务和财务一体化处理。

10.1.1　销售管理系统的主要功能

销售管理系统的主要功能包括初始设置、日常业务处理、期末处理等方面。

（1）初始设置。初始设置包括对销售管理系统进行参数设置，设置价格管理、进行允销限销设置、设置信用审批人，录入期初单据等。

（2）日常业务处理。进行销售业务的日常操作，包括报价、订货、发货、开票等业务；支持普通销售、委托代销、分期收款、直运、零售、销售调拨等多种类型的销售业务；可以进行现结业务、代垫费用、销售支出的业务处理；可以制订销售计划，对价格和信用进行实时监控。用户可以根据业务需要选用不同的业务单据、定义不同的业务流程。通过账表查询功能可以查询存货的现存量，查看各种销售统计表、各种销售明细表、各种销售分析报表。

（3）期末处理。期末处理包括月末进行的销售管理系统结账操作，以及取消结账操作。

10.1.2　销售管理系统与其他系统的关系

销售管理系统和基础设置、库存管理系统、存货核算系统、应收款管理系统、采购管理系统都有数据传递关系。

销售管理系统与基础设置模块共享数据，在基础设置中设置的部门档案、职员档案、仓库档案、存货档案等信息可以传递到销售管理系统；销售管理系统向库存管理系统传递销售订单、销售发货单等数据，可以接收库存管理系统反馈的可销量数据；销售管理系统向存货核算系统传递销售出库单、销售发票、直运销售发票，在存货核算系统生成相关业务的记账凭证；销售管理系统向采购管理系统传递直运销售订单、直运销售发票等数据；销售管理系统向应收款管理系统传递销售发票等应收单据，接收应收款管理系统传递的发票等应收单据的收款信息等。销售管理系统与其他系统的数据传递关系详见图 8-1 供应链管理系统数据流程图。

10.2　销售管理系统日常业务处理

企业销售业务类型比较多，包括普通销售、分期收款、委托代销、销售调拨、零售、直运销售、退货等业务内容；从发货方式上分为先发货后开票和开票直接发货两种情况方式；按业务处理是否必有订单，又分为必有订单模式和非必有订单模式。

10.2.1　普通销售业务

普通销售业务模式适用于大多数企业的日常销售业务，销售管理系统与其他系统一起，提供对销售报价、销售订货、销售发货、销售出库、销售开票、销售收款、结转销售成本全过程的处理。用户可根据企业实际情况，结合本系统对销售流程进行灵活配置。

普通销售业务根据“发货—开票”的顺序不同，分为两种业务模式：一种是先发货后开票模式，另一种是开票直接发货模式。系统判断两种模式的依据是先录入发货单还是先录入发票。在进行销售业务处理时，系统允许两种流程并存。

先发货后开票模式是指先录入销售发货单，然后根据销售发货单录入销售发票。发货单上的数量和发票上的数量可以相同，也可以不相同。

提示：

・发货单可以手工录入，也可以参照订单。参照订单时一张订单可多次发货，多张订单也可一次发货。

・发票参照发货单生成。多张发货单可以汇总开票，一张发货单也可拆单生成多张销售发票。

先开票后发货模式是指先录入销售发票，销售发货单根据销售发票自动生成。因为发货单是根据销售发票自动生成，所以销售发货单上的数量和销售发票的数量必须相同；另外销售发货单只能浏览，不能修改和删除。

先发货后开票模式下，普通销售业务处理流程如图 10-1 所示。

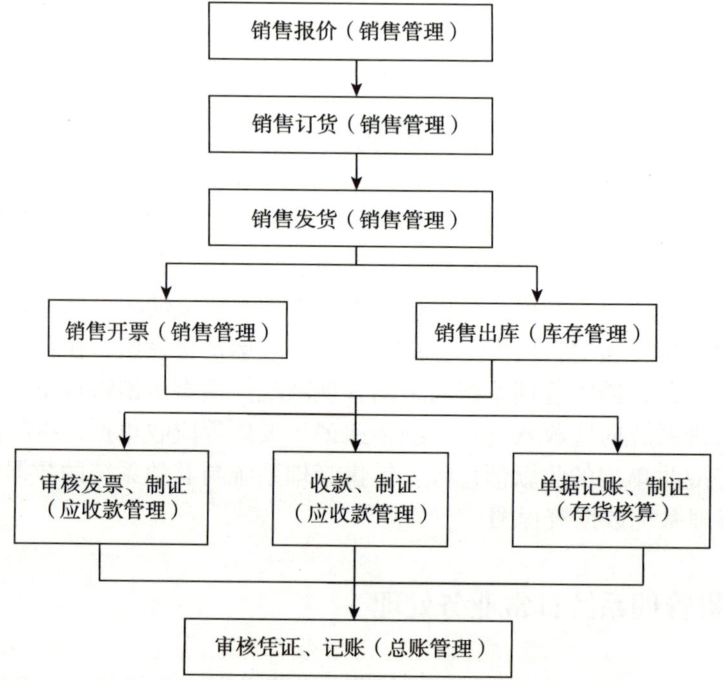

图 10-1　先发货后开票模式普通销售业务处理流程

1. 销售报价

销售报价是企业向客户提供货品、规格、价格、结算方式等信息，双方达成协议后，销售报价单可以转为有效力的销售订单。企业可以针对不同客户、不同存货、不同批量提出不同的报价、扣率。销售报价的结果是在销售管理系统填制报价单。

销售报价是可选环节，用户可根据实际情况决定是否选用。

2. 销售订货

销售订货是指企业与客户签订销售合同的过程。销售订货的结果是在本系统填制销售订单。销售订单既可以手工录入，也可以根据前述销售报价单生成。

销售订货环节有利于企业根据销售订单组织货源，并对订单的执行进行管理、控制和追踪。

当用户在销售选项中选择“普通销售必有订单”时，销售订货是必选环节，用户必须填制销售订单；当用户在销售选项中未选择“普通销售必有订单”时，销售订货是可选环节，用户可根据实际情况决定是否选用。

提示：

· 参照报价单生成销售订单时，表示订货业务是同一笔报价业务的后续步骤。

· 手工录入销售订单时，表示订货业务和上步骤报价业务没有关系，订货业务不是同一笔报价业务的后续步骤。建议采用参照生单的方式生成业务单据。其他环节道理同此。

3. 销售发货

销售发货是企业执行与客户签订的销售订单，将货物发往客户的行为，是销售业务的执行阶段。销售发货的结果是在销售管理系统填制销售发货单。销售发货单可以手工增加，也可以参照销售订单生成；必有订单业务模式下，销售发货单不可手工新增，只能参照生成。

开票直接发货模式下，发货单由销售发票自动生成，发货单只做浏览，不能进行修改、删除、弃审等操作。

参照销售订单发货时，一张订单可多次发货，多张订单也可以一次发货。

此环节及后续环节为必选项。

4. 销售开票

销售开票是指在销售过程中企业给客户开具销售发票及其所附清单的过程，它是确认销售收入、计算销售成本、应交销售税金确认和应收账款的依据，是销售业务的必选环节。

销售开票的结果是在销售管理系统中填制并审核销售发票。销售发票是在销售开票过程中用户所开具的原始销售单据，包括销售专用发票、销售普通发票。

销售发票可以手工增加，也可以参照销售订单生成；必有订单业务模式下，销售发票不可手工新增，只能参照生成。

提示：

· 在销售开票的同时向客户收取货款时，用户可进行现结处理，不用再执行第 8 步应收款管理系统收款、制证处理。

· 现结时既可以全额收款，也可以部分收款。

5. 销售出库

销售出库是指将货物从仓库发出的过程，是销售业务的必选环节。销售出库的结果是在库存管理系统填制并审核销售出库单。

如果在销售选项中选择了“销售生成出库单”，则销售出库单根据销售发货单自动生成，且只能一次销售全部出库；如果在销售选项中未选择“销售生成出库单”，则销售出库单在库存管理系统由用户手工填制，可实现一次销售分次出库。

6. 应收款管理系统审核发票、制证

销售出库后，销售活动即告结束。但是从财务业务一体化的角度出发，该项销售活动还未最终处理完成，还要由财会部门进行财务处理。财务处理内容包括在应收款管理系统审核销售发票，根据销售发票制证；在存货核算系统根据销售出库单登记存货明细账，根据销售出库单（或销售发票）制证；在应收款管理系统填制收款单，根据收款单制证；最后在总账管理系统审核记账凭证、记账等。

销售管理系统填制的销售发票会自动传递到应收款管理系统。

（1）审核发票。财会人员对销售发票进行审核时，要区分销售发票是否进行了现结处理。既可以成批审核，也可以审核单张发票。审核发票的同时可联查单据。审核通过后根据销售发票进行制证处理。

（2）制证。应收款管理系统对不同的单据类型或不同的业务处理既提供实时制单的功能，也提供了一个统一制单的平台，用户可以在此快速、成批生成记账凭证，并可依据规则进行合并制单等处理。

根据销售发票生成的记账凭证中，借记“应收账款”“银行存款”等科目，贷记“主营业务收入”“应交税费—应交增值税—销项税额”等科目。

提示：

·本系统的控制科目可在其他系统进行制单，但在其他系统制单会造成应收款管理系统与总账管理系统对账不平（存货核算系统除外）。

·在本系统制单时，若要使用存货核算系统的控制科目，则需要在总账管理系统选项中选择可以使用存货核算系统控制科目选项。

·制单日期系统默认为当前业务日期。制单日期应大于等于所选单据的最大日期，但小于当前业务日期。

·如果同时使用了总账管理系统，则输入的制单日期应该满足总账制单日期要求，即大于同月同凭证类别的日期。

·该原始单据制单后，不能再次重复制单。

7. 存货核算系统单据记账、制证

在存货核算系统进行的单据记账、制证是财会人员的工作。

（1）单据记账。单据记账是指负责材料核算的会计人员根据销售发票（或销售出库单）登记存货明细账等账簿，而非指登记会计科目账。

提示：

·当在存货核算系统选项中设置销售成本核算方式为“销售发票”时，记账依据是销售发票。

·当在存货核算系统选项中设置销售成本核算方式为“销售出库单”时，记账依据是销售出库单。

·记账时系统按时间顺序自动记账。

·已记账的单据不能修改和删除。如果发现已记账单据有误，则在本月未结账情况下可以取消记账。如果已记账的单据已经生成记账凭证，则必须先删除相关记账凭证，然后才能取消记账。

（2）制证。单据记账后，可以根据该销售发票（或销售出库单）生成记账凭证。生成的记账凭证中借记“主营业务成本”等科目，贷记“库存商品”等科目。

提示：

·第 6 步应收款管理系统审核发票、制证和第 7 步存货核算系统的单据记账、制证是并行的关系，二者顺序可以互换。

8. 应收款管理系统收款、制证

根据合同规定，企业收到客户款项时，在应收款管理系统填制并审核收款单。

收款单据中款项类型有三种，分别是应收款、预收款、其他费用。如果款项是收回客户前欠的款项，则款项类型选择“应收款”；如果是预收客户的款项，则款项类型选“预收款”；其他情况选“其他费用”。

填制收款单后，可以将该收款单和与之对应的销售发票进行核销。

收款单保存后可以立即制单，也可以进行批量制单。生成的记账凭证是借记“银行存款”，贷记“应收账款”等科目。

9. 总账管理系统审核凭证、记账

应收款管理系统和存货核算系统生成的记账凭证都会自动传递到总账管理系统。在总账管理系统查询凭证或进行出纳签字、审核凭证时，用鼠标单击记账凭证类别名称，系统会提示记账凭证来源。

在总账管理系统审核外来凭证时，如果发现凭证错误，在总账管理系统不能对外来的记账凭证进行修改、删除操作，而需要到生成记账凭证的系统进行修改、删除。

10.2.2　分期收款业务

1. 业务类型说明

分期收款业务是指货物提前发给客户，分期收回款项，收入与成本按照收款情况分期确认。分期收款业务的特点是一次发货，当时不确认收入，分次确认收入，在确认收入的同时配比性地结转销售成本。

2. 基础设置

销售选项中选择“有分期收款业务”，存货核算系统初始设置中设置存货科目，设置分期收款发出商品科目名称是“发出商品”。

3. 分期收款业务流程图

分期收款业务的处理流程如图 10-2 所示。

4. 业务流程

（1）销售报价。在销售管理系统中填制并审核销售报价单，业务类型选择“分期收款”。此环节为可选项。

（2）销售订货。在销售管理系统中填制并审核销售订单，可以手工填制并审核，也可以通过生单方式参照销售报价单生成。建议采用参照生单的方式生成销售订单，后续步骤同此。

销售订单中，销售业务类型和参照报价单的业务类型都选择“分期收款”。

当用户在销售选项中选择“分期收款必有订单”时，销售订货是必选环节，用户必须填制销售订单；当用户在销售选项中未选择“分期收款必有订单”时，销售订货是可选环节，用户可根据实际情况决定是否选用。

（3）销售发货。在销售管理系统中填制并审核销售发货单。销售发货单的销售业务类型和参照销售订单的业务类型都选择“分期收款”。此环节及后续环节为必选项。

分期收款业务必选采用先发货后开票模式。

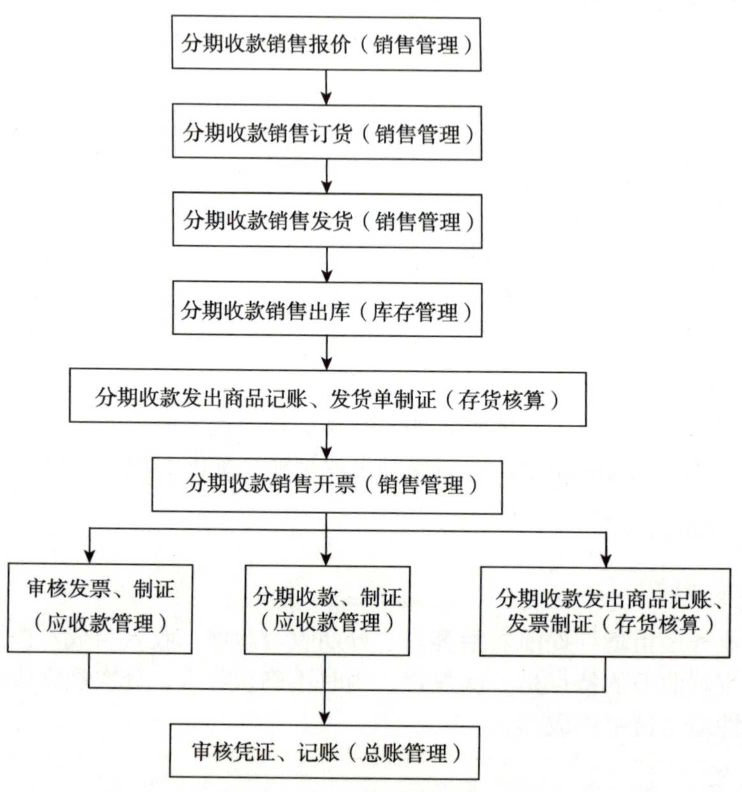

图 10-2 分期收款业务处理流程

（4）销售出库。在库存管理系统中生成销售出库单。如果在销售选项中选择了“销售生成出库单”，则销售出库单自动生成，此时只需要审核即可。否则需要在库存管理系统手工填制并审核销售出库单。

（5）存货核算系统发出商品记账、发货单制证。记账时选择“发出商品记账”，过滤条件选择业务类型是“分期收款”；制证时依据的单据类型是“分期收款发出商品发货单”。记账凭证中借记“发出商品”，贷记“库存商品”等科目。

（6）销售开票。确认销售收入时，在销售管理系统中填制销售发票。销售发票的销售业务类型和参照发货单的业务类型都选择“分期收款”。

（7）应收款管理系统审核发票、制证。在应收款管理系统审核销售发票，根据销售发票制证。借记“应收账款”，贷记“主营业务收入”“应交税费—应交增值税—销项税额”等科目。

（8）存货核算系统发出商品记账、发票制证。记账时选择“发出商品记账”，过滤条件选择的业务类型是“分期收款”；制证时依据的单据类型是“分期收款发出商品专用发票”或“分期收款发出商品普通发票”。借记“主营业务成本”，贷记“发出商品”。

（9）应收款管理系统收款、制证。根据合同规定，企业收到客户款项时，在应收款管理系统填制并审核收款单。根据收款单制证时，借记“银行存款”，贷记“应收账款”等科目。

（10）总账管理系统审核凭证、记账。在总账管理系统中审核应收款管理系统、存货核算系统传递的记账凭证，并进行记账处理。

10.2.3　委托代销业务

1. 业务类型说明

委托代销业务是指企业将商品委托他人进行销售，但商品所有权仍归本企业所有的销售方式。委托代销商品销售后，受托方与企业进行结算，企业开具正式的销售发票，形成销售收入，商品所有权转移。

2. 基础设置

销售选项中选择“有委托代销业务”，库存管理系统选项中选中“有委托代销业务”，存货核算系统选项中委托代销成本核算方式设置为“按发出商品核算”。存货核算系统初始设置中设置存货科目，设置委托代销发出商品科目名称是“发出商品”。

3. 委托代销业务流程图

委托代销业务的处理流程如图 10-3 所示。

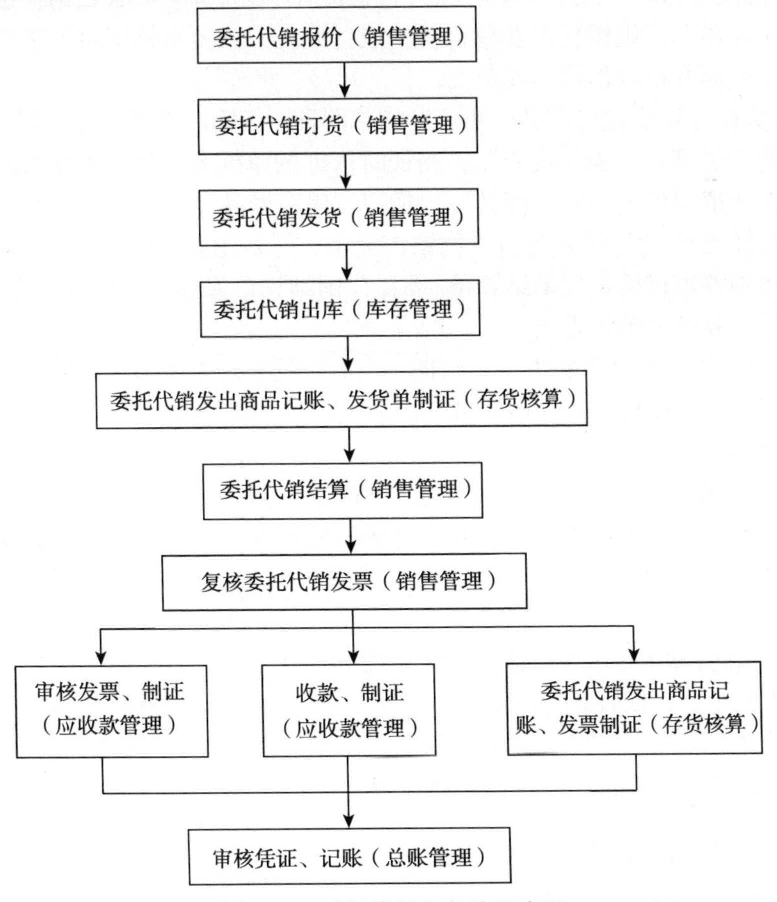

图 10-3　委托代销业务处理流程

4. 业务流程

（1）委托代销报价。在销售管理系统中填制并审核销售报价单，业务类型选择“委托代销”。此环节为可选项。

（2）委托代销订货。在销售管理系统中填制并审核销售订单，可以手工填制，也可以通过生单方式参照销售报价单生成。建议采用参照生单的方式生成销售订单，后续步骤同此。

销售订单的销售业务类型和参照报价单的业务类型都选择“委托代销”。

当用户在销售选项中选择“委托代销必有订单”时，销售订货是必选环节，用户必须填制销售订单；当用户在销售选项中未选择“委托代销必有订单”时，销售订货是可选环节，用户可根据实际情况决定是否选用。

（3）委托代销发货。在销售管理系统中填制并审核委托代销发货单。委托代销发货单的业务类型和参照销售订单的业务类型都默认选择“委托代销”，不用修改。此环节及后续环节为必选项。

委托代销业务必选采用先发货后开票模式。

（4）委托代销出库。在库存管理系统中生成销售出库单。如果在销售选项中选择了“销售生成出库单”，则销售出库单自动生成，此时只需要审核即可。否则需要在库存管理系统手工填制并审核销售出库单。

（5）存货核算系统发出商品记账、发货单制证。记账时选择“发出商品记账”，过滤条件选择业务类型是“委托代销”；制证时依据的单据类型是“委托收款发出商品发货单”。记账凭证中借记“发出商品”，贷记“库存商品”。

（6）委托代销结算。受托方将货物销售完毕，与委托方进行委托代销结算。在销售管理系统中填制并审核委托代销结算单。委托代销结算单保存审核后自动生成销售发票。在销售管理系统复核该销售发票。

（7）应收款管理系统审核发票、制证。在应收款管理系统审核销售发票，根据销售发票制证。记账凭证中借记“应收账款”，贷记“主营业务收入”“应交税费—应交增值税—销项税额”等科目。

（8）存货核算系统发出商品记账、发票制证。记账时选择“发出商品记账”，过滤条件选择业务类型是“委托代销”；制证时依据的单据类型是“委托代销发出商品专用发票”或“委托代销发出商品普通发票”。记账凭证中借记“主营业务成本”，贷记“发出商品”。

（9）应收款管理系统收款、制证。企业收到受托方结算款项时，在应收款管理系统填制并审核收款单。根据收款单制证时，借记“银行存款”，贷记“应收账款”等科目。

（10）总账管理系统审核凭证、记账。在总账管理系统中审核应收款管理系统、存货核算系统传递的记账凭证，并进行记账处理。

10.2.4　销售调拨业务

1. 业务类型说明

销售调拨一般是处理集团企业内部有销售结算关系的销售部门或分公司之间的销售

业务。与销售开票相比，销售调拨业务不涉及销售税金。销售调拨业务必须在当地税务机关许可的前提下方可使用，否则处理内部销售调拨业务必须开具发票。

2. 基础设置

销售选项中选中“有销售调拨业务”。

3. 销售调拨业务流程图

销售调拨业务的处理流程如图 10-4 所示。

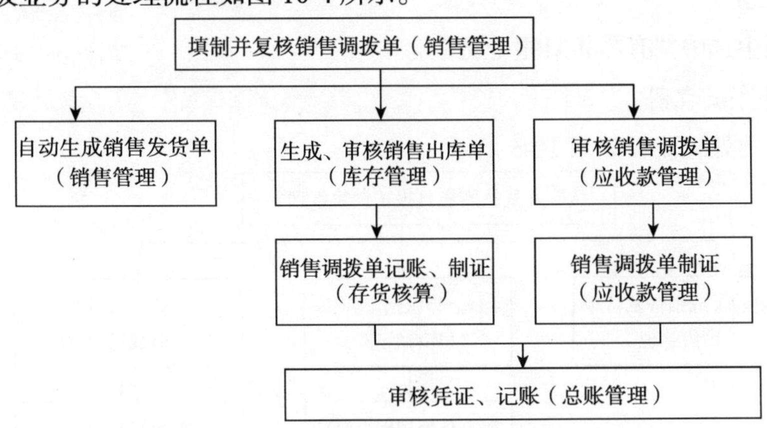

图 10-4　销售调拨业务处理流程

4. 销售调拨业务流程

（1）填制并复核销售调拨单。在销售管理系统填制销售调拨单，复核后系统自动生成销售发货单。

（2）生成并审核销售出库单。如果在销售选项中选择了“销售生成出库单”，则库存管理系统自动生成销售出库单，此时只需要审核即可。否则需要在库存管理系统手工填制并审核销售出库单。

（3）应收款管理系统审核销售调拨单、制证。销售管理系统复核后的销售调拨单自动传递至应收款管理系统，视为销售发票进行管理。在应收款管理系统审核销售调拨单；制单处理选择发票制单。记账凭证中借记“应收账款”“银行存款”等科目，贷记“主营业务收入”等科目。

（4）存货核算系统单据记账、制证。记账时选择正常单据记账。制证时单据类型选择“销售调拨单”。记账凭证中借记“主营业务成本”，贷记“库存商品”等科目。

（5）总账管理系统审核凭证、记账。在总账管理系统中审核从应收款管理系统、存货核算系统传递来的记账凭证，并进行记账处理。

提示：

· 收到款项时在应收款管理系统填制收款单，根据收款单填制记账凭证即可。

· 销售调拨单不能参照生成，只能手工输入。

· 销售调拨退货时填制红字销售调拨单。

· 销售调拨单弃复时自动删除生成的发货单。

10.2.5　零售业务

1. 业务类型说明

零售业务是指商业企业将商品销售给零售客户的业务，如果用户有零售业务，相应的销售票据是按日汇总数据，然后通过零售日报进行处理。零售日报不是原始的销售单据，是零售业务数据的日汇总。这种业务常见于商场、超市、企业各零售店。

2. 基础设置

销售选项中选中“有零售日报业务”。

3. 零售业务流程图

零售业务的处理流程如图 10-5 所示。

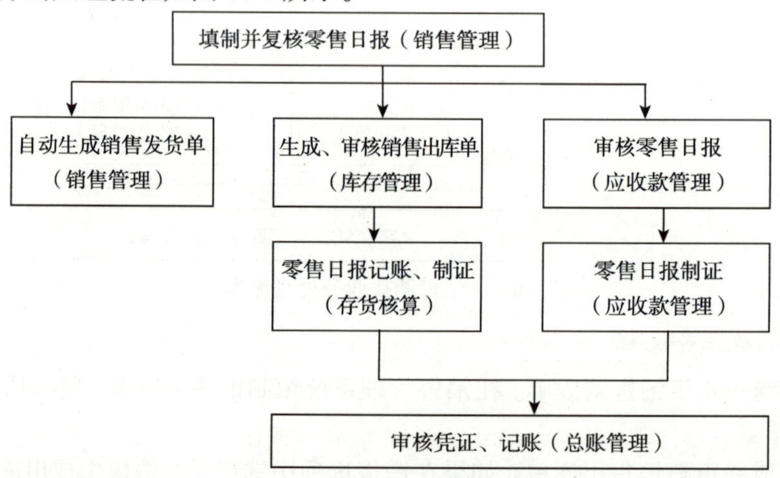

图 10-5　零售业务处理流程

4. 零售业务流程

（1）填制并复核零售日报。在销售管理系统填制零售日报。零售业务一般收取现款，所以零售日报要进行现结收款。复核后系统自动生成销售发货单。

（2）生成并审核销售出库单。如果在销售选项中选择了“销售生成出库单”，则库存管理系统自动生成销售出库单，此时只需要审核即可。否则需要在库存管理系统手工填制并审核销售出库单。

（3）应收款管理系统审核零售日报、制证。销售管理系统复核后的零售日报自动传递至应收款管理系统，视为销售发票进行管理。在应收款管理系统审核零售日报，制单处理选择发票制单。借记“银行存款”等科目，贷记“主营业务收入”“应交税费—应交增值税—销项税额”等科目。

（4）存货核算系统单据记账、制证。记账时选择正常单据记账。制证时单据类型选择“销售日报”。记账凭证中借记“主营业务成本”，贷记“库存商品”等科目。

（5）总账管理系统审核凭证、记账。在总账管理系统中审核从应收款管理系统、存货核算系统传递来的记账凭证，并进行记账处理。

10.2.6　直运业务

1. 业务类型说明

直运业务是指产品无需入库即可完成的购销业务，由供应商直接将商品发给企业的客户，结算时，由购销双方直接与企业结算，企业赚取购销间差价。直运业务示意图如图 10-6 所示。

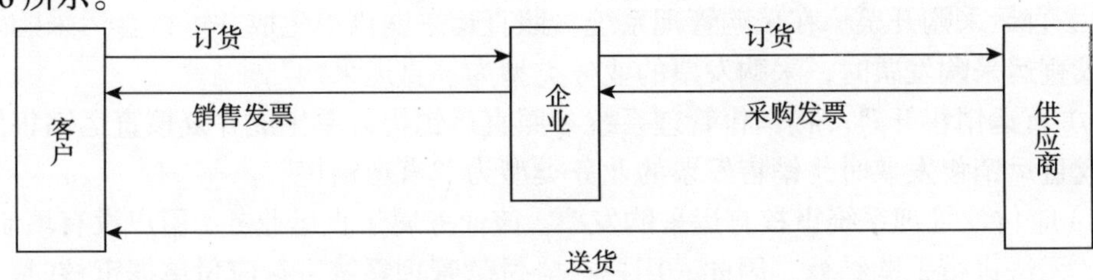

图 10-6　直运业务示意图

直运业务包括直运销售业务和直运采购业务。直运业务没有实物的出入库。财务结算通过直运销售发票、直运采购发票解决。适用于大型电器、汽车、设备等的销售。

2. 基础设置

销售选项中选中“有直运销售业务”。

3. 直运业务流程图

直运业务的处理流程如图 10-7 所示。

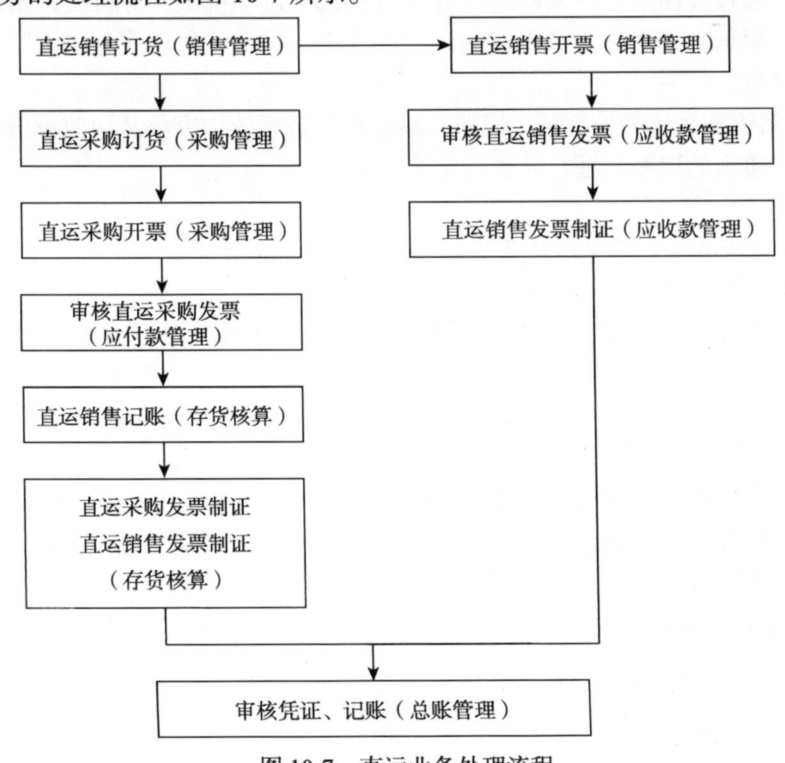

图 10-7　直运业务处理流程

4. 直运业务流程

（1）直运销售订货。在销售管理系统填制并审核直运销售订单。业务类型选择“直运销售”。

（2）直运采购订货。在采购管理系统参照直运销售订单生成并审核直运采购订单。参照生成直运采购订单时，采购订单的业务类型为“直运采购”。

（3）直运采购开票。在采购管理系统参照直运采购订单生成并审核直运采购发票。参照生成直运采购发票时，采购发票的业务类型为“直运采购”。

（4）直运销售开票。在销售管理系统参照直运销售订单生成并复核直运销售发票。参照生成直运销售发票时，销售发票的业务类型为“直运销售”。

（5）应付款管理系统审核直运采购发票。该业务属于直运业务，用户没有填制采购入库单，无法进行采购结算。因此，用户在应付款管理系统进行应付单据审核时，应付单过滤条件应选中“未完全报销”范围，否则无法审核该直运采购发票。注意：不在应付款管理系统进行发票制单处理，而应该在存货核算系统生成记账凭证。

（6）应收款管理系统审核直运销售发票、制证。在应收款管理系统进行应收单据审核，审核直运销售发票；制单处理选择发票制单。记账凭证中借记“应收账款”“银行存款”等科目，贷记“主营业务收入”“应交税费—应交增值税—销项税额”等科目。

（7）存货核算系统直运销售记账、制证。在存货核算系统进行直运销售记账，制证时单据类型选择“直运销售发票”“直运采购发票”。根据直运采购发票生成的记账凭证中，借记“库存商品”“应交税费—应交增值税—进项税额”等科目，贷记“应付账款”等科目；根据直运销售发票生成的记账凭证中，借记“主营业务成本”，贷记“库存商品”等科目。

（8）总账管理系统审核凭证、记账。在总账管理系统中审核从应收款管理系统、存货核算系统传递来的记账凭证，并进行记账处理。

提示：

·上述步骤为必有订单直运销售模式处理流程，当用户选择非必有订单直运销售时，销售订单和采购订单环节可以省略。

·直运业务不涉及存货的入库和出库环节，因此不需要填制采购入库单和销售发货单。

10.2.7　销售退货业务

销售退货是指客户因为货物质量、品种、数量等不符合要求而将已购货物退回给本单位的过程。销售业务类型比较复杂，各种类型的销售业务都可能发生退货业务，以普通销售和委托代销为例，介绍退货业务的处理。

1. 普通销售退货业务

1）退货业务流程图

先发货后开票模式下，普通销售的退货业务流程如图 10-8 所示。

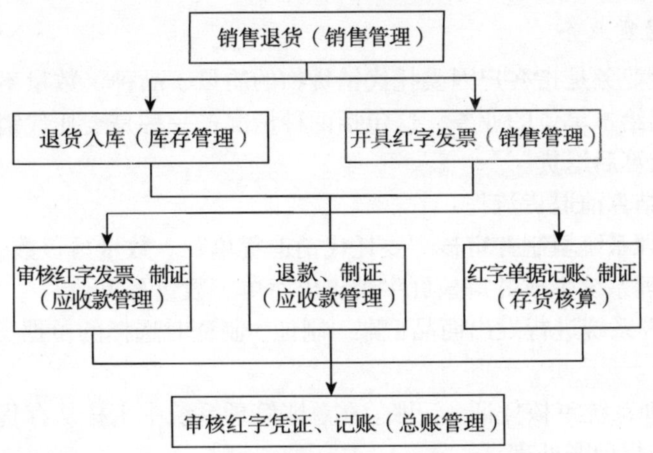

图 10-8　普通销售退货业务处理流程

2）退货业务流程

（1）销售退货。在销售管理系统填制并审核退货单。数量写负数。

（2）开具红字销售发票。在销售管理系统中填制并复核红字销售发票。数量写负数。

（3）退货入库。在库存管理系统生成并审核红字销售出库单。如果在销售选项中选择了“销售生成出库单”，则红字销售出库单根据退货单自动生成；如果在销售选项中未选择“销售生成出库单”，则红字销售出库单在库存管理系统由用户手工填制。

（4）应收款管理系统审核红字销售发票、制证。审核发票时注意红字销售发票是否进行了现结处理。根据红字销售发票生成的红字记账凭证中，借记“应收账款”“银行存款”等科目，贷记“主营业务收入”“应交税费—应交增值税—销项税额”等科目。

（5）存货核算系统红字单据记账、制证。根据存货核算系统销售成本核算方式的设置不同，记账对象可能是红字销售出库单，也可能是红字销售发票。单据记账后，根据该红字销售发票（或红字销售出库单）生成记账凭证。生成的红字记账凭证中，借记“主营业务成本”等科目，贷记“库存商品”等科目。

（6）应收款管理系统退款、制证。企业退回客户款项时，在应收款管理系统填制并审核付款单。可以将该付款单和与之对应的红字销售发票进行核销。付款单保存后可以立即制单，也可以进行批量制单。生成的凭证中，借记“银行存款”，贷记“应收账款”等科目。

（7）总账管理系统审核凭证、记账。在总账管理系统中审核从应收款管理系统、存货核算系统传递来的记账凭证，并进行记账处理。

提示：

· 开票直接发货业务模式下，先填制并审核红字销售发票，审核后的红字销售发票自动生成相应的退货单，其他环节和先发货后开票模式下销售退货业务流程相同。

· 进行退货处理时，要区分退货业务所处的具体销售环节，所处的销售环节不同，退货处理的方法有所不同。如开票之前发生退货业务时，可以不用开具红字发票，根据发货单和退货单之差，开具蓝字销售发票即可。

2. 委托代销退货业务

委托代销退货业务是指客户因委托代销货物的质量、品种、数量不符合规定而将已受托代销货物退回给本单位的业务。这包括两种情况：一种是委托代销结算前退货，另一种是委托代销结算后退货。

1）委托代销结算前退货流程

（1）销售管理系统填制并审核“委托代销退货单”。数量写负数。

（2）库存管理系统生成并审核红字销售出库单。数量写负数。

（3）存货核算系统进行发出商品记账、制证。制证时选择的单据类型是“委托代销发出商品发货单”。

（4）总账管理系统审核凭证、记账。在总账管理系统中审核从存货核算系统传递来的记账凭证，并进行记账处理。

2）委托代销结算后退货

（1）销售管理系统填制并审核“委托代销结算退回单”，其作用是取消委托代销结算。对自动生成的“红字销售发票”进行复核。

（2）存货核算系统进行发出商品记账、制证。制证时选择的单据类型时“委托代销发出商品专用发票”。如果货物不退回企业仓库，只是取消代销结算，做到此步骤即可。如果货物退回企业仓库，则需要后续步骤。

（3）应收款系统审核红字发票、制证。

（4）销售管理系统填制并审核“委托代销退货单”，数量为负数。

（5）库存管理系统生成并审核红字销售出库单。

（6）存货核算系统进行发出商品记账、制证。制证时选择的单据类型是“委托代销发出商品发货单”。

（7）总账管理系统审核凭证、记账。在总账管理系统中审核从应收款管理系统、存货核算系统传递来的记账凭证，并进行记账处理。

10.2.8　综合查询

1. 单据查询

销售管理系统提供了单据列表查询功能，如报价单列表、销售订单列表、发货单列表、销售发票列表、委托代销发货单列表、委托代销结算单列表、销售调拨单列表、零售日报列表等各种列表，便于用户从整体上把握单据的填制和执行情况。

2. 单据执行情况分析表

系统自动统计单据执行情况，包括销售订单执行统计表、销售计划执行报告、销售订单预警和报警表，便于用户查询单据执行情况。

3. 现存量查询

系统提供了现存量查询功能，便于用户及时掌握存货库存情况。

4. 销售报表

1）统计表

（1）销售统计表。系统提供多角度、综合性的销售统计表，能够提供销售金额、折扣、成本、毛利等数据。

（2）发货统计表。其用于统计一个时间段内存货的发货、开票、结存（发货—开票）的业务数据。

（3）发货汇总表。其用于查询一段时间内发货单的累计开票、出库、收款情况。

（4）发货单开票收款勾对表。其用于查询发货、开票、收款、预收款的统计信息。

（5）销售综合统计表。其用于查询企业的订货、发货、开票、出库、回款的统计数据。

（6）发票日报。其用于查询销售发票、销售调拨单、零售日报的开票情况，每行显示一张发票的合计数量、合计金额、现结金额。

（7）发票使用明细表。其用于销售会计在月末向税务局申报销售增值税。

（8）信用余额表。信用余额表可以查询信用对象的信用余额情况。如果用户没有做信用额度控制，则本报表中不显示内容。

（9）业务追溯。业务追溯可以任一单据为起点，按关联关系追溯其上游和下游的单据。也可以对特殊属性的存货，如批次管理、序列号管理、出库跟踪入库、LP①件进行追溯，能够追溯其相关的单据。

（10）销售月报表。销售月报表以月度的方式汇总统计销售情况，可以按存货、按客户分别进行汇总，系统默认按客户+存货分组汇总。

2）明细表

（1）销售收入明细账。其用于查询销售发票、销售调拨单、零售日报的明细数据，兼顾会计和业务的不同需要。

（2）销售成本明细账。其用于查询存货的销售成本情况，兼顾会计和业务的不同需要。

（3）发货明细表。其用于查询发货单的明细记录。

（4）销售明细表。其用于查询销售发票、销售调拨单、零售日报的明细记录。

（5）销售明细账。其可以查询销售发票、成本、毛利的明细记录。

（6）发货结算勾兑表。发货结算勾对表提供发货单的开票、结算情况。

（7）委托代销明细账。其详细记录货物明细的委托代销发出情况、结算情况及发货未结算的余额。

3）销售分析

（1）销售增长分析。其分析部门或货物的本期销售比前期销售的增长情况。

（2）货物流向分析。其分析按照不同分组条件（如客户、地区、行业）在某时间区间的销售货物流向比例。

（3）销售结构分析。其分析按照不同分组条件（如客户、业务员、货物等）在某时间段的销售构成情况。

---

① LP（lot pegging），即批量供应。

（4）销售毛利分析。其统计货物在不同期间的毛利变动及影响原因。

（5）市场分析。市场分析反映某时间区间内部门/业务员所负责的客户或地区销售、回款、业务应收（发货未开票）的比例情况。

（6）货龄分析。货龄分析按货物/客户/地区/行业/部门/业务员分析各货龄区间发货未开票或发货未收款的情况。

10.3 销售管理系统期末处理

10.3.1 月末结账

月末结账是逐月将每月的单据数据封存，并将当月的销售数据记入有关报表中。结账的月份必须连续，不允许跨月结账。

在采购管理、销售管理、库存管理、存货核算、应收款管理、应付款管理、总账管理等系统集成使用的情况下，结账顺序如图 9-4 所示。销售管理系统月末结账后，才能进行库存管理、存货核算、应收款管理的月末结账。

10.3.2 取消结账

如果销售管理系统要取消月末结账，必须先取消存货核算、库存管理、应收款管理等系统的月末结账；如果库存管理、存货核算、应收款管理等系统的任何一个系统不取消月末结账，则不能取消销售管理系统的月末结账。

实验十一 销售管理

一、实验要求

（1）销售选项设置。

（2）期初录入。

（3）销售发货单（退货单）录入和审核。

（4）根据发货单填制、复核销售发票。

（5）代垫费用和费用支出的处理。

（6）月末结账。

（7）报表查询。

二、实验资料

1. 初始设置资料

初始设置实验资料，如表 10-1 和表 10-2 所示。

表 10-1　销售管理选项设置

项目		选项
业务控制	销售生成出库单	是
	有委托代销业务	是
	近效失效存货检查	是
	单据按存货编号排序	是
	订单变更保存历史记录	是
其他控制	新增发票默认	参照发货
可用量控制	允许非批次存货超可用量发货	允许
	允许批次存货超可用量发货	允许
价格管理	取价方式	最新售价
	报价参照设置	销售发票历次售价

表 10-2　期初录入

项目	录入内容
发货单类型	期初发货单
发货单号	0000000001
发货日期	2014 年 11 月 30 日
业务类型	普通销售
销售类型	普通销售
客户简称	荷都公司
发货单类型	期初发货单
销售部门	销售科
仓库名称	成品库
仓库编码	302
存货名称	乙产品
数量/箱	20
无税单价/元	5 000

2. 日常业务处理资料

日常业务处理资料，如表 10-3~表 10-8 所示。

表 10-3　销售发货单

发货单号	0000000002	0000000003	0000000004	0000000005
发货日期	2015 年 1 月 9 日	2015 年 1 月 20 日	2015 年 1 月 27 日	2015 年 1 月 29 日
客户简称	源仕公司	荷都公司	新星公司	朝阳公司
存货编码	301	302	301	302
存货名称	甲产品	乙产品	甲产品	乙产品
数量/箱	3	50	80	120
无税单价/元	7 000	5 000	7 000	5 000
收款方式	款未收	两个月、无息、商业承兑汇票 X789、票款 294 500 元	30 日收到 659 200 元（JZ014）	1 月 4 日预收 240 000 元（JZ010） 1 月 30 日补收 462 000 元（JZ013）

注：业务类型和销售类型均为“普通销售”；仓库名称均为“成品库”；销售部门均为“销售科”；业务员均为“吴永斌”，详见应收款管理系统相关业务

表 10-4　销售退货单

退货单号	0000000006
退货日期	2015 年 1 月 31 日
业务类型	普通销售
销售类型	普通销售
客户简称	荷都公司
销售部门	销售科
仓库名称	成品库
存货编码	302
存货名称	乙产品
数量/箱	–2
无税单价/元	5 000

表 10-5　费用项目分类表

费用项目分类	编码	费用项目
1 运杂费	101	运费
	102	装卸费
	103	保险费
2 包装费	2	包装费
3 销售费用	301	销售费用
	302	商机费用
	303	活动费用
	304	客户费用
	305	业务员费用
4 其他	4	其他费用

表 10-6　代垫费用单

代垫单号	0000000001	0000000002
代垫日期	2015 年 1 月 20 日	2015 年 1 月 27 日
客户简称	荷都公司	新星公司
销售部门	销售科	销售科
业务员	吴永斌	吴永斌
费用项目	运费	运费
代垫金额/元	2 000	4 000
存货编码	302	301
存货名称	乙产品	甲产品
结算方式	（202）转账支票	（202）转账支票
支票号	ZZ017	ZZ018

表 10-7　销售费用支出

支出单号	0000000001	0000000002	0000000003
支出日期	2015 年 1 月 20 日	2015 年 1 月 27 日	2015 年 1 月 29 日
客户简称	荷都公司	新星公司	朝阳公司

续表

支出单号	0000000001	0000000002	0000000003
销售部门	销售科	销售科	销售科
业务员	吴永斌	吴永斌	吴永斌
费用项目	（301）销售费用	（301）销售费用	（301）销售费用
支出金额/元	3 000	5 000	8 000
存货编码	302	301	302
存货名称	乙产品	甲产品	乙产品
结算方式	（201）现金支票	（201）现金支票	（201）现金支票
支票号	XJ002	XJ003	XJ004

表 10-8　特殊销售订单与发货单

发货单号	0000000006	0000000007	0000000008	0000000009
发货日期	2015 年 1 月 9 日	2015 年 1 月 20 日	2015 年 1 月 27 日	2015 年 1 月 29 日
客户简称	源仕公司	荷都公司	新星公司	广东华顺/朝阳公司
存货编码	301	302	301	303
存货名称	甲产品	乙产品	甲产品	丙产品
数量/箱	20+3	50	80	4
无税单价/元	7 000	5 000	7 000	6 000 进价/8 000 售价
收款方式	款未收	销售时收四分之一款	30 日收到 50 箱货款（JZ014）	向广东华顺采购并转账结算，销售给朝阳公司并收款（ZZ015,JZ015）

注：尾号 006 发货为超发货单出库；尾号 007 为分期收款发货；尾号 008 为委托代销发货；尾号 009 为直运采购和销售业务

3. 以前期实验资料为基础

（1）进行 1 月“销售管理”系统结账。

（2）查询本公司 1 月销售月报表。

（3）查询本公司 1 月销售明细账。

（4）进行本公司 1 月销售增长分析。

（5）进行本公司 1 月货物流向分析。

三、实验指导

（一）销售管理选项设置

销售选项设置具体操作步骤如下：登录企业应用平台，时间为 2015 年 1 月 1 日，进入“业务工作”|“供应链”|“销售管理”|“设置”|“销售选项”。在“业务控制”页面，将“有委托代销业务”“改变税额反算税率”“销售生成出库单”“近效失效存货检查”“单据按存货编码排序”“订单变更保存历史记录”几个选项打钩，其余选项均为空白，如图 10-9 所示。在“可用量控制”页面，批次存货、非批次存货均允许超可用量发货，其他所有选项均为空白。在“价格管理”页面，选择“取价方式”为“最新售价”，“报价参照设置”为“历史售价”并选择“销售发票”，其余均为空白。

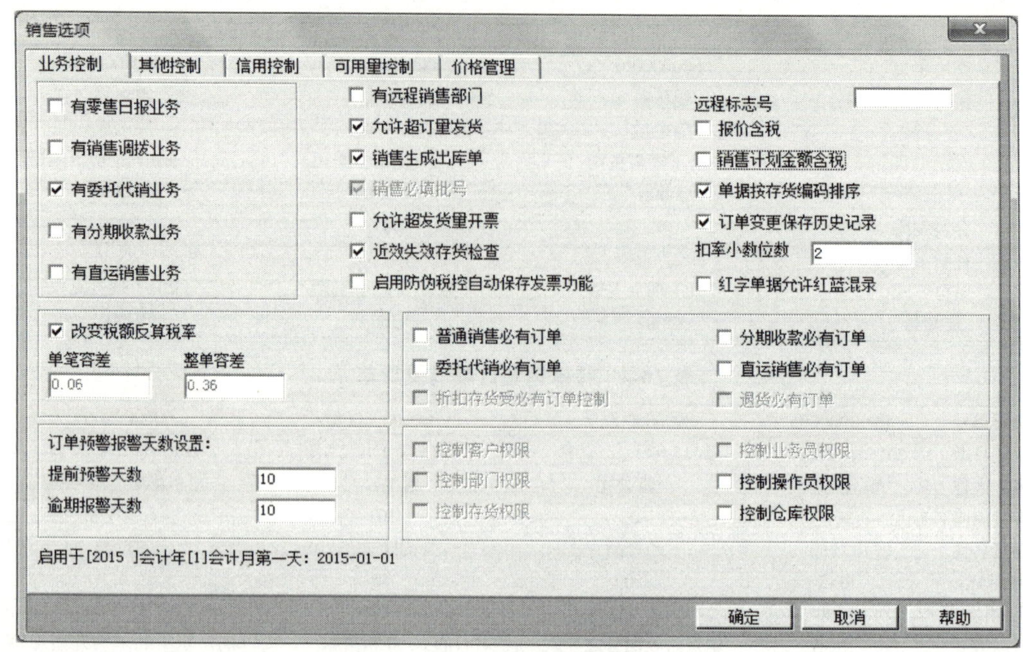

图 10-9 销售选项设置

（二）期初录入

“期初录入”具体操作步骤如下：进入“供应链”，选择“销售管理”|“设置”|“期初录入”。“期初录入”包括两个子目录——期初发货单录入和期初委托代销发货单录入，两者的操作类似。现以“期初发货单”为例进行操作路径介绍。单击界面左边树形结构图中的“期初发货单”，单击菜单栏“增加”，依次按业务内容输入“发货单号”“发货日期”“业务类型”“客户简称”“销售部门”“仓库名称”“存货编码”“数量”“无税单价”等内容，单击“保存”，如图 10-10 所示，完成期初发货单的录入。如需继续录入，单击“增加”，重复以上步骤。

如需对发货单进行修改和删除，可在相关发货单界面单击菜单栏“修改”或“删除”得以实现。发货单录入完毕可以选择对发货单进行审核，单击菜单栏“审核”即可完成，如需取消审核，则单击“弃审”。需要查看已经录入的全部期初发货单可以通过菜单栏的“上张”“下张”图标实现翻页查看。

（三）销售业务的基本操作流程

销售业务根据实际工作情形，分不同形式，具体有普通销售业务、销售退货业务、现结业务、代垫运费处理和销售折扣处理等。对每一笔销售业务，都应严格按照该类型业务操作流程进行操作，主要步骤基本顺序如下：

（1）以业务日期进入销售管理系统，填制并审核销售发货单。

（2）在销售管理系统根据销售发货单填制并复核销售发票，如果是现结业务，复核前需先进行现结处理。

图 10-10　期初发货单录入

（3）以业务日期进入应收款管理系统，对应收单据进行审核（如果是现结业务在“单据过滤条件”界面需选中“包含已现结发票”复选框）、制单，录入收款单并制单。

（4）以业务日期进入库存管理系统审核销售出库单。

（5）以业务日期进入存货核算系统，对销售出库单进行记账并生成凭证。

下面主要介绍涉及销售管理系统部分的操作过程，其他处理可以参照应收款管理系统和采购管理系统、库存管理系统、存货核算系统相关操作。

（四）销售发货单（退货单）录入和审核

1. 录入销售发货单

录入销售发货单的具体操作步骤如下：进入“销售发货|销售发货单”界面，单击菜单栏“增加”，进入“过滤条件选择”界面，单击按钮“取消”（如需参照，也可选择输入相应条件后，单击按钮“过滤”）。在具体的发货单界面，按照业务要求输入“发货单号”“发货日期”“业务类型”“销售类型”“客户简称”“销售部门”“仓库名称”“存货编码”“存货名称”“数量”“无税单价”等内容，单击“保存”，如图 10-11 所示，完成发货单的录入。如需继续录入，单击“增加”，重复以上步骤。

如需对发货单进行修改和删除，可在相关发货单界面单击菜单栏“修改”或“删除”得以实现。发货单录入完毕可以选择对发货单进行审核，单击菜单栏“审核”即可完成，

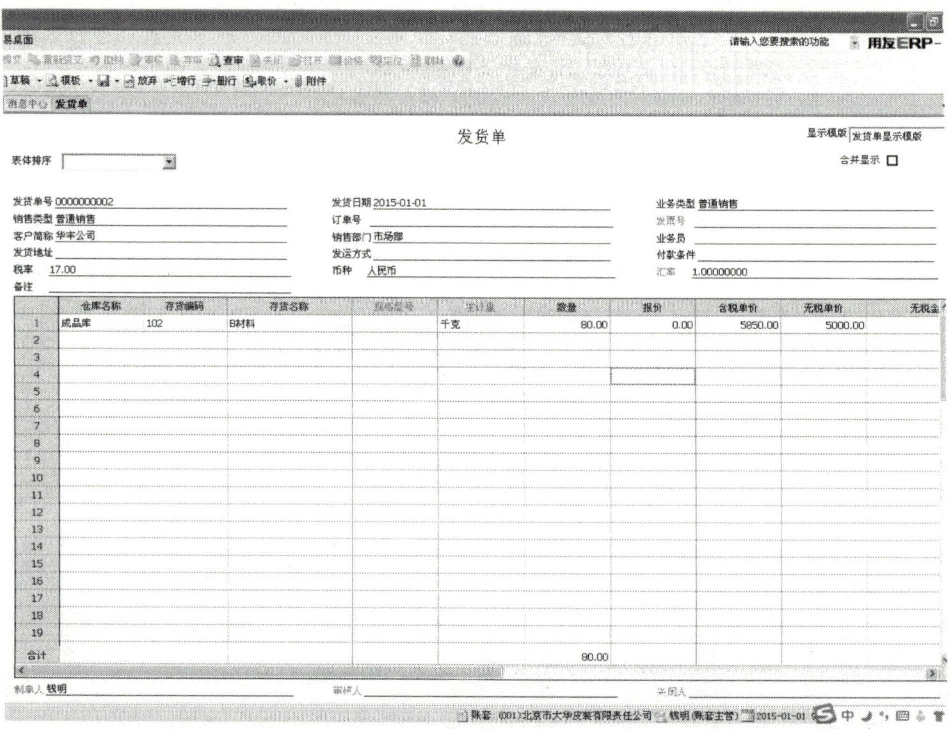

图 10-11　发货单录入

如需取消审核，则单击“弃审”，需要查看已经录入的全部销售发货单可以通过菜单栏的“上张”“下张”图标实现翻页查看。

2. 录入销售退货单

录入销售退货单的具体操作步骤如下：进入“销售发货|销售退货单”界面，单击菜单栏“增加”，进入“过滤条件选择”界面，单击按钮“取消”（如需参照，也可选择输入相应条件后，单击按钮“过滤”）。在具体的发货单界面，按照业务要求输入“退货单号”“退货日期”“业务类型”“销售类型”“客户简称”“销售部门”“出库名称”“存货编码”“存货名称”“数量”“无税单价”等内容，单击“保存”，如图 10-12 所示，完成退货单的录入。如需继续录入，单击“增加”，重复以上步骤。

如需对退货单进行修改和删除，可在相关退货单界面单击菜单栏“修改”或“删除”得以实现。退货单录入完毕可以选择对退货单进行审核，单击菜单栏“审核”即可完成，如需取消审核，则单击“弃审”。如需查看已经录入的全部销售退货单可以通过菜单栏的“上张”“下张”图标实现翻页查看。

3. 发货单审核

发货单审核可以通过单张发货单录入后直接在相关界面单击菜单栏“审核”实现发货单审核，也可以将全部发货单录入完毕以后，通过“销售发货|发货单列表”，进入发货单列表，单击菜单栏“全选”，然后选择“批审”，取消审核则选择“批弃”。

图 10-12　退货单录入

（五）根据发货单填制、复核销售发票

1. 销售开票

销售开票可以实现红、蓝字销售专用和普通发票的开具，具体操作步骤如下：进入“供应链|销售开票”，如需开具销售专用发票，单击“销售专用发票”后，再单击“增加”按钮，系统出现“过滤条件选择”界面，单击“过滤”按钮，进入“参照生单”界面，选中需要开票的发货单，单击“确定”即可开具发票，如图 10-13 所示。如需开具销售普通发票，在进入“销售开票”时选择“销售普通发票”后操作步骤与上述类似。

销售开票还需通过“供应链|销售开票|批量生成发票”实现。具体操作步骤如下：进入“供应链”|“销售开票”|“批量生成发票”后，单击菜单栏“发货”，出现“过滤条件选择”界面，单击“过滤”按钮，出现发货单列表，选中需要生成专用发票的记录条，单击菜单栏的“专票”生成销售专用发票；选中需要生成普通发票的记录条，单击菜单栏的“普票”生成销售普通发票。

2. 销售发票的复核

销售发票生成，单击“保存”后，再单击“复核”按钮，复核销售发票。注意：如果是现结业务，复核前必须先进行现结处理。

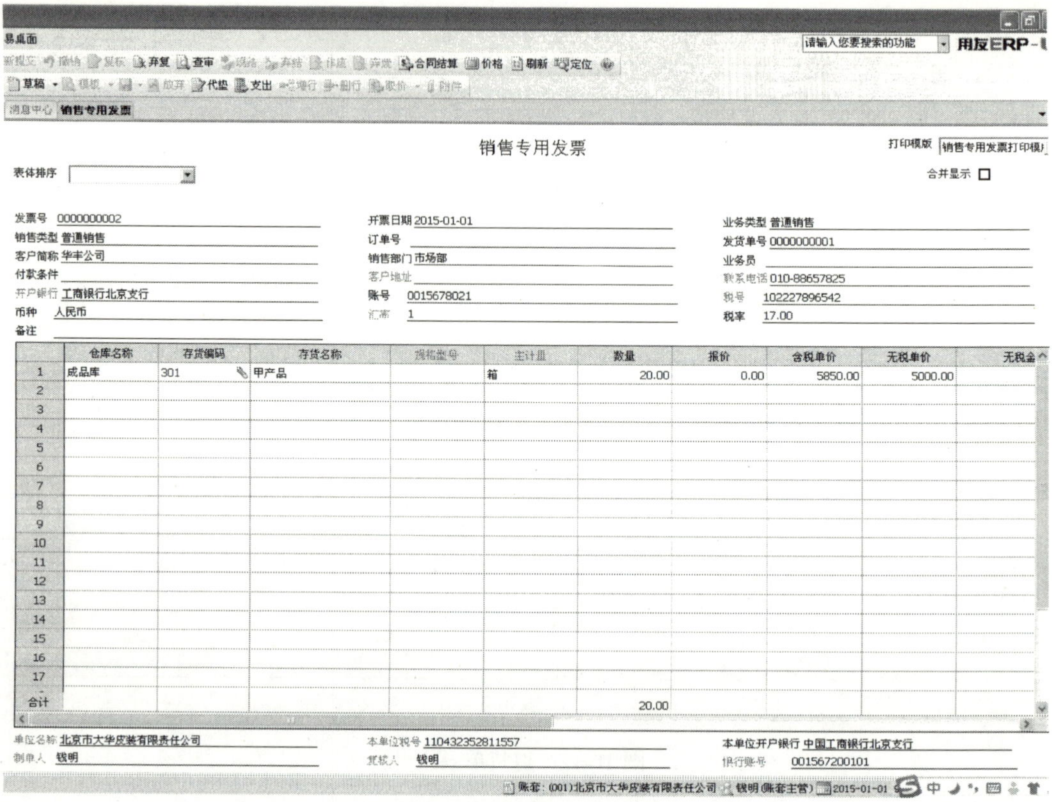

图 10-13 增值税发票处理

（六）代垫费用和费用支出的处理

1. 增加代垫费用单

其具体操作办法如下：通过“供应链”|“销售管理”|“代垫费用”|“代垫费用单”，单击菜单栏“增加”，依业务内容输入“代垫日期”“客户简称”“销售部门”“业务员”“费用项目”“代垫金额”“存货编码”“存货名称”等内容，“代垫费用单号”由系统自动生成，单击“保存”后即可完成代垫费用单的增加，如图 10-14 所示。如需录入多张代垫费用单则重复上述步骤。菜单栏的“修改”和“删除”可以实现对代垫费用单有关内容的修改和记录的删除。

代垫费用单的增加过程中需要用到“费用项目分类”“费用项目”等信息。增加“费用项目分类”的具体操作方法是：登录“企业应用平台”，进入“基础设置”板块，选中“基础档案|业务|费用项目分类”，单击菜单栏“增加”录入费用项目分类信息，保存。同时，可以通过“修改”和“删除”实现对相关内容的修改和删除处理，如图 10-15 所示。增加“费用项目”的具体操作办法是：进入“基础档案|业务|费用项目”，先在界面左边的树形结构中选中将要增加的项目类别，然后单击菜单栏“增加”录入费用项目信息，保存。同时，可以通过“修改”和“删除”实现对相关内容的修改和删除处理。

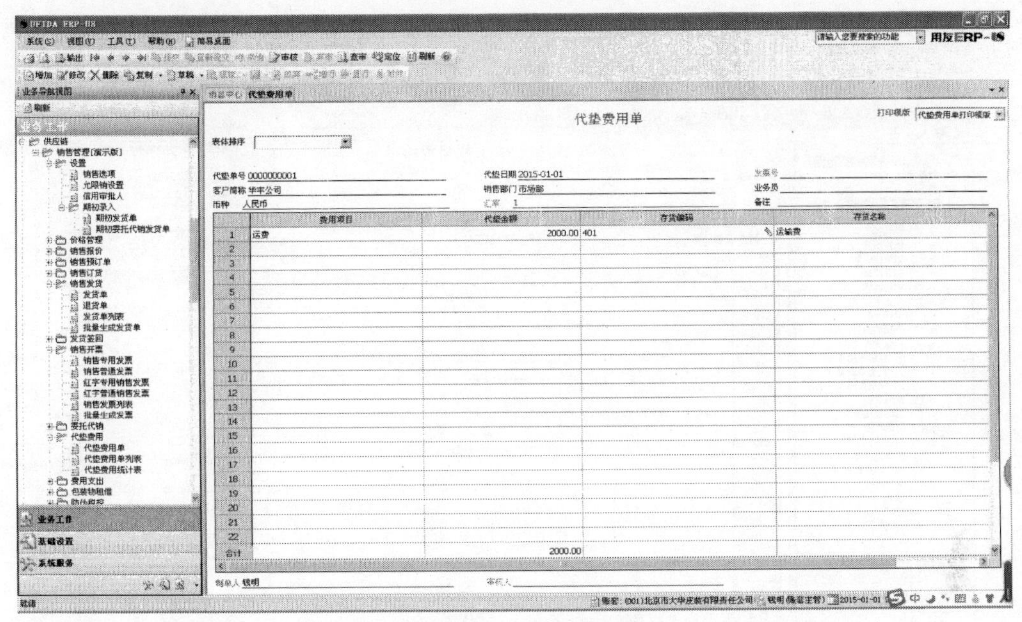

图 10-14　代垫运费处理

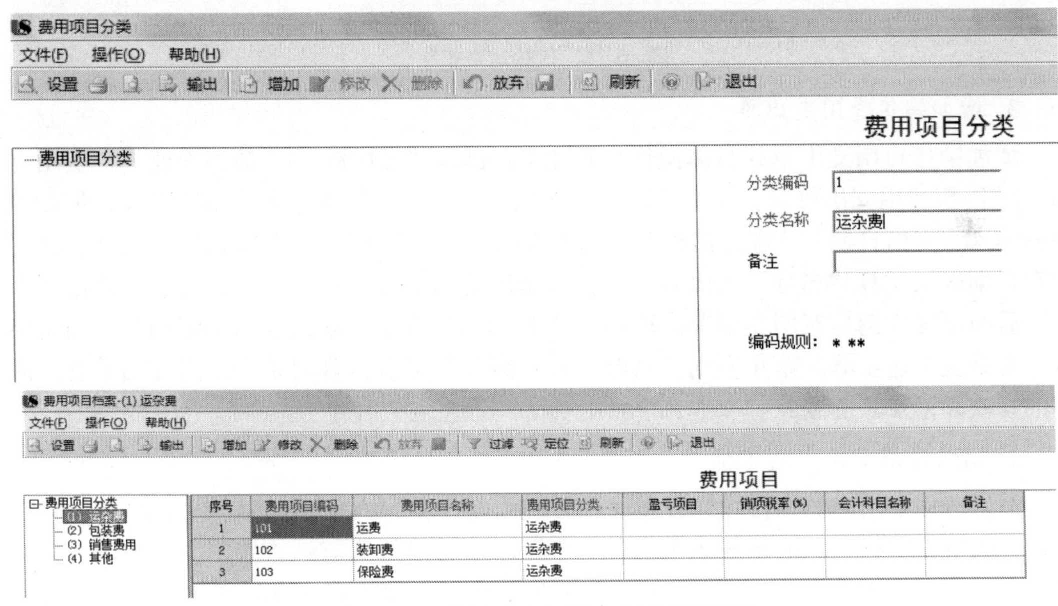

图 10-15　费用项目分类及费用项目设置

2. 审核代垫运费

代垫运费的审核可以在单张代垫费用单录入保存后，单击菜单栏的“审核”完成单据审核，取消审核则单击“弃审”。也可待所有代垫费用录入完毕后，通过“供应链”|“销售管理”|“代垫费用”|“代垫费用单列表”，“过滤条件选择”界面单击“过滤”后，进入“代垫运费列表”界面，单击菜单栏“全选”后，单击“批审”完成所有代垫运费的审核，取消审核则单击“批弃”，如图 10-16 所示。

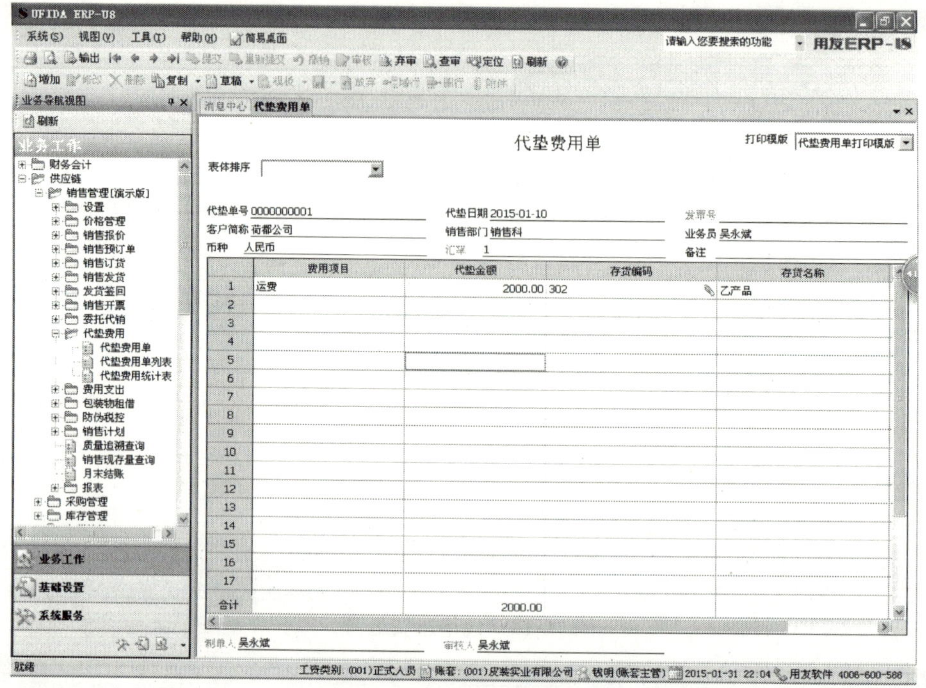

图 10-16 代垫运费审核

3. 增加销售费用支出单

增加销售费用支出单的具体操作步骤如下：进入“供应链”|“销售管理”|“费用支出”|“销售费用支出单”，单击菜单栏“增加”，在“销售费用支出单”界面，依业务内容输入“支出日期”“客户简称”“销售部门”“业务员”“费用项目”“支出金额”“存货编码”“存货名称”等内容，“销售费用支出单号”由系统自动生成，单击“保存”后即可完成销售费用支出单的增加，如图 10-17 所示。如需录入多张销售费用支出单，则重复上述步骤。菜单栏的“修改”和“删除”可以实现对销售费用支出单有关内容的修改和记录条的删除。

4. 销售费用支出单的审核

销售费用支出单的审核可以在单张销售费用支出单录入保存之后，单击菜单栏的“审核”完成单据审核，取消审核则单击“弃审”。也可以待所有销售费用支出单录入完毕以后，通过“供应链”|“销售管理”|“费用支出”|“销售费用支出单列表”，“过滤条件选择”界面单击“过滤”后，进入“销售费用支出单列表”界面，单击菜单栏“全选”后，单击“批审”完成所有销售费用支出单的审核，取消审核则单击“批弃”，如图 10-18 所示。

（七）特殊销售业务

1. 超发货单出库开票

（1）在销售管理系统中，执行去掉销售自动带出“销售出库单”选项，选中“允许超发货量开票”；在库存管理系统中，选项专用设置，选中“允许超发货单出库”。

图 10-17　销售费用单

图 10-18　销售费用单审核

（2）在应用平台基础设置中，执行“基础档案”中的存货档案，选中甲产品，修改甲产品档案控制页签，在“出库额上限”处输入 0.2，单击保存。

（3）在销售管理系统中填写发货单并审核；依据发货单开票，修改数量后，保存并复核。

（4）在库存管理中执行销售出库单，生单，单击过滤参照，选中“根据累计出库数更新发货单”，修改出库数量。同时返回销售管理系统查询发货单数量是否由 20 箱变为 23 箱。

2. 分期收款发出商品

（1）在销售管理系统中，执行设置销售选项，在业务控制处，选中“有分期收款业务”“销售生成出库单”“有委托代销业务”“有直运业务”。

（2）在存货核算中，科目设置，存货科目命令，设置成品库“发出商品科目”和“委托代销科目”为“发出商品（1406）”。

（3）在销售系统中填写发货单并审核；依据发货单开票，修改数量后，保存并复核。

注意：业务类型选择“分期收款”。

3. 委托代销业务

（1）在存货核算系统中，执行选项，选择“选项录入”，将“委托代销成本核算方式”设置为“按发出商品核算”，单击确定，保存设置。

（2）在销售管理系统中，执行“委托代销”，选择委托代销发货单，填制并审核。

（3）参照委托代销发货单生成委托代销结算单，修改数量为 50，单击审核。在打开的发票类型中，选择专用发票，确定退出。

（4）在销售发票中查看生成的专用发票并复核。

提示：

· 委托代销结算单审核后，由系统自动生成相应的销售发票。

· 系统可以根据委托代销结算单生成“普通”或“专用”两种类型发票。

· 委托代销结算单审核后，由系统自动生成销售出库单，并传递到库存管理系统中。

4. 直运销售业务

（1）在基础档案存货档案中增加“存货”，进入档案窗口输入“303 丙产品”，保存退出。

（2）在销售中执行销售订单，单击增加，选择业务类型“直运销售”，按要求填制完成，保存并审核。

（3）在采购管理系统中执行采购订单，单击增加，单击生单，选择业务类型“直运销售”，按要求填制完成，保存并审核。

（4）参照销售订单形成销售直运发票并复核；参照采购直运订单生成采购发票。

注意：应付单审核时，在单据过滤条件对话框中，选择未完全报销，才能审核。

（八）期末处理

1. 月末结账

“销售管理”月末结账的具体操作步骤如下：进入“供应链”|“销售管理”|“月末

结账”，单击“月末结账”界面的“月末结账”按钮，即可完成结账。如需取消结账，单击“取消结账”即可完成操作，如图 10-19 所示。

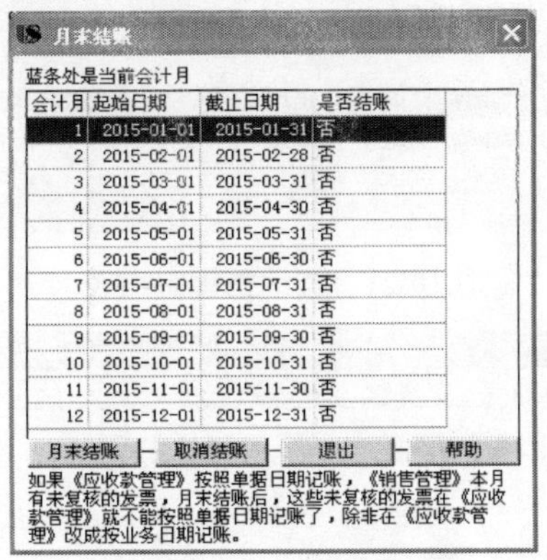

月末结账

蓝条处是当前会计月

会计月	起始日期	截止日期	是否结账
1	2015-01-01	2015-01-31	否
2	2015-02-01	2015-02-28	否
3	2015-03-01	2015-03-31	否
4	2015-04-01	2015-04-30	否
5	2015-05-01	2015-05-31	否
6	2015-06-01	2015-06-30	否
7	2015-07-01	2015-07-31	否
8	2015-08-01	2015-08-31	否
9	2015-09-01	2015-09-30	否
10	2015-10-01	2015-10-31	否
11	2015-11-01	2015-11-30	否
12	2015-12-01	2015-12-31	否

月末结账　取消结账　退出　帮助

如果《应收款管理》按照单据日期记账，《销售管理》本月有未复核的发票，月末结账后，这些未复核的发票在《应收款管理》就不能按照单据日期记账了，除非在《应收款管理》改成按业务日期记账。

图 10-19　月末结账

2. 报表查询

查询销售月报表的操作方法如下：进入“供应链”|“销售管理”|“报表”|“统计表”，单击“销售月报表”，进入“过滤条件选择”界面，输入查询的月份，单击“过滤”按钮，即可完成月报表查询，如图 10-20 所示。

图 10-20　销售月报表

查询销售明细账的操作方法如下：进入“供应链”|“销售管理”|“报表”|“明细表”，选中“销售明细表”，进入“过滤条件选择”界面，单击“过滤”按钮，即可完成销售明细账的查询，如图 10-21 所示。

进行销售增长分析的具体操作步骤如下：进入“供应链”|“销售管理”|“报表”|“销售分析”，选中“销售增长分析”，进入“过滤条件选择”界面，单击“过滤”按钮，即可完成销售增长分析，如图 10-22 所示。

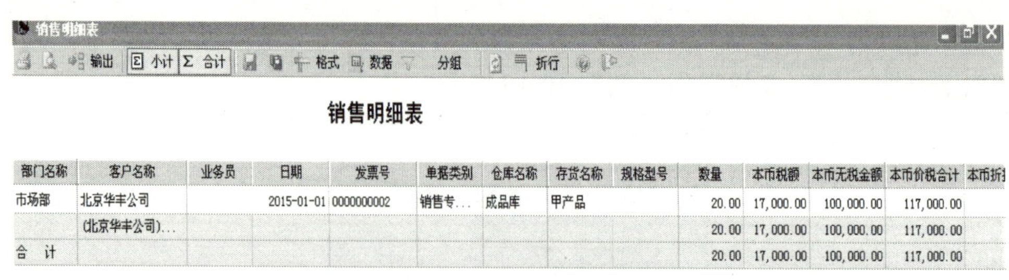

销售明细表

部门名称	客户名称	业务员	日期	发票号	单据类别	仓库名称	存货名称	规格型号	数量	本币税额	本币无税金额	本币价税合计	本币折
市场部	北京华丰公司		2015-01-01	0000000002	销售专...	成品库	甲产品		20.00	17,000.00	100,000.00	117,000.00	
	(北京华丰公司)...								20.00	17,000.00	100,000.00	117,000.00	
合　计									20.00	17,000.00	100,000.00	117,000.00	

图 10-21　查询销售明细表

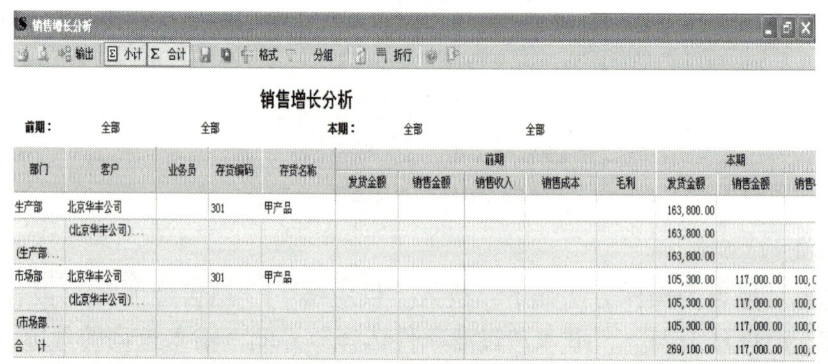

销售增长分析

前期：　全部　全部　本期：　全部　全部

部门	客户	业务员	存货编码	存货名称	前期					本期		
					发货金额	销售金额	销售收入	销售成本	毛利	发货金额	销售金额	销售
生产部	北京华丰公司		301	甲产品						163,800.00		
	(北京华丰公司)...									163,800.00		
(生产部...										163,800.00		
市场部	北京华丰公司		301	甲产品						105,300.00	117,000.00	100,(
	(北京华丰公司)...									105,300.00	117,000.00	100,(
(市场部...										105,300.00	117,000.00	100,(
合　计										269,100.00	117,000.00	100,(

图 10-22　销售增长分析

进行货物流向分析的具体操作步骤如下：进入“供应链”|“销售管理”|“销售分析”，选中“货物分析”，进入“过滤条件选择”界面，单击“过滤”按钮，即可完成货物流向分析，如图 10-23 所示。

货物流向分析

日期：　全部　全部

客户分类	客户	部门	业务员	存货名称	规格型号	发货数量	发货数量%	发货金额原币	发货金额原币%	发货金额本币	发货金额本币%	销售数量	销售数量
长期客户	北京华丰...	生产部		甲产品		20.00	52.63%	163,800.00	60.87%	163,800.00	60.87%		
长期客户	北京华丰...	市场部		甲产品		18.00	47.37%	105,300.00	39.13%	105,300.00	39.13%	20.00	100.0
	(北京华...					38.00		269,100.00		269,100.00		20.00	
(长期客...						38.00		269,100.00		269,100.00		20.00	
合　计						38.00		269,100.00		269,100.00		20.00	

图 10-23　货物流向分析

本 章 小 结

本章主要介绍了销售管理系统的主要功能、销售管理系统与其他系统的关系、销售管理系统的各项基本业务处理流程，以及销售管理系统日常业务处理、期末处理等内容。

销售管理系统的主要功能在于帮助用户对销售业务的全部流程进行管理，提供报价、订货、发货、开票的完整销售流程处理，支持普通销售、委托代销、分期收款、直运、零售、销售调拨等多种类型的销售业务，并可对销售价格和信用进行实时监控。既可以单独使用，也可以与用友 ERP-U8 其他系统集成使用，提供完整全面的业务和财务一体化处理。主要功能包括初始设置、日常业务处理、期末处理等方面。

普通销售业务根据“发货—开票”的顺序不同，分为两种业务模式：一种是先发货后开票模式，另一种是开票直接发货模式。系统判断两种模式的依据是先录入发货单还是先录入发票。在进行销售业务处理时，系统允许两种流程并存。

先发货后开票模式是指先录入销售发货单，然后根据销售发货单录入销售发票。发货单上的数量和发票上的数量可以相同，也可以不相同。先发货后开票的业务流程是销售报价、销售订货、销售发货、销售开票、销售出库、应收款管理系统审核发票和制证、存货核算系统单据记账和制证、应收款管理系统收款和制证、总账管理系统审核凭证和记账。

先开票后发货模式是指先录入销售发票，销售发货单根据销售发票自动生成。因为发货单是根据销售发票自动生成,所以销售发货单上的数量和销售发票的数量必须相同；另外，销售发货单只能浏览，不能修改和删除。开票直接发货的业务流程和先发货后开票的业务流程的区别体现在是先开发票后发货，其他流程相同。

销售管理系统期末结账时要注意和其他模块的先后顺序。销售管理系统月末结账后，才能进行库存管理、存货核算、应收款管理、总账管理等系统的月末结账。

通过实验，有助于帮助学生进一步理解销售管理系统的整体功能，掌握利用销售管理系统进行业务处理的操作方法。

复习思考题

1. 销售管理系统包括哪些主要功能?
2. 销售管理系统与其他系统之间的关系是怎样的?
3. 简述普通销售业务的财务业务一体化的处理流程。
4. 简述分期收款业务的财务业务一体化处理流程。
5. 简述委托代销业务的财务业务一体化处理流程。
6. 简述销售调拨业务的财务业务一体化处理流程。
7. 简述零售业务的财务业务一体化处理流程。
8. 简述不同情况下普通销售退货业务的处理方法和处理流程。
9. 简述委托代销结算前退货业务的处理流程。
10. 简述委托代销结算后退货业务的处理流程。
11. 简述财务业务集成应用情况下各系统的结账顺序。

销售管理系统复习题

第 11 章　库存管理系统

学习目标：

了解库存管理系统的主要功能以及库存管理系统与其他系统之间的数据传递关系，掌握产成品入库、普通材料出库，以及盘点、组装、调拨等业务的财务业务一体化处理流程，掌握在存货核算系统针对不同业务记账和生成凭证的方法，掌握期末处理和期末结账的方法，掌握账表查询的方法，了解配比出库和限额领料出库的业务处理流程。通过学习，学生能够独立进行库存业务的处理，进行入库成本和出库成本的核算与管理，为进一步学习使用其他库存管理软件奠定基础。

关键词：

库存管理；产成品入库；材料出库；调拨；盘点；组装拆卸；报表

11.1　库存管理系统概述

库存管理系统是用友 ERP-U8 供应链管理系统的一个重要子系统，负责对企业的存货数量进行管理，能够满足采购入库、销售出库、产成品入库、材料出库、其他出入库、盘点管理等业务需要，提供仓库货位管理、批次管理、保质期管理、出库跟踪入库管理、可用量管理、序列号管理等功能。适用于各种类型的工商业企业，如制造业、医药、食品、批发、零售、批零兼营等。工业企业不能进行受托代销业务处理，商业企业不能进行产成品入库、材料出库业务的处理。

11.1.1　库存管理系统的主要功能

库存管理系统的主要功能包括初始设置、日常业务处理、期末处理等方面。

（1）初始设置。初始设置包括对库存管理系统进行参数设置，期初合格品、期初不合格品结存录入工作。

（2）日常业务处理。日常业务处理包括采购入库、销售出库、产成品入库、材料出库、其他出入库、盘点管理等业务的处理，通过账表查询功能，可以查询库存账、批次账、货位账、各种统计表等账表。

（3）期末处理。期末处理包括库存管理系统结账、对账以及取消结账操作。

11.1.2　库存管理系统与其他系统的关系

库存管理系统和基础设置、存货核算系统、采购管理系统、销售管理系统都有数据传递关系。

库存管理系统与基础设置模块共享数据，在基础设置中设置的部门档案、职员档案、仓库档案、存货档案等信息可以传递到库存管理系统。

库存管理系统接收采购管理系统的采购订单、采购到货单等数据，向采购管理系统传递采购入库单、存货现存量等数据；库存管理系统接收销售系统的销售发货单，自动生成销售出库单，向销售管理系统反馈可销量数据；库存管理系统生成的各种单据传递到存货核算系统，在存货核算系统记账，生成各种记账凭证等。库存管理系统与其他系统的数据传递关系详见图 8-1 供应链管理系统数据流程图。

11.2　库存管理系统日常业务处理

11.2.1　入库业务处理

1. 采购入库

采购人员将采购回来的货物交到仓库时，仓库保管员对其所购货物进行验收确认，填制采购入库单。采购入库单的生成有四种方式，即参照采购订单、参照采购到货单、检验入库（与 GSP 集成使用时）、直接填制。

2. 产成品入库

只有工业企业才有产成品入库业务，商业企业没有。产成品成本一般月末计算，产成品在平时入库时无法确定产品的总成本和单位成本，因此在填制产成品入库单时，一般只有数量，没有单价和金额。月末进行产成品成本分配，计算完工产品成本。产成品退货业务填制红字入库单。

产成品入库业务处理流程如图 11-1 所示。

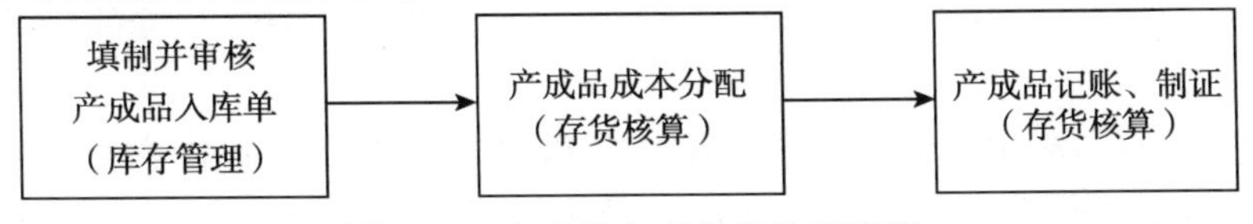

图 11-1　产成品入库业务处理流程

3. 其他入库

其他入库是指除了采购入库、产成品入库之外的其他入库业务，如盘盈入库、调拨入库、组装拆卸入库、形态转换入库等。

11.2.2　出库业务处理

1. 销售出库

销售出库是指将货物从仓库发出的过程，是销售业务的必选环节。销售出库的结果是在库存管理系统填制并审核销售出库单。如果在销售选项中选择了“销售生成出库单”，则销售出库单根据销售发货单自动生成，且只能一次销售全部出库；如果在销售选项中未选择“销售生成出库单”，则销售出库单在库存管理系统由用户手工填制，可实现一次销售分次出库。

在库存管理系统管理出库的数量，在存货核算系统核算存货的出库成本。

2. 材料出库

工业企业有材料出库业务，商业企业没有。材料出库单是领用材料时所填制的出库单据，也是企业进行业务处理和记账的主要原始单据。

用户可以进行普通材料出库，也可以配比出库、出库跟踪入库、限额领料出库。

普通材料出库，是指在库存管理系统直接填制并审核材料出库单，进行材料出库。

配比出库，是指按照事先定义的产品结构，根据母件产量配比发出子件存货的数量。配比出库可以加强领料出库的速度和准确性。配比出库前需要事先定义产品结构。

出库跟踪入库，是指发出存货时，发出的存货和入库存货的批次或序列号对应起来，以实现存货的精细化管理。

限额领料出库，是指按照事先定义的产品结构，根据母件产量生成子件的限额领料数量，然后按子件限额领料数量进行领料，以加强领料管理。

1）配比出库业务处理流程

（1）库存管理系统执行“出库业务”|“材料出库单”命令，打开“材料出库单”窗口。

（2）在材料出库单窗口单击“配比”按钮，打开“配比出库单”窗口。

（3）在“配比出库单”窗口，录入配比出库单的表头项目。单击“展开”按钮，系统根据产品结构将子项信息自动填入表体中。

（4）在“配比出库单”窗口单击“确定”按钮，系统自动按照“分单设置”生成材料出库单。

（5）库存管理系统审核材料出库单。

2）限额领料业务处理流程

（1）库存管理系统执行“限额领料”命令，打开“限额领料单”窗口，单击“增加”按钮。

（2）在“限额领料单”窗口，录入限额领料单表头项目。单击“展开”按钮，系统根据产品结构将子项信息自动填入表体中。单击“保存”按钮。

（3）单击“领料”按钮，在限额领料单表体“本次出库数量”处录入本次出库的数量，单击“保存”按钮。

（4）依次单击“分单”“打单”“签收”“保存”“审核”等按钮，进行发出材料的分单、打单、签收、保存、审核等处理。（注意：如果不需要打印限额领料单，则可以不执行“打单”。）

（5）下次领料时，再单击“领料”“分单”“打单”“签收”“保存”“审核”等按钮进行相关操作。

3. 其他出库

其他出库是指除销售出库、材料出库之外的其他出库业务，如维修、办公耗用、调拨出库、盘亏出库、组装拆卸出库、形态转换出库等。

11.2.3　其他业务

1. 库存调拨

库存调拨是指同一企业内仓库之间存货的转库业务或部门之间的存货调拨业务。如果调拨单上的转出部门和转入部门不同，则表示是部门之间的调拨业务；如果转出部门和转入部门相同，但转出仓库和转入仓库不同，则表示仓库之间的转库业务。

库存调拨业务处理流程如下。

（1）在库存管理系统填制并审核调拨单。调拨单自动生成其他入库单（调拨入库）和其他出库单（调拨出库）。其他入库单和其他出库单不能修改、删除。

（2）在库存管理系统审核其他入库单和其他出库单。

（3）在存货核算系统对调拨单进行特殊单据记账，根据调拨单制证。

（4）总账管理系统审核凭证、记账。在总账管理系统中审核从存货核算系统传递来的记账凭证，并进行记账处理。

提示：

· 记账时不能选择正常单据记账；制证时不能依据其他入库单、其他出库单制证。

2. 盘点

为了保证企业库存资产的安全和完整，做到账实相符，企业必须对存货进行定期或不定期的清查，查明存货盘盈、盘亏、损毁的数量以及造成的原因，并据以编制存货盘点报告表，按规定程序，报有关部门审批。经有关部门批准后，应进行相应的账务处理，调整存货账的实存数，使存货的账面记录与库存实物核对相符。

盘点时库存管理系统提供多种盘点方式，如按仓库盘点、按批次盘点、按存货大类盘点，还可以对仓库或批次中的全部或部分存货进行盘点。

盘点单是用来进行仓库存货的实物数量和账面数量核对工作的单据。用户将盘点结果录入盘点单中，系统自动进行账实核对。如为盘盈，则自动生成其他入库单；如为盘亏，则自动生成其他出库单。

盘点业务处理流程如下。

（1）在库存管理系统填制并审核盘点单。盘点单审核后自动生成其入库单（盘盈时）、其他出库单（盘亏时）。

（2）在库存管理系统审核其他入库单、其他出库单。

（3）在存货核算系统对其他入库单、其他出库单进行正常单据记账，根据其他入库单、其他出库单制证。

（4）总账管理系统审核凭证、记账。在总账管理系统中审核从存货核算系统传递来的记账凭证，并进行记账处理。

提示：

· 如为盘盈，则必须在盘点单上录入单价，否则其他入库单没有金额不能记账。

· 经有关部门批准，对盘盈、盘亏的结果进行账务处理时，在总账管理系统填制记账凭证即可。

· 上次盘点的存货盘点单未记账前，不应再对此仓库此存货进行盘点，否则账面数据不准确，即同一时刻不能用两张相同仓库相同存货的盘点表来记账。

· 盘点前应将所有已办理实物出入库但未录入计算机的出入库单、发货单、销售发票录入计算机。

· 盘点开始后至盘点结束前不应再办理出入库业务。

3. 组装与拆卸

组装是指将多个散件组装成一个配套件的过程，拆卸是指将一个配套件拆卸成多个散件的过程。

配套件和散件之间是一对多的关系，在产品结构中设置配套件和散件之间的关系。用户在组装之前应先定义产品结构，否则无法进行组装、拆卸。

组装时，在库存管理系统填制组装单。组装单相当于两张单据，一个是散件出库单，另一个是配套件入库单。

拆卸时，在库存管理系统填制拆卸单。拆卸单也相当于两个单据，一个是配套件出库单，另一个是散件入库单。

组装（拆卸）业务处理流程如下。

（1）在库存系统录入并审核组装单（拆卸单）。组装单（拆卸单）审核后自动生成其他入库单和其他出库单。

（2）在库存管理系统审核其他入库单、其他出库单。

（3）在存货核算系统对组装单进行特殊单据记账，根据组装单制证。

（4）总账管理系统审核凭证、记账。在总账管理系统中审核从存货核算系统传递来的记账凭证，并进行记账处理。

11.2.4　账表查询

1. 库存账

（1）出入库流水账。出入库流水账用于查询任意时间段或任意情况下的存货出入库情况。

（2）库存台账。库存台账用于查询各仓库各存货各月份的收发存明细情况。库存台账按存货（或存货+自由项）设置账页，即一个存货一个自由项为一个账页。

2. 统计表

（1）库存展望。库存展望可查询展望期内存货的预计库存、可用量情况。

（2）收发存汇总表。收发存汇总表反映各仓库各存货各种收发类别的收入、发出及结存情况。

（3）限额领料汇总表。限额领料汇总表可以查询限额领料业务的出库、签收情况。

3. 储备分析

（1）安全库存预警。用户可以查询当前可用量大于或小于安全库存量的存货。

（2）库龄分析。库龄分析反映存货在仓库或企业中停留的时间，用户可以通过库龄分析调整存货结构。

11.3 库存管理系统期末处理

11.3.1 库存与存货对账

对账的内容为某月份各仓库各存货的收发存数量。库存管理系统由仓库保管员使用，对存货收、发、结存的数量进行核算和管理；存货核算系统由会计人员使用，对存货收、发、结存的数量和成本进行核算与管理。期末两个系统要进行对账，以检查存货收、发、结存的数量核算是否一致。

11.3.2 月末结账

月末结账是将每月的出入库单据逐月封存，并将当月的出入库数据记入有关账表中。结账的月份必须连续，不允许跨月结账。

在采购管理、销售管理、库存管理、存货核算、应收款管理、应付款管理、总账等系统集成使用情况下，结账顺序如图 9-4 所示。采购管理系统和销售管理系统月末结账后，才能进行库存管理、存货核算、应付款管理、应收款管理等系统的月末结账。

11.3.3 取消结账

如果库存管理系统要取消月末结账，必须先取消存货核算系统的月末结账，否则不能取消库存管理系统的月末结账。

实验十二 库存管理

一、实验要求

（1）库存选项设置。

（2）期初结存录入。

（3）入库业务处理。

（4）出库业务处理。

（5）其他业务处理。

（6）查询账表。

（7）对账和结账。

二、实验资料

（一）初始设置

（1）库存管理的参数：库存生成销售出库、允许超可用量出库、其他参数采用默认设置。

（2）将 A 材料的存货属性设置为出库跟踪入库。

（3）期初录入，如表 11-1 所示。

表 11-1　库存和存货管理系统期初余额

仓库名称	存货编码	名称	数量	结存单价/元	结存金额/元	存货项目
原料库	101	A 材料	2 000 千克	140.00	280 000	140301
	102	B 材料	1 900 千克	100.00	190 000	140302
周转材料库	201	包装物	62 件	200.00	12 400	141101
	202	工作服	39 套	290.00	11 310	141102
成品库	301	甲产品	55 箱	4 429.09	243 600	140501
	302	乙产品	60 箱	2 940.00	176 400	140502

（二）日常业务处理

2015 年 1 月库存业务如下所述。

1. 出库跟踪入库

在库存管理时，需要对每一笔入库的出库情况做详细的统计，以 A 材料为例：

（1）1 月 2 日，采购部向北京晨昕公司购进 A 材料 400 千克，单价为 130 元，材料验收入原料库。

（2）1 月 6 日，采购部向北京晨昕公司购入 A 材料 200 千克，单价 150 元，材料验收入原料库。

（3）1 月 12 日，企业收到上述两笔入库的专用发票一张。

（4）1 月 13 日，车间为生产甲产品从原料库领用单价为 150 元的 A 材料 200 千克，用于生产。

2. 材料领用

1 月 14 日，车间向原料库领用 B 材料 200 千克，用于生产。记材料明细账，生成领料凭证。

3. 产成品入库业务

（1）1 月 15 日，成品库收到甲产品 80 箱，填写产品入库单。

（2）1 月 16 日，成品库收到乙产品 160 箱，填写产品入库单。

（3）财务部门计算完工产品成本。其中，甲产品的单位成本为 4 351 元，乙产品的单位成本为 2 622 元。随即做成本分配，记账生成凭证。

4. 调拨业务

1月20日，将原料库的A材料40千克调拨到周转材料库中。

5. 盘点预警

1月20日，根据上级主管要求，A材料应在每周五进行盘点一次。如果周五未进行盘点，需进行提示。

6. 盘点业务

1月25日，根据实存账报告单反映：B材料发生非常损失，盘亏40千克，单价100元。

7. 假退料

1月31日，根据生产部门的统计，有A材料10千克当月未用完。先做假退料处理，下个月再继续使用。

8. 其他入库业务

1月31日，销售部收到赠品工作服10套，单价100元。

9. 其他出库业务

1月31日，销售部领取甲产品样本10箱，用于捐助教育。

（三）期末处理

利用前面资料进行期末处理。

三、实验指导

（一）库存管理初始设置

1. 设置库存管理系统的参数

（1）在企业应用平台中单击“业务工作”，在系统菜单中选择“供应链”|“库存管理”|“初始设置”|“选项”，进入选项设置窗口。

（2）在选项设置窗口中，按照实验资料进行初始设置后，单击“确定”后退出，如图11-2所示。

2. 在企业应用平台中修改存货属性

进入基础档案的“存货设置”，单击“存货档案”，选择“A材料”，在“控制”选项卡中，选择“出库跟踪入库”选项，如图11-3所示。

3. 录入库存管理系统期初余额并对账

（1）在库存管理系统中选择“初始设置”菜单下的“期初结存”，进入“库存期初”录入窗口。

（2）在期初录入窗口中，在仓库的下拉菜单中选择仓库名称。

（3）按实验资料输入存货编码、存货名称及存货数量和单价，单击“保存”。

（4）单击“审核”后退出，如图11-4所示。

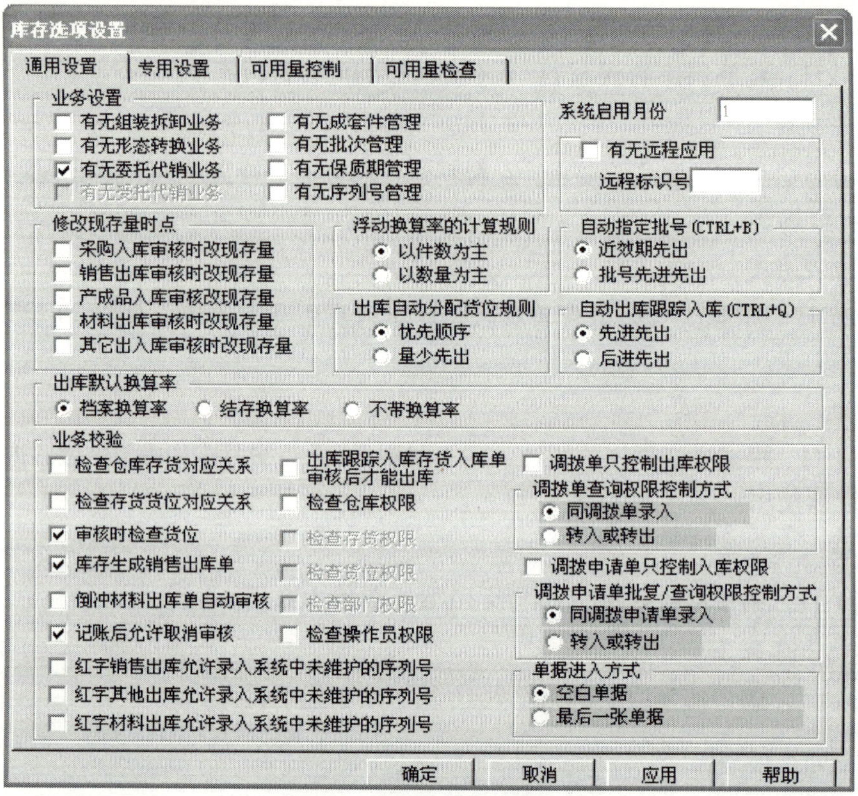

图 11-2　库存管理选项

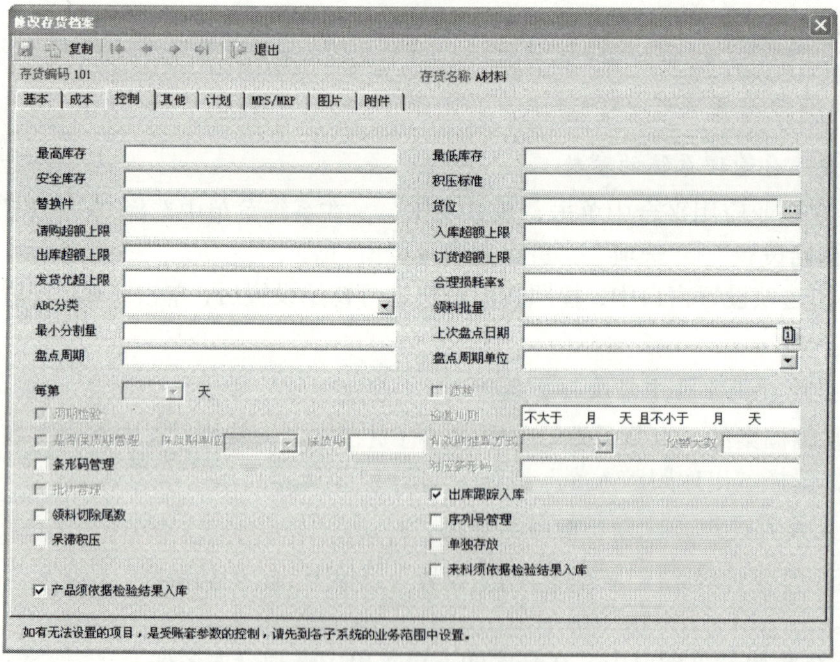

图 11-3　修改存货档案

图 11-4　录入库存余额

（二）日常业务处理

1. 出库跟踪入库

1）基础设置中设计材料出库单单据格式

（1）“基础设置”选项卡，选择“单据设置”菜单下的“单据格式设置”，进入“单据格式设置”窗口。

（2）“库存管理”|“材料出库单”|“显示”|“材料出库单”选项，进入“材料出库单”窗口。

（3）编辑菜单下的“表体项目”或者单击“表体项目”按钮，进入“表体项目”对话框。

在“表体项目”对话框中的“项目”中选择“对应入库单号”，单击“确定”。

（4）“保存”后退出，如图 11-5 和图 11-6 所示。

2）库存管理系统中分别填制并审核采购入库单

（1）库存管理系统中，选择“入库业务”菜单下的“采购入库单”，进入“采购入库单”窗口。

（2）单击“增加”，进入采购入库单填制窗口。

（3）在采购入库单填制窗口根据资料进行录入，如图 11-7 所示。

3）采购管理系统中参照采购入库单生成采购专用发票

（1）进入“采购管理系统”，选择“采购发票”菜单下的“专用采购发票”，进入

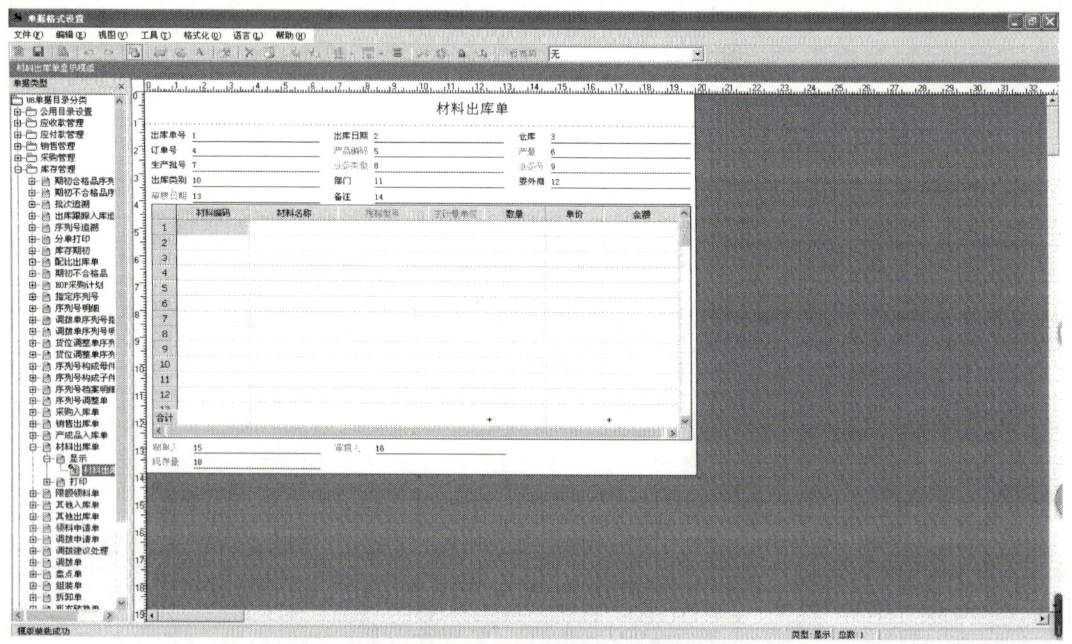

图 11-5　设置材料出库单格式

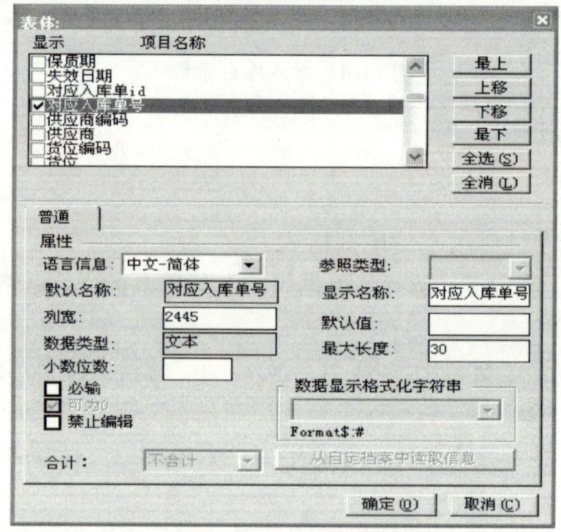

图 11-6　单据表体选项修改

“专用发票”窗口。

（2）单击“增加”，再单击“生单”，在生单的下拉菜单中选择“入库单”，进入“过滤条件选择”对话框。

（3）单击“过滤”，进入“拷贝并执行”窗口。

（4）在“拷贝并执行”窗口，双击要拷贝的入库单的“选择”栏，单击“确定”，回到专用发票窗口。

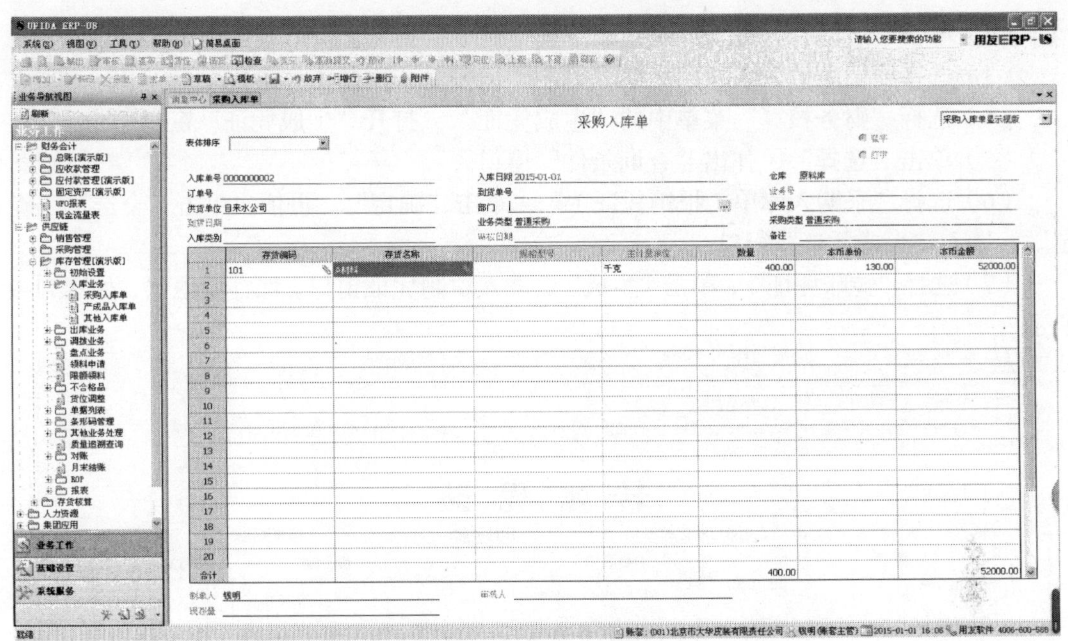

图 11-7 采购入库单

（5）修改日期、输入发票号后单击“保存”后退出，如图 11-8 所示。

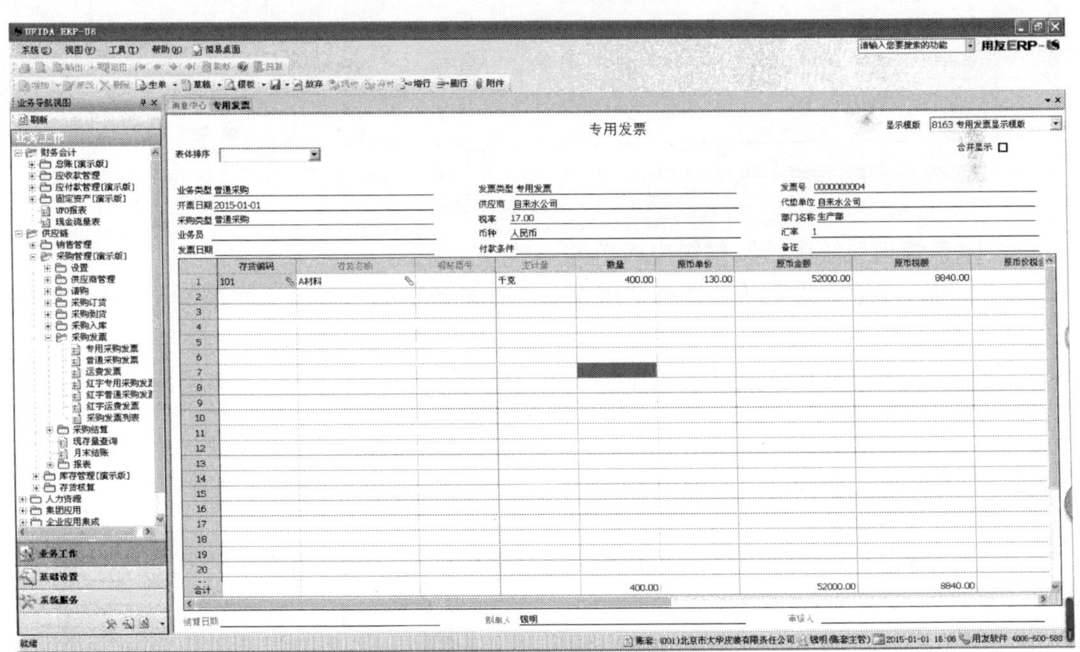

图 11-8 采购专用发票

4）存货核算系统中对采购入库单记账并生成凭证

（1）进入存货核算系统，选择“业务核算”菜单中的“正常单据记账”，进入“过滤条件选择”对话框。

（2）单击“过滤”，进入“未记账单据一览表”窗口。

（3）选择要记账的采购专用发票，单击“记账”，再单击“确定”后退出。

（4）选择“财务核算”菜单中的“生成凭证”，打开“生成凭证”窗口。

（5）单击“选择”，弹出“查询条件”窗口。

（6）选择“采购入库单（报销凭证）”，单击“确定”，再依次单击“全选”“确定”，进入“生成凭证”窗口。

（7）选择“转账凭证”，单击“生成”，进入填制凭证窗口，保存后退出，如图11-9所示。

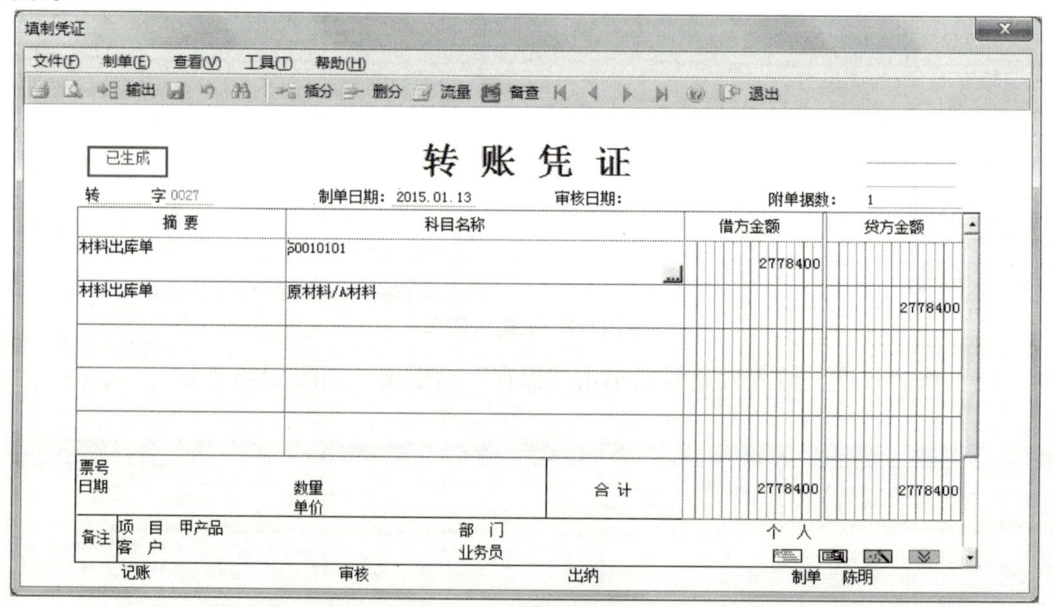

图 11-9 生成转账凭证

5）库存管理系统中填制材料出库单并审核

（1）进入库存管理系统，选择“出库业务”菜单下的“材料出库单”，进入“材料出库单”窗口。

（2）输入根据材料填写材料出库单，在“对应入库单号”栏双击通过选择的方式录入对应入库单号，单击“确定”后退出。

2. 材料领用出库

1）在库存管理系统中填制材料出库单

（1）在库存管理系统中单击“出库业务”菜单中的“材料出库单”，进入“材料出库单”窗口。

（2）单击“增加”，根据实验资料输入相关内容。

（3）单击“保存”后，再单击“审核”，最后单击“退出”，如图 11-10 所示。

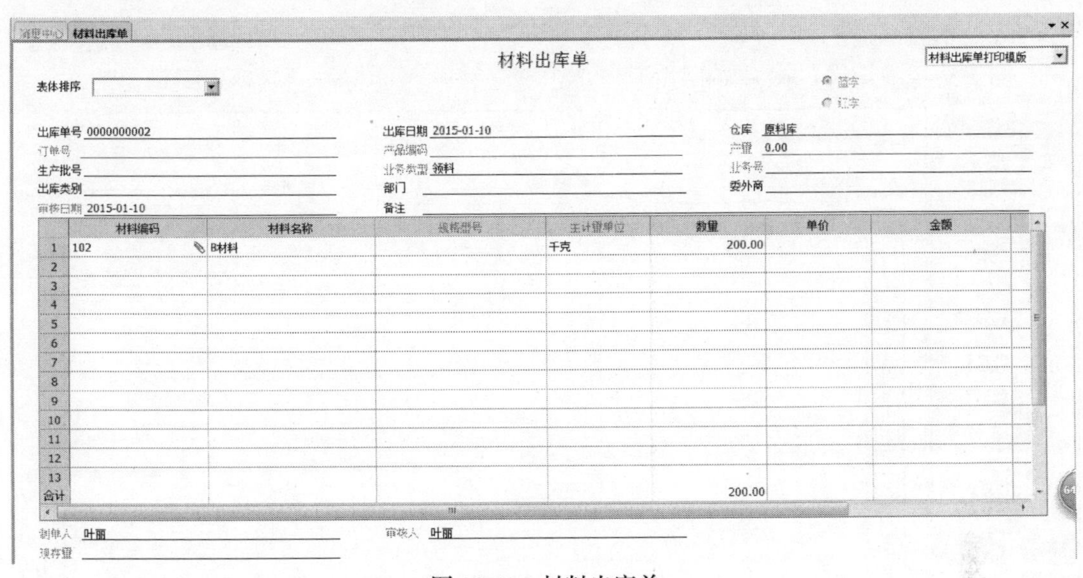
消息中心　材料出库单

材料出库单　　　　材料出库单打印模版

表体排序

蓝字　红字

出库单号 0000000002　　出库日期 2015-01-10　　仓库 原料库
订单号　　产品编码　　产量 0.00
生产批号　　业务类型 领料　　业务号
出库类别　　部门　　委外商
审核日期 2015-01-10　　备注

	材料编码	材料名称	规格型号	主计量单位	数量	单价	金额
1	102	B材料		千克	200.00		
2							
3							
4							
5							
6							
7							
8							
9							
10							
11							
12							
13							
合计					200.00		

制单人 叶丽　　审核人 叶丽
现存量

图 11-10　材料出库单

2）在存货核算系统中对材料出库单记账并生成凭证

（1）进入存货核算系统，选择“业务核算”菜单下的正常单据记账，进入“正常单据记账”窗口，单击“记账”后退出。

（2）选择“财务核算”菜单下的“生成凭证”，在“生成凭证”窗口中选择材料出库单，单击“生成”后退出。

3. 产成品入库

1）在库存管理系统中录入产成品入库单并审核

（1）在库存管理系统中单击“入库业务”菜单下的“产成品入库单”，进入“产成品入库单”窗口。

（2）单击“增加”，根据实验资料录入（不需填写单价），单击“保存”。

（3）单击“审核”，同理输入第二张产成品入库单，单击“退出”，如图 11-11 所示。

2）在存货核算系统中录入生产总成本对产成品成本分配

（1）在存货核算系统单击“业务核算”菜单中的“产成品成本分配”，进入“产成品成本分配”窗口。

（2）打开查询对话框，选择“成品库”单击“确定”。

（3）输入产品成本，单击“分配”（清空则取消分配）。

（4）单击“确定”，退出。

（5）单击“日常业务”下的“产成品入库单”，进入“产成品入库单”窗口。

（6）查看入库存货单价，单击“退出”。

3）在存货核算系统中对产成品入库单记账并生成凭证

（1）在存货核算系统中选择“业务核算”菜单中“正常单据记账”，弹出“过滤条件选择”。

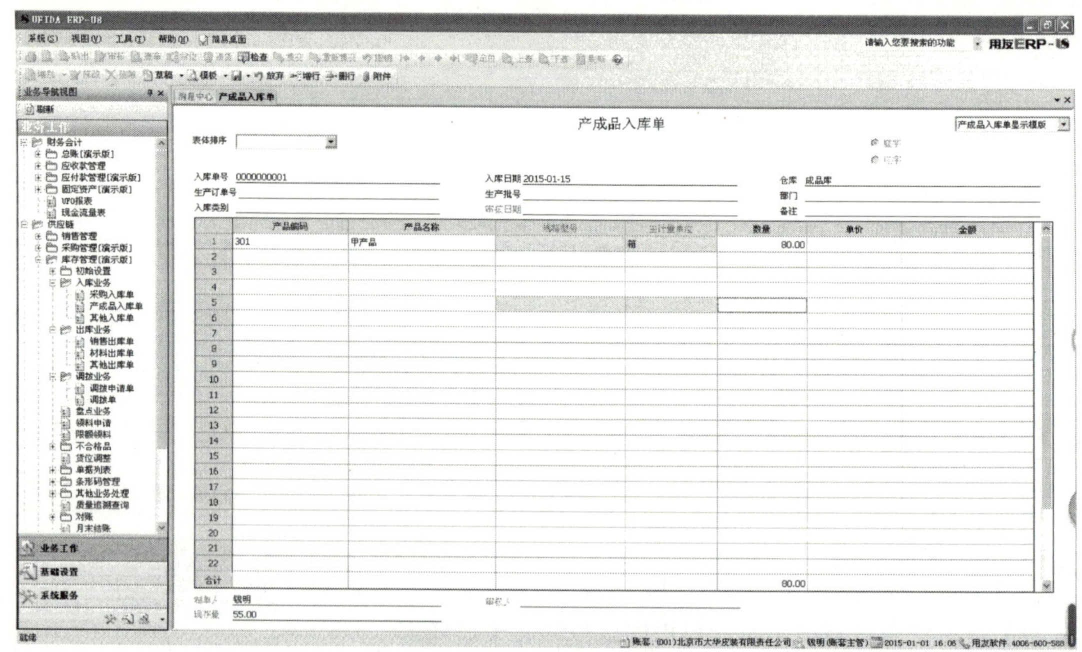

图 11-11　产成品入库单

（2）单击“过滤”，进入正常单据记账列表，选择要记账的单据，单击“记账”。

（3）退出正常单据记账列表后单击“财务核算”下的“生成凭证”，进入“生成凭证”窗口。

（4）单击“生成”凭证，完成凭证生成工作。

4. 库存调拨——仓库调拨

1）在库存管理系统中填制调拨单

（1）进入库存管理系统，选择“调拨业务”菜单下的调拨单，进入“调拨单”窗口。

（2）单击“增加”，录入资料内容（转出仓库的计价方式是移动平均、先进先出、后进先出时，调拨单单价不需录入，系统自动计算）后单击“保存”。

（3）单击“审核”后退出，如图 11-12 所示。

2）在库存管理系统中对调拨单生成的其他入库单进行审核

（1）进入库存管理系统，选择“入库业务”菜单下的其他入库单，进入“其他入库单”窗口。

（2）选择要审核的记录，单击“确定”后退出。

3）在存货核算系统中对其他入库单进行记账

（1）进入存货核算，选择“业务核算”菜单下的“特殊单据记账”，进入“特殊单据记账”窗口。

（2）选择“调拨单”，单击“确定”，进入“特殊单据记账”窗口。

（3）选择要记账的调拨单，单击“记账”后退出。

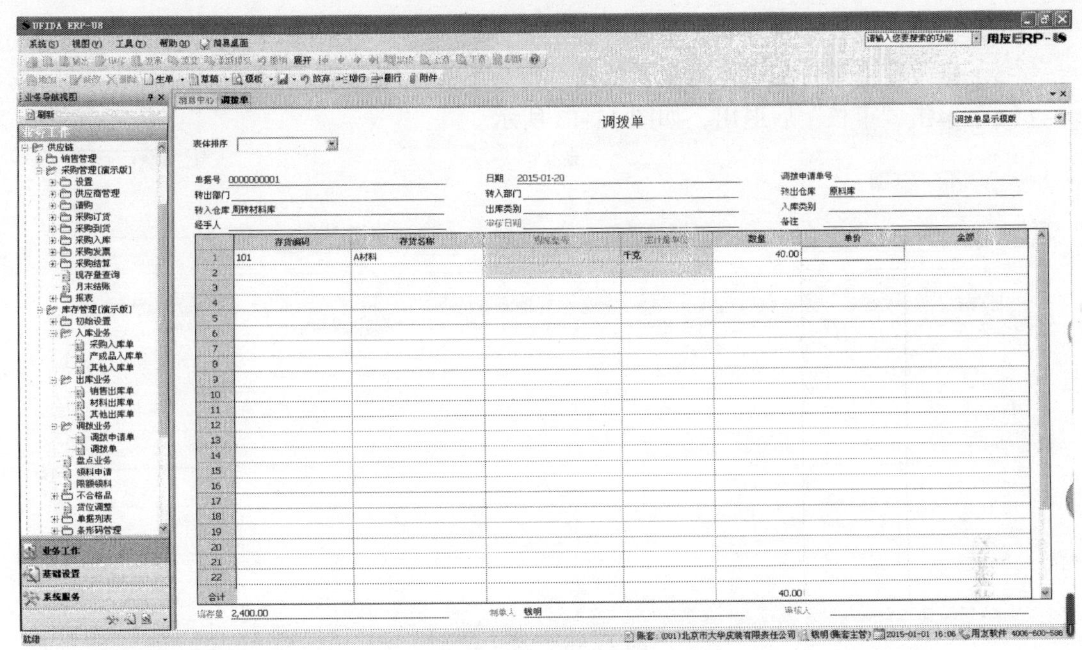

图 11-12　调拨单

4）相关账表查询

（1）进入库存管理系统，选择“报表”菜单中的“库存账”的“入库跟踪表”，打开“入库跟踪表”对话框。

（2）选择“原料库”，单击“确定”后进入“入库跟踪表”窗口。

（3）查看出库跟踪入库情况。

5. 盘点预警

1）在库存管理系统中设置相关选项

（1）进入“库存管理”系统，选择“初始设置”菜单下的“选项”，打开“库存选项设置”对话框。

（2）在“专用设置”选项卡中选择“按仓库控制盘点参数”，单击“确定”。

2）在基础档案中修改存货档案

进入“基础档案”|“存货”|“存货档案”，进入“存货档案”窗口，在控制选项卡中将 A 材料的盘点周期改为“周”，每周第五天盘点，单击“保存”后退出。

3）检验

以一周后日期注册进入库存管理系统，若周五未对 A 材料进行盘点，系统会给出提示。

6. 盘点业务

1）在库存管理系统中增加盘点单

（1）在库存管理系统中选择“盘点业务”，进入“盘点单”窗口。

（2）单击“增加”，输入盘点日期，仓库名称，出库类别为“盘亏出库”。

（3）单击“盘库”，进入“盘点处理”窗口。

（4）选择“按仓库盘点”，单击“确定”。

（5）修改存货单价和盘点数量，单击“保存”。

（6）单击“审核”后退出，如图 11-13 所示。

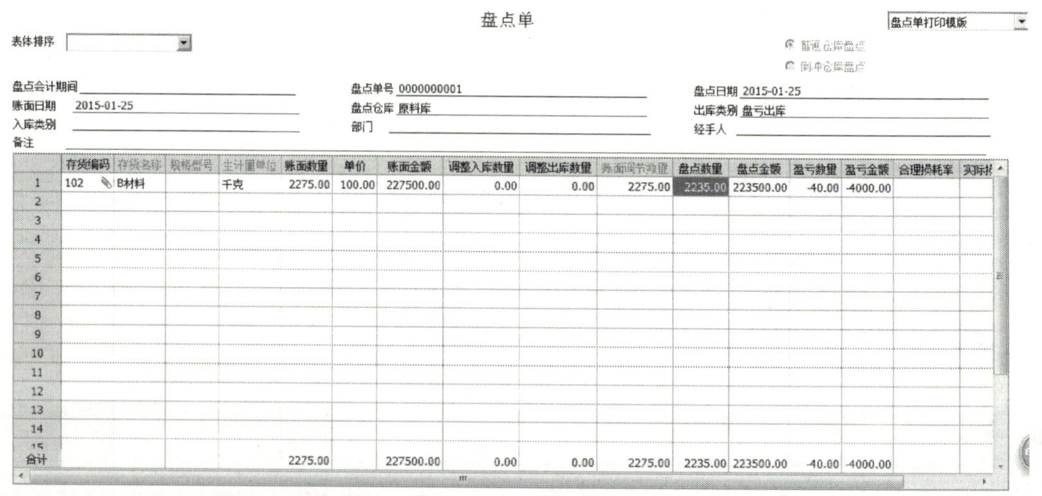

盘点单

盘点单打印模版

表体排序

盘点会计期间　　盘点单号 0000000001　　盘点日期 2015-01-25

账面日期 2015-01-25　　盘点仓库 原料库　　出库类别 盘亏出库

入库类别　　部门　　经手人

备注

	存货编码	存货名称	规格型号	主计量单位	账面数量	单价	账面金额	调整入库数量	调整出库数量	账面调节数量	盘点数量	盘点金额	盈亏数量	盈亏金额	合理损耗率	实际
1	102	B材料		千克	2275.00	100.00	227500.00	0.00	0.00	2275.00	2235.00	223500.00	-40.00	-4000.00		
2																
3																
4																
5																
6																
7																
8																
9																
10																
11																
12																
13																
14																
合计					2275.00		227500.00	0.00	0.00	2275.00	2235.00	223500.00	-40.00	-4000.00		

图 11-13　盘点单

2）在库存管理系统中对盘点单生成的其他入库单审核

（1）在库存管理系统中选择“入库业务”中选择“其他出库单”，进入“其他出库单”窗口。

（2）找到要审核的单据，单击“审核”后退出。

7. 假退料业务

1）在存货核算系统中填制假退料单

（1）进入存货核算系统，在“日常业务”菜单中选择“假退料单”，进入“假退料单”窗口。

（2）单击“增加”后输入资料内容（数量为 100），单击“保存”后退出。

2）在存货核算系统中对假退料单单据进行记账

（1）在存货核算系统中选择“业务核算”菜单中“正常单据记账”，弹出“过滤条件选择”。

（2）单击“过滤”，进入正常单据记账列表，选择要记账的单据，单击“记账”。

3）在存货核算系统中查询明细账

（1）进入存货核算系统，在“账表”菜单选择“账簿/明细账”，打开“明细账查询”对话框。

（2）选择要查询的存货，查看假退料的影响。

8. 其他入库——赠品入库

1）在库存管理系统中录入其他入库单并审核

（1）进入库存管理系统，选择“入库业务”菜单下“其他入库单”，进入“其他入库单”窗口。

（2）单击“增加”，录入资料内容，单击“保存”。

（3）单击“审核”后退出，如图 11-14 所示。

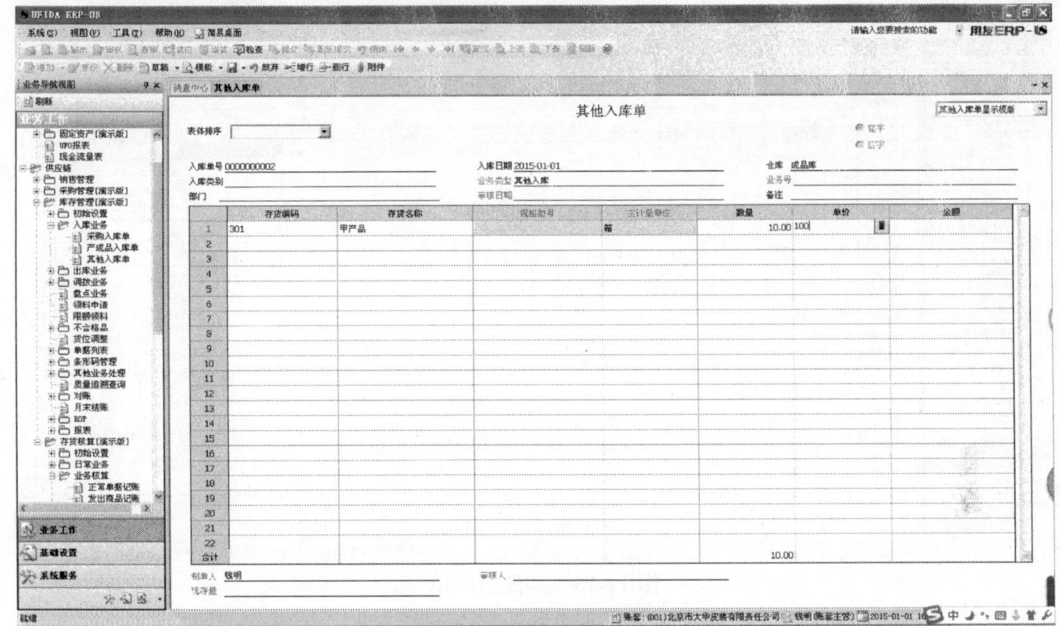

图 11-14　其他入库单审核

2）在存货核算系统中对其他入库单记账并生成凭证

按前面所讲方法（对方科目：营业外收入 6301）进行操作。

9. 其他出库——样品出库

1）在库存管理系统中录入其他出库单并审核

（1）进入库存管理系统，选择“出库业务”菜单的“其他入库单”，进入“其他出库单”窗口。

（2）单击“增加”，录入资料内容，单击“保存”，单击“审核”后退出，如图 11-15 所示。

2）在存货核算系统中对其他出库单记账并生成凭证。

按前面所讲方法进行操作。

3）在存货核算系统中生成凭证

生成凭证后需要补充输入对方科目，然后再生成凭证。

（三）期末处理

1. 查询账表

（1）单击“报表”菜单下的库存账。

（2）在库存账的下拉菜单中，可以选择“现存量查询”，进入“现存量查询窗口”。

（3）查询各种存货的期初余额。

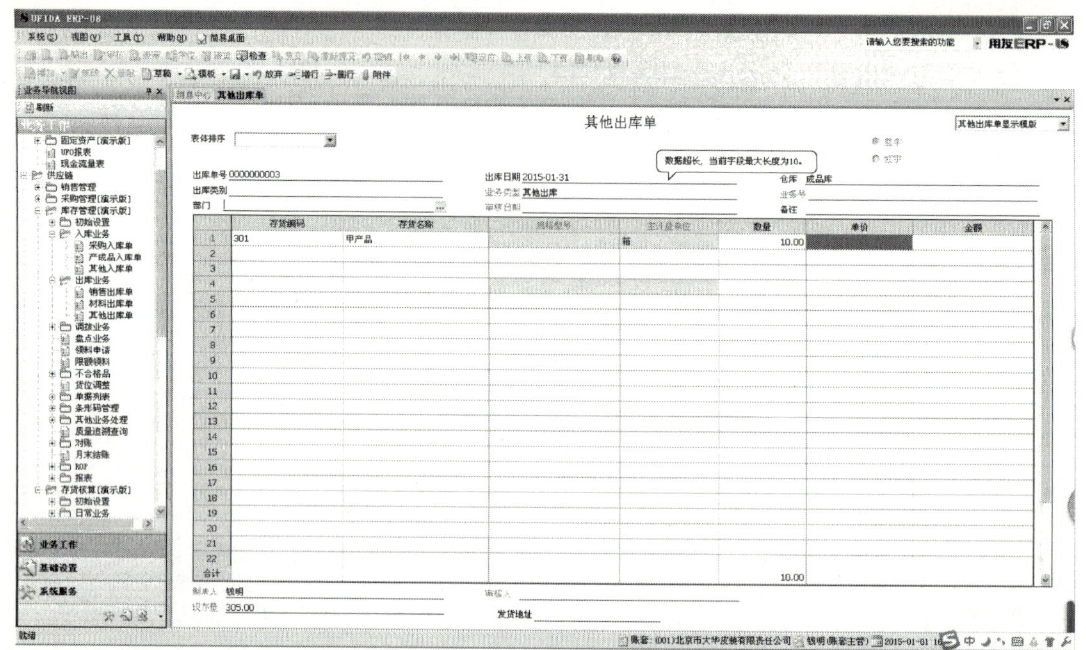

图 11-15　其他出库单

2. 对账

（1）在库存管理系统中，“对账”中单击“库存与存货对账”。

（2）选择对账月份，单击“确定”。

3. 月末结账

（1）在库存管理系统中，单击“业务核算”中选择“月末结账”对话框。

（2）单击“确定”，再单击“确定”。

本章小结

本章主要介绍了库存管理系统的主要功能、库存管理系统与其他系统的关系、库存管理系统的各项基本业务处理流程，以及库存管理系统日常业务处理、期末处理等内容。

库存管理系统的主要功能是对企业的存货数量进行管理，能够满足采购入库、销售出库、产成品入库、材料出库、其他出入库、盘点管理等业务需要，主要功能包括初始设置、日常业务处理、期末处理等方面。

库存管理系统日常业务处理包括采购入库、产成品入库、其他入库等入库业务的处理，和销售出库、材料出库等出库业务处理，以及库存调拨、盘点、组装与拆卸等其他业务的处理。

库存管理系统期末处理包括库存与存货对账和月末结账。采购管理系统和销售管理系统月末结账后，才能进行库存管理、存货核算、应付款管理、应收款管理等系统的月末结账。

通过实验，有助于帮助学生进一步理解库存管理系统的整体功能，掌握利用库存管理系统进行业务处理的操作方法。

复习思考题

1. 库存管理系统包括哪些主要功能？
2. 库存管理系统与其他系统之间的关系是怎样的？
3. 产成品入库的财务业务一体化的处理流程是怎样的？
4. 简述材料配比出库的业务处理流程。
5. 简述限额领料的业务处理流程。
6. 简述盘点的业务处理流程。
7. 简述组装（拆卸）的业务处理流程。

库存管理系统复习题

第 12 章　存货核算系统

学习目标：

了解存货核算系统的主要功能以及存货核算系统与其他系统之间的数据传递关系，掌握采购、销售、产成品入库、材料出库以及其他出库入库业务的记账方法，掌握不同业务生成记账凭证时如何选择单据类型，掌握调整业务的适用范围，掌握账表查询方法。通过学习，学生能够独立进行采购、销售及其他业务引起的单据记账，以及对应的出库、入库成本的核算，为进一步学习使用其他存货核算软件奠定基础。

关键词：

业务核算；单据记账；财务核算；调整单；账表

12.1　存货核算系统概述

存货核算系统是用友 ERP-U8 供应链管理系统的一个重要子系统，是从资金的角度管理存货的出库、入库业务，主要用于核算企业的入库成本、出库成本、结余成本，反映和监督存货的收、发、领退和保管情况，提供存货资金的占用信息。适用于各种类型的工商业企业，如制造、医药、食品、批发、零售、批零兼营等企业进行存货成本的核算和管理。

12.1.1　存货核算系统的主要功能

存货核算系统的功能主要包括初始设置、日常业务处理、期末处理等方面。

（1）初始设置。初始设置包括参数设置、存货科目设置、存货对方科目设置，以及录入存货的期初余额、期初分期收款发出商品的余额等。

（2）日常业务处理。日常业务处理包括存货出入库成本的核算、暂估入库业务处理、出入库成本的调整、存货跌价准备的处理、生成记账凭证，以及各种账簿、出入库汇总表、存货周转率分析表等账表信息的查询。

（3）期末处理。期末处理包括对账、结账、取消结账操作。

12.1.2　存货核算系统与其他系统的关系

存货核算系统和基础设置、库存管理、采购管理、销售管理、总账管理等系统都有数据传递关系。

存货核算系统与基础设置模块共享数据，在基础设置中设置的部门档案、职员档案、仓库档案、存货档案等信息可以传递到存货核算系统；存货核算系统接收库存管理系统、采购管理系统、销售管理系统的各种出入库单据、各种发票，进行记账、制证处理；生成的凭证传递到总账管理系统。

存货核算系统与其他系统的数据传递关系详见图 8-1 供应链管理系统数据流程图。

12.2　存货核算系统日常业务处理

12.2.1　入库业务处理

入库业务包括采购入库、产成品入库、其他入库。

（1）采购入库单在库存管理系统录入，在存货核算系统可以修改入库单的金额，“数量”只能在填制该单据的系统修改。

（2）产成品入库单在库存管理系统填制时一般只填写数量。等月末产品成本计算出来后，通过存货核算系统的产成品成本分配功能录入金额，单价由系统自动计算填入。

（3）大部分其他入库单都是由相关业务直接生成。在库存管理系统和存货核算系统集成使用的情况下，可以通过修改其他入库单的操作对盘盈入库生成的其他入库单的单价进行输入和修改。

12.2.2　出库业务处理

出库业务包括销售出库、材料出库、其他出库。

上述出库业务生成的销售出库单、材料出库单、其他出库单传递到存货核算系统，存货核算系统根据选项中设置的存货成本核算方式自动计算销售出库的单价和金额，该单价和金额不能修改。

12.2.3　单据记账

单据记账是指根据各种出入库单据，登记存货明细账、差异明细账、受托代销商品明细账、受托代销商品差价账。单据记账有正常单据记账、发出商品记账、直运销售记账、特殊单据记账等多种记账方式。

（1）正常单据记账。正常单据记账是指对除分期收款、委托代销、组装拆卸、调拨、直运业务以外的业务生成的单据进行的记账。

（2）发出商品记账。发出商品记账是指对分期收款发出商品业务、委托代销业务生成的单据进行的记账。只有启用销售管理系统时，存货核算系统才能对分期收款发出商品业务、委托代销业务生成的单据进行发出商品记账；若在存货核算系统选项中将委托代销成本核算方式设置为“按普通销售核算”，则进行正常单据记账。

记账时单据类型有发货单和发票之分。对分期收款/委托代销商品发货单记账时，会减少库存商品，增加分期收款/委托代销商品；对分期收款/委托代销商品发票记账时，则减少分期收款/委托代销商品，并结转销售成本。

（3）直运销售记账。直运销售记账是指对直运业务生成的直运采购发票和直运销售发票进行的记账。只有启用销售管理系统时，才能对直运销售进行核算。

直运业务采购发票记账时，增加直运的库存商品；直运业务销售发票记账时，会减少直运商品，结转销售成本。

（4）特殊单据记账。特殊单据记账是指对组装拆卸业务和调拨业务生成的组装单和调拨单进行的记账。

单据记账时，都遵循以下记账规则：无单价的入库单不能记账；按单据填制的时间顺序记账；已记账的单据不能修改和删除。

如果发现已记账的单据有误，在本月未结账状态下，可以取消记账；如果已记账单据已生成凭证，就不能取消记账，除非先删除相关凭证。

12.2.4 调整业务

单据记账后，发现单据金额错误，如果是录入错误，通常采用修改单据的方式进行调整。但如果遇到暂估入库后发生零出库业务等原因而造成的出库成本不准确，或者库存数量为零但仍有金额的情况，就需要利用调整单据进行调整。

调整单包括入库调整单和出库调整单。

（1）入库调整单是指对存货的入库成本进行调整的单据。它只调整存货的金额，不调整存货的数量；它用来调整当月的入库金额，并相应调整存货的结存金额；可针对单据进行调整，也可针对存货进行调整。

（2）出库调整单是指对存货的出库成本进行调整的单据。它只调整存货的金额，不调整存货的数量；它用来调整当月的出库金额，并相应调整存货的结存金额；只能针对存货进行调整，不能针对单据进行调整。

入库调整单和出库调整单保存后就自动记账，因此已保存的入库调整单和出库调整单不能修改和删除。

12.2.5 暂估处理

存货核算系统对暂估入库业务提供了月初回冲、单到回冲、单到补差三种回冲方式，回冲方式一经使用不能修改。进行暂估处理时，遵循以下步骤：①待采购发票收到后，在采购管理系统填制采购发票并进行采购结算；②在存货核算系统进行结算成本处理。

12.2.6 生成凭证

在存货核算系统中，各种出入库单据记账后，可以生成记账凭证，系统会将生成的记账凭证自动传递到总账管理系统。

为了减轻制证环节的工作量，提高制证效率，可以在存货核算系统初始设置中事先设置好存货科目和对方科目，生成凭证时系统会将这些科目自动填入记账凭证中。

生成的记账凭证有误时，如果错误的凭证在总账管理系统尚未记账，则可以直接在存货核算系统修改、删除；如果错误的记账凭证已在总账管理系统记账，则必须在存货核算系统通过“冲销”的方式生成红字冲销凭证，然后再生成正确的凭证。不能在总账管理系统直接修改、删除外来的错误凭证。

12.2.7　账表查询

1. 账簿

（1）流水账。出入库流水账用于查询当年任意日期范围内存货的出入库情况，可为用户提供一个简捷方便的对账、查账的出入库流水。

（2）明细账。明细账用于查询本会计年度各月份已记账的各存货的明细账。明细账是按末级存货设置的，用来反映存货的某段时间的收发存的数量和金额的变化，只能查询末级存货的某段时间的收发存信息。

（3）总账。总账用于输出存货的总分类账，以借贷余的形式反映各存货各月份的收发余金额。既可按存货分类进行查询，也可按存货进行查询。

（4）发出商品明细账。发出商品明细账用于查询分期收款和委托代销商品的明细账。按存货设置账页，一个存货显示一页。按记账日期排序显示，每一行计算结余数量和金额，同时按会计期间计算本月合计和本年累计。

2. 汇总表

（1）入库汇总表。入库汇总表用于对某期间的入库存货进行统计汇总。提供已记账、未记账、全部单据的汇总数据，提供按照不同口径统计汇总的数据，如按仓库、存货、采购订单号等进行汇总。

（2）出库汇总表。出库汇总表用来对某期间的出库存货进行统计，可以根据各种条件进行组合查询分析。提供已记账、未记账、全部单据的汇总数据。

（3）收发存汇总表。收发存汇总表用于对某期间已记账存货的收发存数量金额进行统计汇总。

（4）暂估材料/商品余额表。该表用于统计明细账中暂估入库的存货的数量和入库成本明细，分析不同期间的暂估单据入库及报销情况，还可以选择是否显示结存为零的存货。

（5）发出商品汇总表。该表用于查询分期收款和委托代销商品的发货、结算及结存情况的汇总表。

3. 分析表

（1）存货周转率分析表。该表是衡量和评价企业管理状况的综合性指标，为用户提供某一种存货、某一类存货或全部存货的存货周转率分析。

（2）ABC 成本分析表。该表是按成本比重高低，将各成本项目分为 ABC 三类；按用户设定的分类范围，通过统计计算确定各存货的 ABC 分类，显示全部分类表。

（3）入库成本分析表。该表用于统计分析不同期间或不同入库类别的存货的平均入库成本。

12.3　存货核算系统期末处理

12.3.1　期末处理

月末，当日常业务全部完成后，用户可进行期末处理。期末处理的功能是：①计算按全月平均法核算的存货的全月平均单价及其本会计月出库成本，并将单价和出库成本自动登记到相关账簿；②计算按计划价/售价方式核算的存货的差异率/差价率及其本会计月的分摊差异/差价；③对已完成日常业务的仓库、部门、存货做处理标识。

提示：

· 如果使用采购管理系统和销售管理系统，应在采购管理系统和销售管理系统做结账处理后才能进行。

· 系统提供恢复期末处理功能，但总账管理系统结账后将不可恢复。

12.3.2　与总账对账

其用于存货核算系统与总账管理系统核对存货科目和差异科目在各会计月份借方、贷方发生额、数量以及期末结存的金额、数量信息。

系统可以进行数量核对、进行金额核对、数量金额全部核对，用户只需单击界面功能按钮最后的两个核对方式选择按钮后再单击“刷新”按钮即可将核对结果显示。

12.3.3　月末结账

月末结账是对本月账簿做结账标志，如果与采购集成使用，并且暂估处理方式选择“月初回冲”时，系统会同时生成下月红字回冲单等。月末结账后将不能再进行当前会计月的工作，只能做下个会计月的日常工作。

在采购管理、销售管理、库存管理、存货核算、应收款管理、应付款管理、总账管理等系统集成使用情况下，采购管理、销售管理、库存管理等系统月末结账后，才能进行存货核算系统的月末结账。

如果存货管理系统要取消月末结账，必须先取消总账管理系统结账，然后才能取消存货核算系统结账。

实验十三　存货核算

一、实验要求

（1）设置基础科目。

（2）录入存货核算系统的期初余额。

（3）入库业务处理。

（4）出库业务处理。

（5）单据记账。

（6）生成凭证。

（7）综合查询。

（8）月末处理。

二、实验资料

1. 设置基础科目

设置基础科目，如表 12-1 所示。

表 12-1　存货核算系统科目设置

大类	规则	设置科目
存货科目设置	按照存货分类设置存货科目	原料库——A 材料（140301） ——B 材料（140302）
		成品库——甲产品（140501） ——乙产品（140502）
		周转材料库——包装物（141101） ——工作服（141102）
对应科目设置	根据收发类别设置对方科目	采购入库——材料采购（1401）
		成品入库——生产成本/直接材料（500101）
		盘盈入库——待处理流动资产损溢（190101）
		销售入库——主营业务成本（6401）
		发料出库——生产成本/直接材料（500101）

2. 期初录入

存货期初录入见库存管理初始化资料，此处不再赘述。

3. 2015 年 1 月存货业务

（1）1 月 1 日，向广东华顺公司购买 B 材料 200 千克，单价 110 元，价款 22 000 元，增值税 3 740 元，共计 25 740 元。材料于 1 月 9 日送达入库，并验收入库，填制采购入库单。

（2）1 月 2 日，向北京华丰公司销售甲产品 20 箱，单价 7 000 元 ，价款 140 000 元，增值税额 23 800 元，收到转账支票（票号：Z2001），已办理进账手续。

（3）1 月 20 日，将 1 月 1 日发生的采购 B 材料的入库成本增加 100 元。

（4）1 月 21 日，调整 1 月 2 日出售给北京东兴公司的甲产品的出库成本 7 100 元。

4. 根据前面资料进行期末处理

三、实验指导

1. 存货核算系统基础科目设置

（1）进入存货核算系统，选择“初始设置”菜单中的“科目设置”。

（2）单击“存货科目”，进入“存货科目设置”窗口，按实验资料进行设置，如图 12-1 所示。

存货科目

仓库编码	仓库名称	存货分类编码	存货分类名称	存货编码	存货名称	存货科目编码	存货科目
	原料库			101	A材料	140301	A材料
	原料库			102	B材料	140302	B材料
	周转材料库			201	包装物	141101	包装物
	成品库			301	甲产品	140501	甲产品

图 12-1　存货科目

（3）单击“对方科目”，进入“对方科目设置”窗口，按实验资料进行设置，如图 12-2 所示。

对方科目

收发类别编码	收发类别名称	存...	存...	存...	存货...	部...	部门名称	i...	项目大类名称	项目编码	项目名称	对方科目编码	对方科目名称	暂估科目编码
11	采购入库											1401	材料采购	
12	成品入库											500101	直接材料	
21	盘盈入库											190101	待处理固定...	
31	销售出库											640101	甲产品	
32	发料出库											500101	直接材料	

图 12-2　存货对方科目

2. 录入存货核算系统的期初余额

（1）进入存货管理系统，选择“初始设置”菜单中“期初余额/期初数据”，进入“期初余额”窗口。

（2）选择“仓库”和存货分类，单击“增加”。

（3）按实验资料内容输入存货编码、数量、单价、金额和存货科目。

（4）录入完成后单击“记账”，即对所有仓库记账后退出。

提示：

如果采购管理系统同时启用，如采购管理系统期初未记账，则不能确定期初暂估金额，因此也无法完成记账。

3. 存货业务一

（1）在库存管理系统中，输入采购入库单并审核。

（2）在存货核算系统中记账并生成凭证，如图 12-3 所示。

4. 存货业务二

（1）在存货核算系统中，选择“初始设置”|“选项”|“选项录入”，选择销售成本结算方式为“销售出库单”，如图 12-4 所示。

图 12-3　采购入库单

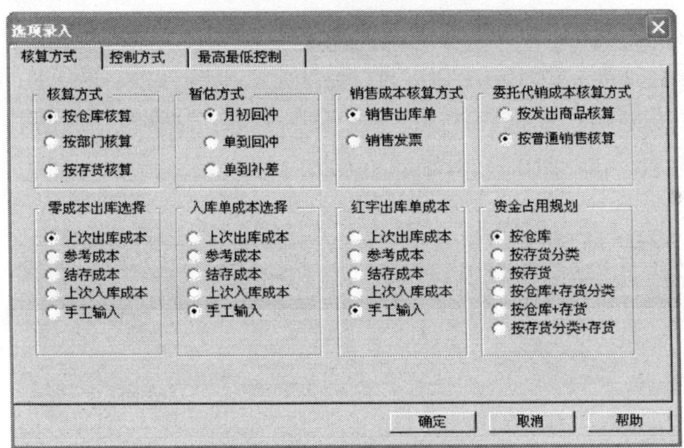

图 12-4　存货选项录入

（2）在销售管理系统中，选择“设置”，在设置窗口中的“销售选项”中设置：业务控制为报价不含税，如图 12-5 所示。

（3）在销售管理系统中输入销售发票单并审核。

（4）在库存管理系统中审核销售出库单。

（5）在存货核算系统中记账并生成凭证。

5. 存货业务三

1）在存货核算系统中录入调整单据

（1）进入存货核算系统，选择“日常业务”菜单下的“入库调整单”，进入“入库调整单”窗口。

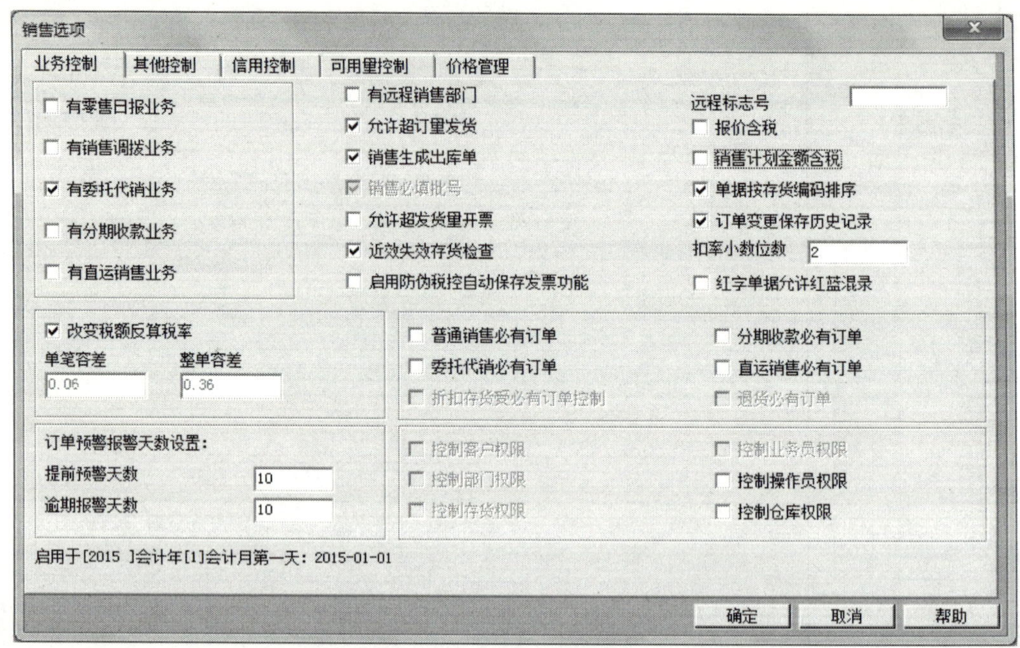

图 12-5　销售选项设置

（2）单击“增加”按钮，录入下列各项内容。

仓库：原料库。日期：2015-01-20。收发类别：采购入库。部门：供应科。供应商：广东华顺公司。存货编码：B 材料（102）。金额：100。单击“保存”按钮。

（3）单击“记账”后退出，如图 12-6 所示。

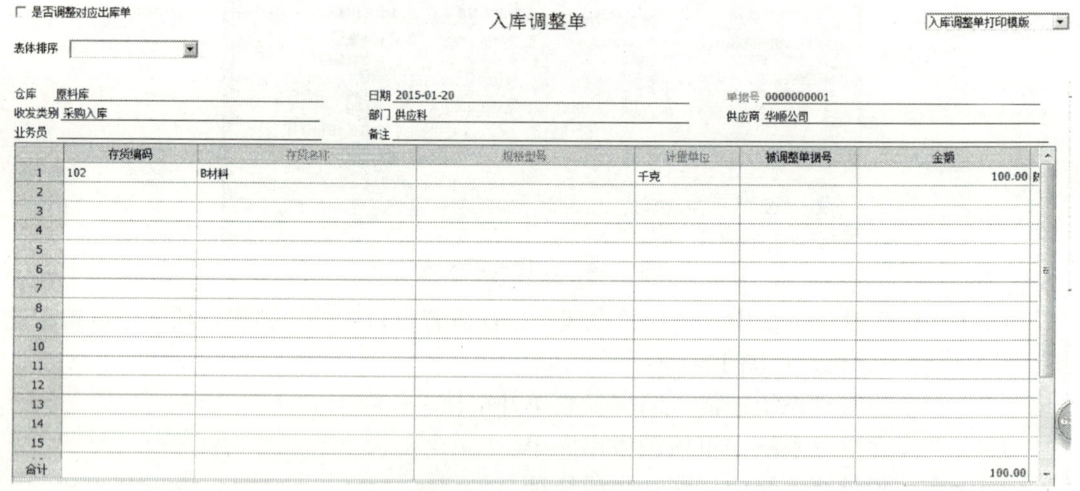

图 12-6　入库调整单

2）在存货核算系统中生成入库调整凭证

（1）进入存货核算系统，选择“财务核算”菜单中的“生成凭证”，打开“生成凭证”窗口。

（2）选择弹出“查询条件”，选择“入库单调整单”后单击“确定”。

（3）单击“全选”后单击“确定”，进入“生成凭证”窗口。

（4）选择转账凭证，单击“生成”，进入填制凭证窗口。

（5）单击“保存”后退出，如图 12-7 所示。

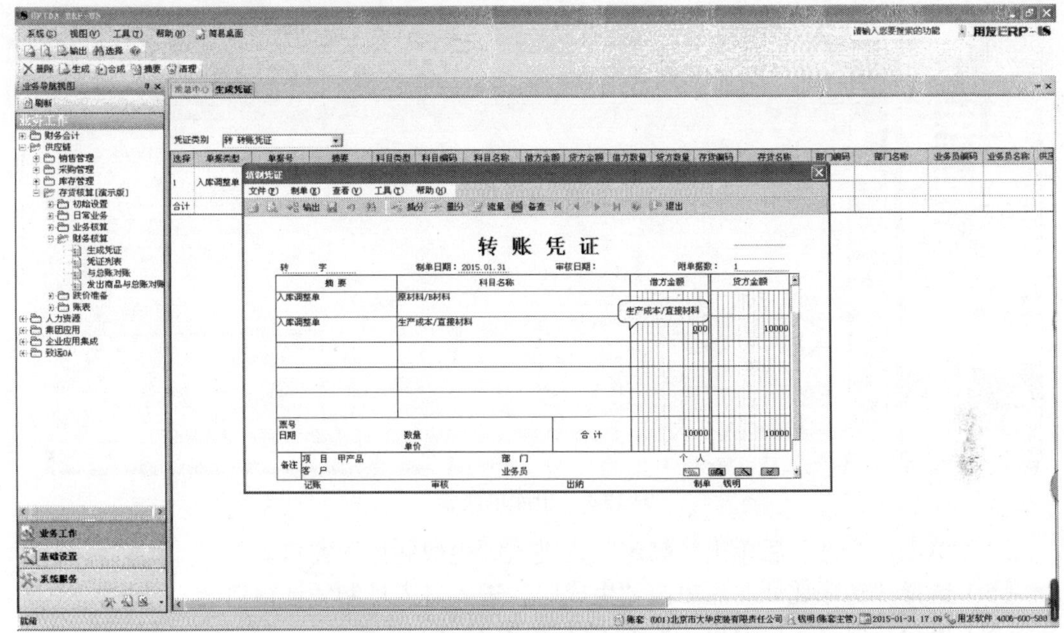

图 12-7　生成凭证

3）查询相关账簿

（1）进入存货核算系统，选择“账表”菜单下的“分析表”|“入库成本分析表”，打开“入库成本分析”对话框。

（2）选择“原料库”后单击“确定”。

（3）可以看到 B 材料库存成本的变化，单击“退出”。

6. 存货业务四

1）在存货核算系统中录入调整单据

（1）进入存货核算系统，选择“日常业务”菜单中的“出库调整单”，进入“出库调整单”窗口。

（2）单击“增加”按钮，录入下列各项内容。

仓库：成品库。日期：2015-01-21。收发类别：销售出库。部门：销售科。客户：北京华丰公司。存货编码：甲产品（301）。金额：7100。单击“保存”按钮。

（3）单击“记账”按钮，然后关闭出库调整单处理窗口。

2）在存货核算系统中生成出库调整凭证

（1）进入存货核算系统，选择“财务核算”菜单中的“生成凭证”，打开“生成凭证”窗口。

（2）单击“选择”，弹出“查询条件”。

（3）选择“出库单调整单”，单击“确定”，如图 12-8 所示。

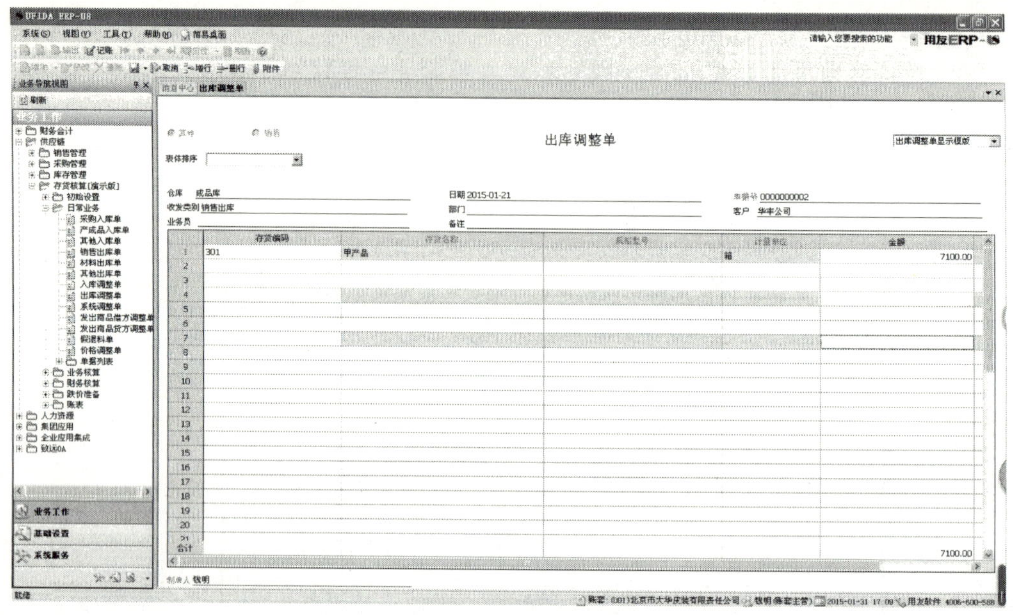

图 12-8　出库单调整

（4）单击“全选”后单击“确定”，进入“生成凭证”窗口。

（5）选择“转账凭证”后单击“生成”，进入进入填制凭证窗口。

（6）单击“保存”后退出，如图 12-9 和图 12-10 所示。

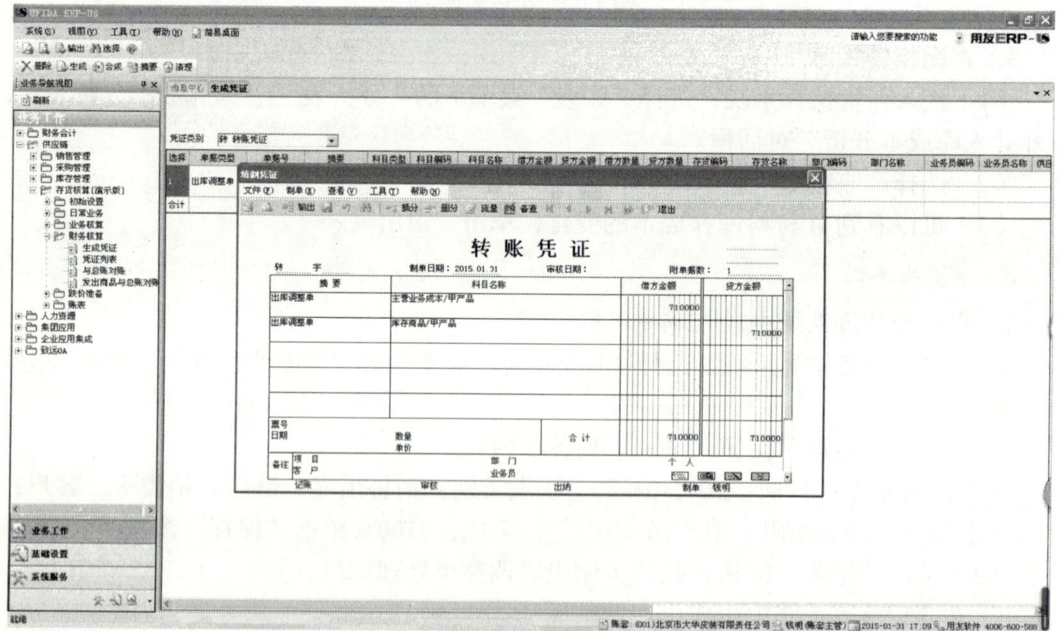

图 12-9　生成凭证

7. 账簿查询

在存货日常业务处理完毕后，进行存货账表查询。

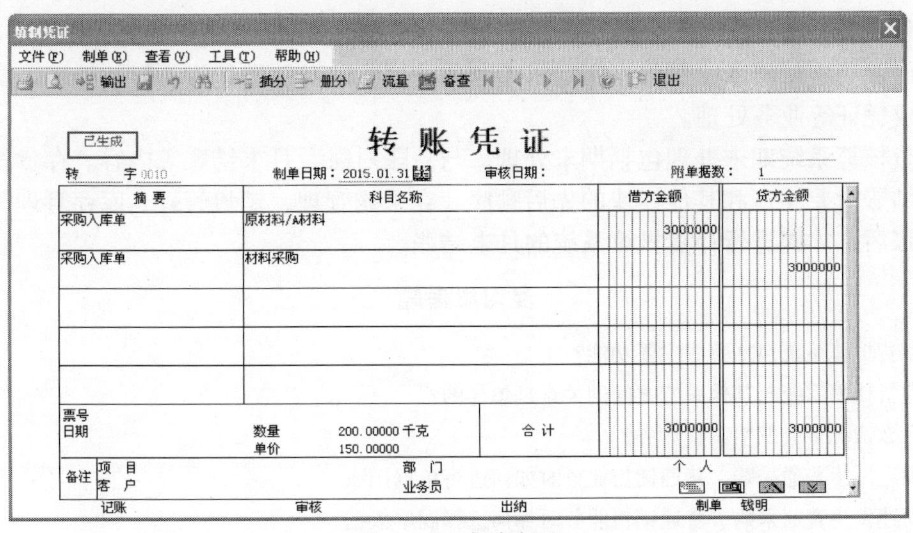

图 12-10　保存凭证

8. 月末处理

（1）进入存货管理系统，选择“业务核算”菜单中的“期末处理”，进“期末处理”对话框。

（2）选择“仓库”，单击“确定”。

（3）系统弹出窗口信息提示框，单击“确定”。

（4）系统提示期末处理完成，单击“确定”。

9. 对账

（1）进入存货管理系统，选择“财务核算”菜单中的“与总账系统对账“命令，进入“与总账对账表”窗口。

（2）单击“退出”。

10. 月末结账

（1）进入存货管理系统，选择“业务核算”菜单中的“月末结账”,打开“月末结账”对话框。

（2）单击“确认”，系统弹出“月末结账完成”信息提示框，单击“确认”后退出。

本 章 小 结

本章主要介绍了存货核算系统的主要功能、存货核算系统与其他系统的关系，以及存货核算系统日常业务处理、期末处理等内容。

存货核算系统的主要功能是从资金的角度管理存货的出库、入库业务，主要用于核算企业的入库成本、出库成本、结余成本，反映和监督存货的收发、领退和保管情况，提供存货资金的占用信息。其主要功能包括初始设置、日常业务处理、期末处理等方面。

存货核算系统日常业务处理包括采购入库、产成品入库、其他入库等入库业务处理，和销售出库、材料出库、其他出库等出库业务处理，以及单据记账、暂估处理、调整业务、生成凭证等业务处理。

存货核算系统期末处理包括期末处理、与总账对账、月末结账等内容。存货核算系统月末结账时要注意和其他模块的先后顺序，在采购管理、销售管理、库存管理等系统月末结账后，才能进行存货核算系统的月末结账。

复习思考题

1. 存货核算系统包括哪些主要功能?
2. 存货核算系统与其他系统之间的关系是怎样的?
3. 什么情况下会发生调整业务?
4. 简述发生普通采购、普通销售业务时如何进行单据记账。
5. 简述发生普通采购、普通销售业务时如何选择制单依据。
6. 简述发出商品记账适用的业务范围。
7. 简述特殊单据记账适用的业务范围。
8. 简述存货核算系统期末处理的含义。
9. 简述月初回冲的含义及月初回冲方式下暂估入库业务的处理流程。

存货核算系统复习题

参考文献

龚中华，何平. 2010. 用友 ERP-U8（8.72 版）标准财务模拟实训. 北京：人民邮电出版社.

刘海燕. 2013. 会计软件应用——用友 ERP-U872 版本. 上海：上海财经大学出版社有限公司.

毛华扬，邹淑. 2013. 会计业务一体化实验教程（用友 ERP-U8.72 版）. 北京：清华大学出版社.

王新玲，汪刚. 2009. 会计信息系统实验教程（用友 ERP-U8.72 版）. 北京：清华大学出版社.

吴红，张菊. 2014. 会计电算化理论与实验：用友 ERP-U872 版本. 上海：上海财经大学出版社有限公司.

杨宝刚，王新玲. 2011. 会计信息系统. 北京：高等教育出版社.

用友软件股份有限公司. 2003a. ERP 财务管理系统应用专家培训教程（上）. 北京：中国物资出版社.

用友软件股份有限公司. 2003b. ERP 财务管理系统应用专家培训教程（下）. 北京：中国物资出版社.

用友软件股份有限公司. 2003c. ERP 供应链管理系统应用专家培训教程（上）. 北京：中国物资出版社.

用友软件股份有限公司. 2003d. ERP 供应链管理系统应用专家培训教程（下）. 北京：中国物资出版社.

张莉莉. 2014. 企业财务业务一体化实训教程（用友 ERP-U8 V8.72 版）. 北京：清华大学出版社.